教育部人文社会科学百所重点研究基地
吉林大学边疆考古研究中心系列学术文集

高句丽渤海考古论集续集

魏存成　著

科学出版社
北京

内 容 简 介

本书是对高句丽、渤海考古及相关历史研究的专题论文集，计收录论文18篇，主要内容涉及高句丽和渤海的城址、墓葬、遗物及文化源流与交流等多方面。

本书可供边疆考古与历史、民族学以及相关领域的研究人员参考阅读。

图书在版编目（CIP）数据

高句丽渤海考古论集续集 / 魏存成著. -- 北京：科学出版社，2024. 11.
（教育部人文社会科学百所重点研究基地吉林大学边疆考古研究中心系列
学术文集）. -- ISBN 978-7-03-080104-3

Ⅰ. K289-53

中国国家版本馆CIP数据核字第2024WV5262号

责任编辑：赵　越 / 责任校对：邹慧卿
责任印制：肖　兴 / 封面设计：张　放

科学出版社 出版
北京东黄城根北街 16 号
邮政编码：100717
http://www.sciencep.com
北京中科印刷有限公司印刷
科学出版社发行　各地新华书店经销
*
2024年11月第　一　版　开本：787×1092　1/16
2024年11月第一次印刷　印张：21　插页：2
字数：500 000

定价：298.00元
（如有印装质量问题，我社负责调换）

目　录

百年来高句丽遗存的考古发现和研究 …………………………………………（1）

"高句丽王城、王陵及贵族墓葬"的解读与再认识 ……………………（33）

高句丽的兴亡及其历史定位再探讨 ………………………………………（67）

高句丽政权始建之地及相关问题述略 ……………………………………（77）

高句丽积石墓研究 …………………………………………………………（85）

我国东北地区的高句丽封土石室墓及连云港封土石室墓墓主人之考察 …………（121）

我国境内发掘的高句丽无壁画封土石室墓 ………………………………（130）

中国境内高句丽壁画墓研究 ………………………………………………（143）

集安麻线高句丽碑的研究回顾及再思考 …………………………………（178）

第三版《中国大百科全书》（考古卷）"高句丽"词条 …………………（195）

第三版《中国大百科全书》（考古卷）"渤海"词条 ……………………（231）

黑龙江省海林三道中学渤海墓葬发掘记 …………………………………（240）

魏晋至隋唐时期中原地区都城规划布局的发展变化及其对高句丽渤海的影响 …（251）

东北古代民族源流述略 ……………………………………………………（281）

东北地区古代文化举要 ……………………………………………………（304）

为《高句丽渤海壁画墓研究译文集》所做前言 …………………………（316）

为《渤海瓦当研究》所做的序 ……………………………………………（321）

为《金毓黻文集》所做的序 ………………………………………………（324）

后记 …………………………………………………………………………（329）

编后记 ………………………………………………………………………（330）

百年来高句丽遗存的考古发现和研究

高句丽民族起源于我国东北地区浑江流域和鸭绿江中游地区，公元前37年夫余王子朱蒙南奔至此建立高句丽政权，先后以我国辽宁省桓仁、吉林省集安和朝鲜半岛平壤为都，在历史上存续了七百年之久。高句丽民族及其政权建立后的一段时间内，受玄菟郡管辖，之后则连续接受中原政权的册封，与中原地区始终保持着政治、经济、文化诸方面的密切关系。高句丽政权强盛之时，其疆域西抵辽河，南到朝鲜半岛中部汉江流域，在此广大区域内，留下了丰富的遗存。

我国境内高句丽遗存的发现，以好太王碑为最早，时间在清朝末年，之后不久，对于各种高句丽遗存的调查发掘和研究的考古工作便逐渐展开，至今已有一百多年，先后经历了不同的时代和阶段，其中主要的工作还是中华人民共和国成立后由我国几代的文物考古工作者进行的。

一、高句丽遗存的最初发现与调查

光绪初年，由于柳条边的开禁，清王朝在浑江流域和鸭绿江中游地区设怀仁、通化等县，以老岭为界，岭北归通化县，包括今集安市区周围在内的岭南归怀仁县[1]。好太王碑是由怀仁县设治委员章樾部下一位喜好金石的书启关月山发现的，并首次拓出个别文字[2]。之后，有李大龙（李云从）、谈广庆（组织者）、王少庐、亓丹山和初天富、初均德父子拓出完整本。根据完整拓片，潘祖荫、吴大澂、谈国桓、王志修、陆心源、傅云龙、郑文焯、叶昌炽、荣禧、罗振玉、杨守敬、顾燮光、刘承干、欧阳辅、张廷厚、刘节、金毓黻、罗福颐等热心官吏和金石学者进行了著录和研究，有的还作了实地考察[3]。

好太王碑发现后，也马上引起了外国人的关注。光绪九年（1883年）日军参谋本部派往中国的间谍、青年军官酒匂景信到达集安，带回好太王碑拓本。接着，青江秀、横井忠直、菅政友、三宅米吉、白鸟库吉等人对碑文进行了考证。来集安对好太王碑实地考察的还有法国人沙畹[4]。在此期间，1905年白鸟库吉提议将好太王碑运往日本。1907年日军57联队队长小泽德平准备用军舰将好太王碑运往日本，受到辑安知事吴光国和各界的坚决抵制而未得逞。为了加强保护，1927年县长刘天成召集工商各界募捐修建木构碑亭，第二年完工[5]。

日本人利用当时特殊的历史背景，在对好太王碑进行非法考查的同时，也开始了对其他高句丽遗迹的非法调查。首先来集安正式调查的是鸟居龙藏，时间在1909年，他的报告单独作为一章收录在第二年出版的《南满洲调查报告》[6]中。1913年，关野贞同今西龙、谷井济一等人调查了平壤、集安两地的高句丽遗迹，第二年在《考古学杂志》第五卷第3号、第4号上发表了《满洲辑安县及平壤附近的高句丽时代遗迹》[7]。1917年，关野贞又调查了朝鲜云山、渭原、楚山和集安榆树林子高句丽墓葬，他的调查报告被收录在《大正六年度古迹调查报告》[8]之中。1935年，池内宏、梅原末治、三上次男等人对集安高句丽墓葬和城址进行了较大规模的调查，之后于1938年、1940年先后出版了大型重要报告《通沟》上卷与下卷（上卷为《满洲国通化省辑安县高句丽遗迹》，下卷为《满洲国通化省辑安县高句丽壁画坟》）[9]。1935年到集安调查的还有三宅俊成、伊藤伊八等人。1937年，黑田源次调查了通沟12号和五盔5号壁画墓。

集安之外，抚顺市和吉林市也是调查的重要地点。1933年，日伪抚顺博物馆馆长渡边三三对抚顺高尔山城进行调查、并认定该城为高句丽新城。1940年藤田亮策去龙潭山进行了调查。1940年、1944年三上次男调查、发掘抚顺高尔山城，至1984年、1993年田村晃一两次走访高尔山城，并根据三上次男当年的记录和本人的研究，编写出版了《北关山城》[10]。

当时中国学者在极其困难的情况下做出了可贵的贡献。李文信先生于19世纪20年代利用在吉林市工作的机会，放弃假日休息，不辞劳苦，业余调查了龙潭山及其周围的史迹，并于1937年、1938年在《满洲史学》上连续发表了《吉林龙潭山遗迹调查》。渡边三三调查抚顺高尔山城的第二年，1934年我国东北史研究前辈金毓黻先生又去作了踏勘和确认。1935年9月末至10月初，金毓黻先生自安东过江到新义州，沿鸭绿江东北行至集安对岸，再过江到集安，连续几天考察了冉牟墓、环纹墓、三室墓、舞踊墓、角骶墓、五盔5号墓、太王陵、将军坟、千秋墓、好太王碑、国内城、丸都山城和东台子建筑址等遗迹，将其所见比较详细地记录在他的日记中，并进行了必要的考证，这在当时实在是难能可贵的[11]。另，1906年在集安市区西17千米的板岔岭（旧名板石岔岭）西北天沟山坡上修路时发现了册丘俭纪功碑而轰动一时，驻鸭绿江对岸之日本官员曾策划盗买此碑被当地民众和官员破获。为防止再度被盗或发生其他意外，之后便把该碑运往省城奉天[12]。对于该碑，王国维、金毓黻等学者先后进行了考证。还有，对于冉牟墓的长篇题记，我国学者劳干也进行了考证。

二、中华人民共和国成立后我国高句丽考古的
发现和研究

中华人民共和国成立后，我国境内高句丽遗存的保护、调查发掘和研究工作进入了新的历史时代，取得了越来越多的重要成果。70年来，各项工作的开展大致经历了三个阶段。由于我国境内的高句丽遗存分布在辽、吉两省，所以两省的调查发掘工作多是在国家统一规划下分别进行的，而研究工作则是相互结合、共同开展的。

（一）1949年至20世纪70年代末：有序展开

东北地区同全国一样，伴随着国民经济的恢复和建设的发展，为了加强文物保护，文物考古机构迅速筹建后，首先开展的则是对地上、地下文物的专题调查和普查，以此为基础，发掘和研究也逐步开展起来。在这当中就包括了对高句丽遗迹的调查发掘和相关研究工作。

1. 辽宁省的主要调查发掘

在辽宁省，1956年3月东北博物馆（1959年1月更名为辽宁省博物馆）文物队分两组分别参加桓仁水库、宽甸沙尖子水库淹没区的文物分布调查[13]。1956年、1963年先后两次对抚顺高尔山城进行了调查[14]。1956与1957两年秋季连续发掘了抚顺前屯、洼浑木两处17座高句丽墓葬，首次获得了一批中小型封土石室墓的资料[15]。1976年在抚顺县王龙公社后安镇又发掘了3座小型封土石室墓，迹象与上述墓葬相同[16]。开展工作比较多的还是在高句丽初期的都城所在地桓仁，继1956年春夏之交、1958年夏，先后两次对自桓仁县城溯浑江而上至富尔江流域进行调查和试掘之后，1958年下半年和1959年上半年对连江、高力墓子村两处的墓葬进行了连续发掘。总共发掘的44座墓葬中，积石墓34座，封土墓10座。通过这次连续几年的调查发掘，获得了该地区，尤其是高句丽早期墓葬的宝贵材料[17]。1960年在本溪小市曾发现三座墓葬，当年清理了一座，报告称之"晋墓"，墓葬类型和随葬品反映出包括高句丽在内的几种文化因素，另两座到1986年才得以发掘，属于小型封土石室墓[18]。

2. 吉林省的主要调查发掘

中华人民共和国成立后，高句丽考古一直是吉林省文物考古最重要的工作之一，主要地区集中在集安，20世纪50年代中叶就开始了对集安县、吉林市等地高句丽遗迹

的调查[19]。之后，调查与发掘工作则持续不断地同时开展起来。1956年在太王陵旁边发现了战国秦汉刀币、布币、半两、五铢等钱币；1958年在将军坟附近发现五铢钱币，在梨树园子南遗址（原名粮库遗址，亦称党校遗址）发现了珍贵的白玉耳杯、鎏金箭头和高句丽的瓦件、础石等遗物，在麻线610号大型积石墓中出土了多约200斤的五铢钱币[20]。1958年对集安东台子建筑遗址进行发掘，使我们对高句丽高等级建筑的结构和瓦件有了较清楚的认识[21]，同时对好太王碑、站前石柱（又称民主石柱）和丸都山城、国内城进行了调查、实测。1960年、1962年分别由通化地区同集安县和吉林省博物馆同集安县组成文物普查队，先后两次对集安全县文物进行了普查，其中包括对高句丽南、北道上的几处重要的关隘和城堡的调查；同时还清理了五盔4号、5号和通沟12号壁画墓，其中五盔4号墓的壁画保存得相当完整，色彩也非常鲜明艳丽[22]。1963年发掘了麻线沟1号壁画墓[23]。1963年9月，中朝联合考古队到集安调查，清理了好太王碑碑基和站前石柱柱基，对好太王碑进行了实测和捶拓；1964年在集安县城修建浴池时出土了"太宁四年"云纹瓦当，这是首次发现的具有明确纪年的瓦当[24]。1966年新发现了山城下332号、983号和万宝汀1368号三座封土石室壁画墓，随即进行了清理，同时对前几年发现的下解放31号封土石室壁画墓进行了测绘和著录[25]。1968年和1970年，两年集中发掘了700多座墓葬，其中包括重要的长川一号壁画墓，壁画中伎乐百戏、山林逐猎场面和拜佛图堪称诸墓壁画之佳作[26]。1972年发掘了长川2号壁画墓和万宝汀1078号积石墓，1974年发掘了禹山下41号方坛阶梯石室壁画墓[27]。1975年发掘了七星山1196号和万宝汀242号积石墓，并对过去打开过的洞沟三室墓进行了清理[28]。万宝汀1078号和七星山1196号两墓中出土的精美的鎏金马具，是研究高句丽马具的重要资料。从1975年开始，对国内城城墙连续进行了解剖，获得了国内城建筑年代和建筑结构的重要参考资料[29]。1976年、1979年配合农田建设和工程建设，在集安几个墓区先后清理了300余座中小型墓葬，获得了一批重要的基础材料[30]。1977年清理了中型规模的禹山1897号同坟异穴封土石室墓，墓中出土了完整的釉陶釜、盆和鎏金器残件[31]。70年代还对两座树有不见文字的小型"石碑"的中型封土石室墓山城下1411号和禹山下1080号进行了清理[32]。1978年在集安太平公社五道岭沟门出土了数件青铜器，同出的还有两件高句丽兵器中常见的铲形铁箭头，尽管该处遗迹是否积石墓，学术界看法不一，但是这组器物一向被大家所看重[33]。

3. 各项研究与保护

本阶段的研究工作，在上述调查发掘及其报告编写中已经开展的同时，其他单个问题研究和专题研究也开始起步。1949年朝鲜黄海南道具有永和十三年（公元357年）题记的安岳3号壁画墓发现不久，宿白先生即撰文对其墓主人冬寿进行了确切考证，几年后又有学者对墓葬发现和研究进展进行了介绍与分析[34]。平安南道辽东城冢发掘之后，俞伟超先生也撰文进行了专门考证[35]。对于高句丽壁画墓首先进行专题研究的，是杨泓先生发表的《高句丽壁画石墓》和1974年宿白先生编著的《三国—宋元考古》讲义（上）中的有关章节[36]。壁画内容丰富，绘制精美，很早就受到艺术工作者的关注，二十世纪五六十年代，朝鲜方面出版了以金镕俊《高句丽古坟壁画研究》[37]与朱荣宪《高句丽壁画古坟的编年研究》[38]为代表的系列研究成果。之后有学者对墓葬壁画中的乐器还进行了专门研究，有学者综合壁画图像和出土础石瓦件等遗物，对高句丽的建筑进行了考证[39]。

在文物保护方面，50年代从最基本的培土封闭入手，对集安壁画墓和大型积石墓的保护工作则成为当地文物考古部门经常性的任务。自1961年国务院公布全国第一批重点文物保护单位开始，各省、市、县也相继公布了自己的重点文物保护单位。吉林省集安"洞沟古墓群"就入选了全国第一批重点文物保护单位[40]。

还要提到的是，1972年吉林大学创办考古专业，这为包括高句丽考古在内的东北考古的进一步开展，增添了新的优势力量和人才培养基地。

（二）20世纪70年代末至20世纪末：快速发展

20世纪70年代末，全国进入改革开放和经济建设的新时期，包括高句丽考古在内的各种文化事业和学术研究同样进入新的发展阶段。不同学科的学会先后成立或恢复，各类学术刊物相继创办或复刊，出国参加国际学术会议和考察也逐步放开。1979年4月中国考古学会成立，10月，吉林省考古学会成立，1981年8月辽宁省考古博物馆学会成立。1983年和1986年，吉林、辽宁两省原省博物馆文物队先后分出成立文物考古研究所。20世纪80年代初，在国务院文件的指导下，辽、吉两省集中大量业务人员，进行大规模的第二次文物普查，以此为基础，编写了省、市、县文物志。其中吉林省编写的各市、县文物志48部，文字达600万[41]。吉林省文物考古研究所组织翻译编印的《东北亚历史与考古信息》，从1984年开始，连续至今已达60多期。黑龙江省博物馆于1991年编印《黑龙江考古民族资料译文集》，之后黑龙江北方文物杂志社组织翻译编印《东北亚考古资料译文集》，至今出版了近十集。所有这些，促进了高句丽考古的各项工作，尤其是研究工作的快速发展。

1. 辽宁省的主要调查发掘

辽宁省的调查发掘工作，主要集中于众多的山城方面。继以往调查之后，1983年起连续三年对高句丽西部重镇新城、即抚顺高尔山城进行了较大面积的发掘，发现了重要的高句丽建筑遗迹和丰富的陶器、铁器[42]。与此同时，还调查了沈阳石台子山城、西丰城子山山城、凤城凤凰山山城、海城英城子山城、大石桥海龙川山城、金州大黑山山城、丹东虎山山城,以及大连、岫岩、铁岭、新宾、开原等地的其他多处山城,有的还进行了试掘[43]。这些山城中,凤城凤凰山山城周长近16千米,据高句丽山城之首,是高句丽历史上有名的乌骨城,是自辽东至平壤途中至关重要的城址;金州大黑山山城是高句丽修筑在辽东半岛最南端的要塞;丹东虎山山城可能是高句丽扼守鸭绿江江口的泊汋城;唐出兵高句丽时的激战之地安市城,一直以来推测为海城英城子山城,近年又有学者推测为大石桥海龙川山城。

在墓葬方面,1989年发掘了凤城的两处积石墓群,墓葬规模较小,积石范围不规整,内部多为石室[44]。1991年发掘了雅河乡米仓沟"将军坟",这是在桓仁县发现的第一座封土石室壁画墓,其形制结构、壁画内容和出土釉陶器,和集安长川2号墓是基本相同的[45]。1994年对高丽(力)墓子村所余积石墓又进行了正式发掘,其结果再次证明该墓地的时代为高句丽政权建立之初[46]。

2. 吉林省的主要调查发掘

吉林省的调查发掘工作,主要集中在墓葬方面。20世纪80年代初为了配合鸭绿江老虎哨水电站建设,对相关几处墓群进行了清理[47]。1984年在县城西北85千米花甸乡和西南90千米古马岭村发现了新的墓群[48]。1985年清理了长川4号同坟异穴封土石室墓,墓中残留壁画[49]。同时在1985年的维护检查中,发现早年被打开的山城下方坛阶梯石室结构的"折天井"墓内仍留有壁画残迹[50]。20世纪80年代中叶,为了配合集锡公路建设(集安—锡林浩特),于禹山墓区之铁路北侧发掘了100余座墓葬,在墓葬形制结构和随葬品方面都有重要的发现[51]。1990年对太王陵墓室进行清理,发现了原意料不到的石椁,现已作了复原,当年还清理了国内城北门东侧的马面[52]。集安之外,对于吉林、延边、柳河、辽源等地的高句丽山城,在这期间也先后进行了调查[53]。1997年,经30年后,在1966年考察测绘的基础上,对集安洞沟古墓群进行了全面详细的复察测绘,之后不久公开出版了调查测绘报告,为进一步加强洞沟古墓群的管理、保护和研究提供了切实的基础[54]。1997年发掘了禹山3319号墓,这是迄今唯一发现的一座方坛阶梯积石砖室墓,而且留有壁画残迹,还出土了南方青瓷器[55]。1998年墓葬维修,在山城下墓区发现了1408号"基坛"(方坛)、1405号"阶坛"(方坛阶梯)结构的积石石室壁画墓[56]。与此同时,对于先后几次零星考察和发掘也进行了整理报道,其中在七星山墓区发现的封土墓修筑在积石墓上的迹象,很值得关注[57]。1997年至1999年对于包含高句丽文化遗存在内的通化万发脖子遗址(王八脖子遗址)连续进行了发掘,取得了重要成果,发掘报告于2019年出版。该报告把遗址八区自新石器至明代的遗址、墓葬等遗存划分为六期,其中第五期"魏晋时期遗存"和之前的第三、第四两期春秋战国至汉代的遗存,对于研究本地高句丽文化面貌及其与之前诸文化的关系,提供了重要实证和信息[58]。

3. 各项研究

本阶段的研究工作，同样是在上述调查发掘及其报告编写中已经开展的同时，其他单个问题研究和专题研究蓬勃发展起来，综合研究也开始起步。

（1）城址研究

城址研究主要是指都城和山城。关于高句丽都城研究，包括对都城中某一城址的考察和都城全貌的综合分析。前者如《高句丽丸都山城》[59]；后者有《高句丽初、中期的都城》《高句丽的都城》《高句丽的都城与疆域》《高句丽的城邑制度与都城》等[60]。高句丽都城的重要特点是山城和平地城相结合，如集安山城子山城与市区平地城、平壤大城山城与清岩里土城或安鹤宫，而《高句丽、渤海文化之发展及其关系》在谈到高句丽晚期都城中的长安城时，首次提出了该城的规划布局接受了中原北魏洛阳城的影响。与都城有关，《集安东台子建筑遗址的性质和年代》一文提出了位于国内城东侧的该建筑址很可能是四世纪末高句丽兴建的王室社稷和宗庙的新见解[61]。

高句丽城址中最常见的山城，随着调查及发掘工作的展开，也成为学术界讨论的重点之一。先后发表的文章有《辽宁高句丽山城初探》《辽宁境内高句丽山城的考察》《鸭绿江右岸高句丽山城综合研究》《辽宁高句丽山城再探》《高句丽山城研究》《吉林省内高句丽山城的现况与特征》《吉林市龙潭山山城考》等[62]。

与山城有关，对通往高句丽中期都城的南、北道和高句丽晚期的西部千里长城也进行了探讨[63]。其中在"千里长城"的起止地点方面存在较大分歧。一种观点认为是北起吉林省德惠松花江江边，南至营口渤海湾，另一种观点认为是北起辽宁省西丰城子山山城，南至大连大黑山山城。

（2）墓葬研究

高句丽墓葬分布广、数量大，其类型大部分为积石墓和封土墓两大类。积石墓的时代早，主要分布在我国境内，以集安最为集中。对于积石墓的研究，先后有《集安高句丽墓研究》《试论桓仁高句丽积石墓的类型、年代及其演变》《高句丽石墓的演进》《高句丽积石墓的类型和演变》《高句丽串墓的考察与研究》等文章[64]。研究中大家比较关注的是积石墓的类型，上述文章各自的划分，有相同也有不同。通过研讨交流，大家逐步认识到，划分积石墓类型既要考虑其外部结构，也要考虑其内结构。外部结构分为无坛、方坛和方坛阶梯，它们所代表的年代和等级方面的关系，大家的看法不尽相同，还可以继续讨论和具体分析；而内部结构划分的石圹和石室，属于墓葬年代早晚的区别，则在学术界达成共识。对于王陵级的大型积石墓，又有《千秋墓、太王陵和将军坟墓主人的推定》《集安高句丽大型积石墓王陵》等文，对其时代先后和墓主人进行了更为深入的探讨[65]。

高句丽封土墓的时代晚于积石墓，其数量并不比积石墓少，而且在我国境内和朝鲜皆有大量分布。此时期的研究仍多是通过对墓葬形制结构和壁画内容、布局的分析，去探讨壁画墓的年代、分期，以及高句丽社会生活的特点和变化。其中，《集安高句丽墓研究》在主要研究积石墓的同时，对集安高句丽壁画墓也进行了考察。《集安长川1号壁画墓》报告结语部分对之前发现的壁画墓进行了分期。笔者1994年出版的《高句丽考古》，集安壁画墓单立一节，表格内容和文字介绍分析在20世纪70年代北大讲义的基础上，又加丰富和细化。参与此项研究的还有《试论集安高句丽壁画的分期》《集安高句丽壁画墓的演进及分期》等论著[66]。对于上述研究，20世纪末有学者进行了总结梳理，方便了大家对此课题的了解和进一步研究[67]。高句丽民族能歌善舞，有学者对墓葬壁画中的舞乐形象进行了专门研究[68]。1989年文物出版社出版的《中国美术全集·绘画篇12·墓室壁画》，高句丽墓葬壁画是其中的重要部分。1976年末到1977年初，在朝鲜平安南道大安市德兴里发现并发掘了一座新的有明确纪年"永乐十八年"（公元408年）、有明确身份"幽州刺史"的高句丽壁画墓，引起学术界很大关注，80年代我国学者也先后撰文对其介绍和考证[69]。

（3）遗物研究、综合研究与保护

对于高句丽重要遗物的研究，好太王碑一直是中外学术界的关注点。从1981年开始，王健群、方起东对好太王碑进行了细致深入的考察，刘永智、王仲殊、耿铁华、徐建新、朴真奭等先生也先后发表论著，把好太王碑的研究推向新的阶段[70]。陶器是高句丽遗物中最常见的，20世纪80年代对陶器综合分期和典型器物四耳展沿壶的研究开始起步，之后有学者对陶器编年和分期进行了具体的类型学分析[71]。建筑瓦件中进行研究的主要是瓦当[72]。金属器中常见的是兵器和马具，研究的文章也比较多；在研究马具的同时，还涉及了当时中外文化的交流，通过排比得知，高句丽马具的发展，开始受到了鲜卑的影响，之后又影响到朝鲜半岛南部和日本[73]。1979年在韩国忠清北道中原郡可金面龙田里立石村村头发现了一通新的高句丽碑，称中原郡碑，之后我国学者也撰文作了介绍和考证[74]。

在综合研究方面，1984年中国社科院考古所编著出版的《新中国的考古发现和研究》中所收录的杨泓先生撰写的《高句丽墓葬的新发现》，对中华人民共和国成立后以来所发现的高句丽墓葬进行了系统总结和分析。之后，李殿福、孙玉良先生在韩国出版《高句丽简史》，书中引用了大量的考古材料[75]。笔者1994年出版的《高句丽考古》，是承担的教育部项目成果，同时也作为高校专业教材使用，主要内容分为城址（重点是都城）、墓葬和遗物三部分[76]。另，王禹浪、王宏北编著的《高句丽渤海古城址研究汇编》，是目前收集高句丽城址最多的著作，当然其中有不少城址的年代还需要进一步考证[77]。1997年哈尔滨出版社出版了孙进己编辑的《高句丽渤海研究集成》，比较全面地收录了之前学界发表的大量论文，为大家研究提供了方便。

在文物保护方面，1982年吉林省集安"丸都山城"被公布为全国第二批重点文物保护单位。1976年好太王碑原木构碑楼被拆除后，1982年动工修筑钢筋水泥的新碑楼，1983年竣工，著名考古学家夏鼐先生题写了匾额[78]。

二战后，日本学界的高句丽考古研究曾陷入低潮，经过数十年的蓄力，二十世纪八十年代以后一些重要研究成果开始涌现，町田章《古代东亚细亚的装饰墓》[79]中部分章节涉及高句丽壁画墓，而《高句丽的历史和遗迹》[80]与《高句丽考古学研究》[81]的相继出版奠定了东潮在研究史上的地位。

二十世纪七八十年代朝鲜的高句丽考古研究有较大进展，朱荣宪主编的《高句丽文化》[82]为当时的集大成之作。此外，1977年社会科学院考古研究所编写的《朝鲜考古学概要》、科学院出版社1979年出版的《朝鲜全史·高句丽篇》也较为全面地表达了朝鲜学界的学术观点。韩国对于高句丽考古的研究起步较晚，至二十世纪七十年代，研究的重点还主要停留在对墓葬、碑碣石刻的考订与文献的整理上，《韩国考古学概说》[83]（一志社，1973年）一书中对高句丽遗迹有专门介绍。

（三）21世纪初开始：新起点、新征程

本阶段从21世纪初开始，个别工作可上溯到20世纪末。本阶段我国高句丽考古的发展迎来新的高潮，从新的起点迈入新的征程。其主要标志和工作是我国"高句丽王城、王陵及贵族墓葬"世界文化遗产项目的积极申报和成功入选。成功入选是2004年在我国苏州召开的第28届世界遗产大会上实现的，但是项目的申报准备在几年前就开始了。同时参加这次申报和入选的还有朝鲜的"高句丽的壁画古坟"项目，所以这次高潮阶段还波及朝鲜半岛及日本。就我国而言，主要表现为以下三个方面：第一在调查发掘方面，首先是为了申报准备，辽、吉两省在桓仁、集安两地集中进行了大规模的调查发掘，并迅速出版了《五女山城：1996～1999、2003年桓仁五女山城调查发掘报告》《国内城：2000～2003年集安国内城与民主遗址试掘报告》《丸都山城：2001～2003年集安丸都山城调查试掘报告》《集安高句丽王陵：1990～2003年集安高句丽王陵调查报告》四大本考古报告*；之后以遗产保护和研究为中心，进行了一系列有计划的调查发掘；为此，文物管理部门委托相关单位和学者制定了高句丽调查发掘规划。第二，为了加强研究，有关高等院校和科研部门先后成立专门的高句丽研究机构，不同级别的研究项目也逐渐增多，专业人才培养和队伍建设迅速增长；在这当中，2004年发刊的《东北史地》又为此提供了新的园地。第三，内外学术交流扩大，国际学术会议及学者互访逐渐增多。

---

* 本书多处出现这几本报告，为行文简洁，以下多用简称。

1. 申遗调查发掘及其考古报告

我国"高句丽王城、王陵及贵族墓葬"世界文化遗产项目，共包括43个具体项目，桓仁五女山城是三个王城城址项目之一，工作量相当大。1996～1999年、2003年，辽宁省、本溪市和桓仁县的文物考古部门对五女山城进行了全面调查和四次大规模的发掘，发掘面积达5000多平方米。其中包括对山城的形制布局、城墙、城门、城内外道路、瞭望台、水源所进行的调查试掘和在城内所进行的大面积发掘。城内发掘发现了五个时期的文化遗存，其中第三期为高句丽早期文化遗存，年代在两汉之际，发现较大型建筑址1处和半地穴建筑址4处，出土陶器中最具特色的是竖耳罐，还发现西汉五铢和大泉五十铜钱各1枚。第四期为高句丽中期文化遗存，年代在4世纪末至5世纪，该期遗迹丰富，发现较大型建筑址2处和用于驻兵、哨所和居住的建筑址30多处；这些建筑址多为半地穴，其内多有类似"火炕"的取暖设备；出土陶器中横桥状耳流行，出土铁器有各种生产工具和兵器，其中铁镞数量最多。上述调查发掘全部成果，皆收录在《五女山城》报告之中。多年来学术界在探寻高句丽政权初期王城的过程中，五女山城一直是大家最为关注的目标，本批成果为此提供了重要的实物说明。

五女山城之外，"高句丽王城、王陵及贵族墓葬"世界文化遗产其余42个具体项目都在集安[84]，所以当时吉林省在集安集中了多方面的文物考古人员，进行了比桓仁更多的调查发掘工作。《国内城》报告收录的是2000年、2001年、2003年国内城的调查发掘成果。三年之中，城内外发掘面积达8000多平方米，包括北城墙解剖，城角、城门、马面、西城墙北段外侧排水涵洞、城内多处地点和城东民主遗址的清理等。北城墙解剖再次证明主城墙内侧有高句丽时期二次增修的城墙。马面的清理再次证明马面与外侧下部呈阶梯内收的石砌城墙为一次性建筑。发掘出的北城墙西门址是新发现的一处高句丽时期的门址。西城墙南门的清理，其形制与1914年关野贞发表的示意图是一致的，说明该示意图保留了较多的原始信息。西城墙北段外侧的排水涵洞，继以往工作后进行了全面清理，发掘报告认为涵洞所在曾是高句丽时期西城墙所经之处，涵洞是城墙下排水用的。涵洞所对现西城墙之交点的南侧，此次清理发现一小段西折墙基，发掘报告认为是一处马面残迹。而对照上述1914年的示意图，后来笔者撰文认为此处两者组合应是一处瓮城所在，排水涵洞是瓮城城墙下排水用的[85]。城内发掘的多处地点，由于受现代建筑的影响，遗迹多不完整，其中位于城址中部的体育场地点，发现了4座规模较大的建筑址，不仅出土了云纹、莲花纹、兽面纹、忍冬纹瓦当，还出土了龙纹砖，说明其等级较高，当时的王宫应在这一带。城东民主遗址西距国内城1.5千米，北距五盔坟墓区0.5千米，南约0.6千米为鸭绿江，此次发掘面积3000多平方米，分为几个院落，保存相当不好，极少出土建筑构件，发掘报告认为此是一处未完成的大型建筑基址，其性质用途尚不明确。

《丸都山城》收录的是2001～2003年对丸都山城的测绘、调查和发掘的成果。发掘的有1～3号门址、大型宫殿址、瞭望台、蓄水池等多处地点。新测绘的山城地形图和遗存分布图，为今后的工作提供了准确的数据和方便。城墙调查发现的补筑迹象，可与文献记载相互比较印证。山城城门至此发现7座，发掘的3座中，1号门址系山城正门，位于城址南墙，面对通沟河河谷和不远处的国内城。这是一处内瓮城门，通过发掘，残存门道两侧的城墙结构和排水涵洞清楚地展示出来。位于1号城门西侧的2号门址同样是瓮城门，其瓮城门出口偏向一侧，不同于1号正门。大型宫殿址位于正门内东北侧的山坡上，虽然多年来已为大家所见所知，而正式发掘还是这次工作完成的。通过大面积的全部揭露，整体宫殿址的范围大小、坐东朝西依地势高低所筑成的四层台基、每层台基上的建筑布局与结构等，也都比较清楚地展示出来。瞭望台石块多年坍塌散落，通过这次清理，基本明确了其构筑原貌。蓄水池同样是通过这次清理知道了其深浅大小与结构。宫殿址、门址出土了大量的莲花纹、兽面纹、忍冬纹瓦当，为丸都山城研究和高句丽瓦件研究提供了丰富的资料。

高句丽政权于公元3～427年以今集安为都时期，从第二位琉璃明王到第二十位长寿王共经历了十九位王，他们都把集安作为安葬之地。经多年考察和研究，这些王陵除个别外，皆为大型积石墓。吉林省文物考古部门于1990年对太王陵墓室进行了清理，1997～1998年又对将军坟和好太王碑进行了测绘，对将军坟2号陪葬墓和将军坟祭坛进行了清理。2003年经过全面细致的调查，共确认了包括太王陵和将军坟在内的13座王陵和11座待核实确认王陵，并对13座确认王陵进行了正式发掘。《集安高句丽王陵》报告将上述成果皆收录在内。13座确认王陵的发掘报告都是独立成篇的，从墓葬内外的形制结构、相关遗迹到出土遗物，都进行了详细的介绍和分析。《集安高句丽王陵》报告在13篇独立报告之后，又对大型积石墓王陵的特征、年代和分期等问题进行了综合分析和归纳总结。多年来，集安大型积石墓王陵一直是高句丽考古和历史研究的重要课题之一，但是以往的考古工作多限于一般调查。此次大规模的调查发掘，为该项研究提供了空前丰富的资料和认识，将该项研究推向一个新的阶段，因而《集安高句丽王陵》和上述几本报告一样，也将成为今后高句丽考古与历史研究中不可或缺的必备著作。

为了配合申遗，2004年3月创刊的《中国文化遗产》2004年总第二期·夏季号，刊登了以《高句丽王城、王陵及贵族墓葬》为总题目的成组文章，系统介绍了高句丽的历史和桓仁五女山山城、集安国内城、丸都山城、集安高句丽王陵及贵族墓葬的保存与发掘情况[86]。

2. 申遗之后辽宁省内的主要调查发掘

申遗之后，辽宁省的高句丽考古工作仍在有计划地持续进行，主要集中于山城和墓葬两方面。沈阳石台子山城于1990年、1991年小范围试掘之后，1997~1998年、2000~2006年连续进行了大规模的清理和重点发掘，其间2002~2004年还对山城附近的墓葬进行了发掘，在发表几期简报及相关研究之后，2012年出版了《石台子山城》大型报告，将历次发掘成果皆收录其中[87]。2002年在本溪市平顶山发现了一座古代山城，2008年经详细调查，被确认为高句丽山城，是与桓仁五女山城的地势非常接近的"山顶型"典型山城[88]。2005年调查大连庄河城山山城，该城分为前后两城，以夹河相隔，相距1.5千米，前城周长3112.5米，基本呈"簸箕型"，后城周长4650米，系"筑断为城"型[89]。之后，对于营口、铁岭等地的山城，也有学者相继进行了考察和论述[90]。在以往调查的基础上，2008~2009年对高句丽早期山城桓仁高俭地山城的北门址、城墙内侧坡道和一处马面进行了发掘[91]。被推定为建安城的盖州青石岭山城，从2015年开始进行了有计划的调查、测绘和发掘，位于城内中部的高台和台下南侧的大型建筑址已全部揭露，2017年发表了阶段性的报告，而发掘工作还在继续进行[92]。在开源又发现了新的高句丽山城西龙湾山城[93]。在沈阳地区距石台子山城4千米和5.3千米处也调查发现了两座新的小型山城，因为没有发现明确的高句丽遗物，所以它们是否高句丽山城还有待工作[94]。

抚顺施家墓群在21世纪初发现和发掘，2007年报告发表，其中一座封土石室墓中残存壁画，这是迄今在辽宁省发现的第二座高句丽壁画墓[95]。桓仁县城西侧浑江对岸之望江楼高句丽早期积石墓，多年来经几次调查，近年进行了发掘，有学者推测高句丽始祖朱蒙的墓葬就在此处[96]。2006~2007年发掘的桓仁县冯家堡子积石墓，其类型有无坛石圹和石室、有坛（方形或长方形）石圹和石室，此为考察高句丽积石墓的类型与演变提供了典型的例证[97]。2007年开始的第三次全国文物普查，在各地县复查和新发现了不少高句丽遗迹，其中在新宾县境内发现的积石墓材料已公开发表[98]。

与高句丽有关，辽宁省在本阶段还完成了对新宾永陵南城址的发掘工作。新宾永陵南城址位于新宾县境内二道河注入苏子河河口的左侧，是一座土筑的小型平地城址。该城址自20世纪40年代发现后，引起学术界很大关注，并经多次调查。辽宁省文物考古研究所于2004~2008年连续进行了五年大规模的发掘，并于2017年由文物出版社出版了《永陵南城址发掘报告》，确定了该城址为玄菟郡高句丽县县治和玄菟郡第二郡治（公元前82~公元107年）所在。发掘报告将时间先后不同的众多文化遗存划分为五期：第一期为青铜时代晚期；第二期为西汉时期，该城址始筑于此时期；第三期为东汉时期；第四期（又划分为前后两段）为魏晋十六国时期，之后该城址废弃不再使用；第五期为辽金时期。在第二、第三、第四之三个时期内，中原文化一直是连续不断，高句丽文化从第三期开始出现，与中原文化交叉并存，至第四期后段则明显增强，反映了汉魏晋十六国时期中原王朝对该地区的开发、管辖和高句丽势力向此渗透扩张的历史背景。在第二期、第三期和第四期前段的出土遗物中，发现了大量的板瓦、筒瓦和瓦当。瓦当的纹饰有文字、不同纹样的云纹和莲花纹，为探讨莲花瓦当的纹饰起源提供了重要参考。

3. 申遗之后吉林省内的主要调查发掘

申遗之后，吉林省的高句丽文化遗产保护任务重，调查发掘工作做得也比较多，对此已有学者作过总结[99]。在这当中，国内城及其相关的工作和发现受人关注。国内城内由于被现代建筑全覆盖，所以只能做一些小型试掘[100]。2009年、2011年通过对国内城南墙和东墙进行的多处发掘，则发现了一系列有关国内城修建过程的重要迹象[101]。20世纪70年代国内城城墙试掘，在南城墙两处和北城墙一处解剖中，都发现在石墙下有一道弓形"土垄"，并推断该"土垄"为早于石城墙的土墙，是国内城的最初基础[102]。上述《国内城》报告根据其发掘曾对此提出怀疑。而这次发掘对东墙的解剖，认为石墙下的土筑部分是石墙内部的土筑墙芯，和石筑城墙为一次性建筑，其年代不早于4世纪初前后。20世纪70年代发掘此"土垄"中出土的陶片，器形是高句丽早期典型的竖耳罐，而这次发掘土筑部分中出土的陶片多见横耳器，因此年代产生明显区别。国内城石墙下"土垄"之结构、年代和性质的认定，对于国内城的修建过程及高句丽的二次迁都过程，都有很大的影响，继续考察还是必要的。

与此相关，在集安市东北约45千米之鸭绿江右岸曾有一座古城，即良民古城，1964年开始淹没在云峰水库之中，2004年有学者对该城进行了专门采访考察，并将其定为高句丽重要古城，而且在2006年就水库大坝维修、库区水位下降之机，文物考古部门对库区墓葬进行了集中调查和发掘，共发现墓葬2753座，发掘73座[103]。《三国史记》记载，3世纪中叶由于毌丘俭攻破丸都山城，高句丽王"以丸都经乱，不可复都，筑平壤城，移民及庙社"，有学者认为良民古城即此平壤[104]。

集安的其他遗址与城址工作，2010年发掘了国内城西边麻线乡建疆村的建疆遗址，其年代为高句丽早期，遗址等级不高，但值得关注[105]。2013年对丸都山城南门瓮城的城墙和角台进行了全面清理，其规模之大和气势之宏伟绝非一般山城所能比，期待正式发掘报告早日发表[106]。集安之外，通化自安山城2004年再次调查与测绘，2007~2008年对两处门址、一处涵洞和中部房址区进行了发掘，并推定该山城的始建年代不晚于公元3世纪，废弃年代约4世纪末5世纪初[107]。柳河罗通山城是由左右两座城址组合在一起的，2006~2010年、2012年对主城西城的北门、西门及相关遗迹进行了清理，并发现了两处新门址，为山城的保护和展示提供了依据[108]。2012~2013年对吉林龙潭山城进行了全面的调查和勘探，东墙解剖明确了其土石混筑的具体结构，西门初步清理，得知其为墙体错位式结构[109]。

在墓葬方面，2003年发掘或再次发掘的禹山540号、2112号、黄泥岗大墓和山城下1号、145号几座大中型方坛阶梯积石墓，分别被《集安高句丽王陵》报告定为王陵或待核实确认王陵，其单独发掘报告在2009年都予以发表，这是一批高等级墓葬的重要资料，其中在禹山2112号墓上出土了与太王陵所出花纹相似的瓦当，是不多见的发现[110]。2003年对将军坟西南建筑遗址进行了清理，该遗址面积较大，保存不好，出土了丰富的板瓦、筒瓦、瓦当、当沟等瓦件，但不见日用陶器，该发掘为全面考究将军坟提供了新的重要信息[111]。2008年对集安禹山1041号方坛阶梯石室壁画墓和麻线1号封土石室壁画墓重新进行了清理，对被定为待核实确认王陵的禹山901号大型方坛阶梯积石墓和被推定为东川王王陵的蒿子沟1号之阶墙结构的大型方坛阶梯积石墓进行了发掘，更加丰富了高等级墓葬的资料[112]。低等级墓葬方面，2005年对于通化市区、通化县、集安市交界处而主要分布于通化县境内之浑江沿岸的江沿遗迹群进行了调查，其中包括数十座高句丽墓葬；2010年在以往发掘过的麻线上和龙墓群附近，又新发现了一处小型积石墓墓群；2011年对于集安通沟河支流小青沟河一侧的太王镇红石村的积石墓群进行了部分发掘，其中除一座为中型方坛阶梯石圹结构外，其余多为小型无坛无圹[113]。

另，溯鸭绿江而上，1986年在长白县干沟子村附近发现了一处积石墓群，2001年清理了其中的7座。墓葬以大小不等的河卵石和山石垒筑，呈圆形、半圆形和扇形三种。每座墓葬由主墓坛和几个续墓坛组成，墓坛之上筑墓圹。出土遗物中出现"半两""一化"铜币。发掘者将墓葬年代推定为战国至西汉，并与旅大地区的积石墓葬相联系[114]。探求高句丽积石墓的渊源，该墓群值得关注。

2012年在集安麻线新发现了一通高句丽碑，很快引起了国内外学术界的关注和讨论。其形制为常见的圭形，主要内容是对高句丽王陵之守墓规定的告诫。但是由于该碑保存不如好太王碑，有的文字缺失，有的文字模糊不清，各家识读区别较大，因而使该碑的刻立主体和时间等重要问题，迄今学术界仍存在较大分歧。争议的主要问题之一是对碑文中出现的"国罡上太王"的解释，多数学者认为此是指高句丽第19位王好太王，但是"国罡上太王"是否谥号，又有不同看法。有的学者认为"国罡上太王"不是谥号，因而推定该碑是好太王在位时刻立的，比较多的学者认为"国罡上太王"是谥号，因而推定该碑是好太王之后高句丽第20位王长寿王在位时刻立的[115]。

此外，近年来延边大学与朝鲜方面合作，相继清理了玉桃里壁画墓、湖南里壁画墓、甫城里壁画墓等多座高句丽壁画墓[116]。

4. 各项研究

同前边两阶段一样，本阶段的研究工作在调查发掘及其报告编写中已经开展的同时，其他单个问题研究和专题研究的数量与质量，都有明显提高，尤其是专题研究的提高更为突出，同时综合研究也有发展。

（1）城址研究

城址研究同样主要是指都城和山城。在都城研究方面，对于国内城石城墙之下"土墙"的讨论，仍然在继续。上述《国内城》报告和之后的解剖，基本上否认了"土墙"的存在。王志刚在其博士论文中对此又作了综合论证。李健才先生也曾对此"土墙"提出过怀疑，2004年又撰文认为是"公元247年在国内修筑的平壤城"[117]。另有学者认为该"土墙"是在高句丽政权建立之前由高句丽人修筑的土城，是桂娄部的部族中心，还有学者认为此"土墙"的年代可早到战国晚期，是辽东郡塞外的一个据点[118]。看来该问题的讨论还要继续下去，最好是结合有针对性的再发掘进行综合分析，会有新的发现和突破。

对于丸都山城，有学者先是研究了丸都山城出土的瓦当，认为其年代在4世纪末至427年，之后又对丸都山城宫殿址出土陶器、莲花纹瓦当、马具中的步摇饰件和宫殿址附近的墓葬类型进行分析，认为该宫殿是在公元342年慕容皝攻破丸都后修筑的，晚于《丸都山城》报告所推测的修建于3世纪中叶之后、毁于慕容皝攻破丸都之时的时间[119]。此问题关系到丸都山城的修建、沿用乃至高句丽二次迁都的过程，伴随着今后田野工作的开展，应继续加强研讨。该作者对于宫殿址中的八角形建筑址也进行了分析，认为与佛教建筑（如佛塔）相关，这也是学术界的共同看法；从建筑布局和具体功能考虑，该建筑在整座宫殿址中的地位和关系，应是以后深入探讨的。

文献记载高句丽以集安为都期间，通往辽河流域有南、北两条道路，其具体走向一直是学术界探讨的重要问题之一。笔者通过梳理和总结后发现，至今学术界先后提出六条道路，其中有一条道路是各家都选用的，即是溯苏子河河谷东行，过木奇镇（多位学者将木底定在此处）、永陵、新宾县城，到新宾县东界旺清门，顺富尔江南下，过浑江，再沿新开河东南行，越老岭沿麻线河到集安。而对于这条道路，讨论中有的认为是南道，有的认为是北道。希望对此南北道和高句丽其他交通道路，以后列专项进行全面调查和研究[120]。

关于高句丽山城，2002年笔者在文物出版社出版的《高句丽遗迹》，属于综合著作，其中专门立了山城一章，对分布于我国境内和朝鲜境内的高句丽山城作了详细的统计和系统的分析，后来又陆续作了一些补充和调整。2002年王绵厚先生在文物出版社出版的《高句丽古城研究》，其研究对象主要是山城，对于与山城相关的都城、城邑制度等问题也都作了深入分析。再后，张福有、孙仁杰、迟勇三位学者连续几年对辽、吉两省大量的古城进行了实地调查，2017年由吉林文史出版社出版《高句丽古城考鉴》。该书收录我国境内高句丽古城114座，其中绝大多数是山城。其内容包括详细的古城介绍分析、专题考证和地表遗迹、遗物及考察过程的各类照片。上述著作，尽管对高句丽山城的统计存在差异，但是为近年来山城的深入调查发掘和研究都提供了重要参考。

对于朝鲜境内的高句丽山城，延边大学学者利用留学、出访等机会进行了考察和研究，2003年其成果在国内发表[121]。2010年吉林大学毕业的韩国留学生郑元哲撰写的博士论文《高句丽山城研究》，研究的对象不仅包括中国境内的高句丽山城，同时也包括朝鲜与韩国境内众多的山城和城堡，该论文于2017年在韩国公开出版。

高句丽山城石城墙墙顶之女墙内侧，多见小型石洞，其作用说法不一，有学者再次对其进行了考证[122]。还有学者对西丰城子山、铁岭催阵堡两山城内的大小地穴、半地穴建筑址进行了考察和研究[123]。

通过上述系列论著和前边所介绍的各项调查发掘，今天我们对高句丽山城在各地的分布、规模、类型及其各类建筑和设施等都有了比较全面的了解和掌握。

对于和山城相关的"千里长城"，讨论还在继续[124]。在此基础上，张福有、孙仁杰、迟勇三位学者自2008年开始，利用两年时间，北起松花江江边，南起营口，进行了全线调查，于2010年由吉林人民出版社出版《高句丽千里长城》，发表了大量照片和对各处地表遗迹的介绍分析。紧接着，2010～2011年，吉林省文物局组织专业人员对省内长城逐段之长度和墙体高宽等，进行了详细的调查、测绘，并选择两处地点进行了解剖，所有材料收录在2015年由文物出版社出版的《吉林省长城资源调查报告》中。以上调查、解剖和分析，基本上确定了"千里长城"起止地点和走向，为今后全面深入的研究奠定了基础。

另，高句丽曾在辽河以西设有一个据点，称武厉逻，隋出兵高句丽拔之设通定镇，645年唐出兵高句丽仍由此渡辽水。武厉逻在何处，学术界看法不一，有学者对其进行了调查和考证[125]。

（2）墓葬研究

高句丽墓葬数量多，类型复杂，总体分为积石墓和封土墓两种。积石墓流行于高句丽前期，积石墓的类型与起源一直是大家探讨的课题之一。《辽东地区积石墓的演变》广泛讨论了辽东地区石结构墓葬的类型和演变关系，认为高句丽早期积石墓源于大连地区的积石墓[126]。其研究框架和思路很有启发性，应继续扩展和深化。该文把长白干沟子积石墓作为辽东地区石结构墓葬演变的一个中间环节，之后，又有学者对长白干沟子积石墓的文化性质进行具体探讨，认为"干沟子积石墓形态应当源自旅大地区，其在鸭绿江中游地区的出现与以赵地汉人为代表的人群从旅大地区向北迁徙密切有关"[127]，则很有新意。

封土墓内部皆为石室，故又称封土石室墓，封土石室墓是在积石墓后期吸取周邻文化因素形成的新墓制。对此，吉林大学王培新教授在发表《高句丽封土石室墓文化渊源之乐浪因素初探》文章之后，2007年出版《乐浪文化——以墓葬为中心的考古学研究》，这是我国对乐浪文化研究的首部考古著作。该书全面分析和研究了乐浪墓葬的类型与分期年代等问题，而且还专门讨论了乐浪墓葬对高句丽墓葬的影响[128]。

在大型墓葬中，对于王陵的研究一直是学术界关注的重要课题[129]。张福有、孙仁杰、迟勇三位学者通过实地调查，于2007年出版《高句丽王陵通考》和《高句丽王陵通鉴》，将28位高句丽王的陵墓与现存墓葬逐一进行了对应和介绍考证；孙仁杰、迟勇多年在集安工作，于2007年出版了《集安高句丽墓葬》，对于集安的几个高句丽墓群、多座大型王室贵族墓葬，以及自己多年的考察想法，进行了详细介绍和归纳总结[130]。这三部著作为今后此类课题的研究深入，都提供了翔实资料和重要参考。

壁画墓研究同样是学术界始终关注的重要课题。对于中国境内的高句丽壁画墓，《集安高句丽壁画墓与辽东、辽西汉魏晋壁画墓比较研究》和《东北地区公元2~6世纪墓葬壁画研究》在以往的研究基础上再加详细的分析排比，并放入大的历史阶段与地区中进行整体比较分析，研究内容和研究视野得到了进一步充实和拓宽[131]。之后又有学者发表文章，把以壁画墓为主体的高句丽石室墓的形制结构作为主要研究对象，用类型学的方法对其起源与发展阶段进行了广泛而有针对性的探讨[132]。

高句丽壁画墓分布于中朝两国，2008年耿铁华教授的《高句丽古墓壁画研究》由吉林大学出版社出版，共收录壁画墓115座，其中中国境内38座，朝鲜境内77座。全书对壁画墓的发现、研究历程和保存现状进行了系统回顾和详细介绍，对壁画墓的年代分期、所反映的社会问题和文化渊源等，都分章节做了分析考证。之后，有文章对朝鲜境内高句丽壁画墓的发现、研究过程和壁画墓的分布、形制及壁画主题再次进行了梳理和介绍分析，所统计的壁画墓又增加了几座，达80多座[133]。

高句丽墓葬壁画内容丰富，从不同方面、不同角度开展专题性的考察分析，仍然是大家所关注的课题[134]。2015年出版的《高句丽服饰研究》，主要利用墓葬壁画资料，并结合文献记载对高句丽本民族的服饰及传入的中原服饰等都进行了仔细的梳理和考证，在壁画专题研究方面实现了突破性的进展[135]。之后，2019年出版的《集安高句丽墓壁画的音乐考古学研究》，以其音乐专业知识，详细介绍分析了壁画中各类舞乐和乐器的特征、组合及其流传、影响，进一步加深了人们对高句丽"喜歌舞"之文化艺术和社会生活的认识[136]。

在图录方面，2012年出版的《中国出土壁画全集》（8）"辽宁·吉林·黑龙江"卷，收录了桓仁米仓沟"将军坟"、集安角觝、舞踊、三室、长川1号、五盔4号等墓的精美壁画，为大家研究提供了方便[137]。

对于具体墓葬研究，由于申遗以来的调查发掘又发现了新的遗迹遗物，于是又有文章对千秋墓、太王陵、将军坟的墓主人展开讨论[138]。《集安高句丽王陵》报告曾推测集安五盔坟大型封土石室壁画墓是高句丽晚期的权贵泉氏家族的墓地，于是有学者在以往出土资料和前人整理的基础上，对葬于洛阳的泉氏墓地和相关墓志进行了实地考察和研究，使该问题得以澄清[139]。那么集安五盔坟的墓主人是谁，有学者提出是高句丽迁都平壤后的几位王回葬集安的陵墓，于是这又引发了学者之间的讨论[140]。该问题由于涉及集安和平壤两地的大型封土石室壁画墓，希望今后在两地壁画墓的共同研究中逐步得以解决。

与考察泉氏墓地有关，近年来陕西师范大学拜根兴教授利用西安和洛阳出土墓志研究高句丽、百济移民，做了大量工作，2012年由中国社会科学出版社出版了《唐代高丽百济移民研究》专著。

对于过去发掘并发表过的墓葬，有文章又重新进行了讨论，其中有大中型积石墓禹山2112号（待核实确认王陵）、禹山540号（待核实确认王陵）、七星山96号，积石石室壁画墓禹山41号，封土石室壁画墓通沟12号和朝鲜境内的高山洞7号、药水里壁画墓，讨论的内容主要集中于墓葬的年代及相关问题[141]。

与王陵有关，关于好太王碑的研究，2001年出版了专项考证的《好太王碑拓本研究》，2003年出版的《好太王碑一千五百八十年祭》，则对好太王碑的发现、研究历程作了系统的回顾和总结[142]。对于新出集安麻线碑的释读和研究，在前边调查发掘中已作介绍，这里就不再重复。

（3）遗物研究等

在出土遗物方面，瓦件、陶器和金属器始终是研究的重要课题。在上述学者具体研究丸都山城出土瓦当之前，则有学者对高句丽瓦当进行了综合考察，对集安出土的文字瓦当和卷云纹瓦当进行了收集整理和类型、年代方面的分析排比[143]。还有学者对集安禹山M3319发现的一枚卷云纹铭文瓦当之铭文进行了释读和复原，并由此推断该墓年代为4世纪中叶[144]。

陶器的发现最为普遍，而且是高等院校研究生毕业论文常选的课题之一[145]。2015年出版的《高句丽陶器研究》，原稿是作者的博士论文，这是国内该项研究中的第一本专门性著作。此书将我国与朝鲜半岛出土的高句丽陶器作了比较全面地收集和分析，为今后该项研究的继续深化奠定了基础[146]。高句丽陶器中有一种高度在1米以内的筒形器，上下均中空不封口，过去称其为仓，近年有学者考证认为是烟囱，很有启发[147]。

金属器中，金属带具带饰是学者经常研究的课题[148]。太王陵所出铜铃的铭文"辛卯年好太王□造铃九十六"，对于中间模糊不清之字，学术界看法不一，有学者发表了自己的考证结果[149]。

高句丽的佛教是公元4世纪自中原传入的，高句丽的佛造像在我国和朝鲜半岛都有发现，经有关学者考证，其造型风格与北魏佛造像是一致的[150]。高句丽佛寺在朝鲜半岛发现较多，我国境内一直没有确切发现。最近有学者对吉林省珲春古城村1号寺庙址历年发现的佛像和瓦件进行了整理和考证，认为这是"始建于高句丽以国内城为都之时"的佛寺，引起了学术界的关注[151]。

在上述研究中，这些年来有关高校和研究部门的硕士、博士研究生以高句丽考古为选题，撰写了若干篇毕业论文，在资料收集整理和分析研究各方面，都有不少突破和创新，是一批很值得重视的研究成果。这些论文中，有一部分已陆续公开出版，本文尽量做了收集，其他还未公开出版的，有的可以在网上查阅到。其中有的学者还以朝鲜半岛的材料为主要对象，做出了可喜的研究。2009年吉林大学赵俊杰的博士论文《4～7世纪大同江、载宁江流域封土石室墓研究》属于该课题的专门研究，王飞峰2013年在韩国高丽大学留学完成的博士论文《高句丽瓦当研究》，比较全面地收录和考证了朝鲜半岛发现的大量实物。

进入21世纪，随着参与过1949年以前高句丽遗迹发掘的老一代研究者逐渐故去，日本高句丽考古研究后继乏人，著作以《乐浪与高句丽的考古学》[152]《壁画古坟的研究》[153]较有影响力，中青年学者逐渐开始转向马具、装身具等器物的专项研究。

此时期朝鲜学界先后涌现出《高句丽古坟研究》[154]《高句丽的城郭》[155]《高句丽遗物研究》[156]《高句丽的壁画保存》[157]等较有代表性的论著，韩国的主要研究专著则有《高句丽山城与海洋防御体系研究》[158]《高句丽古坟壁画研究》[159]《高句丽南进政策研究》[160]《高句丽城研究》[161]等，2007年出版的《韩国考古学讲义》[162]中也辟有专门章节介绍高句丽考古。2020年，李道学出版了《高句丽都城与王陵》[163]（学缘文化社，2020），同年姜贤淑、梁时恩与崔钟泽这三位韩国最具知名的高句丽考古研究者合著的《高句丽考古学》（Jininjin，2020）出版，集中铺陈了目前韩国学界对于高句丽考古的基本观点与认识[164]。值得注意的是，韩国学术界将高句丽、渤海视为国史，上世纪末成立"高句丽研究会"与"渤海研究会"（后合并为"高句丽渤海研究会"），定期召开国际学术会议，出版有目前东亚唯一的专业学术辑刊——《高句丽渤海研究》。21世纪初，韩方成立了官方的"高句丽研究财团"，后扩大为"东北亚历史财团"，主要聚焦于包括高句丽、渤海在内的东北亚历史的研究。

三、结　语

通过以上回顾和总结，对于以往的调查发掘和研究工作，高句丽遗存的分布、内容和文化特征，以及今后考古工作的继续发展，我们都有了比较清楚的了解和认识。

和其他考古工作相比，我国境内的高句丽考古工作开展得要晚一些，至今也就百余年。开始以外国人为主，而大量的工作是新中国成立后由我国几代的文物考古工作者进行的。20世纪70年代之前，主要是从文物保护和文物普查入手，结合农田改造和城乡建设，进行小型发掘为多，地点也是主要集中于桓仁和集安两地。此时期的研究工作多是结合调查发掘局限于单个问题研究。70年代末开始，调查发掘的地区在以桓仁、集安为中心的同时，向西、向北逐渐扩展，并主动组织了几项规模较大的调查发掘。在研究方面，单个问题研究、专题研究蓬勃发展，综合研究开始起步。21世纪初开始，以申遗为契机，桓仁、集安两地集中开展了几项空前的大规模调查发掘，出版了几部大型报告；之后的调查发掘工作，一是配合遗产保护，二是加强计划，突出重点，均有新的进展。在研究方面，课题意识增强，单个问题研究和专题研究，尤其是专题研究有了比较快的提升，综合研究也在发展。

也正是通过上述调查发掘和研究，我们了解到高句丽遗迹主要包括王城、山城和墓葬等，遗物主要包括陶器、瓦件、金属器和马具等。每种遗迹和遗物中，又可划分出不同类型。和朝鲜半岛地区相比，分布于我国境内的高句丽遗存，类型最全；其数量，只有壁画墓在朝鲜发现的多于我国，其他类型皆是我国境内发现的多；遗存的年代，我国境内的高句丽遗存持续的时间最长，自高句丽民族的起源开始，贯穿了高句丽政权的始终。

具体分析这些不同类型的遗存，从中可以清楚地看到高句丽本民族、本地区的文化特征及其与周邻民族、周邻地区，尤其是与中原地区的交流。比如分布在各地的大小不等数以百计的高句丽城址，其突出表现就是绝大部分为山城，反映在王城上，则长期是山城与平地城的结合，而到高句丽晚期，则山城和平地城合为一体，并分割出王室、官府和平民的不同区域。比如墓葬，高句丽本民族的墓葬是不同类型的"积石为封"的积石墓，分布于集安的十几座大型积石墓王陵则是其突出代表。4世纪开始，积石墓逐步演变为封土石室墓。以封土石室墓为主体的壁画墓是高句丽墓葬的又一突出代表，其壁画内容和风格，同样可以看出不同文化的共存和交融。高句丽遗物中，四耳展沿壶是本民族陶器的典型代表，其中有的饰以黄绿色釉，当然是中原技术传入的结果；盛行于高句丽的马具，开始也是接受了辽西地区鲜卑的影响，之后又影响到了朝鲜半岛南部和日本。高句丽文化对中原的传播同样在发生，隋唐皇室的乐舞中就包括高句丽乐舞。

今后考古工作的开展，从总体上看要加强规划、提升课题意识、突出重点、深入发展。为此，前几年有关文物考古部门已经组织制订了相关规划，可以作为参考，当然该规划在实施过程中还要不断充实完善。

调查发掘在配合遗产保护、各项基本建设的同时，要组织力量有步骤地开展一些专题性的工作，比如几座王城的具体修建过程和年代，众多山城的测绘、调查和重点发掘，交通道路的调查，大型积石墓王陵的地面建筑与设施等。研究工作在多年发掘调查之资料积累和众多单个问题研究的基础上，要把专题研究放在首要位置，选准课题、逐个突破。该工作可以和当前各类项目的申报结合起来，组织队伍，做好规划和落实。与此同时，综合研究也要加快进行，尽快建立起我国学术界的高句丽考古的学科体系、学术体系和话语体系，并不断完善提高。

其他还有三点要注意的，一是要注重多学科的交叉结合，二是要随时关注国外的重要发现和研究进展，三是要加强该项工作的人才培养和队伍建设。

附记：本文原是笔者正在增订的《高句丽考古》绪论中的一节，应《中国考古学百年史》编辑部邀稿，载入该书第三卷上册（中国社会科学出版社，2022年）。出版前后和编辑部联系，都是由赵俊杰博士去做的，而且按编辑部意见，赵俊杰博士增添了外国学者的相关研究内容和文后"大事记"，同时我们还选送了一些线图和照片插入文中。这些线图和照片在本书其他文章中都出现过，所以就不再插入了，而在正文中又增补了少许内容，纠正了个别文字，文章标题定为《百年来高句丽遗存的考古发现和研究》。

注　释

[1]　关于怀仁县设置的时间，王健群《好太王碑研究》（吉林人民出版社，1984年）认为是光绪二年（1876年），《桓仁满族自治县文物志》和耿铁华《好太王碑新考》（吉林人民出版社，1994年）认为是光绪三年（1877年）。光绪二十八年（1902年）因怀仁、通化两县所辖过大，难于治理，乃把靠近老岭南北的部分地区划出，另设辑安县。1914年此怀仁县因与山西省怀仁县重名，乃改称桓仁县；1965年辑安县改称集安县（见1987年《集安县志》）。对于集安地区之前后不同隶属和名称，本文为行文方便，除固定名称外通用集安。

[2]　关于关月山发现好太王碑的具体时间，当代学者中，王健群《好太王碑研究》（吉林人民出版社，1984年）认为是光绪初年（元年或二年），刘永智《好太王碑的发现及其它》（《社会科学战线》1985年第1期）认为是光绪六年，耿铁华《好太王碑新考》（吉林人民出版社，1994年）认为是光绪三年。

[3]　王健群：《好太王碑研究》，吉林人民出版社，1984年。

[4]　王健群：《好太王碑研究》，吉林人民出版社，1984年。

[5]　王健群：《好太王碑研究》，吉林人民出版社，1984年，第64~66、8页；耿铁华：《好太王碑一千五百八十年祭》，中国社会科学出版社，2003年，第34~36页。

[6]　〔日〕鸟居龙藏：《南满洲调查报告》，收入《鸟居龙藏全集》（第十卷），朝日新闻社，1975年。

[7]　此调查报告，后又收入关野贞：《朝鲜的建筑和艺术》，岩波书店，1941年。

[8]　〔日〕关野贞：《平安北道及满洲国高句丽古迹调查略报告》，《大正六年度古迹调查报告》，朝鲜总督府，1920年。

[9]　〔日〕池内宏、梅原末治：《通沟》（上、下），日满文化协会，1938、1940年。

[10] 〔日〕三上次男：《高句丽与渤海》，日本吉川弘文馆，平成二年（1990年），第85～100页；〔日〕三上次男、田村晃一：《北关山城——高尔山城：高句丽"新城"的调查》，日本中央公论美术出版社，平成五年（1993年）；金花顺：《抚顺高尔山城四十年代的考古工作——日本〈北关山城〉简介》，《博物馆研究》1997年第2期。

[11] 金毓黻：《东北通史》，社会科学战线杂志社翻印，1980年，第220页；金毓黻：《静晤室日记》（第五册），辽沈书社，1993年，第3690～3716页。

[12] 吉林省文物志编委会：《集安县文物志》，吉林省文物志编委会，1984年；集安县地方志编纂委员会：《集安县志》，吉林大学出版社，1987年；高占一、杜宇：《毌丘俭纪功碑发现始末》，《博物馆研究》1986年第3期。

[13] 辽宁省地方志编纂委员会办公室：《辽宁省志·文物志》，辽宁人民出版社，2001年，第789页。

[14] 抚顺市文化局文物工作队：《辽宁抚顺高尔山古城址调查简报》，《考古》1964年第12期。

[15] 王增新：《辽宁抚顺市前屯、洼浑木高句丽墓发掘简报》，《考古》1964年第10期。

[16] 姜杰：《抚顺县王龙公社后安墓清理简报》，《博物馆研究》1998年第2期。

[17] 陈大为：《桓仁县考古调查发掘简报》，《考古》1960年第1期。

[18] 辽宁省博物馆：《辽宁本溪晋墓》，《考古》1984年第8期；齐俊、梁志龙：《辽宁本溪县小市中心街高句丽墓》，《北方文物》2001年第2期。

[19] 康家兴：《浑江中游的考古调查》，《考古通讯》1956年第6期；苏才：《辑安高句丽遗迹调查简记》，康家兴：《吉林市龙潭山的山城和"水牢"》，曲绍伯：《临摹辑安高句丽古墓壁画的经过》，《吉林省文物工作通讯》，1957年；《文物参考资料》编辑部：《辽宁辑安通沟高句丽时代墓的壁画》，《文物参考资料》1957年第1期。

[20] 吉林省文物志编委会：《集安县文物志》，1984年，第375、376页；吉林省文物考古研究所、集安市博物馆：《洞沟古墓群1997年调查测绘报告》，科学出版社，2002年。

[21] 吉林省博物馆：《吉林辑安高句丽建筑遗址的清理》，《考古》1961年第1期。

[22] 吉林省文物志编委会：《集安县文物志》，1984年，第376、378页；方起东：《吉林辑安高句丽霸王朝山城》，曹正榕、朱涵康：《吉林辑安榆林河流域高句丽古墓调查》，李殿福：《1962年春季吉林辑安考古调查简报》，《考古》1962年第11期；吉林省博物馆辑安考古队、辑安县文物管理所：《吉林辑安高句丽南道和北道上的关隘和城堡》，《考古》1964年第2期；吉林省博物馆：《吉林辑五盔坟四号和五号墓清理略记》，王承礼、韩淑华：《吉林辑安通沟第十二号高句丽壁画墓》，《考古》1964年第2期；吉林省文物工作队：《吉林集安五盔坟四号墓》，《考古学报》1984年第1期。

[23] 吉林省博物馆辑安考古队：《吉林辑安麻线沟一号壁画墓》，《考古》1964年第10期。

[24] 吉林省文物志编委会：《集安县文物志》，1984年，第379页。

[25] 李殿福：《集安洞沟三座壁画墓》，《考古》1983年第4期；方起东、刘萱堂：《集安下解

放第31号高句丽壁画墓》，《北方文物》2002年第3期。

［26］　吉林省文物工作队、集安县文物保管所：《集安长川一号壁画墓》，《东北考古与历史》
　　　　（第一辑），文物出版社，1982年。

［27］　陈相伟：《集安长川二号封土墓发掘纪要》，《考古与文物》1983年第1期；吉林省博物馆
　　　　文物工作队：《吉林集安两座高句丽墓》，《考古》1977年第2期。

［28］　集安县文物保管所：《集安县两座高句丽积石墓的清理》，《考古》1979年第1期；集安文
　　　　物保管所：《集安万宝汀242号古墓清理简报》，《考古与文物》1982年第6期；集安县文物
　　　　保管所、吉林省文物工作队：《吉林集安洞沟三室墓清理记》，李殿福：《集安洞沟三室墓
　　　　壁画著录补正》，《考古与文物》1981年第3期。

［29］　集安县文物管理所：《集安高句丽国内城的调查与试掘》，《文物》1984年第1期。

［30］　柳岚、张雪岩：《1976年集安洞沟高句丽墓清理》，《考古》1984年第1期；张雪岩：《吉
　　　　林集安东大坡高句丽墓葬发掘简报》，《考古》1991年第7期；集安县文物保管所：《集安
　　　　高句丽墓葬发掘简报》，《考古》1983年第4期。

［31］　张雪岩：《集安两座高句丽封土墓》，《博物馆研究》1988年第1期。

［32］　方起东、林至德：《集安洞沟两座树立石碑的高句丽古墓》，《考古与文物》1983年第
　　　　2期。

［33］　集安县文物保管所：《集安发现青铜短剑墓》，《考古》1981年第5期。

［34］　宿白：《朝鲜安岳所发现的冬寿墓》，《文物参考资料》1952年第1期；洪晴玉：《关于冬
　　　　寿墓的发现和研究》，《考古》1959年第1期。

［35］　俞伟超：《跋朝鲜平安南道顺川郡龙凤里辽东城塚调查报告》，《考古》1960年第1期。

［36］　杨泓：《高句丽壁画石墓》，《文物参考资料》1958年第4期；北京大学考古教研室：《三
　　　　国—宋元考古》（上），1974年，内部讲义。

［37］　〔朝〕金镕俊：《高句丽古坟壁画研究》，朝鲜民主主义人民共和国科学院出版社，1958年。

［38］　〔朝〕朱荣宪：《高句丽壁画古坟的编年研究》，朝鲜民主主义人民共和国科学院出版社，
　　　　1961年。

［39］　李浴：《在东北看到的艺术史迹和感想》，《文物参考资料》1951年第9期；全畸农：《关
　　　　于高句丽古坟壁画上的乐器研究》，《音乐研究》1959年第3期；全畸农、奚传绩：《关于
　　　　高句丽古坟壁画上的乐器研究（续）》，《音乐研究》1959年第4期；张驭寰：《辑安附近
　　　　高句丽时代的建筑》，《文物参考资料》1958年第4期。

［40］　吉林省地方志编纂委员会编纂：《吉林省志·文物志》，吉林人民出版社，1991年，第342页。

［41］　辽宁省地方志编纂委员会办公室：《辽宁省志·文物志》，辽宁人民出版社，2001年；吉林
　　　　省地方志编纂委员会：《吉林省志·文物志》，吉林人民出版社，1991年，第327页。

［42］　徐家国、孙力：《辽宁抚顺高尔山城发掘简报》，《辽海文物学刊》1987年第2期。

［43］　李晓钟、刘长江、俊岩：《沈阳石台子高句丽山城试掘报告》，《辽海文物学刊》1993年

第1期；李晓钟、佚峻岩、刘焕民等：《辽宁沈阳市石台子高句丽山城第一次发掘简报》，
《考古》1998年第10期；李晓钟、李龙彬、赵晓刚：《辽宁沈阳市石台子高句丽山城第二次
发掘简报》，《考古》2001年第3期；周向永、赵守利、邢杰：《西丰城子山山城》，《辽
海文物学刊》1993年第2期；崔玉宽：《凤凰山山城调查简报》，《辽海文物学刊》1994年
第2期；富品莹、吴洪宽：《海城英城子高句丽山城调查记》，《辽海文物学刊》1994年第2
期；王咏梅、阎海、崔德文等：《关于安市城址的考察与研究》，《北方文物》2000年第2
期；许明纲：《大连地区高句丽四座山城略考》，《博物馆研究》1996年第1期；《丹东虎
山高句丽遗址》，《中国考古学年鉴（1992）》，文物出版社，1994年；杨永芳、杨光：
《岫岩境内五座高句丽山城调查简报》，《辽海文物学刊》1994年第2期；佟达、张正岩：
《辽宁新宾县黑沟高名丽早期山城》，《文物》1985年第2期；周向永、王兆华：《辽宁铁
岭市催阵堡山城调查》，《考古》1996年第7期；周向永、赵俊伟、李亚冰：《辽宁开原境
内的高句丽城址》，《北方文物》1996年第1期。

［44］ 许玉林、任鸿魁：《辽宁凤城胡家堡、孟家积石墓发掘清理》，《博物馆研究》1991年第
2期。

［45］ 辛占山：《桓仁米仓沟高句丽“将军墓”》，《东北亚考古学研究——中日合作研究报告
书》，文物出版社，1997年。

［46］ 辽宁省文物考古研究所、本溪市博物馆、桓仁县文物管理所：《辽宁桓仁县高丽墓子高句丽
积石墓》，《考古》1998年第3期。

［47］ 集安县文物管理所：《集安县上、下活龙村高句丽古墓清理简报》，《集安县老虎哨古
墓》，《文物》1984年第1期。

［48］ 集安县文物管理所：《集安县新发现的两处高句丽墓群》，《博物馆研究》1984年第1期。

［49］ 张雪岩：《集安两座高句丽封土墓》，《博物馆研究》1988年第1期。

［50］ 孙仁杰：《“折天井”墓调查拾零》，《博物馆研究》1988年第3期。

［51］ 吉林省文物考古研究所、集安市文物保管所：《集安洞沟古墓群禹山墓区集锡公路墓葬发
掘》，《集安博物馆高句丽研究文集》，延边大学出版社，1993年。

［52］ 吉林省文物考古研究所、集安市文物保管所：《吉林集安高句丽国内城马面址清理简报》，
《北方文物》2003年第3期。

［53］ 董学增：《吉林市龙潭山高句丽山城及其附近卫城调查报告》，《北方文物》1986年第4
期；延边博物馆《延边文物简编》编写组：《延边文物简编》，延边人民出版社，1988年；
吉林省文物工作队：《高句丽罗通山城调查简报》，《文物》1985年第2期；辽源市文管
所：《吉林辽源市龙首山城内考古调查简报》，《考古》1994年第3期；唐洪源：《辽源龙
首山再次考古调查与发掘》，《博物馆研究》2000年第2期。

［54］ 吉林省文物考古研究所、集安市博物馆：《洞沟古墓群1997年调查测绘报告》，科学出版
社，2002年。

［55］ 吉林省文物考古研究所、集安市博物馆：《洞沟古墓群禹山墓区JYM3319号墓发掘报告》，《东北史地》2005年第6期。

［56］ 高远大：《维修中发现两座高句丽积石石室壁画墓》，《博物馆研究》2000年第1期。

［57］ 集安市文物保管所：《吉林省集安洞沟古墓群七星山墓区两座古墓的考察》，《北方文物》1998年第4期；孙仁杰：《集安洞沟古墓群三座古墓葬清理》，《博物馆研究》1994年第3期；吉林省文物考古研究所、集安市文物保管所：《集安麻线安子沟高句丽墓葬调查与清理》，《北方文物》2002年第2期。

［58］ 吉林省文物考古研究所：《田野考古集粹》，文物出版社，2008年；吉林省文物考古研究所、通化市文物管理办公室：《通化万发拨子遗址考古发掘报告》，科学出版社，2019年。

［59］ 李殿福：《高句丽丸都山城》，《文物》1982年第6期。

［60］ 魏存成：《高句丽初、中期的都城》，《北方文物》1985年第2期；李殿福、孙玉良：《高句丽的都城》，《博物馆研究》1990年第1期；李健才：《高句丽的都城与疆域》，《东北亚史地论集》，兰州大学出版社，2010年；王绵厚：《高句丽的城邑制度与都城》，《辽海文物学刊》1997年第2期。

［61］ 魏存成：《高句丽、渤海文化之发展及其关系》，《吉林大学社会科学学报》1989年第4期；方起东：《集安东台子建筑遗址的性质和年代》，《东北考古与历史》（第一辑），文物出版社，1982年。

［62］ 陈大为：《辽宁高句丽山城初探》，《中国考古学会第五次年会论文集》，文物出版社，1986年；辛占山：《辽宁境内高句丽山城的考察》，王绵厚：《鸭绿江右岸高句丽山城综合研究》，《辽海文物学刊》1994年第2期；陈大为：《辽宁高句丽山城再探》，《北方文物》1995年第3期；李殿福：《高句丽山城研究》，《北方文物》1998年第4期；魏存成：《吉林省内高句丽山城的现况与特征》（该文曾于1999年汉城第五次高句丽国际学术会议上发表，之后又收入远方出版社2000年1月出版的论文集《黑土地的古代文明》），李健才：《吉林市龙潭山山城考》，《博物馆研究》1995年第2期。

［63］ 王绵厚、李健才：《东北古代交通》，沈阳出版社，1990年，第117～131页；李健才：《东北史地考略》（续集），吉林文史出版社，1995年，第64～76页；佟达：《关于高句丽南北交通道》，《博物馆研究》1993年第3期；梁志龙：《高句丽南北道新探》，《社会科学战线》1995年第1期；李健才：《东北地区中部的边岗和延边长城》，《辽海文物学刊》1987年第1期，《唐代高丽长城与夫余城》，《民族研究》1991年第4期；王健群：《高句丽千里长城》，《博物馆研究》1987年第3期；梁振晶：《高句丽千里长城考》，《辽海文物学刊》1994年第2期。

［64］ 李殿福：《集安高句丽墓研究》，《考古学报》1980年第2期；陈大为：《试论桓仁高句丽积石墓的类型、年代及其演变》，《辽宁省考古博物馆学会成立大会会刊》，1981年；方起东：《高句丽石墓的演进》，《博物馆研究》1985年第2期；魏存成：《高句丽积石墓的类

型和演变》，《考古学报》1987年第3期；孙仁杰：《高句丽串墓的考察与研究》，《集安博物馆高句丽研究文集》，延边大学出版社，1993年。

［65］　方起东：《千秋墓、太王陵和将军坟墓主人的推定》，《博物馆研究》1986年第2期；魏存成：《集安高句丽大型积石墓王陵》，《青果集——吉林大学考古专业成立二十周年考古论文集》，知识出版社，1993年。

［66］　赵东艳：《试论集安高句丽壁画的分期》，《北方文物》1995年第3期；林至德：《集安高句丽壁画墓的演进及分期》，《东北亚历史与考古信息》总第30期，1998年。

［67］　刘萱堂：《集安高句丽壁画墓研究概述》，《北方文物》1998年第1期。

［68］　方起东：《集安高句丽墓壁画中的舞乐》，《文物》1980年第7期；方起东：《唐高丽乐舞札记》，《博物馆研究》1987年第1期。

［69］　刘永智：《幽州刺史墓考略》，《历史研究》1983年第2期；康捷：《朝鲜德兴里壁画墓及其有关问题》，《博物馆研究》1986年第1期。

［70］　王健群：《好太王碑研究》吉林人民出版社，1984年；方起东：《〈好太王碑碑文〉释读、解说》，《中国著名碑帖选集27　好太王碑》，吉林文史出版社，1999年；刘永智：《关于好太王碑争论的问题》，《东北史研究》1983年第1期；王仲殊：《关于好太王碑文辛卯年条的释读》，《考古》1990年第11期，《再论好太王碑文辛卯年的释读》，《考古》1991年第12期；耿铁华：《好太王碑新考》，吉林人民出版社，1994年；徐建新：《关于北京大学图书馆所藏好太王碑原石拓本》，《世界历史》1995年第2期；朴真奭：《高句丽好太王碑研究》，延边大学出版社，1999年。

［71］　耿铁华、林至德：《集安高句丽陶器的初步研究》，《文物》1984年第1期；魏存成：《高句丽四耳展沿壶的演变及有关的几个问题》，《文物》1985年第5期；乔梁：《高句丽陶器的编年与分期》，《北方文物》1999年第4期。

［72］　林至德、耿铁华：《集安出土的高句丽瓦当及其年代》，《考古》1985年第7期。

［73］　耿铁华、孙仁杰、迟勇：《高句丽兵器研究》，《集安博物馆高句丽研究文集》，延边大学出版社，1993年；耿铁华：《高句丽兵器初论》，《辽海文物学刊》1993年第2期；杨泓：《中国古代马具的发展和对外影响》，《文物》1984年第9期；魏存成：《高句丽马具的发现与研究》，《北方文物》1991年第4期；王巍：《从出土马具看三至六世纪东亚诸国的交流》，《考古》1997年第12期。

［74］　李殿福：《高句骊金铜、石雕佛造像及中原郡碑——兼谈高句骊易名高丽之始》，《考古》1993年第8期。

［75］　李殿福、孙玉良著，姜仁求、金瑛洙译：《高句丽简史》，韩国三省出版社，1990年。

［76］　魏存成：《高句丽考古》，吉林大学出版社，1994年。

［77］　王禹浪、王宏北：《高句丽渤海古城址研究汇编》，哈尔滨出版社，1994年。

［78］　吉林省文物志编委会：《集安县文物志》，1984年，第384、387、389页。

［79］　〔日〕町田章：《古代东亚细亚的装饰墓》，同朋舍，1987年。

［80］　〔日〕东潮、田中俊明：《高句丽的历史和遗迹》，中央公论社，1995年。

［81］　〔日〕东潮：《高句丽考古学研究》，吉川弘文馆，1997年。

［82］　〔朝〕朱荣宪：《高句丽文化》，金日成综合大学出版社，1975年。

［83］　〔韩〕金元龙：《韩国考古学概说》，一志社，1973年。

［84］　"高句丽王城王陵及贵族墓葬"项目包括的具体项目有五女山山城、国内城、丸都山城、
　　　　12座王陵、26座贵族墓葬、好太王碑和将军坟1号陪冢。见魏存成、李新全、宋玉彬、金旭
　　　　东、傅佳欣：《高句丽王城、王陵及贵族墓葬》，《中国文化遗产》总第二期，中国文物报
　　　　社，2004年6月。

［85］　魏存成：《高句丽国内城西墙外排水涵洞及相关遗迹考察》，《边疆考古研究》（第10
　　　　辑），科学出版社，2011年。

［86］　魏存成、李新全、宋玉彬、金旭东、傅佳欣：《高句丽王城、王陵及贵族墓葬》，《中国文
　　　　化遗产》总第二期，中国文物报社，2004年6月。桓仁五女山山城，乃本引文所称，其他论
　　　　著中也有此称，但比较多的称五女山城。

［87］　沈阳市文物考古研究所：《沈阳市石台子高句丽山城2002年Ⅲ区发掘简报》，《北方文物》
　　　　2007年第3期；辽宁省文物考古研究所、沈阳市文物考古研究所：《沈阳市石台子山城高
　　　　句丽墓葬2002～2003年发掘简报》，《考古》2008年第10期；李龙彬、苏鹏力、朱寒冰：
　　　　《2004年度沈阳石台子山城高句丽墓葬发掘简报》，《北方文物》2006年第2期；李龙彬：
　　　　《石台子高句丽山城及墓葬发现与研究》，吉林大学硕士学位论文，2006年；辽宁省文物考
　　　　古研究所、沈阳市文物考古研究所：《沈阳市石台子高句丽山城蓄水设施遗址》，《考古》
　　　　2010年第12期；辽宁省文物考古研究所、沈阳市文物考古研究所：《石台子山城》，文物出
　　　　版社，2012年。

［88］　梁志龙、马毅、王斌：《辽宁本溪市平顶山高句丽山城调查》，《东北史地》2009年第
　　　　5期。

［89］　大连市文物考古研究所：《大连城山山城2005年调查报告》，《东北史地》2006年第4期。

［90］　崔艳茹：《营口地区山城调查与探讨》，《东北史地》2009年第3期；王禹浪、刘冠樱：
　　　　《大石桥市海龙川山城考察报告》，《黑龙江民族丛刊》2009年第3期；王禹浪、王文轶：
　　　　《营口地区盖州市万福镇贵子沟村赤山山城考察报告》，《黑龙江民族丛刊》2010年第4
　　　　期；李龙彬：《铁岭境内高句丽山城的几个问题》，《东北史地》2008年第4期。

［91］　梁志龙、王俊辉：《辽宁省桓仁县高俭地高句丽山城调查》，《东北史地》2011年第1期；
　　　　辽宁省文物考古研究所：《2008～2009年辽宁省桓仁县高俭地高句丽山城发掘简报》，《东
　　　　北史地》2012年第3期。

［92］　中国社会科学院考古研究所、辽宁省文物考古研究所、盖州市文物局：《辽宁盖州市青石岭
　　　　山城的调查与发掘》，《考古》2017年第12期。

［93］ 铁岭市博物馆：《辽宁开原市西龙湾高句丽山城及遗址调查》，《北方文物》2017年第1期。

［94］ 铁岭市博物馆：《辽宁开原市西龙湾高句丽山城及遗址调查》，《北方文物》2017年第1期；赵晓刚：《沈阳营盘山山城和董楼子山城考古调查》，《东北史地》2013年第2期。

［95］ 辽宁省文物考古研究所、抚顺市博物馆：《辽宁抚顺市施家墓地发掘简报》，《考古》2007年第10期。

［96］ 梁志龙、王俊辉：《辽宁桓仁出土青铜遗物墓葬及相关问题》，《博物馆研究》1994年第2期；张福有、孙仁杰、迟勇：《朱蒙所葬之"龙山"及太王陵铜铃"峻"字考》，《东北史地》2006年第1期。

［97］ 辽宁省文物考古研究所、本溪市博物馆、桓仁县文物局：《辽宁省桓仁县冯家堡子积石墓群的发掘》，《考古》2016年第9期。

［98］ 肖景全、郑辰、金辉：《新宾满族自治县近年来发现的高句丽积石墓》，《东北史地》2014年第5期。

［99］ 王志刚、肖景慧、刘浩宇：《申遗以来吉林省高句丽考古工作的主要收获》，《北方文物》2015年第4期。

［100］ 吉林省文物考古研究所、集安市文物局：《2008年集安市国内城社区办公楼地点高句丽居住址的发掘》，《北方文物》2009年第3期；吉林省文物考古研究所、集安市文物局：《吉林省集安市实验小学发掘地点考古发掘简报》，《北方文物》2009年第4期。

［101］ 吉林省文物考古研究所、集安市博物馆：《集安国内城东、南城垣考古清理收获》，《边疆考古研究》（第11辑），科学出版社，2012年。

［102］ 集安县文物保管所：《集安高句丽国内城址的调查与试掘》，吉林省考古研究室、集安县博物馆：《集安高句丽考古的新收获》，《文物》1984年第1期。

［103］ 吉林省长白山文化研究会、集安市博物馆：《集安良民高句丽遗迹调查》，《东北史地》2004年第4期；王志刚、肖景慧、刘浩宇：《申遗以来吉林省高句丽考古工作的主要收获》，《北方文物》2015年第4期。

［104］ 张福有：《高句丽第一个平壤城在集安良民即国之东北大镇——新城》，《东北史地》2004年第4期。

［105］ 吉林省文物考古研究所、集安市博物馆：《集安高句丽早期遗存研究新进展——集安建疆遗址考古发掘收获》，《东北史地》2012年第4期。

［106］ 王志刚、肖景慧、刘浩宇：《申遗以来吉林省高句丽考古工作的主要收获》，《北方文物》2015年第4期。

［107］ 通化市文物保护研究所：《吉林省通化市自安山城调查报告》，《北方文物》2010年第3期；王志刚、肖景慧、刘浩宇：《申遗以来吉林省高句丽考古工作的主要收获》，《北方文物》2015年第4期。

[108] 王志刚、肖景慧、刘浩宇：《申遗以来吉林省高句丽考古工作的主要收获》，《北方文物》2015年第4期。

[109] 吉林省文物考古研究所：《2013年吉林省文物考古研究所考古发掘收获》，《东北史地》2014年第3期；王志刚、肖景慧、刘浩宇：《申遗以来吉林省高句丽考古工作的主要收获》，《北方文物》2015年第4期。

[110] 吉林省文物考古研究所：《集安禹山540号墓清理报告》，《北方文物》2009年第1期；集安市博物馆：《集安洞沟古墓群禹山墓区2112号墓》，《北方文物》2004年第2期；吉林省文物考古研究所、集安市博物馆：《集安禹山M2112墓室清理报告》，《黄泥岗大墓调查报告》，《集安JSZM0001号墓清理报告》，《集安JSZM145号墓调查报告》，收入吉林省文物考古研究所编著的《吉林集安高句丽墓葬报告集》，科学出版社，2009年。

[111] 吉林省文物考古研究所：《集安将军坟西南建筑遗址的考古发掘》，《边疆考古研究》（第10辑），科学出版社，2011年。

[112] 张福有、孙仁杰、迟勇：《集安蒿子沟墓地调查与东川王陵考》，《东北史地》2006年第3期；吉林省文物考古研究所、集安市博物馆：《2008年集安市洞沟古墓群考古发掘报告》，《边疆考古研究》（第9辑），科学出版社，2010年。

[113] 通化市文管会办公室：《通化江沿遗迹群调查》，《东北史地》2006年第6期；尚武：《集安麻线上活龙山西墓群调查与研究》，《东北史地》2010年第4期；吉林省文物考古研究所、集安市博物馆：《集安市太王镇新红村高句丽积石墓群发掘简报》，《集安市太王镇新红村一座高句丽阶坛积石圹室墓（M28）的发掘》，《北方文物》2012年第3期。

[114] 吉林省文物考古研究所：《吉林长白县干沟子墓地发掘简报》，《考古》2003年第8期。

[115] 该碑发现以后，《中国文物报》等报刊作了报道，2013年集安市博物馆编著的《集安高句丽碑》由吉林大学出版社出版，接着《东北史地》2013年第3期发表了成组研讨文章，其他报刊也相继有文章发表，2014年张福有编著的《集安麻线高句丽碑》由文物出版社出版，将这些发表的和几篇还未发表的文章皆收录在内。

[116] 朴灿奎、郑京日：《玉桃里——朝鲜南浦市龙冈郡玉桃里一带历史遗迹》，香港亚洲出版社，2011年；郑京日：《湖南里——2013年平壤市三石区域湖南里古墓群Ⅱ区发掘报告》，香港亚洲出版社，2015年。

[117] 李健才：《高句丽的都城与疆域》，《东北亚史地论集》，兰州大学出版社，2010年；李健才：《关于高句丽中期都城几个问题的探讨》，《东北史地》2004年第1期；李健才：《再论高句丽迁都到国内以前有无汉代县城的问题》，《东北史地》2004年第6期。《三国史记》记载高句丽于"公元342年春二月，修葺丸都城，又筑国内城"，本注前篇文章认为："文献所记的'又筑'，是指'修葺丸都城'的同时，'又筑国内城'，不是说在原有城墙的基础上'修葺国内城'，……集安县城石墙下发现一段土墙，但这是汉代土城，还是国内城石墙内的城基，还有待商讨和研究。"而后两篇文章认为公元342年修筑的是在

"土城墙上修筑的石城墙"，土城墙是公元247年修筑的平壤城，说明作者确认了该土墙的存在。

[118] 李新全、梁志龙、王俊辉：《关于高句丽两座土城的一点思考》，《东北史地》2004年第3期；李殿福：《国内城始建于战国晚期燕国辽东郡塞外的一个据点之上》，《东北史地》2006年第3期。

[119] 王飞峰、夏增威：《高句丽丸都山城瓦当研究》，《东北史地》2008年第2期；王飞峰：《丸都山城宫殿址研究》，《考古》2014年第4期。

[120] 魏存成：《高句丽南北道辨析》，《社会科学战线》2012年第9期。

[121] 徐日范：《鸭绿江以南的高句丽山城分布及其防御体系》，《中国东北边疆研究》，中国社会科学出版社，2003年。

[122] 赵俊杰：《试论高句丽山城城墙上石洞的功能》，《博物馆研究》2008年第1期；赵俊杰：《再论高句丽山城城墙内侧柱洞的功能》，《考古与文物》2012年第1期。

[123] 周向永：《西丰城子山、铁岭催阵堡两山城中戍卒营地的相关问题》，《东北史地》2011年第1期。

[124] 李健才：《再论唐代高丽的扶余城和千里长城》，《北方文物》2000年第1期；冯永谦：《高句丽千里长城建置辨》，《社会科学战线》2002年第1期。

[125] 冯永谦：《武厉逻新考（上、下）》，《东北史地》2012年第1、2期。

[126] 李新全：《辽东地区积石墓的演变》，《东北史地》2009年第1期。

[127] 赵俊杰、马健、金旭东：《吉林长白干沟子墓地的文化性质与相关问题》，《考古》2016年第5期。

[128] 参见王培新：《高句丽封土石室墓文化渊源之乐浪因素初探》，《边疆考古研究》（第3辑），科学出版社，2004年，第178～189页；王培新：《乐浪文化——以墓葬为中心的考古学研究》，科学出版社，2007年。

[129] 孙颢：《集安高句丽积石墓王陵研究》，吉林大学硕士学位论文，2006年。

[130] 张福有、孙仁杰、迟勇：《高句丽王陵通考》，香港亚洲出版社，2007年；张福有：《高句丽王陵通鉴》，香港亚洲出版社，2007年；孙仁杰、迟勇：《集安高句丽墓葬》，香港亚洲出版社，2007年。

[131] 刘萱堂：《集安高句丽壁画墓与辽东、辽西汉魏晋壁画墓比较研究》，《博物馆研究》2003第1、2期，2004年第3期；孙力楠：《东北地区公元2～6世纪墓葬壁画研究》，吉林大学博士学位论文，2008年。

[132] 参见刘未：《高句丽石室墓的起源与发展阶段》，《南方文物》2008年第4期。

[133] 赵俊杰：《4～7世纪大同江、载宁江流域封土石室墓调查与研究成果综述》，《东北史地》2010年第1期；赵俊杰、梁建军：《朝鲜境内高句丽壁画墓的分布、形制与壁画主题》，《边疆考古研究》（第13辑），科学出版社，2013年。

［134］ 刘萱堂：《集安高句丽古墓壁画的装饰特色、纹样演变及与汉文化的联系》，《北方文物》2006年第2期；温玉成：《集安长川高句丽一号墓的佛教壁画》，《敦煌研究》2001年第1期；温玉成：《集安长川一号高句丽墓佛教壁画研究》，《北方文物》2001年第2期；范鹏：《高句丽民族服饰的考古学观察》，吉林大学硕士学位论文，2008年。

［135］ 郑春颖：《高句丽服饰研究》，中国社会科学出版社，2015年。

［136］ 王希丹：《集安高句丽墓壁画的音乐考古学研究》，人民音乐出版社，2019年。

［137］ 徐光冀主编：《中国出土壁画全集8》，科学出版社，2012年。

［138］ 王飞峰：《关于千秋墓、太王陵和将军坟的几个问题》，《边疆考古研究》（第10辑），科学出版社，2011年；赵俊杰、马健：《高句丽太王陵墓主"广开土王"说的反思——出土铭文铜铃再研究》，《考古与文物》2015年第3期。

［139］ 张福有、赵振华：《洛阳、西安出土北魏与唐高句丽人墓志及泉氏墓地》，《东北史地》2005年第4期。

［140］ 李健才：《唐代泉氏家族墓地不在集安在洛阳令人信服》，李殿福：《高句丽贵族有回葬旧茔之习俗集安五盔坟应为王陵》，孙仁杰：《从泉氏墓志墓地看高句丽的回葬》，《东北史地》2005年第4期；苗威：《对高句丽"回葬"习俗的质疑》，《北方民族大学学报》2009年第3期；赵俊杰：《高句丽平壤期王陵考略》，《边疆考古研究》（第9辑），科学出版社，2010年。

［141］ 赵俊杰、马健：《集安禹山两座高句丽时期积石墓年代及相关问题》，《考古》2012年第5期；马健：《集安七星山96号高句丽积石墓时代小议》，《博物馆研究》2013年第3期；赵俊杰、马健：《集安禹山41号高句丽壁画墓的时代》，《考古与文物》2014年第1期；赵俊杰：《从壁画中辒车图像的演变看三座高句丽壁画墓的编年》，《北方文物》2012年第2期。

［142］ 朴真奭：《好太王碑拓本研究》，黑龙江朝鲜民族出版社，2001年；耿铁华：《好太王碑一千五百八十年祭》，中国社会科学出版社，2003年。

［143］ 尹国有、耿铁华：《高句丽瓦当研究》，吉林人民出版社，2001年；李梅：《高句丽瓦当的发现与研究》，吉林大学硕士学位论文，2003年；耿铁华：《集安新出文字瓦当及释读》，《北方文物》2006年第4期；耿铁华：《集安出土卷云纹瓦当研究》，《东北史地》2007年第4期。

［144］ 张福有：《集安禹山3319号墓卷云纹瓦当铭文识读》，《东北史地》2004年第1期；张福有：《集安禹山3319号墓卷云纹瓦当铭文考证与初步研究》，《社会科学战线》2004年第3期。

［145］ 卑琳：《高句丽城址出土陶器研究》，《东北史地》2004年第12期；郑元喆：《高句丽陶器研究》，吉林大学硕士学位论文，2005年；王飞峰：《中国境内发现的高句丽陶器研究》，中国社会科学院考古研究所硕士学位论文，2009年。

［146］ 孙颢：《高句丽陶器研究》，吉林文史出版社，2015年。

［147］ 王飞峰：《三燕高句丽考古札记》，《东北史地》2012年第4期。

［148］ 张雪岩：《集安出土高句丽金属带饰的类型及相关问题》，《边疆考古研究》（第2辑），科学出版社，2004年；梁志龙、靳军：《高句丽带扣研究》，《中国考古学会第十五次年会论文集》，文物出版社，2013年。

［149］ 张福有、孙仁杰、迟勇：《朱蒙所葬之"龙山"及太王陵铜铃"峻"字考》，《东北史地》2006年第1期。

［150］ 耿铁华：《金铜佛造像》，《东北史地》2006年第6期；李裕群：《高句丽佛教造像考——兼论北朝佛教造像样式对高句丽的影响》，《4～6世纪的北中国与欧亚大陆》，科学出版社，2006年。

［151］ 吉林大学边疆考古研究中心、吉林省文物考古研究所、珲春市文物管理所：《吉林珲春古城村1号寺庙址遗物整理简报》，宋玉彬：《试论佛教传入图们江流域的初始时间》，《文物》2015年第11期。

［152］ 〔日〕田村晃一：《乐浪与高句丽的考古学》，同成社，2001年。

［153］ 〔日〕纲干善教：《壁画古坟的研究》，学生社，2006年。

［154］ 〔朝〕孙秀浩：《高句丽古坟研究》，社会科学出版社，2001年。

［155］ 〔朝〕池胜哲：《高句丽的城郭》，社会科学出版社，2005年。

［156］ 〔朝〕李光熙：《高句丽遗物研究》，科学百科辞典出版社，2005年。

［157］ 〔朝〕韩英植：《高句丽的壁画保存》，科学技术出版社，2009年。

［158］ 〔韩〕申滢植：《高句丽山城与海洋防御体系研究》，白山资料院，2000年。

［159］ 〔韩〕全虎兑：《高句丽古坟壁画研究》，四季节出版社，2002年。

［160］ 〔韩〕白种伍：《高句丽南进政策研究》，西景出版社，2006年。

［161］ 〔韩〕梁时恩：《高句丽城研究》，Jininjin，2016年。

［162］ 韩国考古学会：《韩国考古学讲义》，2007年。

［163］ 〔韩〕李道学：《高句丽都城与王陵》，学缘文化社，2020年。

［164］ 〔韩〕姜贤淑、梁时恩、崔钟泽：《高句丽考古学》，Jininjin，2020年。

"高句丽王城、王陵及贵族墓葬"的解读与再认识

  "高句丽王城、王陵及贵族墓葬"是2004年在中国苏州召开的第28届世界遗产大会上通过的世界文化遗产项目。该项目具体包括43个子项目：桓仁五女山城和集安丸都山城、国内城3座王城；太王陵、将军坟等12座大型积石墓王陵及陪葬墓1座、碑刻1通；禹山3319号墓、角觝墓、舞踊墓、长川1号墓等26座贵族墓葬，其中16座发现壁画。在项目申报期间，项目所包括的多处遗址、墓葬进行了大规模的调查发掘，调查发掘的成果对于申遗的成功起了很大作用。调查发掘的全部材料发表于当年由文物出版社集中出版的《五女山城》《丸都山城》《国内城》《集安高句丽王陵》四本大型调查发掘报告中[1]。此后为配合遗产保护，相关遗址和墓葬相继进行了发掘，多部（篇）考古报告、简报陆续出版、发表，与此同时各类项目和研究也纷纷启动、展开。笔者在申遗之前的发现、研究基础上，详细查阅和系统整理了这四本大型报告和多项新发现及研究，以此为据对全部遗产分项、分类进行介绍、分析和解读。

一、王　城

  存世700余年的高句丽政权，其王城所在地区三治两迁：初治桓仁，时间自公元前37年到公元3年；二治集安，时间自公元3年至427年；三治平壤，时间自公元427年至668年。列入遗产名录的3处高句丽王城，则是初治桓仁之五女山城、二治集安之丸都山城和国内城。

  桓仁县城位于浑江中游左侧的一个盆地内，附近集中分布数处高句丽早期城址、墓葬（图一）。五女山城位于县城东北85千米、浑江对岸的五女山上。五女山海拔800余米，居周围群山之首，山的主峰自半山腰突兀直上，形成高逾百米的悬崖陡壁（图二）。山城分山上、山下两部分，整体平面呈不规则长方形，南北长约1540米，东西宽350～550米，周长4754米，面积约60万平方米。山上部分位于山城西南部的主峰上，南北长600米，东西宽110～200米，其内地势比较平坦，南端有天然瞭望高台，中部有个一侧经过人工砌筑的蓄水池以及旁边石砌的小滤水井。山下部分多为平缓的坡地，遗迹较少（图三）。

图一　桓仁县城附近高句丽遗迹分布示意图

图二　五女山城（西—东）

山城城墙只是在山下南面、东面山势稍缓的地方和山上重要豁口处以石砌筑，全长565米，其余4189米则是利用陡峭的悬崖和山脊为墙。石筑城墙的外壁一般用大石条起基，上面用楔形石错缝垒筑，并略有收分（图四）。墙内以梭形条石逐层叠压，并和外壁的楔形石犬牙交错，相互咬合，缝隙间填充碎石找平加固。内壁面砌筑用的是不规则的石条或石板。石墙内侧和顶部，有的地方还培土封护。城墙顶部外侧有的保留女墙，沿女墙内侧发现成行石砌的竖井小石洞。石洞的作用，有的认为是竖立滚木礌石立柱用的，有的认为是安放弩机用的，还有的认为是在石城墙上增置木墙雉堞时竖立木桩用的[2]。城门共发现三处，即山下南门、东门和山上西门，地势与建筑各有不同，都有道路与山下相通。

申遗之前，以山上部分为主连续几年进行大规模发掘，共发现五个时期的文化遗存。其中第三期为高句丽早期遗存，相当于两汉之际，发现1座大型建筑址和4座半地穴建筑址，出土器物多为陶器，有罐、盆、杯等，其中竖耳罐被认定为高句丽早期的典型陶器（图五）。第四期为高句丽中期遗存，相当于4世纪末至5世纪，发现了大型建筑址两座，用于驻兵、哨所和居住的建筑址21座，同时还发现一个铁器窖藏。21座建筑址中，多为半地穴建筑，室内皆设有类似"火炕"的取暖设备。第四期出土数量繁多的瓮、罐、盆、壶等陶器和各类生活用具、生产工具、车马具和兵器等铁器。值得注意的是，两期建筑中都没有发现瓦件，这是因为第三期时间早，当时高句丽还没有出现瓦件，第四期可能是其建筑还不到使用瓦件的等级。

《三国史记·高句丽本纪》记高句丽始祖夫余王子朱蒙自夫余南奔，"至卒本川（《魏书》云至纥升骨城）"，"观其土壤肥美，山河险固，遂欲都焉。而未遑作宫室，但结庐于沸流水上居之。国号高句丽，因以高为氏（一云：朱蒙至卒本扶余，王无子，见朱蒙，知非常人，以其女妻之、王薨，朱蒙继位）、时朱蒙年二十二岁，是汉孝元帝建昭二年，新罗始祖赫居世二十一年甲申岁（公元前37年）也"，"四年（公元前34年）……秋七月，营作城郭宫室"[3]。《好太王碑》记："惟昔始祖邹牟

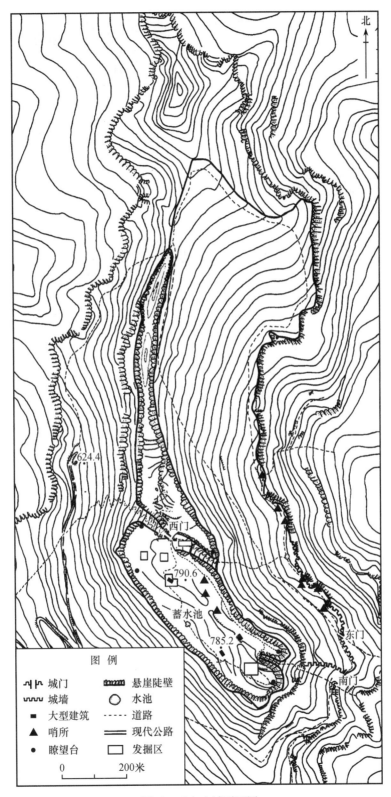

图三 五女山城平面图

图四　五女山城东墙

图五　五女山城第三期出土竖耳罐

王之创基也……于沸流谷忽本西城山上而建都焉。"[4]此"沸流水",乃富尔江-浑江。"卒本"同"忽本",以往只是认为在今桓仁县城附近某一地点,或泛指桓仁。近年有学者考证:"卒本所指,应是高丽墓子所在的谷地。"[5]据其介绍,浑江到此绕成"S"形江湾,该谷地位于浑江东侧,南北狭长,有名的高丽墓子墓群就分布在谷地旁的山岗上,这是桓仁地区数量最多、最为集中的一处高句丽早期墓群。谷地西北方,隔江则是五女山,两者最近距离约2千米。此"城郭宫室",则是一座山城,即五女山城。五女山上先后两期发现说明高句丽人于高句丽政权建立之初就开始在山上居住,此后又持续了很长时间。希望今后的考古工作有机会对石砌城墙进行解剖发掘,考察其具体修筑年代和过程。

丸都山城是位于今集安市区西北2.5千米处的山城子山城。《三国史记·高句丽本纪》记载琉璃明王二十二年(公元3年)"迁都于国内,筑尉那岩城"[6],此"国内"是指今集安地区,"尉那岩城"则是山城子山城。山城子山城开始称丸都城是在2世纪末,后世通称之为丸都山城。山城所在是一座南邻通沟河谷的环形高山,属于典型的簸箕型山城(图六)。城墙沿山脊以石砌成,周长6947米。从现存情况来看,东墙南段、西墙北段和北墙保存较好,其中以北墙保存最好,有些墙段仍保留20多层,高达5米左右。和五女山城一样,城墙顶部外侧修有女墙,女墙内侧发现小的方形或长方形石洞。

全城共发现门址7处,西墙仅在南端发现一门,其他三面各有两门。其中南墙正门、南墙西门和西墙门先后被发掘。南墙正门位于山城的南谷口,谷口外是通沟河。山城南墙沿河谷断崖修筑到谷口两侧则内向曲折,形成横宽115.1米、纵深最大距离达56.5米的内瓮城。申遗期间清理了城门及左右两侧的东西城墙,申遗之后又继续清理了左右两侧的南北城墙和阙台,将整个瓮城全部暴露出来,其规模之大、建筑之宏伟,非高句丽其他山城可比。

图六　丸都山城（南—北）

正门之内分布有瞭望台及戍卒建筑址、蓄水池、宫殿址、墓葬等遗迹，其中瞭望台、蓄水池、宫殿址在申遗期间进行了发掘。宫殿址距南墙正门460米，坐东朝西，四周石筑宫墙，东墙长91米，西墙长96米，南墙长70米，北墙长75米，周长332米，呈不规则四边形。宫墙内依东高西低之地势做四阶台基（1～4号），每阶台基之上分布着数量不等的建筑址。发掘报告称，"山城宫殿址应具有王宫和衙署的双重功能"[7]。3号台基上的9号建筑址，左右贯通全台，长84.5米，前后4米，进深一间，发掘报告称其为"廊庑"。以此"廊庑"为界，宫殿址的整体布局被划分为前后两部分。后部4号台基上的建筑，布局规整，应是王室的住所。前部2号台基上建筑址的规模较大，前边又有比较宽阔的"中心广场"，应是高句丽王处理政务和举行大型活动的地方。有学者指出这"已经表现出前朝后寝的基本格局"[8]。"前堂后室""前朝后寝"，这是中原高等级建筑的传统格局。2号台基上的两座八角形建筑址，有学者考证"可能与佛教建筑（如佛塔）相关"[9]。佛教建筑坐落于宫殿区内，说明当时高句丽王室对佛教非常重视（图七）。

上述发掘中出土最多的遗物是建筑瓦件和铁器。瓦件包括板瓦、筒瓦和瓦当，均为红色或以红色为主。板瓦饰绳纹、方格、斜方格、席纹等纹饰，筒瓦素面。在部分筒瓦和板瓦上发现刻画或模印、抹压的符号和文字。瓦当的纹饰为兽面纹、莲花纹、忍冬纹（图八）。宫殿址还发掘出土了多个圆形、八角形础石。铁器中出土最多的是建筑用铁钉和一些铁构件，其他还有马掌、带具、凿、矛、镞、钉履等。日用陶器出土不多，只在宫殿址出土了罐、盘、盆、盅等十余件。

值得注意的是，在宫殿址上发现的文字瓦中，出现了"小兄"的名称。小兄之名始见于《魏书》，在高句丽官吏中居于第四位。由此看来，该宫殿址起码在北朝时期进行过维修。"小兄"之名还出现在高句丽后期王城之一、今平壤市区内古城的几块刻石上，且有纪年，都在6世纪后半叶，说明"小兄"的职能一直与建筑有关。

丸都山城地势险要，防守严密。3世纪中叶，毌丘俭讨伐高句丽，"束马县车，以

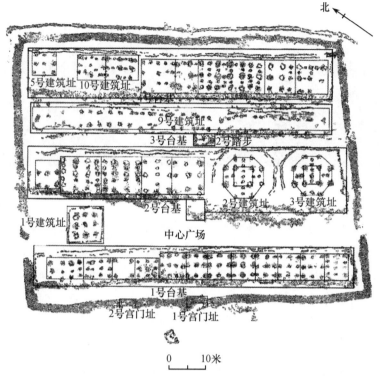

图七　丸都山城宫殿址

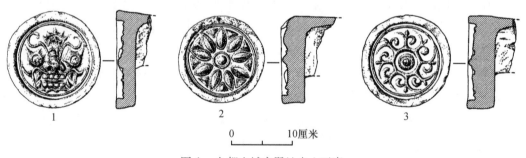

图八　丸都山城宫殿址出土瓦当

登丸都"[10]，登的就是此山城。毌丘俭纪功碑于20世纪初在山城西北十多公里的板岔岭山坡上被发现。4世纪中叶，高句丽与前燕发生冲突，342年"修葺丸都城，又筑国内城"[11]，两年后，丸都山城还是被慕容皝攻陷。丸都山城几经修建、被毁，在高句丽迁都平壤后，与高句丽"三京"之一的"别都"国内城相结合，仍发挥着重要的作用。

出丸都山城正门，沿通沟河顺流而下不远处，在其注入鸭绿江之河口左侧便是集安市区，亦即国内城所在。这是一座平原城，平面呈长方形，1984年测其周长为2686米，以后所测稍有不同，但变化不大（图九）。城墙皆用巨大花岗岩石条铺垫基础，

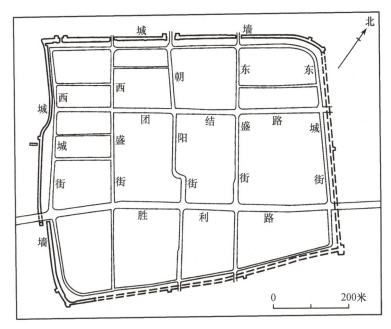

图九　国内城平面图

宽10米左右。墙基以上石筑城墙，外壁均用加工后的花岗岩楔形石材垒筑，下部逐层内收，呈阶梯状，然后直砌向上。城址西靠通沟河，其他三面外侧均修有壕沟。城墙四周筑有马面。西南角和东南角发现角楼址，西北角受损而情况不明，东北角呈弧形转角，转角两端各有一个马面（图一〇）。

据考古调查发掘和文献记载分析，国内城石墙始筑于3世纪中叶或4世纪中叶，之后高句丽又对其增修。那么，在此之前此处是否有城存在呢？1975～1977年试掘，在石墙底下发现了剖面呈弓形的坚硬土垄，后称之土墙[12]。该土墙的年代，学术界提出从3世纪中叶向上到汉代和战国晚

图一〇　国内城东北角马面

期、由高句丽或中原郡县构筑的不同看法[13]。21世纪初对北墙和东墙解剖的结果否定了该土墙的存在，其中东墙的发掘者认为石筑墙体内部的土筑部分和其内外两侧之石筑或土石混筑的墙体皆为一体构筑，是石筑城垣的内部土芯，而非年代早于石墙的土筑城垣，解剖地点的国内城城垣始建年代不早于4世纪初前后[14]。该问题涉及高句丽

政权迁都到此地后的社会组织与社会生活等，需要在以后的调查发掘和研究中继续考察、探讨。

据以往调查，国内城石墙发现6座城门，东墙和西墙各开两门，南墙中部和北墙中部各开一门，相对城门有街道相通。其中北门在申遗之前和申遗期间先后得到清理，西墙南门在申遗期间得到清理，这两座城门的位置也得以最后确定。西墙南门利用南北两侧城墙错位而修建瓮城，这是高句丽瓮城的流行做法之一。申遗之前在现存西墙北段外曾发现一个石砌排水涵洞，申遗期间发掘时在排水涵洞东南侧的石砌城墙底部，发现了一小段残破的东端和城墙相接的东西向石墙基，发掘报告将其定为"马面基址残迹"。笔者几经考察，认定此处是西墙北门的瓮城所在。瓮城城墙由东西向石墙基和排水涵洞南北两侧的石墙基组成，而排水涵洞是由瓮城向外排水用的涵洞[15]。

申遗期间在北墙接近西北城角处又新发现一座门址，和北墙中门一样，门外两侧各有一个马面（相当于门外两阙）。国内城考古发现的其他马面都是与下部外侧呈阶梯状的石城墙同时修建的。可能是发掘后复原有误，《国内城》报告发表的图版四和图版六彩色照片，显示的是该城门两侧的阶梯状石城墙叠压在马面之上，正文中图16发掘绘图也不是这样。所以建议研究者采用此彩色照片时要注意，或者不用。

城内先后发现多处遗存，1963年曾出土"太宁四年太岁□□闰月六日己巳造吉保子宜孙"灰色卷云纹铭文瓦当，申遗期间在中部偏西原体育场地点清理出4座地面建筑址。墙基以河卵石石块垒砌，室内仍能看出可能是取暖设备留下的曲尺形红色土面迹象。该建筑址附近曾发现古代墙基、大型覆盆础石和八角形础石、大量的红色瓦件，由此推测这一带原是高句丽王室所在。城内各处地点发现大量建筑瓦件和盆、罐等陶器及少量釉陶、青瓷残片。瓦件的颜色、纹饰与丸都山城所出基本相同。

《周书·异域传》曾对高句丽427年迁都平壤后的王城有载："其城，东西六里，南临浿水。城内唯积仓储器备，寇贼至日，方入固守，王则别为宅于其侧，不常居之。"其实，丸都山城和国内城正是这种布局，由此说明高句丽王城之山城和平原城互相结合的布局在以今集安为都时期已经形成。

二、王　陵

12座王陵是指麻线0626号墓、千秋墓、西大墓、麻线2100号墓、麻线2378号墓、七星山211号墓、七星山871号墓、太王陵、临江墓、禹山2110号墓、禹山0992号墓、将军坟，与王陵相关的还有好太王碑、将军坟陪葬墓。高句丽共传28位王，根据《三国史记》和相关记载及考证，作如下世系表。其中，第19位王广开土王，《三国史记》记为392年继位，金毓黻依《好太王碑》考证为391年；另，第6、第7、第8位王的辈分关系和在位时间，本表采取顾铭学的考证[16]。

《三国史记》"高句丽本纪"和"地理志"记载，第一位王朱蒙在位19年，去世后葬龙山，"大武神王三年（公元20年）春三月，立东明王庙"[17]，其后新大王、故国川王、东川王、中川王、故国原王、安藏王、平原王、荣留王数次去卒本祀始祖庙[18]，说明东明王庙和王陵始终都在卒本，即今桓仁之地，而不在集安，也不在平壤。朱蒙墓的具体所在，一直是学术界关注的问题，近年有学者考证桓仁县城西边浑江对岸望江楼墓群中的4号墓是朱蒙的陵墓[19]，最终的确认或另在别处，还有待今后的继续考查。第二位王琉璃明王迁都今集安，第二十位王长寿王迁都平壤。长寿王最后葬于集安还是平壤，学术界说法不一。如果将长寿王计算在内，那么从琉璃明王到长寿王，位于集安的高句丽王陵应计有19座，其中除闵中王是葬于闵中原石窟中外[20]，其余18座王陵，据多年来的墓葬研究，学界普遍认为是大型积石墓。申遗期间进行大规模发掘后出版《集安高句丽王陵》，共确定13座王陵，即包括上述12座，另一座是山城下砖厂36号墓（图一一）。

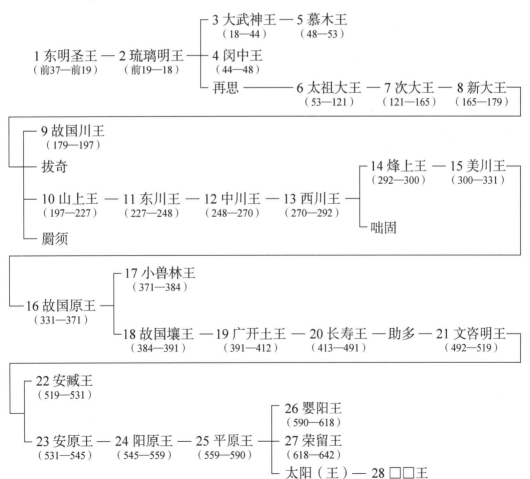

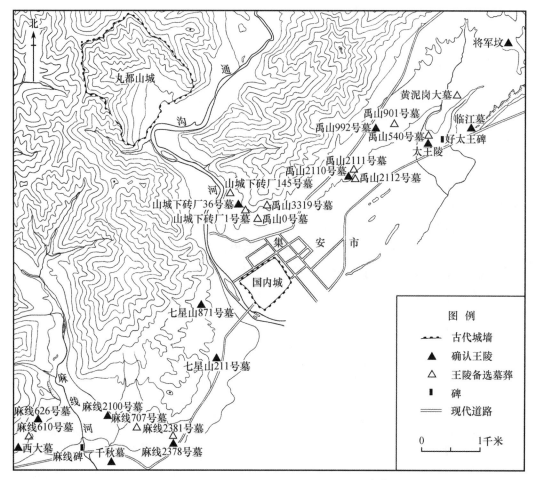

图一一　集安高句丽王城与王陵分布示意图[21]

《集安高句丽王陵》总结出王陵的7个特征，现以此为框架，从各墓发掘中择其相应的主要表现，再补充其他相关内容和研究，稍加调整，仍分作7点说明如下。

1. 王陵分布及所在地势

据《三国史记》，以集安为都时期的诸位高句丽王，绝大部分都记有埋葬地点，其中出现了"故国""东川""中川""西川"不同地名，而且还可以看出"东川""中川""西川"在"故国"之内。对照集安大型积石墓分布，可知此"故国"是指当时高句丽的都城所在地集安。正如在上述高句丽第一次迁都的记载中，将集安之地称为"国内"一样，二者是等同的。集安市区及其附近，国内城和丸都山城位于通沟河两侧，基本处于南北一条线上，这一带应是中川所在。从墓区分布来看，它包括山城下、万宝汀、七星山3个墓区和禹山墓区的西部，其中有几座大型积石墓王陵坐落于此。集安市区之西，越过七星山，则是以麻线河为名的麻线墓区，这里应是西川所在，有几座大型积石墓王陵集中于此。东川在何处？禹山墓区东部值得考虑，这里有一条小的水渠，临江墓、太王陵、将军坟等几座大型积石墓王陵就在此区域。另外在距集安市区东北31千米处的鸭绿江右侧台地上曾发现一座大型积石墓蒿子沟1号墓，有学者认为此是东川王的陵墓，此墓没有列入遗产申报之内[22]。

墓葬所在地势，多是山腰高坡或山下平岗高地，相距或近或远，多为独立存在，既不见早期积石墓纵行排列的迹象，也看不出晚期大型封土墓横行排列的布局。

2. 规模巨大

规模巨大是高句丽大型积石墓王陵的突出特点。墓葬积石呈方形或长方形，边长皆在几十米以上。申遗之前一直认为规模最大的是边长80～85米的千秋墓。申遗期间调查发掘，最大的是临江墓，边长76米×71米，现高10米；千秋墓，边长71米×60.5米，现高11米；太王陵，边长68米×62.5米，现高14米；最小的是麻线2100号，

图一二　麻线2100号墓

边长33米×29.6米，现高6米。这些墓葬历经破坏扰乱，多非原来面目，其中七星山871号、七星山211号、西大墓3座墓葬中间的大扰乱坑皆深及墓底，绝非一般盗掘所致，应与当年的战争有关（图一二～图一六）。

图一三　七星山211号墓

图一四　临江墓

图一五　千秋墓

图一六　好太王碑与太王陵

3. 墓葬的形制结构为方坛阶梯石圹–石室

方坛阶梯是大型积石墓王陵的外部结构，最初的几座可能不像后来的那样完备、规整，或者还只是方坛，但是很快发展为方坛阶梯。方坛阶梯的筑法，先是采用阶墙构筑法，后逐渐变为叠压平筑法。阶墙有多道，外侧几道起筑于地表，筑建顺序是由内向外，内高外低，内侧的几道则是在墓葬积石上自上而下逐层垒砌。叠压平筑法是自下而上，逐级平筑内收，叠压升高。时代早的墓葬，阶梯较矮，因此级数较多，有的墓葬可达十几道或几十道。时代晚的墓葬，石材增大，加工和砌筑愈加规整，阶梯升高则级数相对减少，底部四周还使用大的护坟石。时代晚的墓葬以将军坟最为突出，该墓规模虽不算很大（33.1米×31.7米+13.07米），但保存较好，用一块块大石条筑成覆斗状的七级阶梯，每级分别由四层或三层构成，层、级平直，角线斜收，高居岗地，气势宏伟，被誉为"东方的金字塔"（图一七）。

据多年研究得知，高句丽积石墓的内部结构按年代先后分为石圹和石室，另外还有圹室。石圹为石砌四壁，无顶，无门无墓道。石室则石砌四壁，有顶，有门有墓道。圹室存在于两者过渡时期，没发现盖顶石，但有门有墓道，墓道两侧有的还设耳

图一七　将军坟

室。12座王陵墓葬中保存石室结构的有太王陵和将军坟，太王陵石室的长宽高均3米左右，将军坟石室的长宽高都超过了5米。太王陵石室内发现了石椁。千秋墓顶部发现了大型石条，推测原为石室，也可能使用石椁。其他各墓皆未发现石室迹象，原报告推测为石圹或圹室，但是圹室的迹象也不明确。

4. 墓葬地表设施齐全

大型积石墓王陵地表发现的设施有散水、排水系统、陵园墙垣、陵寝建筑、祭台等遗迹和陪葬墓。其中祭台是2003年发掘所确定的重要遗迹，临江墓和将军坟祭台上还出土了青铜人形车辖和鎏金钉履等贵重器物，临江墓和太王陵祭台上还发现火烧的痕迹，这都可能与祭祀有关。禹山992号墓东西两侧发现两个类似祭台的遗迹，不见于其他墓葬，其中西祭台又分东西两半，东半有五道横向隔墙，西祭台早年测绘尚见四个隆起的石堆，发掘报告推测"为陪葬墓或倒塌的建筑堆积"，所以西祭台有可能不是祭台（图一八）。陪葬墓保存下来的只有将军坟，属于方坛阶梯石室墓，被列入遗产名录（图一九）。将军坟西南侧约百米处有一建筑遗址，2003年发掘，报告

图一八　禹山992号墓

图一九　将军坟陪葬墓

于2011年发表。关于遗址的性质，发掘者认为"有可能与将军坟的祭祀有关"。该遗址面积较大，保存不好，出土了丰富的板瓦、筒瓦、瓦当、当沟等瓦件，"多制造粗糙"，且不见日用陶器，根据此等迹象，发掘者认为该遗址可能"未曾建完或未付诸使用"[23]。笔者认为，这或许与下文所论将军坟作为长寿王的陵墓而最后没有使用有关系。

据好太王碑记载，好太王时期曾"尽为祖先王墓上立碑，铭其烟户，不令差错"[24]。有关此类碑刻，可能由于年久散失，至今没有确切发现。2012年在集安市区西边麻线河河床西侧发现一块碑（现学术界称其"新出集安高句丽碑"或"集安麻线碑"），有学者认为此碑是为千秋墓立的碑，但也有学者持不同意见，认为立于长寿王时期，并非专门为哪一座墓所立[25]。

被列入遗产名录的好太王碑，是414年长寿王为其父好太王立的纪功碑。该碑位于太王陵东北360米处，高6.39米，呈不规则的方柱形。碑文四面环刻，计44行1775字。碑文内容大体分为三部分：第一部分追述了高句丽政权的创始传说；第二部分记述了好太王一生的攻伐业绩；第三部分记述了对好太王陵守墓人烟户的规定。该碑是高句丽的珍贵文字记载。申遗期间将好太王碑和太王陵所在区域进行了统一整治绿化，视野开阔，相互照应，更加凸显了碑的庄重和陵的高大（图一六）。

5. 墓葬上出土多种瓦件

墓葬上出土瓦件的种类有板瓦、筒瓦、脊瓦和瓦当等，瓦件的颜色多为深浅不等的灰色，也有深浅不等的褐色。板瓦、筒瓦的纹饰由粗细绳纹逐渐转变为素面，檐头板瓦后来流行压印纹，筒瓦瓦唇由平缓逐渐变为折唇。瓦当出现较晚，开始流行的是云纹，后来则是莲花纹，莲花纹的样式也有不同，样式最多的发现于太王陵。这些瓦当由于出土地点明确，年代也相对清楚，对于探讨高句丽瓦当的发展是一批重要材料，因此本文将其组图在一起，以便大家参看（图二〇）。在申遗期间，发掘者还注意到墓上出土瓦件的摆放情况和数量多少。在临江墓上发现"顺墓坡摆放"的筒瓦和

墓葬	出土瓦当	备注 墓主人推测
西大墓	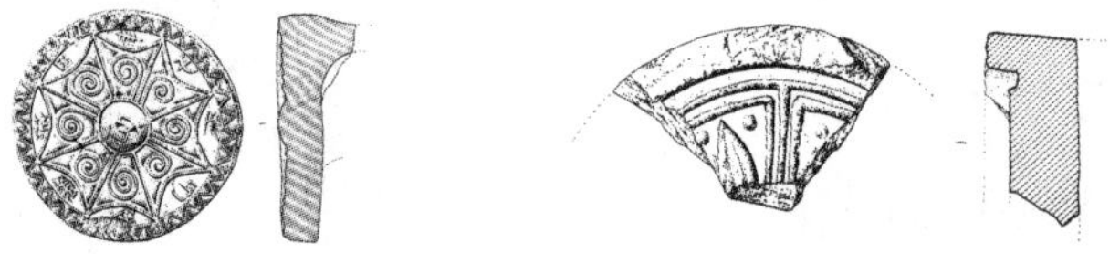	云纹瓦当出土11件，莲花瓦当只出土1件。 美川王（300～331年）或西川王（270～292年）
禹山 992号墓	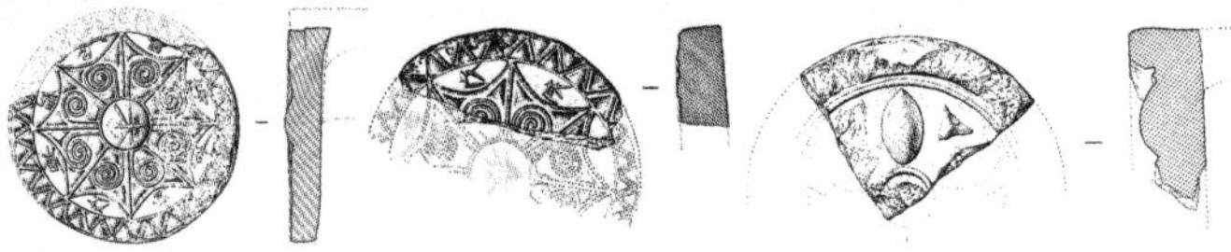	云纹瓦当出土24件，莲花瓦当只出土1件。 故国原王（331～371年）
麻线 2100号墓	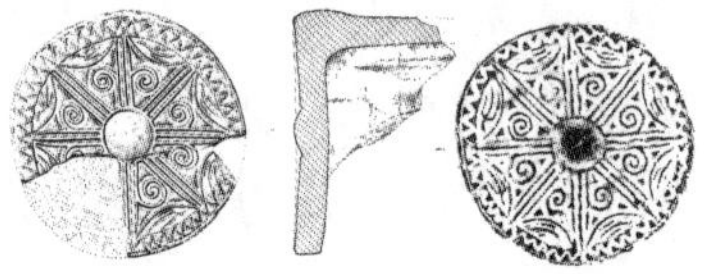	小兽林王（371～384年）
千秋墓		故国壤王（384～391年）
太王陵	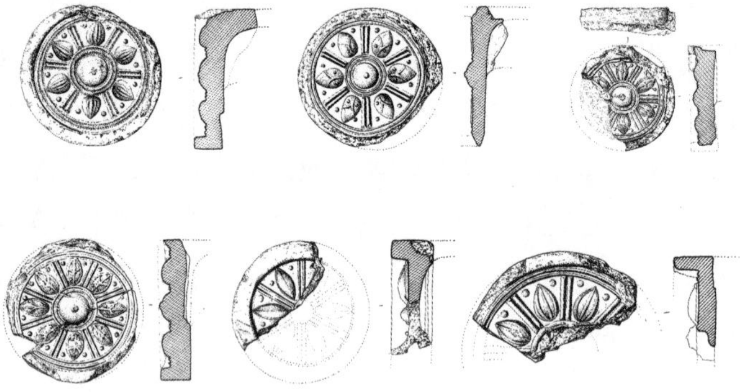	好太王（391～412年）
将军坟	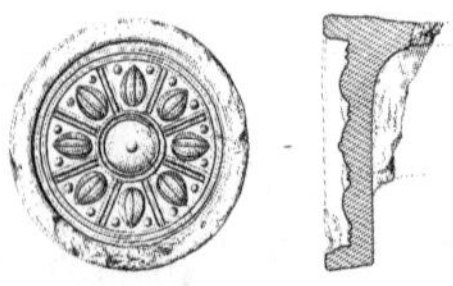	长寿王（413～491年）

图二〇　大型积石墓王陵出土瓦当举例

板瓦，在禹山2110墓上出土的板瓦有"并排仰敷"的现象，这说明瓦件原是直接铺在墓上的，不见得另有建筑。通过对七星山211号和太王陵等墓出土瓦件的统计和推算，可知大型积石墓上出土瓦件虽然很多，但也只能够覆盖石圹或石室的顶部，不够覆盖整个墓葬。在年代较早的几座墓葬上发现了被火烧过的熔石，有的熔石与瓦件烧结在一起，结合其他积石墓的类似迹象，推测是早期火葬的遗迹。有的砖瓦件上还发现了划印的铭文，其中因在墓上分别发现"千秋万岁永固"和"愿太王陵安如山固如岳"铭砖而命名的千秋墓和太王陵，这次发掘中又出土了多块同样的铭砖。

6. 出土文物多样精美

由于墓葬皆被盗掘，所以出土的器物并不算多，但种类比较齐全。陶瓷器生活用品出土很少，但釉陶、青瓷器的发现对墓葬年代的推断有重要参考价值。铁器中常见的是镞、甲片和车马具等。铜器、鎏金器和金器多是装饰品，其中摇叶及各种步摇构件尤为突出，说明当时步摇装饰在高句丽盛行。这种风尚同样流行于当时中国东北的其他地区和朝鲜半岛及日本，是由鲜卑经高句丽传播到朝鲜半岛南部和日本的。各墓相比，2003年太王陵出土的器物尤其令人注目。其中铁甲片多达237件，类型复杂，而铁镞尽管只有8件，也能分出不同类型。高句丽陶灶和石灶，过去都有发现，而太王陵出土的铜灶还是首次发现。铜铃出土3件，其中一件刻有"辛卯年好太王□造铃九十六"重要铭文，为确定太王陵的墓主人提供了重要证据。其他还有制作精美的鎏金马具马镫、节约、杏叶和鎏金帐钩、幔架、案足、案饰，以及包括各种步摇构件在内的大量鎏金、金质饰件，这些都真实地展示出墓主人非同一般的高贵地位和豪华奢侈的生活（图二一）。

7. 墓葬主人的推测

根据文献记载，学术界推测集安应有18座大型积石墓王陵，而现在被考古发现所确定的只有13座，另外还有10余座备选墓葬。就此13座王陵而言，时代早晚序列大致清楚。因为没有发现年代确切的文物，所以要想确定墓主人仍很困难，学术界的争议也比较大。因为发现了好太王碑，所以多年来相关讨论多是围绕此碑进行的。从上述墓葬形制结构和出土遗物等情况分析，年代最晚的墓葬是将军坟，早于将军坟的墓葬依次是太王陵和千秋墓。多位学者认为将军坟是长寿王的陵墓，其中有的学者认为高句丽有回葬的葬俗，不仅是长寿王，之后的其他几位王也回葬集安，他们的墓葬就是集安的几座大型封土石室壁画墓[26]。平壤地区曾发现大型封土石室壁画墓"传东明王陵"，日本学者永岛晖臣慎曾提出该墓为长寿王的陵墓[27]。墓葬规模和内外结构设施等足以达到王陵级别，笔者考证其年代在5世纪末，故赞同此说，并提出将军坟是长寿王生前在集安做王时修建的，因迁都平壤，他去世后葬在平壤，将军坟并未使用。近

图二一　太王陵出土器物举例

1. 鎏金马镫　2. 铜铃　3. 铜灶　4. 鎏金案足

年有学者撰文表示赞同[28]。至于认定太王陵是好太王的陵墓，上述"辛卯年好太王□造铃九十六"之铭文铜铃的出土，为其提供了新的重要证据。这样将千秋墓定为故国壤王的陵墓就顺理成章了。至于其他数座墓葬的墓主人，现只能按时代早晚序列予以推测。

三、贵族墓葬

被列入世界文化遗产的26座贵族墓葬，包括积石砖室墓1座，积石石圹-石室墓4座，封土石室墓21座。

积石砖室墓是指禹山3319号墓。该墓位于禹山南坡山岗，地势高险，墓葬上曾发现灰砖和青瓷器，墓葬地表附近发现一人面刻石，引起人们关注。1997年该墓被发掘，但发掘材料在申遗之后才发表。

墓葬外部结构为方坛阶梯，尚存四级，底边长20余米，内部结构为方形砖室，边长4.95米，采用六朝墓葬的筑法，铺地砖呈人字形，四壁为三横一竖。砖壁上的白灰大部剥落，白灰面上尚见有朱红、绿、墨色彩，说明原有壁画。室顶已经坍塌，墓

门西开，外接甬道、墓道和左右耳室，皆是以砖砌成。墓葬地表东南角、距墓葬约
9米处有一人面刻石。该墓尽管被盗，仍出土釉陶器、铁器、鎏金器和晋青瓷盘口壶
等数十件器物，而且还发现"乙卯"和"丁巳"纪年云纹瓦当。发掘者将此纪年推定
为355和357年，认为墓主人来自中原，有可能是投奔高句丽的平州刺史、东夷校尉崔
毖的墓葬[29]（图二二、图二三）。

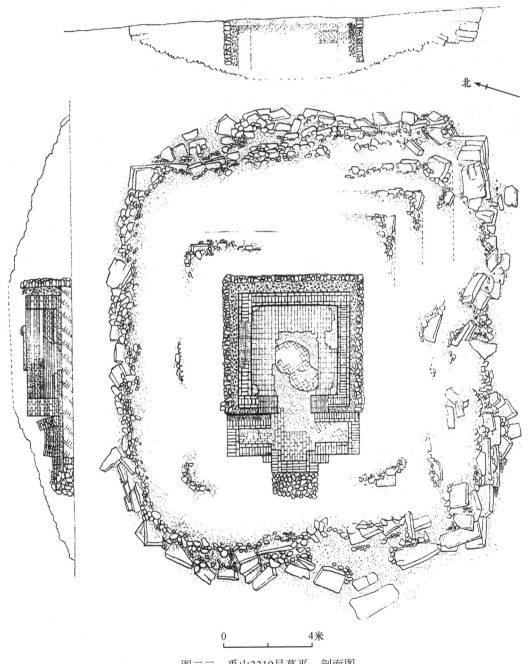

0　　　　　　　4米

图二二　禹山3319号墓平、剖面图

图二三　3319号墓出土青瓷盘口壶

《晋书·慕容廆载记》记载，崔毖任东夷校尉平州刺史，镇辽东。辽西慕容廆势力日盛，319年崔毖"乃阴结高句丽及宇文、段国等，谋灭廆以分其地"。结果几方出兵被慕容廆分化而失败，"毖与数十骑弃家室奔于高句丽，廆悉降其众"。从此年始，辽东由慕容氏占领统治。从上述瓦当的纪年看，崔毖在高句丽生活了20多年，而去世后仍使用晋墓的砖室形制结构，随葬典型的南方器物。

4座积石石圹-石室墓，是指禹山2112号墓、兄冢、弟冢和折天井墓。

禹山2112号墓系王陵备选墓葬之一，墓葬为方坛阶梯圹室结构。方坛阶梯尚存三级，底边长18.7米，现高3.2米；圹室6米×5米，未发现盖顶石，有墓道、双耳室。墓葬出土素面板瓦、筒瓦和莲花瓦当；铁器有扒锔、棺钉、挂钩，说明使用了木棺；还出土摇叶等多种鎏金饰件和少量金、银饰件、玛瑙珠；发现大量熔石，可能还保留火葬遗俗。发掘报告推测墓葬年代为4世纪末至5世纪初[30]（图二四）。

"兄冢"和"弟冢"是位于丸都山城正门前左侧、通沟河北岸墓地上的两座规模较大的方坛阶梯积石墓。636号墓接近通沟河，其北侧30米是635号墓（《集安高句丽墓葬》认为636号墓是"兄冢"，635号墓是"弟冢"，而《洞沟古墓群1997年调查测绘报告》则与此相反，查《通沟》应是636号墓）[31]。635号墓现存五级阶梯，边长约19米，高约5.5米，顶部中间为一长约5米、宽4米、深0.8米的凹陷坑。636号墓为平面方形，现存四级阶梯，边长22米左右，高6.1米。方形"圹室"筑于第二级阶梯之上，墓道西向，上面尚留一块长2.7米、宽0.9米、厚0.45米的门楣石（置门楣石，说明墓道原可能有顶，如果"圹室"再有顶，就是名副其实的石室了）。从图看出墓道设左右耳室，均以石板封盖，在墓边曾捡到黄釉陶片和铁甲残片（图二五）。

折天井墓位于"兄冢""弟冢"所在墓地的中部，是一座方坛阶梯石室墓，因其室顶呈前后两坡状，故称折天井墓。现存三级阶梯，边长20.3米，高7.1米。石室筑在第二级阶梯之上，主室外带两个耳室。1985年在墓室内发现了绘有彩色壁画的白灰残片，颜色有朱红、橘红不等，有的以墨线起稿，好像是服饰的局部[32]。

21座封土石室墓，是指角骶墓、舞踊墓、马槽墓（通沟12号墓）、"王"字墓（山城下332号墓）、环纹墓、冉牟墓、散莲花墓、长川1号墓、长川2号墓、长川4号

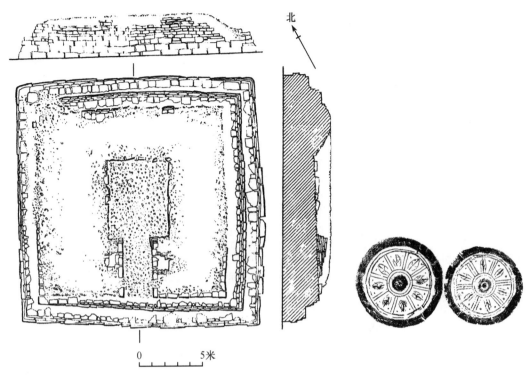

图二四　禹山2112号墓平、剖面及出土莲花瓦当拓片

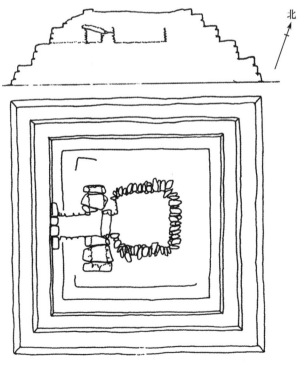

图二五　山城下636号墓平、剖面图

墓、五盔1～5号墓、四盔1～4号墓、四神墓、龟甲莲花墓。其中五盔1～3号和四盔1～4号7座墓未曾打开，其他14座已先后被打开，而且都发现壁画。再加上发现壁画的禹山3319号墓和折天井墓，列入世界文化遗产的壁画墓达16座。

高句丽墓葬中的壁画墓备受学术界关注，分布广，数量多，壁画内容和技法丰富精美。壁画墓的年代在4～7世纪初，绝大部分是封土石室墓。现在统计的壁画墓，只是已经发现壁画的墓葬，其实还有不少墓葬未被打开，有的墓葬里还会有壁画。迄今在朝鲜境内发现的高句丽壁画墓约90座，皆是封土石室墓。我国境内的高句丽壁画墓，迄今在集安共发现36座，其中封土石室墓29座，积石石室墓6座，积石砖室墓1座；在桓仁和抚顺各发现1座，皆为封土石室墓。集安发现的36座，就包括上述列入世界文化遗产的16座（列入遗产名录而未曾打开的五盔1～3号，同五盔4号墓、5号墓一样属于大型封土墓，其内肯定有壁画，四盔1～4号规模稍小一些，估计其内也有壁画）。这16座墓葬大部分保存较好，其余的墓葬则较差，其中有4座只说是壁画墓，具体情况没有报道，另有几座墓葬内容丰富，其中有的保存得也不错，但没有列入遗产名录（如集安麻线沟1号墓、三室墓、桓仁米仓沟"将军坟"，以下分析中，有的地方借用了这三座墓的材料）。

关于壁画墓的考古学研究，主要是对墓葬的形制结构和壁画的内容技法进行观察分析，并由此去探讨墓葬的年代分期、墓主身份等级及相关文化因素。笔者重新梳理我国境内发现的38座壁画墓，其墓葬形制结构的变化表现为三个演变序列，而落实到列入遗产名录的16座墓葬中，则是其中主要的两个，一个是"半前室—双室—单室"，一个是"单室带耳室—耳室逐渐退化消失—单室"（图二六）。

关于壁画墓的分期，学术界存在三期、两期四段和四期三种不同分法，总的演变趋势是基本相同的。本文采用四期说。因为至今壁画墓中具有明确年代的遗迹和遗物发现很少，所以四期年代的划定只是大致推测，相邻两期之间出现首尾年代重叠，以及个别墓葬放在两期之间，也是出于此种考虑。

图二六上半是"半前室—双室—单室"序列，半前室和双室的区别在于，双室的前室纵深大于左右宽度的一半，如第三期的两座，半前室的纵深小于其左右宽度的一半，如第一期的两座，而有的墓葬的半前室纵深与左右宽度的一半很接近，如第二期的散莲花墓。

图二六下半则是"单室带耳室—耳室逐渐退化消失—单室"序列。第一期中，禹山3319号积石砖室墓，其年代为4世纪中叶，比较明确。折天井墓年代为4～5世纪，放在第一期比较稳妥。其他未列入遗产名录、属于第一期的还有麻线沟1号墓，属于第二期的还有桓仁米仓沟"将军坟"、山城下983号墓，都是比较典型的墓葬。其中山城下983号壁画墓，主室顶部平行叠涩加小抹角，绘莲花、云纹、朱雀，两个耳室又矮又小，接近消失，所以第三期墓葬就不见耳室了[33]（图二七）。

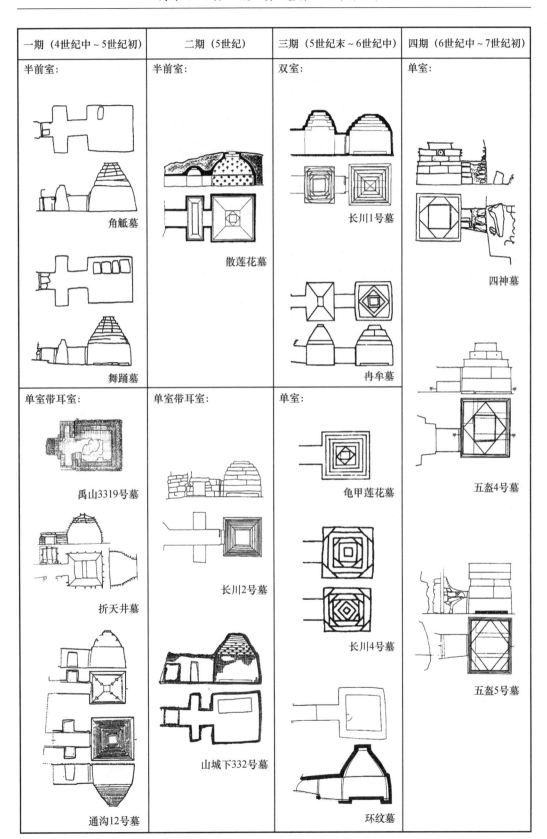

图二六　16座壁画墓形制结构图

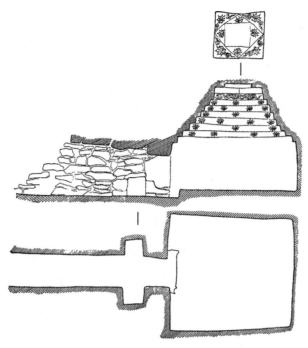

图二七　山城下983号墓平、剖面图

经比较得知，"半前室—双室墓"和"单室带耳室墓"，在中原及东北地区汉代以来砖结构或石结构的墓葬中都有发现，在乐浪地区砖室墓中同样能找到可比的例墓，而在当地无壁画积石墓中有"单室带耳室墓"而无"半前室—双室墓"，说明"半前室—双室墓"是来自高句丽以外地区，而"单室带耳室"的墓葬，则是在内外相互影响下出现的。这两种序列的墓葬，经过各自的发展，6世纪以后则统一变为方形或长方形单室，显然是受到南北朝后期墓葬的影响。

上述墓葬的墓室顶部结构，禹山3319号墓室顶无存，由于发现楔形砖和弧形砖，推测为当时砖墓常用的券顶或穹隆顶；折天井墓为四阿覆斗加两坡；其余封土石室墓，先是穹隆叠涩、平行叠涩、四阿覆斗，然后有的再加小抹角，小抹角扩大，最后变为大抹角。

壁画墓分期变化的另一项重要表现，则是壁画内容及其技法、布局等。壁画的内容主要分为三种题材，即社会生活（人物风俗）、装饰图案、四神及盘龙图像。

社会生活题材包括墓主人对坐宴饮、歌舞、竞技、出行、狩猎、战斗等，集中出现在一期墓葬，至三期长川1号墓前室仍可看到精彩画面。这些画面内容多见于中原及辽东地区的汉魏晋墓葬壁画或画像石中，传入高句丽后又有新的表现和发展。墓主人对坐宴饮是家内生活的核心，上述墓葬中能看出此画面的有角觚墓、舞踊墓、通沟12号墓3座，皆在第一期。该画面都绘在正对墓门的墓室后壁，其中保存较好的是角觚、舞踊两墓。高卷帷帐之下的男女主人（一男二女），角觚墓同其他墓葬一样，跪坐于矮榻之上，舞踊墓是垂足坐于蹄足高凳之上（有学者认为舞踊墓所绘是宴飨宾客）。两墓男主人短衣束带、肥裤革履，女主人"裙襦加襈"[34]。角觝墓男主人头部模糊不清，女主人和舞踊墓男主人皆头戴菱形罗冠。而无冠垂发之侍女小童，或"跪拜曳一脚"[35]侍奉于前，或小心翼翼站立两旁，展示出当时高句丽森严的社会等级（图二八、图二九）。

图二八　角觝墓主室后壁壁画

（采自《通沟》[36]图版38）

图二九　舞踊墓主室后壁壁画局部

（采自《通沟》图版4）

　　歌舞、竞技活动与墓主人平日生活息息相关，因此在壁画中频繁出现。角觝墓以角觝为名，舞踊墓以舞踊为名，就是因为两墓中突出的角觝、歌舞画面。角觝墓中的角觝图绘于主室左壁，只见两高鼻深目之力士，身穿犊鼻裈，搭肩搂背，搏斗不止，倚杖老翁与树上小鸟也在一旁眺望、助兴，异常鲜活生动（图三〇）。舞踊墓的舞踊图也绘于主室左壁，面对骑马墓主人，上方一列舞者和领舞在下方歌队的伴唱中翩翩起舞，颇为齐整有序。高句

图三〇　角觝墓角觝图

（采自《通沟》图版43）

丽的歌舞有群舞、对舞不同组合，长袖甩摆是其鲜明的舞姿特征（图三一）。歌舞、竞技活动频繁出现在墓主人的家内和户外生活中，反映出高句丽"其民喜歌舞"[37]的社会风俗和高官显贵的闲情逸致。而舞踊墓所绘出行牛车，又表现出高句丽上层对中原魏晋风尚的向往（图三二）。

　　高句丽所在"多大山深谷"，而且战争连年不断，于是狩猎活动成为其日常生活和战斗训练的双重需要，因而狩猎场面从一期到三期出现在多座墓葬的壁画中。舞踊墓左壁宏大的狩猎图中，一位奔驰于山峦之间的骑手和身后一位蓄势待发的骑手，其足下清楚地绘出椭圆形的环状马镫，说明此时成副的双马镫已在高句丽流行

图三一　舞踊图举例

1.舞踊墓　2.通沟12号墓　3.麻线沟1号墓

图三二　舞踊墓牛车图

（采自《通沟》图版12）

（图三三）。根据以往考古发现，4世纪前期的安阳孝民屯晋墓出土的仍是单马镫[38]，因此舞踊墓的年代不会早于此时。通沟12号墓在耳室中特绘马厩图，可见马匹在高句丽受到普遍重视，该墓被称为马槽墓，也取自此画。第三期长川1号墓前室右壁大幅壁画，上半是以墓主人为中心的多项歌舞、竞技等游乐活动，下半则是多项惊险、逼真的山林逐猎画面，集中展现了高句丽人独具特色的生活生产场景（图三四）。而麻线沟1号墓中的甲马骑士图、通沟12号墓中的斩俘图和三室墓的城下骑士交战图，形象生动地勾画出当时高句丽骑兵的形象和战斗的残酷场面，其人马着甲的装备显然是受到了十六国北朝兴起的"甲骑具装"的影响（图三五）。

　　装饰图案，是指在墓室四壁及顶部模拟华丽的织锦壁衣而满绘同一种花纹所组成的图案纹饰。集安、桓仁壁画墓中计有三种图案纹饰。第一种是"王"字云纹，绘于二期山城下332号墓主室四壁、长川2号墓和桓仁米仓沟"将军坟"的耳室（图三六）。云纹是汉代丝织品中流行的纹饰之一，在新疆地区曾出土了数件带有"延年益寿""万世如意"等文字的云纹织锦[39]。第二种花纹是环纹墓四壁的环纹，每一个环纹从内到外由几种不同颜色的同心圆构成，简洁明快（图三七）。第三种花纹是莲花，在三种装饰图案中出现最多，从一期舞踊墓开始到四期持续不断，第二期及第三期尤为流行，以侧视莲花、正视莲花为主体，其他还有花蕾、带叶茎枝蔓莲花和莲花化生等。如二期长川2号和散莲花墓，墓室四壁均绘正视莲花，室顶（长川2号墓四层平行叠涩侧面）绘侧视莲花。与长川2号墓形制结构、壁画、出土器物相同或相近的桓仁米仓沟"将军坟"保存较好，四壁绘侧视莲花，平行叠涩室顶交错绘侧视、正视、变体莲花和"王"字云纹（图三八）。三期长川1号墓后室四壁和叠涩顶部均绘正视莲花，顶部中心绘北斗七星和日月图（图三九）。

　　莲花属于佛教题材，文献记载佛教于372年自中原传入高句丽后便很快发展起来。与莲花花纹流行同时，在长川1号墓前室后壁顶部还出现了拜佛场面，佛像坐于中间的

图三三　舞踊墓狩猎图

（采自《通沟》，左：图版13，右：图版10）

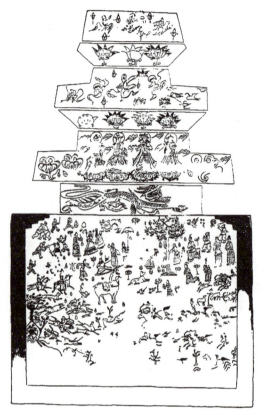

图三四　长川1号墓前室右壁及顶部壁画[40]

图三五　马厩、甲马、战斗、斩俘图
1、4.通沟12号墓　2.麻线沟1号墓　3.三室墓

图三六　山城下332号墓主室西壁壁画[41]

图三七　环纹墓壁画[42]

图三八　桓仁米仓沟"将军坟"壁画

（采自《辽宁考古文集》，左：图版9，右：图版10）[43]

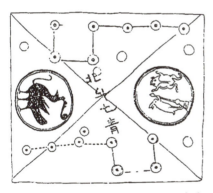

图三九　长川1号墓后室室顶壁画[44]　　　　图四〇　长川1号墓前室后壁及顶部壁画[45]

束腰须弥座上，须弥座两侧是蹲坐双狮，然后是跪拜的男女墓主人、手举华盖的供养人，佛像的上方有飞天（图四〇）。狮子在佛教中是护法的，环纹墓甬道两侧也改绘蹲狮来护卫，可见此时高句丽上层对宗教的崇信和依赖，此蹲狮形象及所在位置与南朝齐画像砖陵墓相同，证明环纹墓的年代不会早于5世纪末[46]。

　　四神图像包括朱雀、玄武、青龙、白虎，是中原地区汉代以来的常见纹饰之一。集安高句丽壁画墓一期舞踊墓室顶左右两侧的日、月旁边出现了青龙、白虎和类似朱雀的图像，但是在室顶前方应绘朱雀的位置，绘了两只公鸡，尚未构成严格的四神（图四一）。四神图像的正式出现，是在三期长川1号墓前室四壁上方的第一层顶石

图四一　舞踊墓室顶局部壁画[47]

侧面，其方位是面对后室，前朱雀，后玄武，左青龙，右白虎，有别于之后其他墓葬（其他墓葬皆是面对墓门方向，前朱雀，后玄武，左青龙，右白虎）。另，环纹墓的室顶也留有青龙、白虎的残迹。

　　到了第四期的四神墓、五盔4号与5号墓，四神图像成为壁画的主导。五盔坟位于禹山南坡积石墓群下方的平地上，自西向东横排5座大型封土石室墓，现已打开的是4号、5号，以四神命名的四神墓位于4号墓北侧。这几座大墓不像之前所有墓葬那样先涂白灰再作画，而是把壁画直接绘在打磨平整的石材表面，而且保存相当好。墓室四壁，朱雀展翅欲飞，玄武龟蛇盘结缠绕，青龙白虎昂首奔腾，并衬以由莲花、忍冬、火焰等不同花纹组成的流利细密的网纹图案，或者再加入不同服饰的人物，内容繁多，却不失主次分明。大抹角室顶绘多幅不同姿态的盘龙和各种神话故事，墓室四隅的花纹由之前逐渐简化的仿木结构变成了面目狰狞的怪兽。在此富丽豪华之中，似乎又透露出高句丽晚期社会矛盾的激化和上层统治者的恐惧心态（图四二）。

四、结　　语

　　以上运用多年来尤其是申遗以来20年考古发掘与研究的成果，对世界文化遗产"高句丽王城、王陵及贵族墓葬"分项、分类所做的介绍、分析和解读，使我们对该文化遗产的了解和认识更加全面和深刻，通过该文化遗产，我们对于高句丽文化也有了许多具体了解，可以归纳如下：

　　第一，"高句丽王城、王陵及贵族墓葬"是高句丽文化的突出代表和集中体现。

　　首先是门类和类型齐全。世界文化遗产属于物质文化遗产，这里所说的高句丽文

图四二 五盔4号墓北壁及顶部壁画[48]

化是指以遗迹和遗物为主要内容的高句丽考古学文化。高句丽遗迹主要包括城址、遗址和墓葬两大门类,"高句丽王城、王陵及贵族墓葬"的标题就直接显示出这两大门类。其中城址中包括五女山城、丸都山城之山城和国内城之平地城;墓葬中既有积石墓,又有封土墓,同时将罕见的禹山3319号积石砖室墓也列入其中;墓葬内部,有的还绘有壁画,壁画墓的形制结构又能分出不同类型。高句丽遗物在王城、王陵和贵族墓葬中都有数量不等的发现,其中有的制作相当精美豪华。除此之外,闻名中外、具有重要历史价值的好太王碑也单列在文化遗产之中。

其次是特征典型。由于高句丽所在多为山地,再加上攻防战争长年不断,所以高句丽城址的绝大部分是山城。笔者曾经以地形和平面布局之不同将高句丽山城划分为簸箕型、山顶型、"筑断为城"型、左右城及内外城四种类型,其中数量最多的是簸箕型,达到一半以上。丸都山城的特征在簸箕型山城中是最典型的,而五女山城的特征在山顶型山城中是最典型的。笔者曾将高句丽积石墓的外部结构划分为无坛、方坛和方坛阶梯三种,在它们共存时期主要代表等级高低不同;其内部结构有石圹和石室,它们代表年代早晚。列入"高句丽王城、王陵及贵族墓葬"的12座王陵和4座贵族墓葬积石石圹—石室墓,则是大中型方坛阶梯积石墓的典型代表。墓葬内部,石圹年代早,多已塌陷不清,石室年代晚,现保存下来的只有将军坟、太王陵和折天井墓。将军坟用材硕大,外部方坛阶梯规整,内部石室宽敞,保存也基本完好,成为高句丽积石墓中最突出的代表。还有壁画墓,高句丽壁画墓的持续时间是从4世纪到7世纪,427年高句丽迁都平壤后,国内城作为高句丽"三京"之一的"别都",其地位仍很重要，所以集安地区壁画墓的数量和规模一直有增无减，和迁都之前一起形成完整的序列。例如文化遗产中的角觝和舞踊、长川1号、四神和五盔4号5号等墓，由于其时代特征典型明确，所以包括平壤地区的壁画墓在内，学术界在对高句丽壁画墓分期时，这几座墓常被作为早、中、晚不同时期的典型例墓来使用。

再次是持续时间长。五女山城、丸都山城和国内城，是高句丽政权初期和中期的王城，其年代自公元前37年至427年，占据了高句丽政权705年历史的三分之二。以集安为都时期，是高句丽经济、文化及与周邻交流的快速发展时期。王陵和贵族墓葬的年代更是涵盖了高句丽政权的全部历史。因此，通过"高句丽王城、王陵及贵族墓葬"世界文化遗产，可以比较全面、集中地了解与认识高句丽文化的基本面貌和突出特点。

第二，"高句丽王城、王陵及贵族墓葬"的各项内容及表现，说明高句丽文化既具鲜明的民族与地区特色，同时又与周邻地区，尤其是与中原地区始终进行着密切的交流和融合。

首先从王城建筑来看。上文已述高句丽城址的绝大部分是山城，因而在王城的组合上形成了山城和平地城互相配合的布局，这是鲜明的高句丽特色。而在城址的具体建筑中，又常看到与周邻地区建筑相同或相似的遗迹及迹象。比如在五女山城内第四期（4世纪末至5世纪初）半地穴居住址中普遍出现了下设烟道的火炕设施（发掘报告称三条烟道的为火炕，称一条烟道的为火墙）。在国内城内的大型建筑址中也出现了类似迹象，发掘报告推测其年代在4世纪。申遗之前在国内城东之东台子遗址曾发现过火炕，学术界多认为东台子遗址的年代在4世纪末。火炕的出现，大大方便了寒冷地区人们的生活，同时也是建筑技术进步的重要标志。那么这种火炕设施，当时东北地区其他民族是否也开始使用了呢？20世纪70年代在黑龙江省东宁团结遗址中发现了同类遗迹，年代在汉代，属于北沃沮的文化遗存。更值得注意的是，2006年在河北省徐水县东黑山遗址中也发现了同样的火炕，其中两条烟道的为西汉中晚期，三条烟道的为东汉早期[49]。同一种建筑设施先后在中原和东北地区出现，无疑是建筑技术和文化的传播及影响的结果。

其次看墓葬。遗产之王陵和贵族墓葬，其外部结构有的是积石，有的是封土，内部结构有的是石圹，有的是石室，这也是高句丽墓葬最基本的类型结构。积石和石圹是本地区高句丽民族的葬俗，外覆封土、内部以砖或石筑成墓室是中原的葬俗。历经几百年，高句丽墓葬从积石石圹墓经积石石室墓最后演变为封土石室墓，形象地反映出高句丽文化与中原文化间的交流融合。其中，高句丽早期的积石墓，多分布在山坡或河旁高地，从上到下呈纵行排列，这是原始氏族或家族的葬俗。而大型积石墓王陵则不同，它们多是依山傍水，一座座独立分布于王城附近的山坡或岗地之上，这种分布形式与中原地区汉代帝陵接近。晚于积石墓的封土石室壁画墓，其墓室平面先是半前室、双室或单室外面带耳室，最后统统变为单室，又与六朝墓葬的演变同步。壁画的内容更是丰富多彩，它所反映的主要是高句丽上层的日常生活和意识形态，其中处处可以看到与中原壁画相同或相似的图像和技法。

再次是好太王碑。高句丽的碑刻迄今共发现三通，即好太王碑、中原郡碑和集安麻线碑，其中麻线碑碑体是常见的圭形，而好太王碑和中原郡碑皆呈方柱形，是碑刻中很少见的造型。好太王碑是三通碑中碑体最大、文字最多、保存比较完好的一通。众所周知，好太王碑碑文用的是汉字，书体基本为隶书，另两通碑刻的碑文同样是汉字，遗产中所包含的贵族墓葬冉牟墓的墨书题记用的也是汉字，说明当时汉字在高句丽是通用的，文字的通用为民族与文化的交流融合提供了极大便利。

高句丽民族是我国东北地区的古老民族之一，创造了特色鲜明的文化。高句丽民族及其文化与周邻地区，尤其是与中原地区的交流融合。为中华文明的形成发展做出了重要贡献。世界文化遗产"高句丽王城、王陵及贵族墓葬"具有重要的历史价值和广泛的社会影响，我们一定要继续保护好、研究好、宣传好，这是我们义不容辞的责任和义务。

注　　释

［1］ 辽宁省文物考古研究所：《五女山城：1996～1999、2003年桓仁五女山城调查发掘报告》，文物出版社，2004年；吉林省文物考古研究所、集安市博物馆：《丸都山城：2001～2003年集安丸都山城调查试掘报告》，文物出版社，2004年；吉林省文物考古研究所、集安市博物馆：《国内城：2000～2003年集安国内城与民主遗址试掘报告》，文物出版社，2004年；吉林省文物考古研究所、集安市博物馆：《集安高句丽王陵：1990～2003年集安高句丽王陵调查报告》，文物出版社，2004年。行文中四本报告使用简称，本文所用照片和原版线图，未加注释者都采自这四本报告。

［2］ 抚顺市博物馆、新宾县文化局：《辽宁省新宾县黑沟高句丽早期山城》，《文物》1985年第2期；迟勇：《高句丽都城的战略防御系统》，《集安博物馆高句丽研究文集》，延边大学出版社，1993年，第183页；辽宁省文物考古研究所：《五女山城：1996～1999、2003年桓仁五女山城调查发掘报告》，文物出版社，2004年，第292页。

［3］ 金富轼：《三国史记》，吉林文史出版社，2003年，第175页。

［4］ 方起东释读：《好太王碑碑文》，《好太王碑》，吉林文史出版社，1999年，第299页。

［5］ 梁志龙：《沸流集——高句丽及辽东史地论稿》，辽宁人民出版社，2015年，第106页。

［6］ 金富轼：《三国史记》，吉林文史出版社，2003年，第178页。

［7］ 吉林省文物考古研究所、集安市博物馆：《丸都山城：2001～2003年集安丸都山城调查试掘报告》，文物出版社，2004年，第172页。

［8］ 王飞峰：《高句丽大型建筑址试论——从青石岭山城二号建筑址谈起》，《北方文物》2020年第1期。

［9］　王飞峰：《丸都山城宫殿址研究》，《考古》2014年第4期。

［10］　《三国志》卷28《毌丘俭传》。

［11］　金富轼：《三国史记》，吉林文史出版社，2003年，第219页。

［12］　集安县文物保管所：《集安高句丽国内城址的调查与试掘》，《文物》1984年第1期。

［13］　李健才：《高句丽的都城与疆域》，《东北亚史地论集》，兰州大学出版社，2010年；李健才：《关于高句丽中期都城几个问题的探讨》，《东北史地》2004年第1期；李健才：《再论高句丽迁都到国内以前有无汉代县城的问题》，《东北史地》2004年第6期。《三国史记》记载高句丽于"（342年）春二月，修葺丸都城，又筑国内城"。本注前篇文章认为："文献所记的'又筑'，是指'修葺丸都城'的同时，'又筑国内城'，不是说在原有城墙的基础上'修葺国内城'……集安县城石墙下发现一段土墙，但这是汉代土城，还是国内城石墙内的城基，还有待商讨和研究。"而后两篇文章认为公元342年修筑的是在"土城墙上修筑的石城墙"，土城墙是公元247年修筑的平壤城，说明作者确认了该土墙的存在。李新全、梁志龙、王俊辉：《关于高句丽两座土城的一点思考》，《东北史地》2004年第3期；李殿福：《国内城始建于战国晚期燕国辽东郡塞外的一个据点之上》，《东北史地》2006年第3期。

［14］　吉林省文物考古研究所、集安市博物馆：《集安国内城东、南城垣考古清理收获》，《边疆考古研究》（第11辑），科学出版社，2012年。

［15］　魏存成：《高句丽国内城西墙外排水涵洞及相关遗迹考察》，《边疆考古研究》（第10辑），科学出版社，2011年。

［16］　金毓黻：《东北通史》（上编），社会科学战线杂志社翻印本，1980年；顾铭学：《魏志高句丽传解说》，《学习研究丛刊》1981年第2期。

［17］　金富轼：《三国史记》，吉林文史出版社，2003年，第183页。

［18］　"（新大王）三年（167年）秋九月，王如卒本，祀始祖庙。冬十月，王至自卒本。"金富轼：《三国史记》，吉林文史出版社，2003年，第199页。"（故国川王）二年（180年）秋九月，王如卒本，祀始祖庙。"金富轼：《三国史记》，孙文范等校勘，吉林文史出版社，2003年，第201页。"（东川王）二年（228年）春二月，王如卒本，祀始祖庙。"金富轼：《三国史记》，吉林文史出版社，2003年，第207、208页。"（中川王）十三年（260年）秋七月，王如卒本，祀始祖庙。"金富轼：《三国史记》，吉林文史出版社，2003年，第211页。"（故国原王）二年（332年）春二月，王如卒本，祀始祖庙。巡问百姓老病，赈给。三月，至自卒本。"金富轼：《三国史记》，孙文范等校勘，吉林文史出版社，2003年，第218页。"（安臧王）三年（521年）夏四月，王幸卒本，祀始祖庙。五月，王至自卒本。所经州邑贫乏者，赐谷人一斛。"金富轼：《三国史记》，吉林文史出版社，2003年，第236页。"（平原王）二年（560年）春二月……王幸卒本，祀始祖庙。三月，王至自卒本，所经州郡狱囚，除二死皆原之。"金富轼：《三国史记》，吉林文史出版社，2003

年，第239页。"（荣留王）二年（619年）夏四月，王幸卒本，祀始祖庙。五月，王至自卒本。"金富轼：《三国史记》，吉林文史出版社，2003年，第251页。

［19］ 张福有、孙仁杰、迟勇：《高句丽王陵通考》，香港亚洲出版社，2007年，第81～85页。

［20］ 《三国史记·高句丽本纪》记载："（闵中王）四年（47年）秋七月，又田见石窟，顾谓左右曰：'吾死必葬于此，不须更作陵墓。'""五年，王薨。王后及群臣重违遗命，乃葬于石窟，号为闵中王。"金富轼：《三国史记》，吉林文史出版社，2003年，第188页。有学者调查，在麻线石庙子村附近的山崖发现一个石窟，南北宽约8米，东西进深5米，高4米，石窟附近散布红色方格纹、席纹板瓦和素面筒瓦。调查者推测此与闵中王所葬石窟有关，但是该处遗迹迄今还没有进行过发掘。参见张福有、孙仁杰、迟勇：《高句丽王陵通考》，香港亚洲出版社，2007年，第93～94页。

［21］ 参照《集安高句丽王陵：1990～2003年集安高句丽王陵调查报告》图一绘制，个别处修改补充。

［22］ 张福有：《高句丽王陵通鉴》，香港亚洲出版社，2007年，第93页。该墓发掘报告推测该墓年代略早于东川王，参见吉林省文物考古研究所、集安市博物馆：《2008年集安市洞沟古墓群考古发掘报告》，《边疆考古研究》（第9辑），科学出版社，2010年。

［23］ 吉林省文物考古研究所：《集安将军坟西南建筑遗址的考古发掘》，《边疆考古研究》（第10辑），科学出版社，2011年。

［24］ 方起东释读：《好太王碑碑文》，《好太王碑》，吉林文史出版社，1999年，第300页。

［25］ 该碑发现以后，《中国文物报》等报刊作了报道，2013年1月集安市博物馆编著的《集安高句丽碑》由吉林大学出版社出版，接着《东北史地》2013年第3期发表了成组研讨文章，其他报刊也相继有文章发表，2014年1月张福有编著的《集安麻线高句丽碑》由文物出版社出版，将这些发表的和几篇还未发表的文章皆收录在内。

［26］ 张福有、孙仁杰、迟勇：《高句丽王陵通考》，香港亚洲出版社，2007年。

［27］ 〔日〕永岛晖臣慎著，刘力译：《高句丽的壁画古墓——关于真坡里古墓群》，《东北亚历史与考古信息》1985年第3期。

［28］ 王飞峰：《关于千秋墓、太王陵和将军坟的几个问题》，《边疆考古研究》（第10辑），科学出版社，2011年。

［29］ 吉林省文物考古研究所、集安市博物馆：《洞沟古墓群禹山墓区JYM3319号墓发掘报告》，《东北史地》2005年第6期。

［30］ 集安市博物馆：《集安洞沟古墓群禹山墓区2112号墓》，《北方文物》2004年第2期。考古报告推测墓葬年代为4世纪末至5世纪初，参见吉林省文物考古研究所、集安市博物馆：《集安禹山M2112号墓室清理报告》，《吉林集安高句丽墓葬报告集》，科学出版社，2009年。

［31］ 孙仁杰、迟勇：《集安高句丽墓葬》，香港亚洲出版社，2007年；吉林省文物考古研究所、集安市博物馆：《洞沟古墓群1997年调查测绘报告》，科学出版社，2002年；〔日〕池内

宏：《通沟》（卷上），日满文化协会，1938年。

［32］　孙仁杰：《"折天井"墓调查拾零》，《博物馆研究》1988年第3期。

［33］　李殿福：《集安洞沟三座壁画墓》，《考古》1983年第4期。

［34］　《北史》卷94《高丽传》。《周书》卷49《异域列传上·高丽》记："妇人服裙襦，裙袖皆为襈。"

［35］　《后汉书》卷85《东夷列传·高句骊》。

［36］　池内宏、梅原末治：《通沟》（卷下），日满文化协会，1940年。文中涉及该书图版不再另注。

［37］　《三国志》卷30《东夷传·高句丽》。

［38］　中国社科院考古研究所安阳工作队：《安阳孝民屯晋墓发掘报告》，《考古》1983年第6期。

［39］　陈维稷：《中国纺织科学技术史》（古代部分），科学出版社，1984年，第325～340页。

［40］　吉林省文物工作队、集安县文物保管所：《集安长川一号壁画墓》，《东北考古与历史》（第1辑），文物出版社，1982年，第162页。

［41］　徐光冀：《中国出土壁画全集》（8）"辽宁·吉林·黑龙江"，科学出版社，2012年，第142页。

［42］　徐光冀：《中国出土壁画全集》（8）"辽宁·吉林·黑龙江"，科学出版社，2012年，第140页。

［43］　辽宁省文物考古研究所：《辽宁考古文集》，辽宁民族出版社，2003年。

［44］　吉林省文物工作队、集安县文物保管所：《集安长川一号壁画墓》，《东北考古与历史》（第1辑），文物出版社，1982年，第170页。

［45］　吉林省文物工作队、集安县文物保管所：《集安长川一号壁画墓》，《东北考古与历史》（第1辑），文物出版社，1982年，第159页。

［46］　南京地区在墓葬甬道两侧发现有狮子图像的画像砖墓共4座，其中一座是西善桥油坊村大墓，有学者推测为陈显帝的显宁陵，另3座在丹阳，有学者推测均为南齐陵墓。参见《三国—宋元考古》（上），北京大学历史系考古教研室，1974年，第53～56页；郑岩：《魏晋南北朝壁画墓研究》，文物出版社，2002年，第61～78页。

［47］　徐光冀：《中国出土壁画全集》（8）"辽宁·吉林·黑龙江"，科学出版社，2012年，第126、131页。

［48］　左图采自李殿福：《吉林集安五盔坟四号墓》，《考古学报》1984年第1期；右图采自吉林省文物考古研究所、集安市博物馆、吉林省博物馆：《集安出土高句丽文物集粹》，科学出版社，2010年，第7页。

［49］　南水北调中线干线工程建设管理局等：《徐水东黑山遗址发掘报告》，科学出版社，2014年。

（原载《社会科学战线》2024年第6期，收入本书时略有调整）

高句丽的兴亡及其历史定位再探讨

汉唐期间，中原王朝由统一走向分裂，由分裂又走向新的统一。在此大动荡、大整合的背景下，在我国东北地区有一个民族兴起，并建立了与其民族名称相同的政权，该政权不断壮大，最后占据了西至辽河、南到朝鲜半岛中部之广大地区，对整个东北亚局势产生了重要影响，这个民族和政权就是高句丽。对于这样一个民族和政权，如何恰当地予以历史定位，已成为近年来相关国家学术界的关注问题之一。笔者也曾以此为题在几次学术会议和讲座中做过讲述，还写过相关文章[1]，本文则是在此基础上所进行的总结和再探讨。

一、东北地区古代民族源流发展与高句丽民族的最早出现

东北地区是我国古人类、古文明和多民族起源发展的重要地区之一。据考古发现，距今40万年之前，就有古人类在此生活，距今8000年左右，东北地区进入新石器时代，4000年之后又进入青铜时代。东北地区的古代民族，在先秦文献中已有零星记载，秦汉之后，众多民族兴起，在《史记》《汉书》，尤其是《三国志》和《后汉书》中都有了系统具体的记载。20世纪40年代金毓黻先生出版《东北通史》，将东北地区古代民族分为肃慎族系、"扶余"族系（即后来学术界所说的"濊貊"族系）、东胡族系和陆续从中原迁入的华夏-汉族族系四大部分，迄今仍为学术界所沿用。金先生将这四个族系绘成"东北民族系统表"，笔者曾以金先生的原表为基础，并吸收这些年来历史和考古新的发现和研究，将此表加以充实和细化绘出一个"东北古代民族源流示意表"，现将这两个表一起放在下边（表一、表二）。

从这两个表可以看出，高句丽族属于濊貊族系。在历史文献中，濊，又作秽，貊，又作貉，濊貊频见于先秦文献中。学术界多认为，汉代之前其分布，濊北貊南，濊主要分布在松嫩平原，貊主要分布在辽东山地。两者关系密切，相互交叉渗透，故汉代又往往统称之濊貊。其发展演变，濊之后为夫余、沃沮和东秽，貊之后为高句丽。高句丽族的最早出现，是与《汉书·地理志》中所记载的汉四郡有密切关系。为此，我们有必要将汉四郡设立的历史背景追述一下。前边说到东北地区进入的青铜时代，正是中原地区的商周时期。周灭商，原商贵族箕子率族人自中原经辽西、辽东，

表一　东北民族系统表（录自金毓黻《东北通史》）

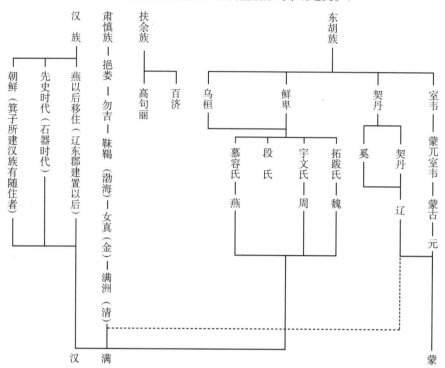

表二　东北古代民族源流示意表（参照金毓黻"东北民族系统表"制成）

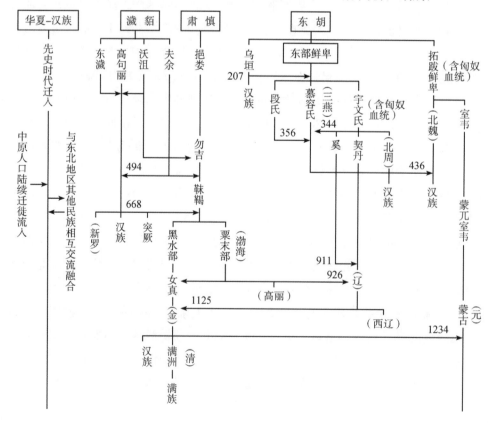

到朝鲜半岛北部建立古朝鲜，周封其为侯国。秦汉之际，中原战乱，大量中原人口迁往东北和朝鲜半岛。此时古朝鲜箕氏后世被由今北京地区流入的燕人卫满所代替。之后不久，卫满的后世随着其势力发展，则不肯入朝，还阻塞邻近民族"上书朝见天子"，西汉王朝遂于公元前2世纪末出兵灭之，并于其地分置乐浪、玄菟、临屯、真番四郡，进行直接管辖。其中玄菟、乐浪所属居民，"皆朝鲜、濊貊、句骊蛮夷"，此处所说的"句骊"就是指高句丽族而言。玄菟郡曾设高句丽、上殷台、西盖马三县，高句丽县为其首县，照惯例郡治和首县县治应在一地。近年考古工作已在辽宁省新宾县发现玄菟郡郡治所在。《三国志·东沃沮传》记载当时玄菟郡郡治在"句丽西北"（即高句丽族所在的西北——笔者注），所以当时高句丽族的活动中心是在新宾县东南的浑江流域和鸭绿江中游地区的桓仁和集安一带，归高句丽县管辖。高句丽县的名称，也应该是取自县内主要民族高句丽族的名称。

二、高句丽政权的建立与桓仁的高句丽遗存

高句丽政权始建于汉孝元帝建昭二年（公元前37年）。据其创始传说，它并非是由居住在原地的高句丽族所建，而是由北边奔来的夫余族王子朱蒙建立的。夫余是从西汉初至公元5世纪末存在于我国东北地区中部之广阔平原和丘陵地带的民族和政权，4世纪中叶之前长期以今吉林市为活动中心，这些年来在此已发现夫余王城城址和几处重要夫余墓群。夫余属于濊，高句丽属于貊，二者关系密切，而且在政权创始中具有很相似的传说。

高句丽政权自公元前37年开始，到公元668年灭亡，在历史上存续了705年之久。在史书中，"高句丽"，又记为"高句骊"，简称"句丽"或"句骊"，5世纪后改称"高丽"。其王城所在。从大的地区而言是三治两迁，初治桓仁，公元3年一迁集安，公元427年再迁朝鲜半岛平壤。

经多年考古调查和发掘，在桓仁县城附近已发现多处高句丽早期的遗迹，城址有被学术界定为高句丽初期的王城五女山山城和与之有关的下古城子古城，墓葬有望江楼墓群、高力墓子村墓群和上古城子墓群。这些墓葬皆为高句丽墓葬两大类型中时代早的积石墓，而且在墓葬结构和葬俗诸方面都表现出比较明显的原始性（图一）。

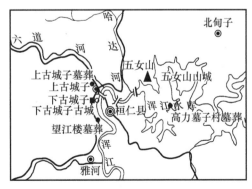

图一 桓仁县城附近高句丽早期遗迹分布示意图

三、高句丽政权的发展与集安的高句丽遗存

公元3年，高句丽政权迁都集安，一直到公元427年迁都平壤为止，高句丽政权以此为都共424年，占高句丽政权全部历史705年的60%。这个时期是高句丽政权的大发展时期。据文献记载和考证，东汉时期高句丽势力向周边迅速扩大，西边占据了今新宾一带，北边到达第二松花江上游，与夫余相接，东到今延边地区，南到清川江，与乐浪为邻。公元313年，向南发展占领乐浪。在这期间，公元372年，高句丽开始"立太学，教育子弟"，学习中原的儒家经典及《史记》《汉书》等史书。同在公元372年，佛教也自中原传入。这些都促进了高句丽社会的快速发展。公元427年高句丽迁都平壤后，但是鸭绿江以北、西到辽河之广大地区，其疆域并没有缩减，而且不小于鸭绿江以南地区，集安国内城作为高句丽后期的"别都"，列其"三京"之一，一直到高句丽灭亡之前，仍起着重要的作用。

由于高句丽政权长期以集安为都，所以在此集中分布着丰富的高句丽遗迹和遗物。城址有被学术界普遍定名为尉那岩——丸都的山城子山城和被定名为国内城的集安市区平地城，这是典型的山城与平地城相结合的高句丽王城组合。漫山遍野分布于集安周边的高句丽墓葬，1997年调查仍保留着6854座，其数量之多、类型之全、持续时间之长，是其他任何地区都无法相比的。其中积石墓中，包含十几座规模巨大、砌造考究的王陵，其他还有以封土石室墓为主要类型的30多座壁画墓。与墓葬有关，还有举世闻名的好太王碑，高句丽政权的创始传说就是首先见于好太王碑；2012年在集安麻线又发现了一通新的高句丽碑。在多年的城址、墓葬发掘中，出土了大量的建筑瓦件、日用陶器、马具、生产工具和兵器等各类遗物（图二）。

四、高句丽政权迁都平壤与平壤一带的高句丽遗存

公元427年，高句丽政权迁都平壤，由此开始至公元668年，高句丽政权以平壤为都计241年。位于平壤地区的高句丽后期王城，可分为前后两段，前段王城中的山城是大城山城，平地城是清岩里土城或安鹤宫，《周书·异域传》中所记载的山城与平地城相结合的高句丽王城，就是指此时期而言。之后于公元552年，高句丽又在此地开始修建新的王城长安城，并于公元586年迁入，该城则是今平壤市区内古城。长安城在一城之内，据北高南低之地势，依次分隔为北城、内城、中城、外城，内城置王室，中城置衙署，外城置居民；其中在外城又规划、修建了整齐的内有十字街道的里坊。具体对照，则不难发现该规划布局模仿了北魏洛阳城，但是由于地理环境的限制，不能

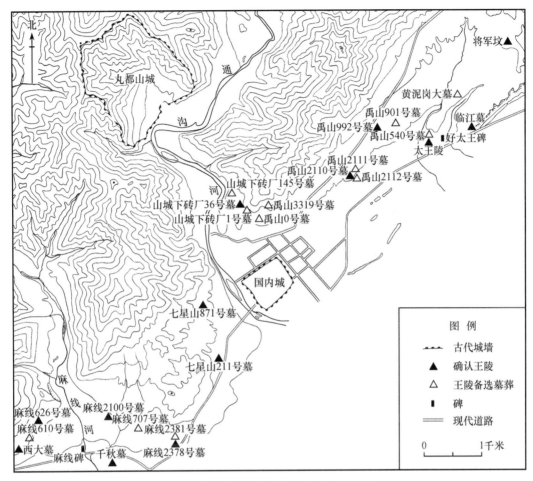

图二　集安高句丽王城与王陵分布示意图

（参照《集安高句丽王陵：1990～2003年集安高句丽王陵调查报告》图一绘制，个别处修改补充）

像北魏洛阳城那样规整，它既保留了原山城利于防御的优势，同时又改变了原山城和平地城分隔两处的不便，将山城和平地城合为一体，使战时防御和平时居住达到了合理统一。

平壤地区及其周围，也分布着大量的高句丽墓葬，绝大多数为封土石室墓，其中包括数十座大中型壁画墓。高句丽第21～27位王的7座王陵，有可能在这些壁画墓之中，但也有学者认为这几座王陵可能回葬集安。

6世纪末，隋王朝统一南方，国力大增。而在这时，高句丽王却率骑兵"寇辽西"（《隋书·高丽传》），于是又引发了隋唐两王朝与高句丽之间的长期战争。公元668年，唐兵攻克平壤，在历史上持续了700年之久的高句丽政权灭亡。高句丽在长期的对外发展及战争过程中，在原有当地高句丽人和从北边迁来的夫余人的基础上，又陆续有沃沮、东濊、古朝鲜遗民和部分汉人等加入，其中大部分逐渐融合为一体。唐灭高句丽，"收凡五部百七十六城，户六十九万"（《新唐书·高丽传》；《旧唐书·高丽传》记为"城百七十六，户六十九万七千"）。高句丽遗民，从唐出兵开始先后有数批被迁入中原；留居辽东的有的流入靺鞨或突厥，后来大部分与汉族融合在一起；留居朝鲜半岛的多流入新罗，与新罗居民及之前亡国的百济遗民等共同组成朝鲜半岛的统一民族。

五、高句丽的疆域四至与高句丽山城

高句丽经过以今集安为都之长时期的发展，到迁都平壤后的5世纪，其势力发展和疆域四至达到极盛，西抵辽河，东至今延边地区和朝鲜半岛东北部，北到今吉林地区，南至朝鲜半岛汉江流域。由于此广大区域，基本是"多大山深谷"，而且高句丽政权自始至终战争连年不断，所以分布广、数量多的山城便成为高句丽城址的突出特点。据详略不等的材料介绍，迄今在中国境内发现的高句丽山城达百座以上（表三），在朝鲜半岛发现的有数十座。凡是高句丽势力所到且占据时间较久的地方都会有高句丽的山城；或者说，凡是发现有高句丽山城的地方，都在当时高句丽的疆域之内。

山城的规模有大有小，周长在3000（含）米以上的大型山城，除三座王城外，绝大部分位于高句丽的西部防线、辽东至平壤的交通沿线和平壤以南的地区，修筑的时间大都在四、五世纪之后。其中，凤城凤凰山山城周长15955米，居高句丽山城之首。周长在1000～3000米的中型山城，接近于一半，它们或穿插于上述大型山城之间，或作为地区性的中心城址，其作用仍很重要。周长1000米以内的小型山城，接近于30%，大都是大中型重要山城的卫城或交通沿线的关隘哨卡。目前发现不是最多，其实它应是各类山城中数量最多的。

高句丽山城的类型可大体分为簸箕型、山顶型、"筑断为城"型、左右城与内外城型几种。其中数量最多的簸箕型，多修在环形山脊之上，山脊往往是三面高一面低，城内有纵深的山谷和开阔的坡地，最便于兵民驻防和储藏器备，高句丽中、后期王城中的集安山城子山城和平壤大城山城就采取了此种类型。

山城的城墙是以石筑为主，土石混筑、土筑的较少，而且多位于西部防线，时间也较晚。在山城城墙的拐角处、制高点和城内高台上多筑有瞭望高台。保护水源和修筑蓄水设施，同样是山城修建中特受关注的。

为了加强防御，高句丽晚期还在西部防线匆忙修筑了简陋的千里长城，结果没有起到多大作用。

表三 中国境内高句丽山城

辽宁		吉林
1. 辽宁桓仁五女山城	38. 辽宁盖州青石岭山城	74. 吉林集安城子山城
2. 辽宁桓仁高俭地山城	39. 辽宁盖州奋东山城	75. 吉林集安霸王朝山城
3. 辽宁桓仁城墙砬子山城	40. 辽宁盖州赤山山城	76. 吉林集安关马山城
4. 辽宁桓仁瓦房沟山城	41. 辽宁盖州城子沟山城	77. 吉林集安大川哨卡
5. 辽宁桓仁马鞍山山城	42. 辽宁盖州孙家窝堡山城	78. 吉林通化自安山城
6. 辽宁新宾黑沟山城	43. 辽宁盖州田屯高力城山城	79. 吉林通化建设山城
7. 辽宁新宾转水湖山村	44. 辽宁盖州烟筒山山城	80. 吉林通化南台山城
8. 辽宁新宾五龙山城	45. 辽宁瓦房店山城	81. 吉林通化太平沟门山城
9. 辽宁新宾得胜堡山城	46. 辽宁瓦房店龙潭山山城	82. 吉林通化依木树古城
10. 辽宁新宾太子城山城	47. 辽宁瓦房店岗崮山城	83. 吉林通化英戈布山城
11. 辽宁新宾杉松山城	48. 辽宁瓦房店高力城山城	84. 吉林浑江东马城址
12. 辽宁清原英额门山城	49. 辽宁瓦房店马圈子山城	85. 吉林浑江夹皮沟城址
13. 辽宁清原南山子山城	50. 辽宁普兰店高力城山城	86. 吉林浑江桦皮甸子城址
14. 辽宁本溪窟窿山城	51. 辽宁普兰店吴姑山城	87. 吉林临江山城
15. 辽宁本溪边牛山城	52. 辽宁普兰店老白山山城	88. 吉林柳河罗通山城
16. 辽宁本溪下堡山城	53. 辽宁金州大黑山山城	89. 吉林柳河钓鱼台古城
17. 辽宁本溪平顶山山城	54. 辽宁庄河城山山城前城	90. 吉林辉南辉发城
18. 辽宁本溪李家堡山城	55. 辽宁庄河城山山城后城	91. 吉林辉南钓鱼台古城
19. 辽宁抚顺高尔山城	56. 辽宁庄河旋城山山城	92. 吉林盘石纸房沟坝城
20. 辽宁抚顺马和寺山城	57. 辽宁岫岩马圈子山城	93. 吉林盘石大马宗岭山城
21. 辽宁抚顺南章党山城	58. 辽宁岫岩娘娘城山城	94. 吉林盘石城子沟山城
22. 辽宁抚顺城子沟山城	59. 辽宁岫岩清凉山城	95. 吉林抚松大方顶子城址
23. 辽宁抚顺西山城	60. 辽宁岫岩老城沟山城	96. 吉林辽源龙首山城
24. 辽宁西丰城子山城	61. 辽宁岫岩松树沟山城	97. 吉林辽源工农山城
25. 辽宁西丰天德城子山山城	62. 辽宁岫岩老城山山城	98. 吉林辽源城子山山城
26. 辽宁西丰张家堡山城	63. 辽宁岫岩二道岭山城	99. 吉林龙潭山城
27. 辽宁开原龙潭寺山城	64. 辽宁岫岩南碾子山城	100. 吉林东团山城
28. 辽宁开原古城子山城	65. 辽宁岫岩闹沟门山城	101. 吉林三道岭子山城
29. 辽宁开原马家寨山城	66. 辽宁岫岩南沟山城	102. 吉林蛟河横道子南山城
30. 辽宁铁岭催阵堡山城	67. 辽宁岫岩古城山山城	103. 吉林蛟河拉法小砬子山城
31. 辽宁铁岭青龙山城	68. 辽宁岫岩刘家堡山城	104. 吉林蛟河六家子东山城
32. 辽宁沈阳石台子山城	69. 辽宁岫岩小茨山城	105. 吉林图们城子山山城
33. 辽宁沈阳塔山山城	70. 辽宁凤城凤凰山山城	106. 吉林珲春萨其城
34. 辽宁灯塔石城山山城	71. 辽宁凤城山城沟山城	
35. 辽宁海城英城子山城	72. 辽宁宽甸虎山山城	
36. 辽宁营口马圈子山城	73. 辽宁宽甸高力城山城	
37. 辽宁大石桥市海龙川山城		

注：信息采自《中国考古学·三国两晋南北朝卷》图9-6

六、如何确定和处理高句丽的历史定位

　　高句丽的历史定位，这些年来已成为学术界讨论的热点问题之一，其实这也是高句丽研究中必须明确的问题之一。该问题，有不少论著称其为"归属问题"，从历史问题和学术问题的研究范畴考虑，笔者采取了"历史定位"称谓。2011年笔者在《吉林大学社科学报》第4期发表的文章，题目叫《如何处理和确定高句丽的历史定位》，现在看来把"确定"放在"处理"之前要合适一些，先把历史定位确定下来，然后对相关问题进行处理就方便了。

　　确定高句丽的历史定位，离不开边疆理论的宏观指导。中华人民共和国成立后的几十年来，学术界对于边疆理论的探讨和讨论一直在持续进行着，先后发表出版了多篇（部）论著，出现了几种互有区别，有的又互相关联的理论观点。相比之下，笔者同意白寿彝先生的意见。1951年5月白寿彝先生在《光明日报》上发表了《论历史上祖国国土的处理》文章，提出"用中华人民共和国的国土范围来处理历史上的国土问题是正确的办法"，近年他所主编的多卷本的《中国通史》，开篇第一章对该问题再次进行了专门论述，其曰："中国是一个统一的多民族的国家。中国的历史是中华人民共和国境内各民族共同创造的历史，也包含着曾经在这块广大国土上生存、繁衍而现在已经消失的民族的历史。""疆域，是历史活动的舞台。中华人民共和国的疆域是中华人民共和国境内各民族共同进行历史活动的舞台，也就是我们撰写中国通史所用以贯穿今古的历史活动的历史范围。"[2]这就是说，凡是以往在今天我国疆域内所活动过的民族和政权，都属于我国历史上的民族和政权，都应该写入我国的历史中。

　　遵照该理论观点，对于高句丽历史定位的确定，笔者曾提出以现今国界为基本框架，尊重历史、实事求是，作为探讨和讨论的基本原则。"以现今国界为基本框架"，是依上述理论为现今确定高句丽历史定位所设立的前提，"尊重历史、实事求是"，是说在具体研究高句丽历史问题时要坚持的理论原则。由此出发，对于以上所介绍的高句丽兴起、发展和灭亡的全部历史，再加以回顾和归纳：

　　第一，高句丽族兴起于我国东北浑江流域和鸭绿江中游地区；

　　第二，传说记载高句丽政权创始者所"出自"的夫余，同样是我国东北地区的古老民族和政权；

　　第三，高句丽政权在中国东北地区建立、壮大，后期发展到朝鲜半岛北半部，而鸭绿江以北地区和集安国内城仍起着举足轻重的作用；

　　第四，高句丽政权灭亡后，其遗民多数陆续融入汉族，少数融入朝鲜半岛民族；

　　第五，高句丽民族和高句丽政权建立之初皆受汉玄菟郡管辖，是玄菟郡界内的民族和政权，从4世纪开始至高句丽政权灭亡，高句丽政权称臣于中原政权，连续接受中原政权的册封，这种管辖和册封，不仅包含有双方在经济、文化方面的密切联系，同时还包含有双方在政治地位方面的主从关系和心理方面的相互认同。

至此，将上述几方面的回顾和归纳综合在一起，高句丽的历史定位则应是：高句丽族是起源于我国东北、并在此地长期生活的一个古老民族，即我国东北地区的古老民族，同时又是朝鲜半岛民族的来源和组成之一；高句丽政权是我国古代的边疆政权和民族地方政权，高句丽政权后期同时又是朝鲜半岛北部历史上的一个重要政权。

高句丽历史定位的确定，对于处理与其相关的各类问题奠定了基础。本文要讨论的主要是在编写高句丽的历史与考古中所遇到的问题。高句丽的兴起、发展和灭亡的全部历史和所到达的整个地区，从今天的国家疆域来看，它是一个跨界的民族和政权。如果作为一个民族或大的地区，单独编写一部高句丽的历史与考古，那么它可以不受时间先后和现今国界的限制，凡是高句丽由兴至亡到达的所有地区及其遗存，都在编写的范围之内，写出来的书中，结构和内容都是系统完整的。对此，大家应该没有疑义。问题是在编写它所跨界国家的历史与考古时，具体而言就是在编写中国历史与考古和编写朝韩国家历史与考古时，应将高句丽编入那个国家的历史与考古中，以及在编写中对一些具体问题如何介绍和评述，这是当前大家所关注的，而且是不可避开的。

依据上述历史定位，高句丽历史与考古在中国历史与考古和朝韩国家历史与考古中都要编入，这是必然的；但是，由于高句丽在两地活动的时间长短等情况不同，所以在编写中也会有不同的体现。在中国历史与考古中编写高句丽历史与考古，要从高句丽族兴起及高句丽政权建立开始，一直写到高句丽政权灭亡，地区以我国东北地区为主。对于高句丽后期发展到朝鲜半岛的历史和朝鲜半岛的高句丽后期的遗存，为了照顾高句丽历史和高句丽考古的完整性，也要写，但可以简略。同样，在朝韩国家历史与考古中编写高句丽历史与考古，高句丽开始向鸭绿江南侧发展及该处的高句丽早期遗存发现都可以写，而主要的还应是从公元313年占领乐浪郡开始，尤其是公元427年高句丽迁都平壤之后的这二百多年的历史和分布于朝鲜半岛的高句丽后期的高句丽遗存。为了照顾高句丽历史和高句丽考古的完整性，对于高句丽族的兴起、高句丽政权建立后在中国境内的发展历史和中国境内的高句丽遗存，也要追述，但可以简略。

这种处理原则，也是国际上对分布于现今不同国家的同类文化遗产所采用的处理原则之一。2004年在苏州召开的第28届世界遗产大会上，我国申报的"高句丽王城、王陵及贵族墓葬"和朝鲜申报的"高句丽的壁画古坟"项目，被相继通过为世界文化遗产，就是一个很好的说明。

最后还要注意的是，不管是单独编写一部系统完整的高句丽的历史与考古，还是在中国历史与考古中和朝韩国家历史与考古中分别以主次详略地编入高句丽的历史与考古，都要把高句丽的历史发展和各种遗存所表现出来的民族、地区特点及其与周邻民族及地区的关系，尤其是与历代中原政权所发生的政治、经济、文化各方面的关系，尊重历史、实事求是地加以介绍和评述，还原其历史的真实面貌和地位。

注　　释

[1]　　魏存成：《如何处理和确定高句丽的历史定位》，《吉林大学社会社科学报》2011年第4
期；《高句丽的兴亡及其历史定位》，《高句丽渤海考古论集》，科学出版社，2015年。

[2]　　白寿彝：《中国通史》（第二版）第一卷，上海人民出版社、江西教育出版社，2013年，第
1、64页。

高句丽政权始建之地及相关问题述略

2016年夏，通化县召开高句丽历史学术会议，并组织与会代表考察了通化县境内江沿一带的古代墓葬与遗址。结合考察，会议主要讨论了学术界一向关注的关于高句丽早期历史中的诸多课题。笔者在会议上做了发言，但是比较简略，现就其中高句丽政权始建之地及相关问题，在以往学术界研究的基础上再加以梳理和说明。

一、高句丽的创始传说

谈到高句丽政权的建立，大家都会同时想到不同文献中多次出现的高句丽的创始传说。该传说首先出现于好太王碑，时间是公元414年。经比较得知，高句丽的此创始传说，是借用了夫余的创始传说。夫余的创始传说，最早出现于东汉王充所著的《论衡》中[1]。高句丽和夫余同属濊貊族系，所以创始传说互相借用则不奇怪。对此，《梁书》早就做了说明。《梁书·高句骊传》开篇不是记载高句丽的创始传说，而是追述夫余的创始传说，追述之后紧接一句，"其后支别为句骊种也"，一语点明了两者之间的关系[2]。

高句丽的创始传说，依时间先后主要见于《好太王碑》《魏书》《三国史记》，现摘抄如下。

《好太王碑》："惟昔始祖邹牟王之创基也出自北夫余天帝之子母河伯女郎剖卵降世生而有圣德□□□□□命驾巡车南下路由夫余奄利大水王临津言曰我是皇天之子母河伯女郎邹牟王为我连葭浮龟应声即为连葭浮龟然后造渡于沸流谷忽本西城山上而建都焉。"[3]

《魏书·高句丽传》："高句丽者，出于夫余，自言先祖朱蒙。……朱蒙遂至普述水，遇见三人，其一人著麻衣，一人著纳衣，一人著水藻衣，与朱蒙至纥升骨城，遂居焉，号曰高句丽，因以为氏焉。"之后，《周书》等中国史书对于朱蒙所到之处，皆记为纥升骨城[4]。

《三国史记·高句丽本纪》："始祖东明圣王，姓高氏，讳朱蒙（一云邹牟、一云众解）。……朱蒙行至毛屯谷（魏书云普述水），遇三人，其一人着麻衣，一人着纳衣，一人着水藻衣。朱蒙问曰：'子等何许人也？何姓何名乎？'麻衣者曰名再思，纳衣者曰名武骨，水藻衣者曰名默居，而不言姓。朱蒙赐再思姓克氏，武骨仲室氏，默居少室氏。乃告于众曰：'我方景命，欲启元基，而适遇此三贤，岂非天赐乎！'遂揆其能，各任以事，与之俱至卒本川（魏书云纥升骨城），观其土壤肥美，山河险固，遂欲都焉，而未遑作宫室，但结庐于沸流水上居之，国号高句丽，因以高为氏（一云朱蒙至卒本扶余，王无子，见朱蒙知非常人，以其女妻之，王薨，朱蒙嗣位）。时朱蒙年二十二岁，是汉孝元帝建昭二年、新罗始祖赫居世二十一年甲申岁也。……四年（公元前34年）秋七月，营作城郭宫室。"

比较创始传说全文可以看出，《三国史记》基本抄自《魏书》，不同之处当另有所依。之后，《三国遗事》又抄《三国史记》，只是个别字有别或有误。一条是《三国遗事·高句丽》条："……（朱蒙）至卒本州（玄菟郡之界），遂都焉。未遑作宫室，但结庐于沸流水上居之，国号高句丽，因以高为氏（本姓解也。今自言是天帝子，承日光而生，故自以高为氏）。时年二十二岁，汉孝元帝建昭二年甲申岁，即位称王。"另一条是《三国遗事·北扶余》条："东明帝继北扶余而兴，立都于卒本州，为卒本扶余，即高句丽之始祖。"很明显，此"卒本州"乃"卒本川"之误，而在"卒本州"后边注以"玄菟郡之界"，倒是有助于说明高句丽与玄菟郡的关系。

上述碑刻、文献，记载高句丽政权始建之地，分别提到了"沸流谷""沸流水""忽本""卒本川""纥升骨城""卒本扶余"等名称，它们之间具有密切的相互联系。对于这些不同名称及其所指，学术界经多年考察和讨论，有的已形成共识，有的还存在差异。为了再一次对其进行梳理，还有一处关键的记载要特别重视，即《好太王碑》碑文中"于沸流谷忽本西城山上而建都焉"的后半句——"城山上而建都焉"。这是指高句丽政权始建的都城所在，而且明确指出是一座山城。该问题是探讨高句丽政权始建之地的核心所在，因此也是学术界始终关注的焦点。它与上述不同名称及其所指，同样关系密切，有的还是互为因果的。经多年调查发掘和研究，将该山城推定为桓仁五女山城是最合适的[5]，这在学术界也形成共识。为此，回过头来，将五女山城作为一个地标，再去考察其他的地点，应该是可行的，也是必要的。

二、沸流水、沸流国与涓奴部

"沸流"，是唯一在《好太王碑》、朝鲜半岛史书《三国史记》和中国史书中都出现的名称。

《好太王碑》记，朱蒙"于沸流谷忽本西城山上而建都焉"。《三国史记》记，朱蒙开始"而未遑作宫室，但结庐于沸流水上居之"，四年后才"营作城郭宫室"。中国史书在记载高句丽政权始建时没有出现"沸流"名称，但是在记载以后其他事件时，则不止一次地出现"沸流"名称，比如3世纪中叶毌丘俭征讨高句丽时，都出现了"沸流"名称。《三国志·毌丘俭传》："正始中，俭以高句丽数侵叛，督诸军步骑万人出玄菟，从诸道讨之。句骊王宫将步骑二万人，进军沸流水上，大战梁口，宫连败走。俭遂束马县车，以登丸都，屠句骊所都，斩获首虏以千数。"该记载，在《三国史记》同样可以看到。

比较上述记载，"沸流水"是一条水，已很明确，"沸流谷"则是"沸流水"旁的谷地，同样是连在一起的。那么，"沸流水"是那条水呢，学术界将其推定为富尔江—浑江，这是合适的。第一，在桓仁五女山城附近别无其他江河可比，只有浑江。第二，从3世纪毌丘俭进军路线来看，当时高句丽政权已迁都今集安，玄菟郡也于2世纪初再迁至今抚顺、沈阳地区，毌丘俭"进军沸流水上"，应该是在富尔江流域。这条路线，从玄菟郡出发，溯苏子河东行，经今新宾县，然后沿富尔江而下，过浑江，再溯新开河东南行，越老岭即到集安。文献记载，当时从玄菟郡至高句丽有南北两条交通路线，其具体走向，至今学术界列出有四五条之多，但是这一条是各家必选的一条。所以毌丘俭出兵和高句丽王迎战，在"沸流水"相遇，则是很自然的。富尔江注入浑江，途经桓仁而下，统称"沸流水"，当然是没有问题了。

同样以"沸流"为名的还有"沸流国"，而且与"涓奴部"还有密切联系。《三国史记》记高句丽政权建立当年，"王见沸流水中有菜叶逐流下，知有人在上游者，因以猎往寻，至沸流国。其国王松让出见曰：'寡人僻在海隅，未尝得见君子，今日邂逅相遇，不亦幸乎！然不识君子自何而来。'答曰：'我是天帝子，来都于某所。'松让曰：'我累世为王，地小不足容两主，君立都日浅，为我附庸可乎？'王忿其言，因与之斗辩，亦相射以校艺，松让不能抗。二年夏六月，松让以国来降，以其地为多勿都，封松让为主"。"沸流国"的位置，应在桓仁之上、浑江与富尔江交汇的这一区域。

之后，2世纪末高句丽王室为争夺王位发生了争斗。《三国志·高句丽传》记："伯固死，有二子，长子拔奇，小子伊夷模。拔奇不肖，国人便共立伊夷模为王。……拔奇怨为兄而不得立，与涓奴加各将下户三万余口诣康降，还住沸流水。"《三国史记》同样有此记载。

"涓奴部"是高句丽五部之一，《三国志·高句丽传》记："（高句丽）本有五族，有涓奴部、绝奴部、顺奴部、灌奴部、桂娄部。本涓奴部为王，稍微弱，今桂娄部代之。……王之宗族，其大加皆称古雏加。涓奴部本国王，今虽不为王，適统大人，得称古雏加，亦得立宗庙，祠灵星、社稷。"[6]

拔奇与涓奴加"还住沸流水"，说明"涓奴部"原来就是住在"沸流水"的。"涓奴部"原为王，后桂娄部代之，学术界多将此事与朱蒙降服"沸流国"等同起来，也就是说"涓奴部"是源自"沸流国"发展而来。因为它原来曾为王，所以后来还保留了一些特权。

高句丽五部后来又称为内部、东部、西部、南部和北部，内部桂娄部在今集安地区，"涓奴部"为西部，桓仁及溯浑江而上到富尔江流域，皆可归入"涓奴部"的活动区域。

三、忽本、卒本、纥升骨城与卒本扶余

"忽本"之名见于《好太王碑》，"卒本"见于《三国史记》等朝鲜半岛史书，皆是指高句丽政权始建之地，而《好太王碑》不见"卒本"，《三国史记》等不见"忽本"，"忽本"与"卒本"一字相同，一字音近，所以"忽本"和"卒本"是指同地而言，学术界早已形成共识。

那么，"忽本"或"卒本"是在何处呢？《好太王碑》记"于沸流谷忽本西城山上而建都焉"，说明"沸流谷"的范围大于"忽本"，"忽本"在"沸流谷"之内、位于都城山城之东；其地势，《三国史记》记曰"卒本川"，说明它是一处川谷平地或坡地。梁志龙考证："卒本所指，应是高丽墓子所在的谷地。"[7]据其介绍，浑江到此绕成"S"形江湾，该谷地位于浑江东侧，南北狭长，有名的高丽墓子墓群就分布在谷地旁的山岗上，这是桓仁地区数量最多最为集中的一处高句丽早期墓群。谷地西北方，隔江则是五女山，两者最近距离约2千米（图一）。

后来，"卒本"作为高句丽创始之地的代称，高句丽迁都之后又多次来此祭祖，所以"卒本"的区域必然会随之扩大，五女山城及其周围地区大概皆可包括在内。

"纥升骨城"名称，首先见于《魏书》，其曰，"朱蒙至纥升骨城"。《三国史记》抄用《魏书》，却将"纥升骨城"和"卒本川"等同起来，其《本纪》曰，（朱蒙）"至卒本川（魏书云纥升骨城）"，其《地理志》曰，"按《通典》云，朱蒙……至纥升骨城居焉。……古记云朱蒙自扶余逃离至卒本，则纥升骨城、卒本似一处也。……玄菟郡，距洛阳东北四千里，所属三县，高句丽是其一焉。则所谓朱蒙所都纥升骨城、卒本者，盖汉玄菟郡之界"。

上边说到，"卒本"是一处川谷平地或坡地，而"纥升骨城"明显是一座城的名称，二者无法等同。《魏书》记"朱蒙至纥升骨城"，好像朱蒙到来之前，此地已有一座城叫"纥升骨城"。对此，过去我也曾作为一种可能，怀疑过距五女山城不远之浑江下流的下古城子古城[8]。20世纪末，辽宁省文物考古部门对下古城子古城进行试掘和调查，根据地层关系和遗物发现，得出结论："把下古城子城址的修筑年代推定在高句丽建国初期应该比较合适。……在高句丽中期仍被沿用。"[9]之后，发掘者又撰文说明，下古城子古城"是在汉文化影响下，高句丽民族自行筑造的土城"，而且强调不否定下古城子古城是高句丽早期建筑的城址，但它不是高句丽初期平地上的王都，而可能是琉璃明王三年（公元前17年）修筑的离宫所在[10]。现在看来，考古工作的开展的确是推动了问题研究的深入，但是还不能说达到最后解决。考古发现和研究

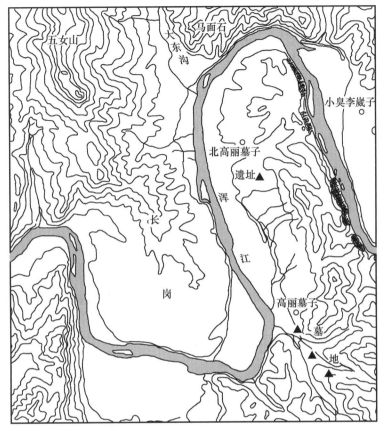

图一　五女山与高丽墓子谷地地理位置图
（采自《沸流集》第106页）

将下古城子古城的建筑年代推定为高句丽政权建立之初，时间上与《魏书》所记"朱蒙至纥升骨城"很接近了，所以推测朱蒙到来之前此城已存在的可能，作为以后发掘和研究中的一种备考，还是有保留的必要[11]。

　　另一种可能则是依《好太王碑》《三国史记》等记载和五女山城考古发掘，将五女山城推定为纥升骨城，而且是朱蒙到来之后修筑的。对于《魏书》的记载，也只好认为"他是拿后来的城名代替了早时的地名"来理解了[12]。但是，"早时"中原人士称此地叫什么，我们并不知道。之前，《好太王碑》称此地为"忽本"，后来《三国史记》称其为"卒本"，所以很有可能《魏书》作者记载此事时，中原人士对此地还没有具体称名，因为此时该城已存在，就直接用都城的名称来追述高句丽的创始过程了。至于他为什么命名该都城为"纥升骨城"，我们同样不清楚。有学者根据《三国史记·高句丽本纪》始祖东明圣王三年（公元前35年）所记"鹘岭"和《东明王篇》注引《旧三国史·东明王篇》所记在"鹘岭"上筑城之事，以及"鹘""骨"同音（gǔ），推测纥升骨城的名称与"鹘岭"有关[13]。这倒可以考虑，但是"骨"字前边为什么加"纥升"二字，还是不明白。

"卒本扶余"与"卒本"一样，只见于《三国史记》等朝鲜半岛史书，中国史书不见此名称，《好太王碑》记的是"忽本"。现将《三国史记》和《三国遗事》出现"卒本扶余"名称的记载，摘抄几条如下：

（1）《三国史记·高句丽本纪》："（朱蒙）而未遑作宫室，但结庐于沸流水上居之。国号高句丽，因以高为氏（一云：朱蒙至卒本扶余，王无子，见朱蒙，知非常人，以其女妻之。王薨，朱蒙嗣位）。此条"卒本扶余"之记载是作为正文注解出现的。

（2）《三国史记·百济本纪》："百济始祖温祚王，其父邹牟王，或云朱蒙，自北扶余逃难至卒本扶余。扶余王无子，只有三女子，见朱蒙，知非常人，以第二女妻之。未几，王薨，朱蒙嗣位。生二子，长曰沸流，次曰温祚。及朱蒙在北扶余所生子来为太子，沸流、温祚恐为太子所不容，遂与乌干、马黎等十臣南行，百姓从之者多。其世系与高句骊同出扶余，故以扶余为氏（一云：始祖沸流王，其父优台，北扶余王解扶娄庶孙。母召西奴，卒本人延陁勃之女，始归于优台，生子二人，长曰沸流，次曰温祚。优台死，寡居于卒本。后朱蒙不容于扶余，以前汉建昭二年春二月，南奔至卒本，立都，号高句丽，娶召西奴为妃。其于开创基业，颇有内助，故朱蒙宠接之特厚，待沸流等如己子。及朱蒙在扶余所生礼氏子孺留来，立之为太子，以至嗣位焉。于是沸流……遂与弟率党类，渡浿、带二水，至弥邹忽以居之）。"

（3）《三国史记·地理志》："按古典记：东明王第三子温祚以前汉鸿嘉三年（公元前18年）癸卯，自卒本扶余至慰礼城，立都称王。"

（4）《三国遗事·北扶余》："东明帝继北扶余而兴，立都于卒本川，为卒本扶余，即高句丽之始祖。"

（5）《三国遗事·高句丽》："高句丽即卒本扶余也。"

上述记载中，（1）正文记"（朱蒙）而未遑作宫室，但结庐于沸流水上居之，国号高句丽，因以高为氏"，（2）注解记朱蒙"南奔至卒本，立都，号高句丽"，可知朱蒙所建政权称高句丽，这是明确的。

另，百济始祖温祚及其兄沸流是从朱蒙建立政权之地出走的，这也是无疑的（温祚之兄名"沸流"，显然是采用了其出生地的名称）。从（2）正文中可看出此地又叫"卒本扶余"，（2）注解中称此地为"卒本"，（3）则直接记百济始祖温祚"自卒本扶余至慰礼城"。

所以，正如（4）（5）之记载，朱蒙到"沸流水""卒本"所建立的高句丽政权，又名"卒本扶余"是成立的。试想，朱蒙原是扶余王子，到"卒本"另建政权，称其为"卒本扶余"，也是顺其自然、合情合理的。

问题是如（1）注解和（2）正文之记载，"卒本扶余"在朱蒙到来之前就已存在，是朱蒙到此继位后继承了此称号。（2）注解虽然没有明确记朱蒙到来之前此地已有"卒本扶余"之存在，但是却记朱蒙到此地所娶卒本人延陁勃之女召西奴，原是北扶余王解扶娄庶孙优台之妇，百济始祖温祚及其兄沸流乃召西奴与优台之子，说明朱蒙到来之前，召西奴与优台在此地已是一方势力，当时叫不叫"卒本扶余"没有记，但并非没有可能。那么原"卒本扶余"，具体是指何而言，我们不清楚。前边谈到，朱蒙到来之前，此地附近有沸流国存在，《三国史记》还记后来朱蒙之子、高句丽第二代王琉璃明王又"纳多勿侯松让女为妃"，但是朱蒙和沸流国不存在此关系，因此"卒本扶余"与"沸流国"好像不是一回事。如果是这样的话，那就是说当时"卒本"一带并非只有"沸流国"一方势力，这也说得通。总之，"卒本扶余"到底何时出现，作为传说，出现不同说法是可以理解的，可一并存之。

四、关于通化江沿墓葬遗址群

通化江沿墓葬遗址群位于通化县城东南方的浑江右侧，各点断断续续，分布达几公里之长[14]。其中墓葬群两处，共近百座，据介绍其类型结构为积石墓，有的还相连成串，此符合高句丽早期墓葬的特征。只是由于这些墓葬的保存状况都不太好，其中是否会有封土石室墓，还是要注意的。墓葬的规模和其他地区的高句丽墓葬相比，属于中小型。遗址发现五处，其中位于江边平地上的一处周长28米、高约10米的高台遗址，调查者推测为祭祀遗址。在这些遗址上采集的遗物有石器、陶片和少许青铜制品，说明遗址的年代较早，有的要早于墓葬。

通化县本属于高句丽民族早期的活动范围，该墓葬遗址群西南距富尔江与浑江合流处有20多千米，也可以划入上述"沸流水"流域，"沸流国"和"涓奴部"的活动地区可以到达这一地区。所以江沿墓葬遗址群对于探讨高句丽早期历史具有重要的价值，希望有关部门加强保护，争取机会对其典型墓葬和遗址进行正式发掘，搞清楚它们的确切属性和年代。

注　释

[1]　《论衡·吉验篇》："北夷橐离国王侍婢有娠，王欲杀之，婢对曰：'有气大如鸡子，从天而下，我故有娠。'后产子，捐于猪溷中，猪以气嘘之，不死。复徙之马栏中，欲使马藉杀之，马复以口气嘘之，不死。王疑以为天子，令其母收取奴畜之，名东明，令牧羊马。东明善射，王恐夺其国也，欲杀之。东明走，南至掩淲水，以弓击水，鱼鳖浮为桥，东明得渡，鱼鳖解散，追兵不得渡。因都王夫余，故北夷有夫余国焉。"引自黄晖《论衡校释》，中华书局，1990年。

［2］　《梁书》卷五十四《东夷·高句骊传》："高句骊者，其先出自东明。东明本北夷橐离王之
　　　　子。离王出行，其侍儿于后任娠，离王还，欲杀之。侍儿曰：'前见天上有气如大鸡子，来
　　　　降我，因以有娠。'王囚之，遂后生男。王置之豕牢，豕以口气嘘之，不死，王以为神，乃
　　　　听收养。长而善射，王忌其猛，复欲杀之，东明乃奔走，南至淹滞水，以弓击水，鱼鳖皆浮
　　　　为桥，东明乘之得渡，至夫余而王焉。其后支别为高句骊种也。"

［3］　方起东：《〈好太王碑碑文〉释读》，《中国著名碑帖选集27　好太王碑》，吉林文史出版
　　　　社，1999年。

［4］　《周书》记曰"纥斗骨城"，当是字误。

［5］　该山城，有的称其为五女山城，有的称其为五女山山城，本文统一称之为五女山城。

［6］　"適统大人"之"適"字，有两音，一读shì，一读dí，在此应读dí，通"嫡"。

［7］　梁志龙：《沸流集——高句丽及辽东史地论稿》，辽宁人民出版社，2015年，第106页。

［8］　请参阅魏存成：《高句丽考古》（吉林大学出版社，1994年）或《高句丽遗迹》（文物出版
　　　　社，2002年初版，2005年再版）。

［9］　辽宁省文物考古研究所：《五女山城——1996～1999、2003年桓仁五女山城调查发掘报告》，
　　　　文物出版社，2004年，第314、315页。

［10］　梁志龙：《沸流集——高句丽及辽东史地论稿》，辽宁人民出版社，2015年，第95、116页。

［11］　2017年夏，笔者在原发掘者的陪同下，再次考察下古城子古城，发现现代房屋比过去增加了
　　　　不少，而城墙西北角还保留着。20世纪末的试掘只是在城墙上打了一个探沟，所以以后有机
　　　　会可继续进行发掘，主要是城墙，城内动土如碰到相关迹象，也不要错过，以进一步确认该
　　　　城址的始建年代。

［12］　梁志龙：《沸流集——高句丽及辽东史地论稿》，辽宁人民出版社，2015年，第111页。

［13］　梁志龙：《沸流集——高句丽及辽东史地论稿》，辽宁人民出版社，2015年，第110页。

［14］　通化市文管会办公室：《通化江沿遗迹群调查》，《东北史地》2006年第6期。

（原载《通化师范学院学报》2018年第1期，收入本书时添加一张插图）

高句丽积石墓研究

积石墓是高句丽墓葬的两大类型之一。桓仁发现的750座之中,有716座是积石墓,占95%;集安洞沟墓群1966年统计的11300座中,有4973座是积石墓,占44%[1];朝鲜慈江道发现的高句丽墓葬,见于报道的多是积石墓[2]。积石墓的分布大都在山坡、山脚和河谷两旁,成行成片(图一、图二)。这些墓葬历代被破坏、扰乱,特别是一些小型墓就更为严重。对积石墓进行正式的科学发掘,是从20世纪50年代后半叶开始的,迄今已有几百座。

图一 麻线墓区局部

图二 丸都山城正门前左侧墓群

一、积石墓的类型

积石墓，是从外部观察、并借助于"积石为封"的文献记载来划分和命名的。具体比较，它还可以划分出几种不同类型。几十年来，中外学者对此做了大量工作，发表了多种相互联系而又互有区别的看法。《考古学报》1980年第2期所载《集安高句丽墓研究》一文以集安高句丽墓葬为例，对之前各家定名归纳为表一：

表一　积石墓各家定名（一）

李殿福	杨泓	陈大为	梅原	藤田	蔡熙国	郑灿永	朱荣宪	《朝鲜考古学概要》
积石墓	圆丘式	大型积石墓 圆丘式	积石墓		积石墓	无基坛积石墓	无基坛积石墓	碎石积石墓
方坛积石墓								
方坛阶梯积石墓		阶梯式						切石积石墓：竖穴式石椁
方坛阶梯石室墓	山形石冢			方坛（台）形石冢		有基坛积石墓	有基坛积石墓	切石积石墓：竖穴式石椁甬道在椁室一侧
封石洞室墓								切石积石墓：石室积石墓
李殿福：《集安高句丽墓葬研究》，《考古学报》1980年第2期	杨泓：《高句丽壁画石墓》，《文物参考资料》1958年第4期	陈大为：《桓仁县调查发掘简报》，《考古》1960年第1期	梅原：《通沟》（上册）	藤田：《通沟附近的古墓与高句丽墓制》，载池内博士还历纪念《东洋史论丛》	蔡熙国：《高句丽石室封土墓的起源》，朝鲜《文化遗产》1959年第3期	郑灿永：《高句丽积石墓》，朝鲜《文化遗产》1961年第5期	朱荣宪：《高句丽积石墓研究》，朝鲜《文化遗产》1962年第2期	《朝鲜考古学概要》第三编第一章，1977年

之后又陆续有文章发表，从总的趋势看，大家的认识逐步接近，但仍有程度不同的差别。而且就是同一作者对自己以往的研究也在不断进行修正。这些差别，固然不少是属于用词方面的不同，但是从中也可以看出他们各自观察的角度、研究的基点都有所不同，如表二：

表二 积石墓各家定名（二）

积石石圹墓 有坛积石石圹墓 阶坛积石石圹墓 阶坛积石洞室墓 阶坛积石石室墓	石圹积石墓 方坛阶梯洞室墓 方坛阶梯石室墓	圆丘式积石墓 阶台式积石墓 阶台式石室墓	积石墓 有基坛积石墓 或方坛积石墓 阶坛积石墓	竖穴式积石墓 横穴式积石墓	石椁积石墓 有墓道石椁积石墓 横穴式石室积石墓
方起东、刘振华：《统一的多民族国家的历史见证——吉林省文物考古工作三十年的主要收获》，《文物考古工作三十年》，文物出版社，1979年	集安县文物保管所：《集安县两座高句丽积石墓的清理》，《考古》1979年第1期	陈大为：《试论桓仁高句丽积石墓的类型、年代及其演变》，《辽宁省考古博物馆学会成立大会会刊》，1981年	方起东：《高句丽石墓的演进》，《博物馆研究》1985年第2期	朝鲜民主主义共和国社会科学院考古研究所编，吕南喆、金洪圭译：《高句丽的文化》，同朋舍，昭和57年	〔日〕田村晃一著，李莲译：《论高句丽积石墓的结构与分类》，《东北亚历史与考古信息》总第7期，1985年

注：上述各家划分的墓葬，左右并不表示完全的对应等同

其实，对高句丽积石墓再进行具体类型划分，既要注意墓葬外部结构的变化，又要注意墓葬内部的不同。而对每一种类型的命名，最好能把这两方面的特征都比较明确地表示出来，使人一看到墓葬类型的名称，就会马上联想到它的外部形状和内部结构。

经多年调查、发掘和研究得知，积石墓的外部结构可分无坛、方坛和方坛阶梯三种。所用石料有河卵石、自然石块和加工过的石材，有碎有整，有粗有精，并不一致。无坛，则是先用比较大的河卵石或石块在地表之上堆出略呈方形或长方形的边框（或称墓基），再用碎石（小的河卵石或石块）把整个墓葬包封起来，成为不甚规则的封石堆。方坛，则是在墓葬四周用大型石块和石条砌筑出一层规整的方坛，方坛之上再以碎石封顶，该结构又被称为有坛、基坛等名称。方坛阶梯，是在上述方坛之上用规整石块再筑方坛，通常为三级，也有更多的，逐级内收叠压，成阶梯状，上边以碎石封顶，故称之为方坛阶梯，也有的称之为阶坛、阶台。构成方坛阶梯的诸级方坛，即可称为阶梯，自下而上，一级、二级、三级等。方坛阶梯还有一种使用阶墙的构筑方法，详见下文。

积石墓的内部构造可分为石圹和石室两种。石圹指的是石砌四壁、上无盖顶石，一般无门无墓道。石室则是上有盖顶石，并且有门有墓道。除此之外，在桓仁、集安积石墓的发掘中，还发现了一些不见圹坑的墓葬，比石圹还要简陋。但鉴于高句丽墓葬历代被破坏的事实，也不能排除这是遭后代破坏或其他原因造成的。由于这种情况还需进一步调查和研究，暂时先不单作为一种类型，有的例墓且归入石圹类型之中。类似这种由于后代的扰乱破坏，致使积石墓结构不明的情况，不只是内部，外部同样

存在。所以在划分积石墓类型时，要充分考虑到这个因素。

将积石墓外部结构和内部结构相结合，可以组成以下几种类型，而且这几种类型迄今多少都有发现，见表三：

表三　积石墓类型表

内部 ＼ 外部	无坛	方坛	方坛阶梯	
石圹	无坛石圹墓	方坛石圹墓	方坛阶梯石圹墓	积石石圹墓
石室	无坛石室墓	方坛石室墓	方坛阶梯石室墓	积石石室墓
	无坛积石墓	方坛积石墓	方坛阶梯积石墓	

表中所列积石墓的类型为六种，即无坛石圹墓、无坛石室墓、方坛石圹墓、方坛石室墓、方坛阶梯石圹墓、方坛阶梯石室墓。其中外部结构是无坛的可统称为无坛积石墓，是方坛的可统称为方坛积石墓，是方坛阶梯的可统称方坛阶梯积石墓；内部结构是石圹的可统称为积石石圹墓，是石室的可统称为积石石室墓。由于积石墓，尤其是小型的保存得都不好，所以笔者在《考古学报》1987年第3期发表的《高句丽积石墓的类型与演变》文章和1994年在吉林大学出版社出版的《高句丽考古》中，没有列出无坛石室墓的例墓，到2002年文物出版社出版的《高句丽遗迹》中，才添加了无坛石室墓的例墓。之后，随着发掘工作和研究工作的进展，各类型墓葬的发现和人们的认识陆续增多和提升，进一步验证和充实了以上类型的划分。

（一）无坛石圹墓

该类型墓外部无坛，内部为石圹。积石规模不大，石圹底或与地表平，或略高于地表，多为单圹，也见双圹，石圹上面封以碎石。见于上述各家划分，且当前学术界经常使用或引用的"积石墓""积石石圹墓"和大部分"无基坛积石墓"，则是指此种类型。该类型墓数量众多，据《考古学报》1980年第2期《集安高句丽墓研究》所载，1966年集安洞沟高句丽墓群调查，它竟占积石墓和封土墓总数的26%、占积石墓的58%。这类墓以往发掘得并不多，近年则逐渐增加，先后在集安良民[3]、上和龙与下和龙[4]、朝鲜慈江道楚山郡云坛里[5]、桓仁县冯家堡子[6]、集安太王镇红石村[7]、新宾姚家山[8]等地都有发掘或发现，但是保存比较完整的很少（图三）。

无坛石圹墓的流行时间，李殿福认为是"最早的一种式别，可能在高句丽建国前就有的墓葬形制之一"[9]，方起东指出此类墓中"出土的货币，多为西汉五铢和新莽的货泉，因此，其年代应在公元前后，亦即高句丽建国（公元前37年）前后"[10]。以下和龙墓群为例，其墓葬多为无坛石圹，有的似乎接近方坛石圹，墓葬中出土的陶器和陶片，"均为手制，火候不匀，表现了高句丽早期陶器的风格"，出土的镰、锛、环首刀等铁器，汉代作风也比较浓厚。下和龙M8出土的铁箭囊，与"年代相当于东汉初期或略晚"的吉林榆树老河深墓葬[11]中出土的相同。因此，无坛石圹墓应是高句丽政权建立之前就有的类型之一（图四）。

那么，无坛石圹墓的年代下限可迟到什么时候呢？过去这个问题并不清楚。上和龙的墓葬初步回答了这个问题。上和龙M2随葬的陶器多为轮制，火候较高，特别是其

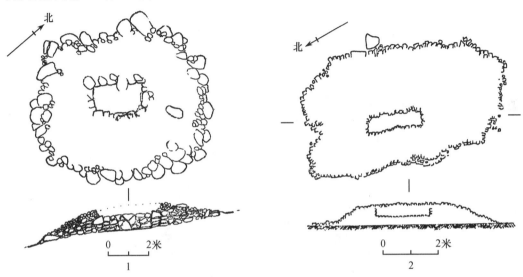

图三　无坛石圹墓举例
1. 集安下和龙M8　2. 良民M168

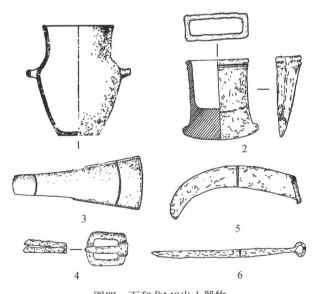

图四　下和龙M8出土器物
1. 陶罐　2. 铁锛　3. 铁箭囊　4. 铁带扣　5. 铁镰刀　6. 环首铁刀

中有一件钵形陶甑，子母口，桥状横耳，子母口的下边，阴刻一周垂幔纹饰。这种纹饰在高句丽的陶器中主要流行于公元5世纪前后，集安长川M2封土石室壁画墓出土的四耳展沿釉陶壶上就有这种纹饰。由此证明，无坛石圹墓的下限可到5世纪。另，简报插图还有上和龙M7出土的一片文字陶片（出土具体地方，正文没有介绍），"正面阴刻一'罡'字，与好太王碑碑文中'罡'字相同"，也可以作为旁证（图五、图六）。

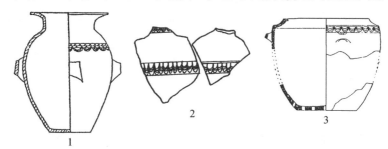

图五　陶器垂幔纹比较

1. 长川M2　2. 七星山M96　3. 上和龙M2

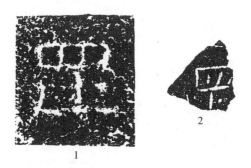

图六　上和龙M7出土的"罡"字陶片（2）与好太王碑碑文中的"罡"字（1）

（二）方坛石圹墓

该类型墓的规模多比无坛石圹墓增大，其内部结构与无坛石圹墓基本相同，石圹有单圹、双圹或多圹。不同的是在墓葬的四周用大型石块或石条砌筑一层规则的方坛，内部用卵石或石块填平。石圹修筑在此填平的石面上，石圹上面封以碎石。见于上述各家划分，且当前学术界经常使用或引用的"方坛积石墓""有坛积石石圹墓"和大部分"基坛积石墓"，则是指此种类型。该类型墓发表的材料多于无坛石圹墓，迄今在集安良民、七星山、山城下、禹山等墓区和桓仁冯家堡子等地发掘中都有发现，保存比较完整的也多了些[12]。

方坛石圹墓的流行时间，据李殿福介绍，"在这种墓葬里曾出土过'明化'、'半两'、'五铢'、'大泉五十'、'货泉'等战国至东汉时代的货币……它的上限最迟不晚于东汉初年"。[13]该类型墓的下限，可以集安山城下M12为例。该墓位于本墓葬所在串墓的最末端，保存状况不好，方坛东西10.5米、南北10.2米、高1.35米，墓上残留东西6.5米、南北5米、深1米的扰乱坑，清理后发现东西3米，南北1.5米的石圹残迹。圹内不见火烧痕迹，并且出土铁棺钉、铁棺环，说明已使用木棺[14]（图七）。原报告推断其年代约在5世纪前后，5世纪之后的可能性倒不会有，但到5世纪还是很可能的。

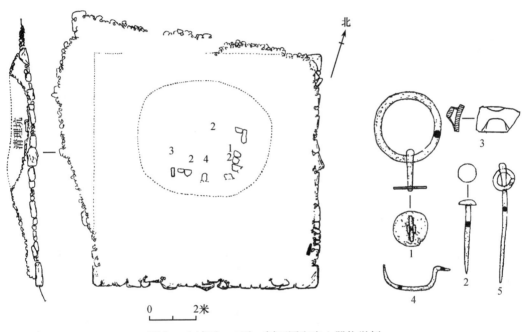

图七　山城下M12平、剖面图和出土器物举例
左：1. 棺环　2. 棺钉　3. 陶片　4. 帐钩
右：1. 棺环　2. 棺钉　3. 陶耳　4. 帐钩　5. 铁簪

　　本类型墓葬结构保存比较清楚的，可以桓仁冯家堡子M2和集安禹山M3241为例。桓仁冯家堡子M2用大石块砌成方坛，坛内积石为大小不一的河卵石，石圹位于方坛中部，圹内未出遗物，在填石中出土一件铁削。发掘报告相比于报告中先介绍的几座"高句丽建国前"的墓葬，推测冯家堡子M2为高句丽"建国以后的墓葬类型"（说明该墓年代在高句丽建国之后的一段时间内，不会晚很多）。集安禹山M3241是由三座方坛石圹墓串联组成，发掘中出土高句丽早期常见的竖耳陶罐和马衔，葬具中使用的是铁扒锔，但是不见火烧迹象，发掘报告推测该墓年代在"约4世纪前后"，大体是可以的，只是晚于4世纪的可能很小。这两座墓的年代都在上述时段内（图八、图九）。

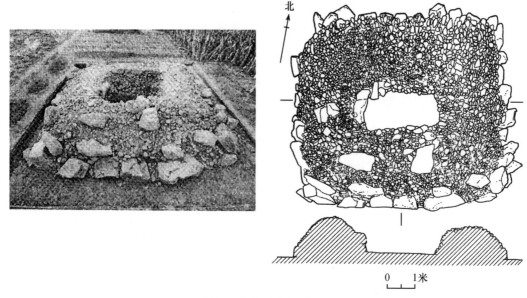

图八　桓仁冯家堡子M2

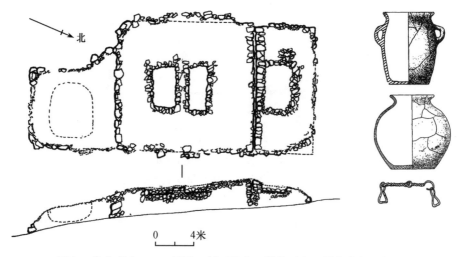

图九　集安禹山M3241号平、剖面及出土器物（出土器物未标比例）

（三）方坛阶梯石圹墓

该类型墓的内部结构与方坛石圹墓相同，不同的是外部结构由方坛变为方坛阶梯，通常为三级，也有的超过三级，逐级内收成阶梯状。石圹一般修在第一、二级阶梯上，有单圹、双圹、多圹之分，石圹上面封以碎石。见于上述各家划分，且当前学术界经常使用或引用的"方坛阶梯积石墓""阶坛积石石圹墓"和大部分"阶坛积石墓"，则是此种类型。这些年来在桓仁高力墓子村[15]、集安万宝汀墓区[16]、集安良民[17]、集安上和龙[18]、集安山城下墓区[19]、集安集锡公路[20]等处的发掘中都有发现，墓葬的规模普遍大于上述两种积石石圹墓。集安早期的几座大型积石墓王陵发掘中，积石顶部因以往扰乱多出现深浅不等的凹陷坑，也没有发现大型的石条、石板，推测原来使用的也是石圹[21]。

该类型墓的筑造方法和过程，因地势不同而有所区别。地势平坦之处，先用大型石块或石条砌筑底部第一级方坛，高度随墓葬规模大小而变化。方坛内填以大小河卵石或石块、形成一个平面。在此平面之上，四周各内缩一定距离，筑第二级方坛。接着再以同样方式筑第三级方坛，每级方坛则为一级阶梯。这种方法可称之为叠压平筑法。

另一种多是在地势坡度较大之处，为了防止积石下滑，在地势低处筑起几道石墙，内高外低，依次倚护。而在地势高处可以少筑，甚至不筑石墙。有的学者和论著把这种构筑方法，称之为阶墙构筑法，把运用这种构筑方法修建的积石墓，称之为阶墙积石墓，而把运用上述叠压平筑法修建的积石墓，称之为阶坛积石墓。但是从外观上看，阶墙构筑法和叠压平筑法的效果是相同的，而且有时一座墓可以同时使用两种方法进行构筑，所以我们还是统称之为方坛阶梯（图一〇）。

在清理年代早的大型积石墓麻线2378号、麻线626号、七星山871号和山城下砖厂145号等墓葬时，还发现了阶墙的另一种构筑方法，其中七星山871号和山城下砖厂145号比较清楚。以山城下砖厂145号为例，该墓东边长约31.5米，西边长约36米，南北两边各长约37米，高3.8米。其构筑方法和顺序，"先于地表用自然碎山石块堆起一个长宽约28米、高约2.5米的丘形石堆，再于石堆四周由内向外，自上而下砌筑阶墙式阶坛，最后于墓顶中部构筑墓圹"。该墓四面阶墙数量不等，其中南面14级，每级的高度，多不足1米，上面11级（自下向上数，第4～14级——引者注）的阶墙皆是"筑在石堆之上"，下面3级（自下向上数，第1～3级——引者注）的阶墙则是"直接筑于地表"，而且在最下面的阶墙外侧，还有大型的倚护石[22]（图一一）。

方坛阶梯石圹墓出现的时间，桓仁高力墓子村M15不见马镫，只出马衔，马衔的图没有发表。但可从已发表的同类资料推知其造型，如桓仁高力墓子村M19出土的马衔造型，两端为圆环，环中虽不见马镳，但圆环较大，估计原是角形镳或S形镳。据杨泓和孙机两位先生研究，角形镳的流行年代主要在西周到战国时期，再晚可影响到西汉；S形镳西周时已出现，流行于秦汉，秦始皇陵侧俑坑中骑兵俑所牵战马上，即是S形镳[23]。因此，关于方坛阶梯石圹墓的出现时间，很可能与方坛石圹墓是基本同时的，或稍晚于方坛石圹墓。

关于方坛阶梯石圹墓的年代下限，上和龙M5（"阶坛"石圹墓）在距墓葬"东南角2米的地表下30厘米处，出土了一块残缺的、花纹与将军坟所出相同的莲花瓦当"（图一二）。将军坟的年代在5世纪，略晚于太王陵。该瓦当非墓上所出，不好作为直接证据，但"墓圹内出土的泥质灰陶口沿残片，轮制，火候较高，质地坚硬"，据研究，高句丽陶器的轮制工艺4世纪才开始出现，泥质陶器也是4世纪后才流行开来，说

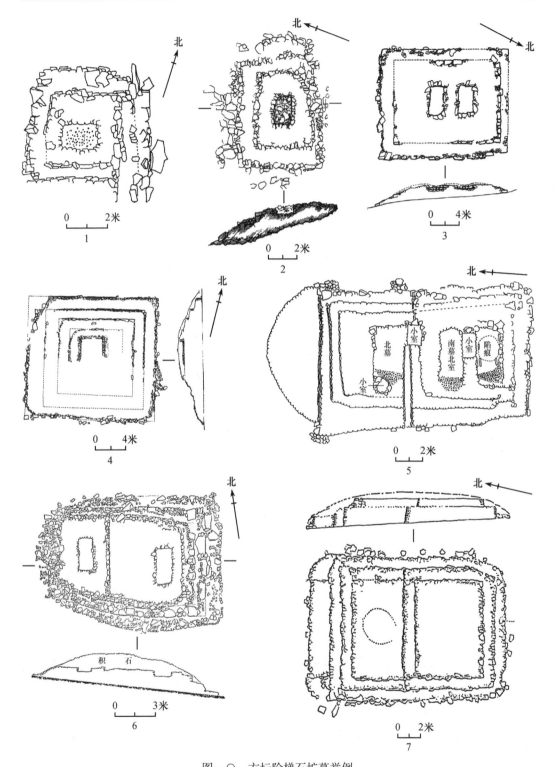

图一〇　方坛阶梯石圹墓举例

1.高丽墓子村M23　2.高丽墓子村M7　3.禹山M1340　4.禹山M3283　5.高丽墓子村M19　6.良民M74

7.高丽墓子村M15

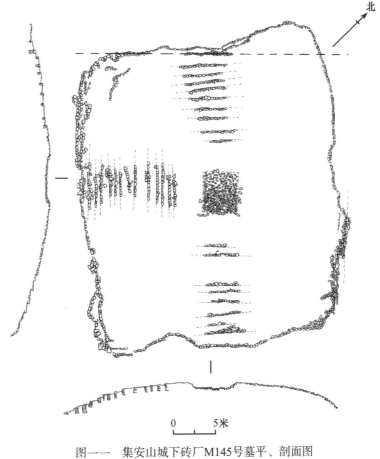

图一一 集安山城下砖厂M145号墓平、剖面图

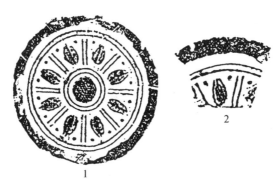

图一二 将军坟出土瓦当拓片（1）与上和龙M5旁边发现的瓦当残片拓片（2）

明该墓的年代不早于4世纪。另在集安集锡公路JYM1340中还出土了黄绿色的釉陶罐、釉陶甑和釉陶盆，据考证釉陶工艺传入高句丽是在4世纪初高句丽占领乐浪之后。所以，方坛阶梯石圹墓的下限应和方坛石圹墓一样，可以到5世纪。

　　方坛阶梯石圹墓的排列组合，往往依地势高低，几座相连成串。据介绍，无坛石圹墓和方坛石圹墓也有同种现象。而且有时在同一相连的串墓中既有方坛阶梯石圹墓又有方坛石圹墓，或者既有方坛石圹墓又有无坛石圹墓。每座墓上的石圹有一个或几个不等。例如，桓仁高力墓子村墓群中，1994年发掘的一座串墓就是由三座方坛阶梯石圹墓自南向北相连组成的，其方坛阶梯由阶墙形成，扰乱较重；集安丸都山城正门前左侧的墓葬，2015年也发掘出了由四座方坛阶梯石圹墓自北向南相连组成的串墓，其方坛阶梯乃叠压平筑，现存两级（图一三、图一四）。而集安洞沟禹山3296号则是方坛阶梯石圹墓后接方坛石圹墓，然后又接方坛阶梯石圹墓；3305号是方坛石圹墓后接无坛石圹墓，然后又依次接三座方坛石圹墓；还有3232号，由四座积石石圹墓组成，上边的第一座是方坛阶梯，以下第二座是方坛，第三座、第四座发掘报告没有介绍，看图似方坛[24]（图一五）。上述串墓的筑造过程，一般是位于下坡墓葬的上边不筑方坛或方坛阶梯，而借助于上坡墓葬下边的方坛或方坛阶梯，墓上的封石则基本覆盖成一体，也有的墓葬各自独立，而互相紧靠成串。

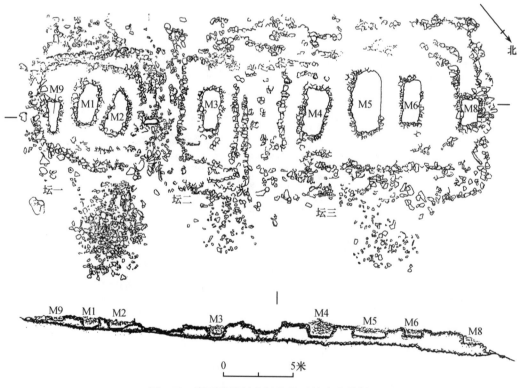

图一三　高丽墓子村方坛阶梯石圹串墓举例

（采自《辽宁桓仁县高丽墓子高句丽积石墓》，《考古》1998年第3期）

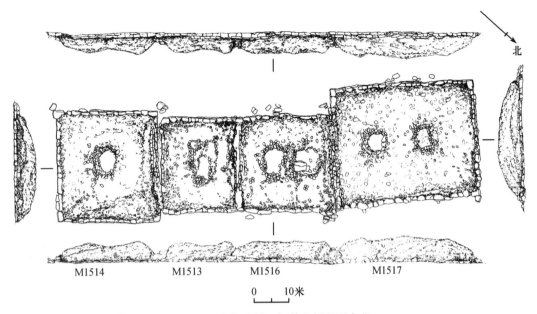

图一四　丸都山城正门前左侧积石串墓

M1514　　　M1513　　　M1516　　　　M1517

0　　　10米

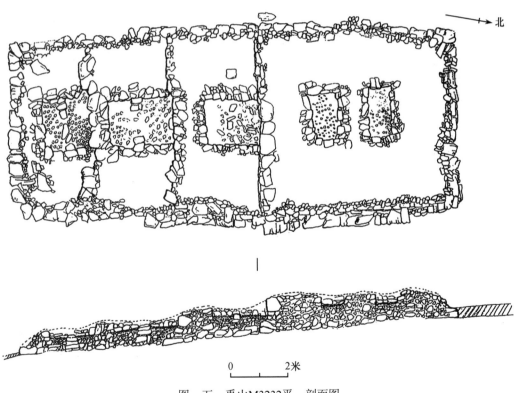

0　　　2米

图一五　禹山M3232平、剖面图

（四）无坛石室墓

该类型墓规模不大，同样是发掘得不多，近年虽然有所增加，但保存完整的仍旧很少[25]。本人开始在文章和书中没有举出例墓。2002年出版《高句丽遗迹》举出朝鲜慈江道楚山郡云坪里4区M10作为例墓[26]（图一六）。该墓积石现存东北—西南方向长约17米，报告根据石室方向复原，积石东西长13.5米，南北宽9米。石室长2.15米，宽0.85米，高0.96～1.04米。墓道偏向一侧，长1.97米，宽0.65米。平盖在石室和墓道上的顶石还原位保留一块，其他的几块也分别找到。墓内出土断面呈菱形的柳叶形铁镞、锈铁块和指环状的骨制品。此墓的年代，发掘报告指出："从高句丽墓制是由积石墓向石室封土墓过渡的事实可知，这座墓相当于它的过渡期，即积石墓的最后类型。"此结论是恰当的。

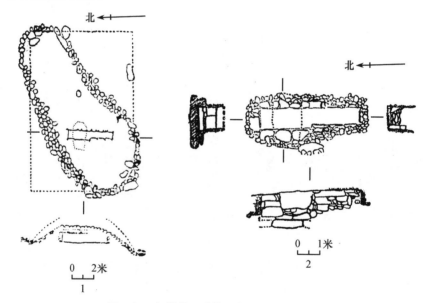

图一六　朝鲜慈江道楚山郡云坪里4区M10
1. 墓葬平、剖面图　2. 石室平、剖面图

另在辽宁凤城胡家堡发掘的同类墓葬中，也有一座（胡家堡M2）保存得比较完整[27]。该墓外部呈圆丘状，直径4.5米，高0.8米，由河卵石等自然石块堆起，夹杂少量腐殖土。石室长2.1米，宽1米，高0.8米，开口西南方向，未砌石，有松软堆土，其他三面均竖立大块石板为壁。室顶用四块大块石叠压。室底铺河卵石，厚约10厘米。卵石层上面出土一件加砂灰陶罐，发掘简报认为该陶罐与抚顺前屯高句丽封土石室墓M13[28]和本溪晋墓[29]出土的同类陶器的形制相似，并推定该墓的年代在公元4世纪左右（图一七）。

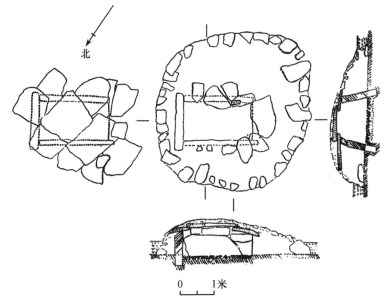

图一七　凤城胡家堡M2平、剖面图

　　抚顺前屯M13是一座刀形封土石室墓，出土陶器除上述两件大口深腹灰陶罐外还有一件茶绿釉鼓腹罐，发掘报告将该墓年代推测为"南北朝到隋唐之际"。胡家堡墓群不出釉陶，所以本墓群发掘简报认为胡家堡M2比抚顺前屯M13的年代早。关于本溪晋墓，情况比较复杂，其墓室设前廊和左右耳室，具有辽阳魏晋墓葬的特征，出土的陶器，鲜卑陶器的风格比较明显，出土的马具与同时期鲜卑、高句丽的马具基本一致，其中有的构件与七星山M96、万宝汀78号出土的相同或很接近（此两墓情况见下文），所以本溪晋墓的年代在4~5世纪。值得注意的是，在七星山M96和另外一座积石墓集安山城下M152中[30]也出土了上述类似的陶罐，M96中还出土了自中原或南方输入的晋代鼎、盒、鐎斗等铜器，M152中出土的鎏金带銙也与中原及南方晋墓中出土的相同。综上所述，将凤城胡家堡M12的年代推定为4世纪左右，大体上是可以的（图一八）。

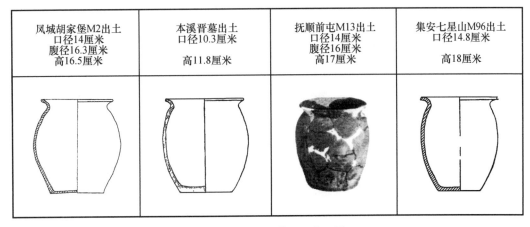

凤城胡家堡M2出土 口径14厘米 腹径16.3厘米 高16.5厘米	本溪晋墓出土 口径10.3厘米 高11.8厘米	抚顺前屯M13出土 口径14厘米 腹径16厘米 高17厘米	集安七星山M96出土 口径14.8厘米 高18厘米

图一八　几座墓葬出土大口罐

（五）方坛石室墓

该类型墓规模也不大，四周为方坛结构，内部为石室。石室位于方坛中部地表，四壁或用有规则的石块、石条砌成，或用大块石板竖立而成，上面以巨石覆盖，多作平顶，也有抹角叠涩。墓道多偏向一侧，使整个墓室、墓道平面呈现为刀形。同一墓葬，有单室、双室、三室之分。双室、三室者，并行排列，各设墓道，多不相通。最后用碎石将各墓室一起封包起来。该类型墓比较完整的材料，至今发表得很少，下以桓仁高力墓子村M1、集安榆树河M31[31]为例，加以介绍。

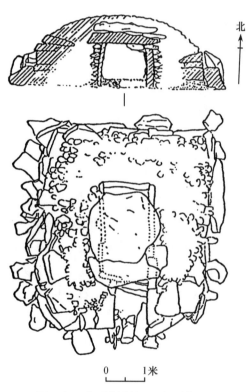

图一九　高丽墓子村M1平、剖面图

桓仁高力墓子村M1边长4.8米，高1.7米，四周方坛用较大石块砌筑，多为四层，高1~1.4米。方坛外侧又以大型石条或方形石块倚护。石室长2米，宽1.1米，四壁皆以石板竖立而成，高0.8米，顶盖三块大石板。墓道南向，偏向一侧。墓葬上面以小卵石和碎石包封。该墓未出土遗物，发掘报告认为此次发掘墓葬的年代"相当于南北朝初期"。其实此次发掘的墓葬类型并非一致，有的早于M1，有的可能还要晚，就M1而言，此推测是合适的（图一九）。

集安榆树河M31，"边长8米，底部以长方形石条砌成方坛形墓基，逐层内收，现可辨认砌成三层。墓顶封石大部散失，墓室外露"。左右二室，皆为刀形，高1.05米，左室长1.65米，宽1.15米，右室长1.58米，宽1.15米。室顶先做一层抹角叠涩，再以扁平巨石封盖。室底各留一石棺座（图二〇）。该墓未出土遗物，无法从遗物去推测墓葬年代。此次发掘包括积石墓和封土墓，发掘报告认为此处墓葬"似应属高句丽时代的中晚期"，同时指出"土坟的时代一般较晚"[32]，所以由此可以把M31理解为"高句丽中期"，即4~5世纪。

还有，2015年在对山城下墓区之丸都山城正门东侧、通沟河右岸的墓群发掘中，发现了4座积石石室墓，其中有1座（JSM0706）保存较好，发现方坛，即方坛石室墓。"四周用河卵石砌成基坛石墙"，南北长约7.2米，东西宽约6.3米。石室刀形，长约2.5米，宽约2.1米，墓道长1.6米，宽0.85米，高0.55米，"南边基坛石墙墓道口周边砌筑较为规整，可见五层砌石"。因为未对墓室清理，所以在插图中没有把石室显示出来，而墓道开口则很清楚。发掘报告推测这几座墓的年代"大体在5世纪以后"，可能稍晚了一些，5世纪倒是可以的[33]（图二一）。

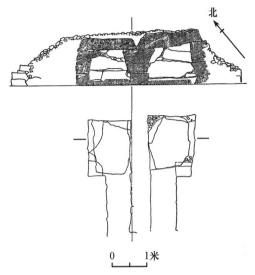

图二〇　集安榆树河M31平、剖面图

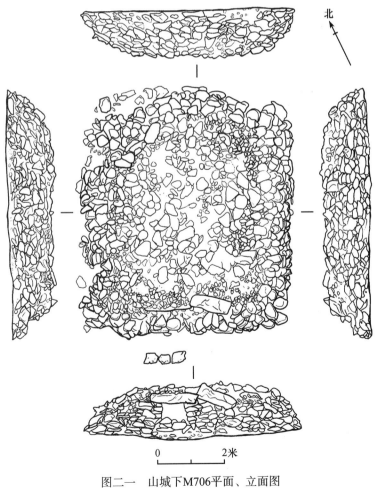

图二一　山城下M706平面、立面图

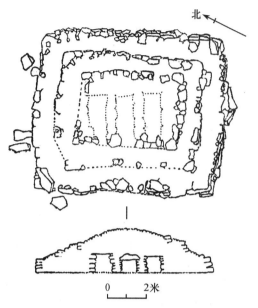

图二二　桓仁高力墓子村M21平、剖面图

（六）方坛阶梯石室墓

该类型墓内部结构与方坛石墓基本相同，只是外部为方坛阶梯结构。该类型墓调查和发掘的材料较多，如万宝汀M242-2[34]、桓仁高力墓子村M21[35]、七星山M96[36]、禹山下M41[37]、折天井墓[38]等，其中大中型的占多数，而且石室的大小也随着墓葬的规模增大而增大。有名的大型积石墓王陵太王陵、将军坟也属此类型，见后文（图二二～图二四）。

方坛阶梯石室的流行时间，其下限是比较清楚的。比如七星山M96，这是一座颇受大家关注的墓葬。墓葬早年曾遭破坏，发掘时在其东北部和西南部仍能看出二至

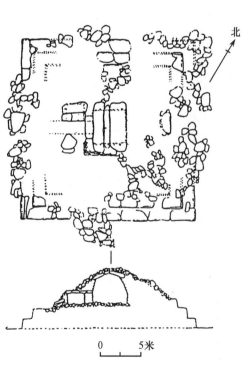

图二三　折天井墓平、剖面图

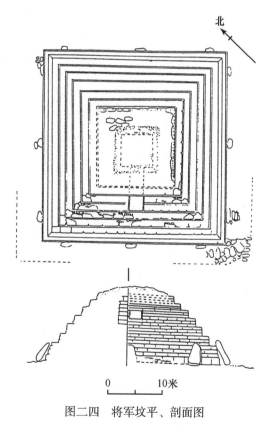

图二四　将军坟平、剖面图

三层阶梯，残长22米，宽17.6米，高1.8米。墓葬顶部留有三个扰乱坑，三个扰乱坑之间和两侧发现石墙。在第一扰乱坑顶部发现2米长的盖顶石大石块，在第二扰乱坑的"南部有一条墓道的痕迹"。在墓道接近扰乱坑的部位出土了大量器物，陶器中有饰以弦纹、垂幔纹和交叉篦点纹或折齿篦点纹的釉陶，金属器中有圆形板状马镳、垂直高鞍桥、双镫等成套鎏金马具构件和自中原或南方输入的铜器。发掘报告推测"这是一座墓室较矮的带有墓道的三室积石墓"，其年代"可能在四世纪中叶，上限可早到四世纪的初期"。根据上述出土器物来看，上限不会那么早，下限倒可以进入5世纪（图二五～图二七）。再如禹山下M41，形制结构与将军坟陪冢相近似，墓中出土与七星山M96相似的釉陶和马具，而且墓室内还绘有以家内生活和莲花图案为主要题材的壁画，都证明其年代到达5世纪（见本文"我国境内壁画墓"部分）。至于太王陵和将军坟，其年代为5世纪已被公认。

那么方坛阶梯石室墓的上限从何时开始呢？证据尚感欠缺。这个问题可以集安万宝汀M242为例作为说明。M242在同一墓基之上修筑四墓，自北向南，南墓倚北墓。北起第一墓顶部留圆形陷坑，推测是石圹结构，第四墓已残破不清，第三墓并列双室，"顶部用数块大石南北排列封顶，上部堆积砾石"，只是没有墓道，似为石棺。第二墓虽然没发现盖顶石，但残留的石壁高达1.45米，比通常石圹墓的石圹要高得多，而且石壁直接修于地表之上。又设墓道，因此第二墓应是石室结构，或者说已经接近了石室。从整个墓葬的结构和修筑顺序来看，石室则是此时刚出现或刚要出现的形式。墓中出土一件具有高句丽早期陶器特征的双竖耳陶罐。墓中出土的马具不仅有汉代流行

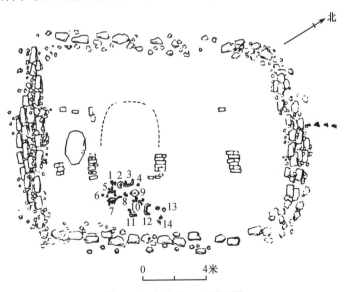

图二五　七星山M96平面图

1. 鎏金马镫　2. 铜盒　3. 鎏金马鞍前桥　4、8. 鎏金带卡等　5、10. 鎏金梅花饰　6、13. 鎏金桃形饰

7. 铜鐎斗　9. 铜鼎　11. 碎陶片　12. 鎏金马鞍后桥　14. 鎏金马衔

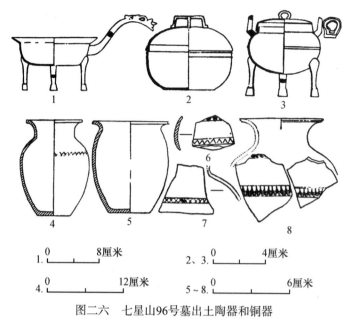

图二六　七星山96号墓出土陶器和铜器

1.铜鐎斗　2.铜盒　3.铜鼎　4.灰陶壶　5.褐陶罐　6、7.黄釉陶壶残片　8.黄釉陶壶

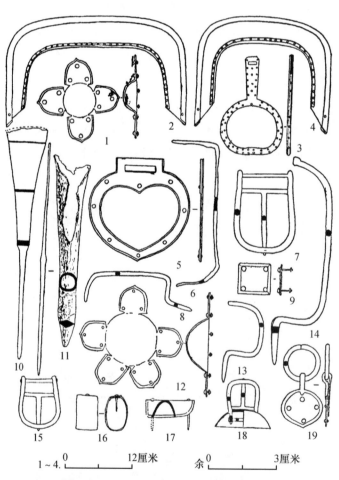

图二七　七星山96号墓出土铁器和鎏金器

1、12.梅花马饰　2、4.鞍桥　3.镫　5.杏叶　6.铁扒锯　7、15、18.带扣　8、13、14.弓形铁钩
9.方形马饰　10.铁镞　11.铁矛把　16.箍　17.弧形马饰　19.杏叶带饰
（未标"铁"者皆为鎏金）

的镂空卷云式的S形马镳，而且还发现鎏金鞍桥包边，说明当时的马具已很讲究，很可能是一种高鞍桥的马鞍。据杨泓先生考证，这种马鞍广泛流行于晋代；但是墓中又不出马镫，一种可能是墓中原来就没有马镫，二是原有马镫，而后来盗失了。即使是后一种可能，但从墓中仍出土镂空卷云式的马镳和双竖耳陶罐来看，把该墓的时代推测为三世纪末至四世纪初，还是可以的（图二八、图二九）。

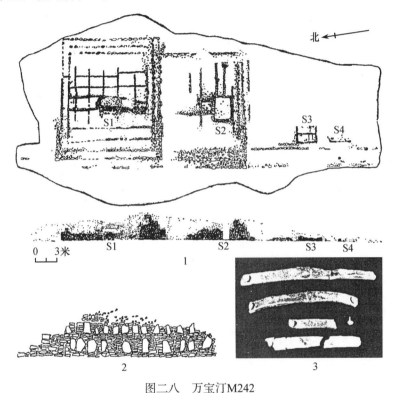

图二八 万宝汀M242
1. 墓葬平剖面 2. S1南墙撑石 3. 出土的鎏金鞍桥包边

万宝汀M242的筑法也比较特殊，不仅阶梯外面有多块撑石倚护，而且在M242-1、2的阶梯之内，自地表向上筑起几道纵横石墙，将卵石和石块填在纵横石墙的空格内，以免坍塌流失。这种砌筑纵横石墙的做法，从内部分散承担封石的压力，与从外部逐层加筑阶墙的作用异曲同工。

（七）"圹室"与石棺

关于积石墓的内部结构，在不少论著中还出现了"圹室"的称谓。经具体查阅和比较得知，此"圹室"所指有两种情况。一种与石圹相同，只是称谓有别。对此，为避免引起不必要的混乱，本书除直接引用原论著外，统称为石圹。

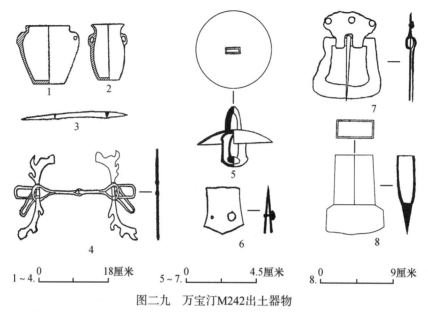

图二九　万宝汀M242出土器物

1. 灰陶罐　2. 褐陶罐　3. 铁刀　4. 铁衔镳　5. 鎏金铜铃　6. 鎏金铜铊尾　7. 鎏金铜带卡　8. 铁镢

　　另一种情况是指石砌四壁不见盖顶石，而一侧开门、外接墓道，墓道两侧多置耳室的结构。对于此类积石墓，桓仁的早期发掘已有发现[39]，笔者在20世纪70年代带领学生去集安实习时也特别注意到了，之后集安的历次发掘进一步丰富和提升了大家的认识和理解。

　　在桓仁高力墓子村和集安集锡公路墓葬中的少数方坛阶梯石圹墓和方坛石圹墓中，多是在其石圹的西侧，出现以下几种迹象：一是在接近石圹的西侧，出现石砌的"器物箱"，箱内放置随葬陶器，个别发现金属随葬品（图三〇）；二是在石圹的西壁，外接墓道；三是在墓道的一侧或两侧，放置"器物箱"，或者砌筑耳室，耳室内也放置随葬陶器（在下边介绍的禹山M540耳室中还放置车马器等贵重器物）；四是上述"器物箱"、耳室顶部，有的发现封盖石板，而墓道和石圹一样，皆无发现盖顶石。

　　以集安集锡公路禹山M3105为例，该墓外部结构为方坛阶梯，上面自北向南筑四个"圹室"。第一"圹室"已被破坏。第二、第三"圹室"，西接墓道，墓道西端北侧或南侧发现"器物箱"，内放陶器。"圹室"内出土铜鎏金器和铁扒锔等。第四"圹室"也被破坏，在"圹室"范围内出土铁扒锔和棺钉，"圹室"西接甬道、墓道，甬道两侧设耳室，内出陶器。上述器物箱皆盖以石板、耳室也有盖顶石，墓道和"圹室"没有发现盖顶石。出土的陶器有的饰以垂幔纹，还出现了横耳；鎏金器中有步摇活页和杏叶；葬具多见铁扒锔，又出现棺钉。发掘报告推测此类墓年代下限应进入5世纪。再考虑到M3105四个"圹室"，埋葬要持续一段时间，所以该墓的年代可放宽为4～5世纪[40]（图三一、图三二）。

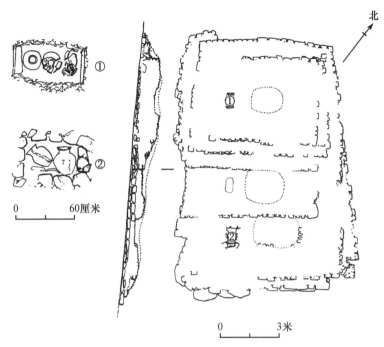

图三〇 禹山3296号墓平、剖面图

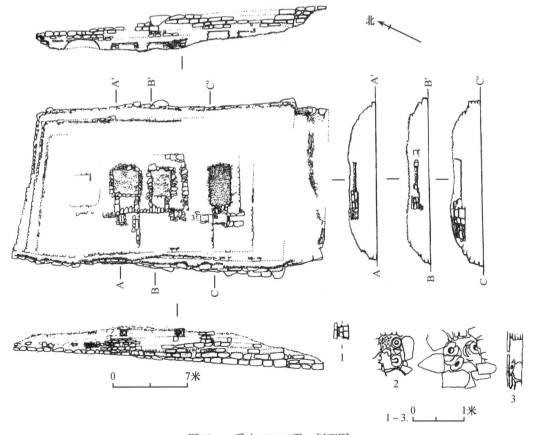

图三一 禹山M3105平、剖面图

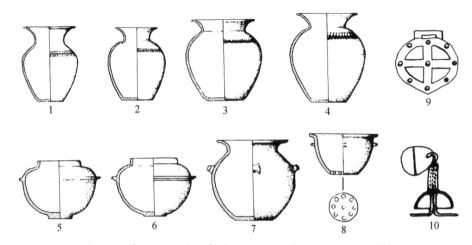

图三二　禹山M3105出土陶器（1～8）和鎏金器（9、10）举例

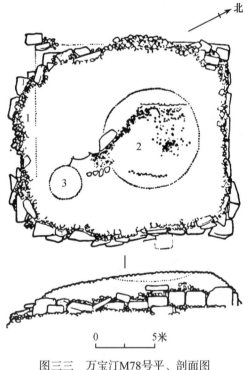

图三三　万宝汀M78号平、剖面图

再如万宝汀78号墓[41]，该墓为一边长17米的方坛积石墓，"原来有无阶坛已不可得知"。墓葬所在墓群呈西北—东南排列，其西北紧邻一座与其方向、规模、外形几乎完全相同的方坛积石墓，东南约10米处是一座封土墓，三墓恰成一列。墓顶中部有一个口径7米、深约0.7米的锅底型凹坑。在凹坑的西部残留一段长3.6米、高0.4米的石墙，在凹坑的东南侧向南发现长约2米、宽1.4米、残高0.5米的墓道。因为该墓"没有发现施设盖顶石的任何迹象"，故此将其归入"圹室"墓。"圹室"中出土不少釉陶片，墓道前端出土与上述七星山96号墓所出类似的成套鎏金马具构件，再结合其墓葬排列，说明其年代下限同样可以到5世纪（图三三、图三四）。

　　规模较大、保存较好的墓葬，可以山城下636号和禹山540号墓为例。山城下636号位于丸都山城正门前左侧、通沟河的北岸。636号北侧30米是635号，这是两座较大规模的方坛阶梯积石墓，即早年命名的"兄冢"和"弟冢"（《集安高句丽墓葬》认为636号是"兄冢"，635号是"弟冢"，而《洞沟古墓群1997年调查测绘报告》则与此相反。635号边长约19米，高约5.5米，顶部中间为一长约5米、宽4米、深0.8米左右的凹陷坑）。636

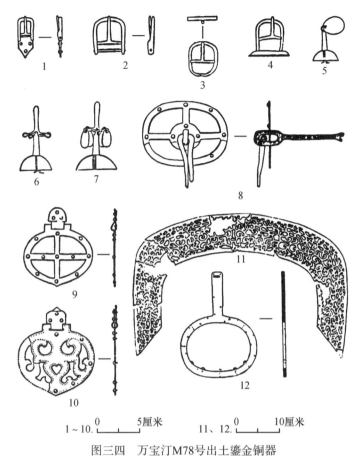

图三四　万宝汀M78号出土鎏金铜器

1～4. 带扣　5～7. 步摇活叶　8. 镳、衔　9、10. 杏叶　11. 鞍桥　12. 镫

号平面方形，边长22米左右，现高6.1米，四级阶梯；方形"圹室"筑于第二级阶梯之上，墓道西向，上面尚留一块长2.7米、宽0.9米、厚0.45米的门楣石（置门楣石，墓道原可能有顶，如果"圹室"再有顶，就是名副其实的石室了）；从图看出墓道设左右耳室，均以石板封盖。在墓边曾捡到黄釉陶片和铁甲残片（图三五、图三六）。

　　禹山540号墓比山城下636号还要大些，现存南北最宽处34.5米，东西约31.5米，墓顶中心残高5.2米[42]。墓葬外部结构为方坛阶梯，发掘者推测至少应有5级阶梯。阶梯内部以黄黏土和河卵石填充夯筑。在第四级阶梯之上，砌筑规整的方形"圹室"，边长5.2～5.4米，残高1～1.3米（外侧残高1.3～1.7米）。墓道开于南壁中间，长5.1米，宽1.6米。墓道两侧设耳室，大小相同，南北1.1米，东西1.6米，均已残毁，仅余几厘米高石壁。"圹室"底铺大石板，上抹白灰，四周保留木椁遗迹，同时出土铁扒锔、棺钉，说明还使用了木棺。器物多出土于"圹室"，少量出土于耳室。种类有陶器、釉陶器、鎏金器等（鎏金器物在"圹室"和耳室皆有出土），其中陶四耳展沿壶的肩

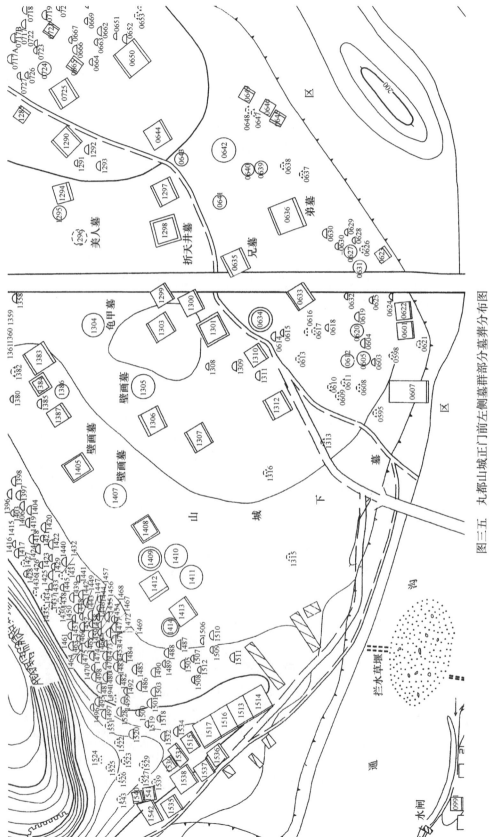

图三五 丸都山城正门前左侧墓群部分墓葬分布图

（采自《1976年洞沟古墓群调查测绘》）

图三六　山城下636号墓平、剖面图

（采自《集安高句丽墓葬》）

部，同样饰以垂幔纹饰，四耳展沿壶的造型与麻线沟1号壁画墓出土的相似，鎏金步摇活页的样式与万宝汀78号及麻线沟1号壁画墓出土的也相似，所以该墓的年代同样在4～5世纪（图三七、图三八）。

　　上述此类墓葬，其年代在四、五世纪，正处于积石石圹墓与积石石室墓交叉并存的阶段。如果石砌墓圹和墓道原来有盖顶石的话，那么这座墓就是石室墓。如果石砌墓圹和墓道原来没有盖顶石，但是石砌墓圹开门接墓道，也是开启了石圹向石室过渡的必要条件。由于墓葬被严重破坏扰乱，原来完整结构不明，暂且将此类墓葬的结构称为"积石圹室"，倒是一种比较稳妥方便的处理方法。正是由于原来情况不明，再加上此类墓葬的发现毕竟不如上述各类型那么普遍，所以我们在积石墓总体序列中没有把"圹室"列入，但是"圹室"的名称可以使用，在墓葬的演变序列中也要照顾到。

　　高句丽积石墓中还有一种石棺墓，规模较小，砌造简单。以桓仁高丽墓子村M12为例，该墓南北全长3.8米，宽2米，高0.5米，底铺卵石和碎石块，四壁平砌两层石块，无门，上盖两块大石板[43]（图三九）。原报告说此种墓"其外顶部有的无封石，有的原似有封石"，如果原确有封石的话，则应为积石石棺墓。再如前述集安万宝汀M242-3也应是石棺，它北接M242-2石室，同筑于一个墓基之上。所以，积石石棺墓和积石石室墓的流行时间相当，而且与以后的封土石棺墓有沿袭关系，只是这种墓数量很少，所以在积石墓总体序列中也没有列入。

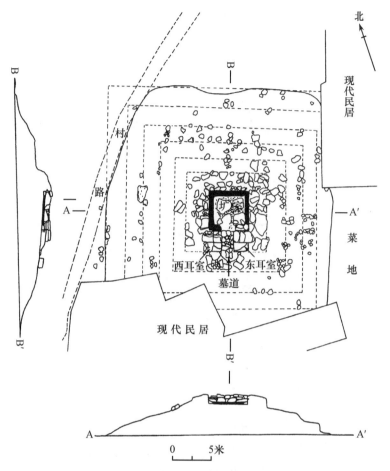

图三七　禹山M540号平、剖面图

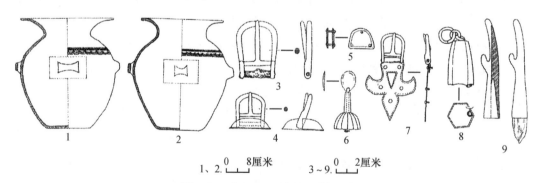

图三八　禹山M540号出土器物举例

1、2.陶四耳展沿壶　3、4、7.带扣　5.鉈尾　6.步摇活叶　8.铜铃　9.盖弓帽

（3~7、9.鎏金）

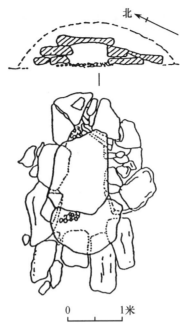

图三九　高丽墓子村M12平、剖面图

二、不同类型的等级与年代

对于积石墓不同类型的形制结构、葬俗和随葬品等，笔者在1994年出版的《高句丽考古》中分别列表进行了详细统计，后来在出版《高句丽遗迹》时为了压缩文字版面都删去了，但仍以原统计为基础，并增加了一些新材料，分别以墓葬的外部结构和内部结构为基准归纳成两幅表（表四、表五），现再加个别变动和充实[44]。

由于年代久远，高句丽墓葬被破坏严重，随葬品更是所剩无几，所以两表应填写的项目尚有空白，即使如此，表中内容仍能说明一些问题。就积石墓的外部结构无坛、方坛和方坛阶梯而言，从修筑技术的难易程度和高句丽积石墓的起源发展考虑，无坛出现得要更早一些，但在高句丽政权建立后，这三种结构则趋于并行发展。等级高、规模大的墓葬开始采用方坛和方坛阶梯，而且石材加工和砌筑技术在逐步提升，等级低、规模小的墓葬仍保留原来的无坛结构，下限都到公元5世纪。另外，前面在介绍积石串墓时也提到，同一串墓中外部不同结构的墓葬是可以互相交替的，同样说明这个问题。可见，无坛、方坛、方坛阶梯几种结构的区别，主要的不是时代早晚的不同，而是等级高低的差别。

表四　积石墓外部结构演变表

类型		年代		纵行排列	积石规模	石圹、石室位置	火烧痕迹	随葬品种类	壁画
		上限	下限						
无坛积石墓	无坛石圹墓	高句丽政权建立之前	5世纪	多见	从无坛到方坛到方坛阶梯，逐渐增大	多与地表平，或略高于地表	有	陶器、铁器及汉代钱币	
	无坛石室墓	4世纪	5世纪			略高于地表			
方坛积石墓	方坛石圹墓	"最迟不晚于东汉初年"	4~5世纪	多见		多在方坛石面上	有	陶器、铁器、铜器、战国及汉代钱币	
	方坛石室墓	4世纪左右	5世纪	个别存在		略高于地表，或与地表平			
方坛阶梯积石墓	方坛阶梯石圹墓	与方坛石圹墓基本同时	5世纪	多见		在不同阶梯的石面上	有	陶器、釉陶器、铁器、铜器及鎏金器	
	方坛阶梯石室墓	3世纪末~4世纪初	5世纪	个别存在		部分大墓石室位于积石中上部，其余多与地表平		陶器、釉陶器、铁器、铜器、鎏金器、银器、织物残迹和漆皮残片	个别发现壁画残片

　　具体分析，关于无坛积石墓、方坛积石墓和方坛阶梯积石墓的积石规模，过去笔者作过具体数字的比较，但是由于积石墓中大量存在一墓双圹、多圹和一墓并列双室、三室的情况，所以积石规模的变化，并不绝对的是某一种结构的都比另一种机构大，它们之间也有交叉。但是总的趋势，从无坛—方坛—方坛阶梯，积石的规模逐渐增大，还是明显的，尤其是那些王室贵族级的大型方坛阶梯积石墓，边长达几十米，是其他墓葬无法比拟的。

　　以上谈的是总体情况，各类墓葬的地点不在一处，那么同一墓群的墓葬又如何？《集安县文物志》记集安县太平沟古墓群，其中"积石墓"（即无坛）11座，"边长多在3~6米之间"，"方坛积石墓"40座，"边长在6~10米之间"，"方坛阶梯石墓"4座，"边长8~12米不等"。古马岭高丽墓沟古墓群，"积石墓"（即无坛）6座，"边长4~8米之间"，"方坛石室墓"9座，"边长5~11米"，"方坛阶梯积石墓"7座，"边长在7~15米之间"。可见同一墓群之墓葬大小与外部结构的变化关系比不同墓群的墓葬还要明确。

表五　积石墓内部结构演变表

类型		年代		纵行排列	积石规模	石圹、石室位置	火烧痕迹	葬具遗物	随葬品种类	壁画
		上限	下限							
积石石圹墓	无坛石圹墓	高句丽政权建立之前	5世纪	多见	从无坛到方坛到方坛阶梯，逐渐增大	多与地表平，或略高于地表	有	铁扒锔	陶器、铁器及汉代钱币	
	方坛石圹墓	"最迟不晚于东汉初年"	4～5世纪	多见		多在方坛石面上	有		陶器、铁器、战国及汉代钱币	
	方坛阶梯石圹墓	与方坛石圹墓基本同时	5世纪	多见		在不同阶梯的石面上	有		陶器、釉陶器、铁器、铜器、鎏金器	
积石石室墓	无坛石室墓	4世纪左右	5世纪		从无坛到方坛到方坛阶梯，逐渐增大	略高于地表		棺钉		
	方坛石室墓	4世纪	5世纪	个别存在		略高于地表或与地表平				
	方坛阶梯石室墓	3世纪末～4世纪初	5世纪	个别存在		部分大墓石室位于积石中上部，其余多与地表平			陶器、釉陶器、铁器、铜器、鎏金器、银器、织物残迹和漆皮残片	个别发现壁画残片

　　再看随葬品种类，墓葬同被扰乱，无坛积石墓中发现的是少许陶器和铁器，方坛积石墓中增加了铜器，方坛阶梯积石墓中又增加了釉陶器、银器、鎏金器，有的还发现了织物残迹、漆皮残片和精美的壁画，差别还是比较明显的。

　　外部同样是无坛、方坛和方坛阶梯结构的墓葬，内部又各具石圹和石室，可见石圹、石室与外部结构不存在对应关系，因此它们所代表的意义也应与外部结构不同。先看两种葬俗，墓葬分布的纵行排列现象存在于石圹结构的墓葬中，而在石室结构的墓葬中则很少看到；火烧痕迹也只存在于石圹结构的墓葬中，而在石室结构的墓葬中并未发现。后面还要专门谈到，纵行排列是一种原始氏族族葬的习俗，埋葬火烧的习俗同样古老，所以使用这种葬俗的墓葬，时间必然要早。还有葬具遗物，在大中型的石圹墓中普遍发现的是铁扒锔，说明使用的木椁，而在石室墓中发现的是棺钉。由此再来看表三、表四中所列各种结构墓葬的流行时间，积石石圹墓的三种类型，其年代上下限基本一致，即从高句丽政权建立前后至5世纪，而积石石室墓的三种类型都集中在四五两个世纪，也就不见怪了。所以说，积石墓内部结构石圹到石室的变化，不是墓葬等级的不同，而是墓葬时代先后的差别。

　　至此，再来分析一下石圹、石室在墓葬中的位置。积石石圹墓中，从无坛—方坛—方坛阶梯，随着外部结构的变化和墓葬规模的增大，石圹的位置逐步升高；而积石石室墓则不尽然，因为石室室壁比石圹圹壁高，而且上边要盖顶，顶上又封石，所以只有少数大型方坛阶梯石室墓的石室可建在墓葬的中上部，其他则不像石圹那样随着外部结构的变化而升高，而是大都直接建在地表之上，或略高于地表。由此如果同以后封土石室墓之石室皆位于地表之上或略低于地表的做法联系起来考虑，则知石室在墓葬中的位置与石圹不同，可能还含有不同文化因素的影响。

　　而随葬品的出土情况，则有所不同，即积石石圹墓和积石石室墓的变化不明显。之所以如此，一是两类墓葬出土的随葬品都不多，其中积石石室墓，如果石室未塌陷，室内随葬品很容易被盗失，所以有的积石石室墓规模很大，出土随葬品却不多；而积石石圹墓，当时埋葬完了，上面封石，即使使用木椁，木椁塌陷后，随葬品和封石混杂在一起而能保留下一些。二是现在发现的随葬品主要集中在四、五两个世纪的大中型墓葬中，此时正是高句丽各方面发展较快的时期，同时又是积石石圹墓和积石石室墓并存的时期（而且封土石室墓也开始出现），这些大中型墓葬外部多是方坛阶梯，内部无论是石圹还是石室，对随葬品的多寡影响不大。

　　综上所述，高句丽积石石圹墓从高句丽政权建立之前开始，一直延续到5世纪。其间，在3世纪末4世纪初又出现了积石石室墓，而它们结束的年代基本是同时的，大概到5世纪末。在此交替演变之时，又出现了"圹室"结构。5世纪末以后，高句丽的墓葬则完全是封土石室墓了。

　　附记：本文是笔者正在撰写的《高句丽考古》增订稿第四章"墓葬"中的一节，和过去出版的《高句丽考古》和《高句丽遗迹》中的相同内容比较，进行了较大的充实和相关修改，收入本书前又做了个别文字的调整。

<h2 style="text-align:center">注　释</h2>

[1]　李殿福：《集安高句丽墓研究》，《考古学报》1980年第2期，第166页，表二"积石墓"，表中百分比合计43%，实算应是44%；而封土墓，表中百分比合计55%，实算应为56%。1997年调查测绘，重新确定1966年统计的洞沟墓葬总数为10782座，而至1997年，现存墓葬为6854座，注销3928座。并把这6854座划分为积石墓（包括积石石圹墓、有坛积石石圹墓、阶坛积石石圹墓、阶坛积石石室墓）3368座（49.14%），封土墓（包括有坛封土石室墓、封土石室墓）386座（5.63%），洞室墓3100座（45.23%）。可见1997年调查测绘的结果，封土墓的数量比1996年大幅度减少，但是这次把洞室墓从积石墓和封土墓中单列出，而且数量很大。那么洞室墓是一种什么情况呢？调查测绘报告是这样介绍的："洞室墓的墓室，也

用石材构筑，多单室，也有双室和三室的，但石室之间绝不相通，而且比封土石室墓的石室要小而低矮得多，洞室高多在1米左右，石材加工也嫌简陋，筑造得不甚规整，顶部四角也常见简单的抹角叠涩做法，上盖石板。洞室外部，有的也用石材筑成阶坛状，应归石坟类；大多数则以土培封，或土石混筑，应归土坟类。但由于洞室墓规模不大，用材又小，很易遭受扰动破坏，历经岁月风霜，外部常常已很难辨识和判定究竟属于哪一种培封方式，所以我们未便一一区分为封石洞石墓、封土洞石墓或土石混封洞石墓，仅将之统称为洞室墓。"其实，正如调查测绘报告所言，洞室墓"大多数则以土培封，或土石混筑，应归土坟类"。见吉林省文物考古研究所、集安市博物馆：《洞沟古墓群1997年调查测绘报告》，科学出版社，2002年，第9～15页。

[2] 朝鲜民主主义人民共和国社会科学院考古研究所编，李云铎译：《朝鲜考古学概要》，黑龙江省文物出版编辑室，1983年；田村晃一著，李连译：《论高句丽积石墓的结构与分类》，〔朝〕李正南著，文一介译：《云坪里高句丽墓群第4区积石墓发掘报告》，〔朝〕李正南著，文一介译：《慈江道楚山郡莲舞里二号墓发掘报告》，〔朝〕李昌恩著，文一介译：《在最近调查发掘鸭绿江流域积石墓时引起人们注意的几个问题》，分别见于《东北亚历史与考古信息》总第7期（1985年），第16期（1991年）、第17期（1992年）、第18期（1992年）。

[3] 李殿福：《集安高句丽墓研究》，《考古学报》1980年第2期，第166页，图二。

[4] 集安县文物保管所：《集安县上、下活龙高句丽古墓清理简报》，《文物》1984年第1期。

[5] 〔朝〕李正南著，文一介译：《云坪里高句丽墓群第4区积石墓发掘报告》，《东北亚历史与考古信息》总16期，1991年。

[6] 辽宁省文物考古研究所、本溪市博物馆、桓仁县文物局：《辽宁省桓仁县冯家堡子积石墓群的发掘》，《考古》2016年第9期。

[7] 吉林省文物考古研究所、集安市博物馆：《集安市太王镇新红村高句丽积石墓群发掘简报》，《集安市太王镇新红村一座高句丽阶坛积石圹室墓（M28）的发掘》，《北方文物》2012年第3期。

[8] 肖景全、郑辰、金辉：《新宾满族自治县近年来发现的高句丽积石墓》，《东北史地》2014年第5期。

[9] 李殿福：《集安高句丽墓葬研究》，《考古学报》1980年第2期。

[10] 方起东：《高句丽石墓的演进》，《博物馆研究》1985年第2期。

[11] 吉林省文物工作队、长春市文管会、榆树县博物馆：《吉林榆树县老河深鲜卑墓群部分墓葬发掘简报》，《文物》1985年第2期；吉林省文物考古研究所：《榆树老河深》，文物出版社，1987年。

[12] 李殿福：《集安高句丽墓研究》，《考古学报》1980年第2期，本文所举例墓是良民M73，但从发表图来看，M73似是两层阶梯；吉林省文物工作队、集安县文管所：《1976年集安洞沟高句丽墓清理》，《考古》1984年第1期；孙仁杰：《集安洞沟古墓群三座古墓葬清

理》，《博物馆研究》1994年第3期，吉林省文物考古研究所、集安市文物保管所：《集安洞沟古墓群禹山墓区集锡公路墓葬发掘》，《集安博物馆高句丽研究文集》，延边大学出版社，1993年，该报告所举该类型墓有M3232、M3241等墓，称其为基坛圹室墓；辽宁省文物考古研究所、本溪市博物馆、桓仁县文物局：《辽宁省桓仁县冯家堡子积石墓群的发掘》，《考古》2016年第9期。

［13］　李殿福：《集安高句丽墓研究》，《考古学报》1980年第2期。

［14］　孙仁杰：《集安洞沟古墓群三座古墓葬清理》，《博物馆研究》1994年第3期。

［15］　陈大为：《桓仁县考古调查发掘简报》，《考古》1960年第1期；陈大为：《试论桓仁高句丽积石墓的类型、年代及其演变》，《辽宁省考古博物馆学会成立大会会刊》，1981年；辽宁省文物考古研究所、本溪市博物馆、桓仁县文物管理所：《辽宁桓仁县高丽墓子高句丽积石墓》，《考古》1998年第3期。

［16］　集安县文物保管所：《集安万宝汀墓区242号古墓清理简报》，《考古与文物》1982年第6期。

［17］　李殿福：《集安高句丽墓研究》，《考古学报》1980年第2期。

［18］　集安县文物保管所：《集安县上、下活龙高句丽古墓清理简报》，《文物》1984年第1期。

［19］　张雪岩：《吉林集安东大坡高句丽墓葬发掘简报》，《考古》1991年第7期；吉林省文物考古研究所、集安市博物馆：《集安JSZM0001号墓清理报告》，《集安JSZM145号墓调查报告》，收入于吉林省文物考古研究所：《吉林集安高句丽墓葬报告集》，科学出版社，2009年。

［20］　吉林省文物考古研究所、集安市文物保管所：《集安洞沟古墓群禹山墓区集锡公路墓葬发掘》，《集安博物馆高句丽研究文集》，延边大学出版社，1993年。

［21］　吉林省文物考古研究所、集安市博物馆：《集安高句丽王陵：1990～2003年集安高句丽王陵调查报告》，文物出版社，2004年。

［22］　吉林省文物考古研究所、集安市博物馆：《集安JSZM145号墓调查报告》，《吉林集安高句丽墓葬报告集》，科学出版社，2009年。

［23］　杨泓：《中国古代马具的发展和对外影响》，《文物》1984年第9期；孙机：《中国古独辀马车的结构》，《文物》1985年8期。

［24］　辽宁省文物考古研究所、本溪市博物馆、桓仁县文物管理所：《辽宁桓仁县高丽墓子高句丽积石墓》，《考古》1998年第3期，此串墓中三座方坛阶梯石圹墓之间相隔1.5米和2.2米，只是墓葬经严重扰乱，从图上看不出来；吉林省文物考古研究所、集安市博物馆：《2015年度洞沟墓葬群山城下墓区清理报告》，文物出版社，2020年；吉林省文物考古研究所、集安市文物保管所：《集安洞沟古墓群禹山墓区集锡公路墓葬发掘》，《集安博物馆高句丽研究文集》，延边大学出版社，1993年。关于积石串墓，有学者专门进行过论述，见方起东：《高句丽石墓的演进》，《博物馆研究》1985年第2期；孙仁杰：《高句丽串墓的考察和研

究》,《集安博物馆高句丽研究文集》,延边大学出版社,1993年。

［25］ 近年在桓仁、新宾等地皆有无坛石室墓发掘和发现,但保存不完整,或者只有文字介绍而无图,见辽宁省文物考古研究所、本溪市博物馆、桓仁县文物局:《辽宁省桓仁县冯家堡子积石墓群的发掘》,《考古》2016年第9期;肖景全、郑辰、金辉:《新宾满族自治县近年来发现的高句丽积石墓》,《东北史地》2014年第5期。

［26］ 〔朝〕李正南著,文一介译:《云坪里高句丽墓群第4区积石墓发掘报告》,《东北亚历史与考古信息》总第16期,1991年。

［27］ 许玉林、任鸿魁:《辽宁凤城胡家堡、孟家积石墓发掘清理》,《博物馆研究》1991年第2期;笔者在1994年出版的《高句丽考古》中曾指出该处墓群含有无坛石室墓,就是指胡家堡M2而言,但是当时没有作为例墓使用。

［28］ 王增新:《辽宁抚顺市前屯、洼浑木高句丽墓发掘简报》,《考古》1964年第10期。

［29］ 辽宁省博物馆:《辽宁本溪晋墓》,《考古》1984年第8期。

［30］ 集安县文物保管所:《集安高句丽墓葬发掘简报》,《考古》1983年第4期,本简报没有说明墓葬所在墓区,经查《洞沟古墓群1997年调查测绘报告》,则知是山城下墓区。

［31］ 陈大为:《桓仁县考古调查发掘简报》,《考古》1960年第1期;曹正榕、朱涵康:《吉林辑安榆林河流域高句丽古墓调查》,《考古》1962年第11期;另,集安古马岭对此类墓也有发现,但只是调查,未经正式发掘,见《集安县新发现的两处高句丽墓群》,《博物馆研究》1984年第1期。

［32］ 该墓,《考古学报》1980年第2期《集安高句丽墓研究》用作方坛阶梯例墓,就上述发掘报告文字介绍而言,理解为方坛或方坛阶梯似乎皆可,外部结构无平面图,剖面图也不明确,本文将此墓作为方坛例墓,但是不排除是方坛阶梯的可能。

［33］ 吉林省文物考古研究所、集安市博物馆:《2015年度洞沟古墓群山城下墓区清理报告》,文物出版社,2020年。

［34］ 吉林集安县文管所:《集安万宝汀墓区242号古墓清理简报》,《考古与文物》1982年第6期。

［35］ 陈大为:《试论桓仁高句丽积石墓的类型、年代及其演变》,《辽宁省考古、博物馆学会成立大会会刊》,1981年。

［36］ 集安县文物保管所:《集安县两座高句丽墓的清理》,《考古》1979年第1期。

［37］ 吉林省博物馆文物工作队:《吉林集安的两座高句丽墓》,《考古》1977年第2期。

［38］ 孙仁杰:《"折天井"墓调查拾零》,《博物馆研究》1988年第3期。

［39］ 陈大为:《试论桓仁高句丽积石墓的类型年代及其演变》,《辽宁省考古博物馆学会成立大会会刊》,1981年。该文称此结构为"框室",并以桓仁11号墓为代表,此墓介绍与平剖面发表在《考古》1960年第1期所载《桓仁县考古调查发掘简报》。

［40］ 吉林省文物考古研究所、集安市文物保管所:《集安洞沟古墓群禹山墓区集锡公路墓葬发

掘》，《集安博物馆高句丽研究文集》，延边大学出版社，1993年。

［41］　吉林省博物馆文物工作队：《吉林集安两座高句丽墓》，《考古》1977年第2期。

［42］　吉林省文物考古研究所：《集安禹山540号墓清理报告》，《北方文物》2009年第1期。

［43］　陈大为：《桓仁县考古调查发掘简报》，《考古》1960年第1期。发掘报告所发表的墓葬大小数字，对照插图，应是指墓葬外部而言，石棺内要小许多。

［44］　21世纪初集安大型积石墓王陵发掘的材料，因为后边要进行专门介绍而没有包括在内。

我国东北地区的高句丽封土石室墓及连云港封土石室墓墓主人之考察

一

高句丽，又称高句骊，简称句丽或句骊，5世纪后逐渐改称高丽。高句丽族原活动于浑江流域和鸭绿江中游地区，据高句丽创始传说记载，公元前37年夫余族王子朱蒙南奔至今辽宁省桓仁建立高句丽政权[1]。由此开始到公元668年，高句丽政权在历史上存在了705年之久。其王城三治两迁，初治辽宁省桓仁，公元3年一迁今吉林省集安，公元427年再迁朝鲜半岛平壤。迄今，在我国境内以桓仁、集安两地为中心的广大地区仍保留着大量的高句丽遗迹，其中最常见的则是墓葬。曾有调查统计，仅集安一地分布的高句丽墓葬就达万座以上。

高句丽墓葬的类型结构，总体上分为积石墓和封土墓两大类。前者早，后者晚，两者的数量大致相当，他们的交叉更替时间在四、五世纪。

积石墓，其名称来源于历史文献中"积石为封"的记载[2]。其外部结构是用不同的石块和石材堆砌而成，主要是因其规模大小不同，又堆砌出无坛、方坛和方坛阶梯三种；其内部结构则因其时代早晚区别砌筑成石圹和石室两种。内外结合，墓葬具体类型和名称就可分出无坛石圹、方坛石圹、方坛阶梯石圹和无坛石室、方坛石室、方坛阶梯石室几种。如果外部结构统称为积石的话，那么内部为石圹的又可称为积石石圹墓，内部为石室的又可称为积石石室墓，积石石室墓的数量远少于积石石圹墓。

高句丽政权以集安为都的时间最长，计420多年，此时期正是积石墓流行的时间。迄今在集安保留的数千座积石墓中，有数十座规模巨大，砌造考究，属于高句丽王的陵墓和贵族的墓葬。这些大型积石墓的结构，外部多为方坛阶梯，内部则为石圹或石室，现存状况较好、时代较晚的太王陵和将军坟，内部就是石室结构。其中太王陵，学术界多认为是高句丽第十九位王好太王的陵墓，将军坟则被推定为高句丽第二十位王长寿王的陵墓。

封土墓则比较简单，外部结构是封土，内部结构是石室，所以全称则是封土石室墓。

　　高句丽本民族墓葬的类型结构是积石石圹墓，后来受到中原文化的影响，并保留本民族石结构建筑的传统，外部积石变成封土，内部石圹变成石室，则成为封土石室墓。积石石室墓则是前后两者交叉更替时期出现的一种过渡类型。由于石室是由石圹演变而来，所以其位置多在地表之上或半地上，墓道则和石室处于同一水平位置。

　　和积石墓一样，封土石室墓也有等级高低、规模大小之分。高等级的贵族墓葬，不仅封土与石室规模高大、石室所用石材加工精细，而且石室四壁和室顶多绘有精美的壁画。据统计，我国境内现已发现的高句丽壁画墓，集安36座，桓仁1座，抚顺1座，计38座，其中壁画保存较好的有十几座。壁画的内容从家内、出行、狩猎等日常生活开始，逐步增加莲花、拜佛等佛教题材，最后过渡到以四神图像为主。

　　数量众多的中小型封土石室墓，不仅封土与石室规模低矮，石材加工和砌筑技术随之降低，而且也不见壁画，个别室壁以白灰勾缝或涂以白灰。石室多为单室、少部分双室、个别三室，另外还有个别石棺或石椁。石室和墓道合成的平面有长条形、刀形和铲形（又称"凸"字形）几种，也有不设墓道的长方形。长条形和长方形的数量少，而且长方形的与石棺或石椁很接近，有时不易区分。室顶结构，分为平盖顶、叠涩顶（类似平行叠涩）、抹角顶（类似抹角叠涩）三种，但并不规整。

　　石棺和石椁，皆是石砌四壁，上平铺盖顶石，个别内置木棺，称石椁，多数不置木棺，称石棺，其规模很小。其他石室墓，长条形的，墓室与墓道连通为一体，明显长于其他墓室，但宽度不大，略宽于石棺，室顶结构为平盖顶，属于小型墓葬。刀形平面的，规模有大有小，所以其顶部结构有平盖顶，也有叠涩顶和抹角顶。铲形平面的，一般规模较大，墓顶结构绝大部分是叠涩顶或抹角顶。从随葬品统计，使用叠涩顶和抹角顶的石室墓中出土的数量和品种要多一些。由此可见，同是中小型的封土石室墓，细部的形制结构、规模大小，以及所反映的身份高低或其他葬俗等问题，还是有区别的（图一～图四）。

　　高句丽于4世纪初相继攻占中原政权设在平壤地区及其南侧的乐浪郡和带方郡，并于427年将王城迁到平壤，开始与朝鲜半岛南部的百济和新罗政权相争雄。因此，不仅平壤地区的高句丽墓葬绝大部分是封土石室墓，而且也影响了百济和新罗，使封土石室墓这种墓葬在百济和新罗也流行起来，其基本特征还是一致的。

二

　　2015年11月14～15日，由南京博物院和连云港市文化广电新闻出版局主办、连云港市重点文物保护研究所和南京博物院《东南文化》杂志社承办，在连云港市召开了"中日韩·连云港封土石室墓学术研讨会"。与此同时，《东南文化》2015年第5期刊载了由连云港市重点文物保护研究所撰写的《江苏连云港封土石室墓调查简报》（下

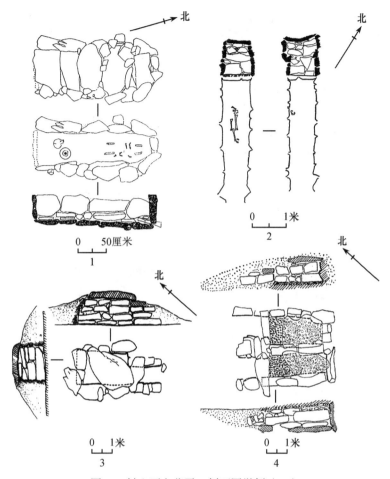

图一　封土石室墓平、剖面图举例（一）

1. 石棺（抚顺前屯M18）　2. 长条形平盖顶双室（集安禹山M678）　3. 刀形平盖顶单室（集安禹山M328）

4. 刀形平盖顶双室（集安老虎哨M7）

称《调查简报》）[3]。连云港封土石室墓主要分布在市区东部、接近海边的几座小型的山中。研讨会期间，与会代表就该墓葬及有关问题进行了广泛的介绍、讨论和交流，同时考察了部分墓葬和部分出土遗物。在讨论和交流中，大家比较关注的是墓葬的年代和墓葬的主人。

关于墓葬的年代，《调查简报》将其定为唐代早期至晚期。研讨会中出示的几枚开元通宝钱币，比《调查简报》印出的拓片要清楚得多，可以明显看出早晚不同，说明这些墓葬的确在唐代持续了比较长的一段时间。

关于墓葬的主人，《调查简报》介绍该种墓葬在本地区少见，虽然与江南石室土墩墓的结构有相似之处，但是年代相隔太远，因此要考虑外来因素。《调查简报》和研讨会部分中外学者通过和百济墓葬的对比，主张是百济移民。其实，从墓葬结构形制来看，前边已经谈到，此类封土石室墓不仅在百济存在，在新罗和高句丽都存在，

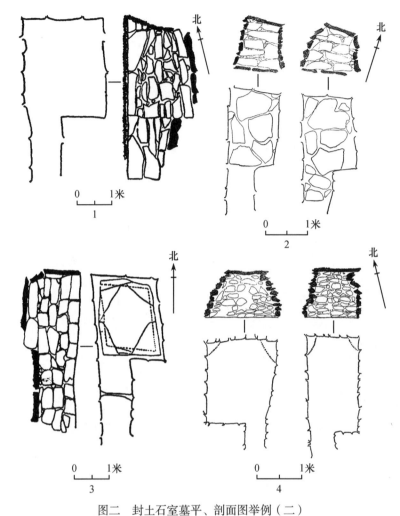

图二　封土石室墓平、剖面图举例（二）

1. 刀形叠涩顶单室（集安麻线M1479）　2. 刀形叠涩顶双室（集安禹山M711）　3. 刀形抹角顶单室（集安山城下　M325）　4. 刀形抹角顶双室（集安麻线M1437）

而且是由高句丽传播到百济和新罗去的。另外在中外古代文献中，百济、高句丽、新罗与此相关的记载都可以查到。

　　高句丽、百济和新罗，是7世纪之前在中国东北辽河之东和朝鲜半岛长期并存的三个政权，新罗请求唐王朝出兵先后灭亡了百济和新罗，最后统一了朝鲜半岛大部。公元660年，唐派大将苏定方出兵联合新罗攻破百济王城，百济王投降，"定方以王及太子孝、王子泰、隆、演及大臣将士八十八人、百姓一万二千八百七人送京师。"[4]《调查简报》提出百济的王室、大臣被移送至京师，一部分平民无法送至京师就迁徙到连云港地区并定居生活，他们去世之后则长眠于此。此推测虽然缺乏直接、明确的记载，但是从当时交通考虑，百济去唐陆路中隔高句丽，遣送人员只能走海路，于是一部分平民便中途留住在连云港地区，也是可能的。

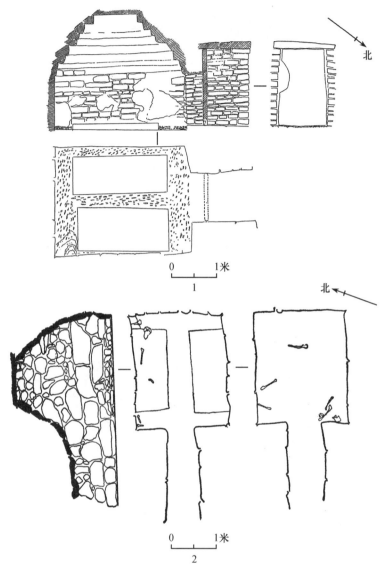

图三　封土石室墓平、剖面图举例（三）

1. 铲形叠涩顶单室（集安东大坡M217）　2. 铲形叠涩顶双室（集安麻线M1440）

高句丽政权是公元668年灭亡的，在此前后有数批高句丽人被迁往中原，其中比较集中的一批是发生在政权灭亡的第二年，总户数达三万，经莱州（今山东莱州）、营州（今辽西朝阳）两地转发，可见分别走的陆路和海路，最后迁入江、淮之南，及山南、京西诸州空旷之地[5]。三万户，近二十万口，数量是相当不少的。

之后，唐王朝为了安抚辽东高句丽余民，677年又派遣高句丽末代王高藏回辽东，并回迁原内迁的高句丽人，结果高藏至辽东又谋叛，唐王朝则召还高藏，并散徙其余高句丽人于河南、陇右诸州[6]。而今连云港所在，正是河南道境内的海州。

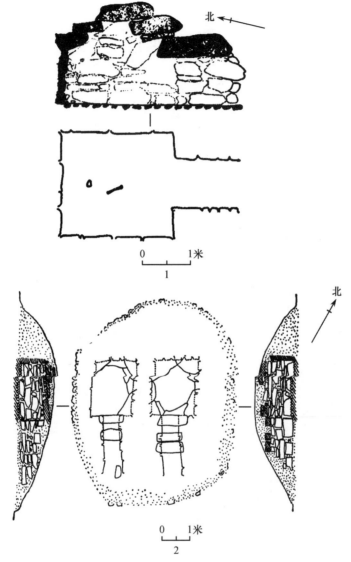

图四　封土石室墓平、剖面图举例（四）
1.铲形抹角顶单室（集安洞沟M840）　2.铲形抹角顶双室（集安老虎哨M1）

　　新罗统一朝鲜半岛大部后，与唐王朝的友好交往更加畅通，走海路到山东半岛则是其中的主要路线之一。据公元838～847年间入唐求法的日本圆仁和尚所著《入唐求法巡礼行记》记载，当时在山东半岛及其以南黄海沿岸地区的乡间和城市，分布着多处新罗村、"新罗坊"，居住着大量的新罗人。他们从事多种事业，尤其擅长于交通运输，圆仁就几次雇用新罗人的船和车。今连云港所在之海州，正是在此沿海南北节点上。圆仁和尚838年自扬子江江口到扬州，北上山东半岛，西去五台、长安、洛阳等地，845年再回到扬州，又北上山东半岛往返两次，最后从山东半岛海行回国，曾三次路经海州，与居住在此地的新罗人、新罗僧都有密切的接触。笔者过去对该地区的材料和研究关注很少，被邀参加会议也很急促，只是在参会之前翻阅了《入唐求法巡礼行记》，会后又看了张学锋先生发表的《江苏连云港"土墩石室"遗存性质刍议——特别是其与新罗移民的关系》文章，该文对相关考古材料和文献记载所做的对比和分析很全面[7]。所以，将连云港封土石室墓推定为新罗移民墓葬的看法，很值得重视。

张先生在文章最后也提出了疑问，即迄今不仅在新罗移民聚居的扬州、楚州、涟水之水网地区没有发现类似墓葬，而且在自然环境与连云港地区非常相似的山东半岛威海市文登、荣城、乳山一带，也没有看到类似的报道。这样，我们是否要考虑到另一种可能，即唐代在连云港地区有一个相对稳定的集团在此长期聚居，如果是这样的话，那么如上所引文献，将该集团推定为被"散徙"到河南道的高句丽移民，也是说得通的。

2017年1月12日

附记：本文在《东南文化》2016年第4期发表后，又看到同期发表的韩国学者朴淳发教授的文章《入唐百济遗民流向与连云港封土石室墓》，再查对相关文献，将百济移民内迁变化略作梳理。1月10日高伟所长来电话说，准备把本文收入研究报告中，现将原梳理时的简单记录顺便附于此，也好与正文对照。

公元660年百济灭亡，其内迁人口，记载最详细的是《三国史记·百济本纪》，其曰："定方以王及太子孝、王子泰、隆、演及大臣将士八十八人、百姓一万二千八百七人送京师。国本有五部、三十七郡、二百城、七十六万户，至是，析置熊津、马韩、东明、金涟、德安五都督府，各统州县。"另，《三国史记·金庾信》记为唐"虏百济王及臣寮九十三人，卒二万人，以九月三日自泗沘泛船而归"，内迁人数多于《三国史记·百济本纪》。八年后，668年高句丽灭亡，唐于平壤置安东都护府。676年"二月，甲戌，徙安东都护府于辽东故城；先是有华人任东官者，悉罢之。徙熊津都督府于建安故城；其百济户口先徙于徐、兖等州者，皆置于建安"（《资治通鉴》第6378～6379页）。建安故城，即今辽宁盖州青石岭山城。由此得知，十几年前百济内迁人口中有的是居于"徐、兖等州"的。徐州、兖州虽然与连云港所在海州不相邻，但同属河南道，相距也不算远，而且"徐、兖等州"也可能包括海州在内，这也是现知推定连云港封土石室墓与百济移民有关的唯一文献。但是，这些百济移民在676年是否真的"皆置于建安"，"徐、兖等州"能否还有留者，不知道。紧接着第二年（677年），此事发生改变，见文内注释6所引两唐书和《资治通鉴》所记。从此记载可知，高句丽末代王高藏至辽东"谋叛"不成被"召还"，唐"散徙其人于河南、陇右诸州，贫者留安东城傍",而对于刚刚"皆置于建安"的百济人如何处置,此没有记载,是否有的又回到"徐、兖等州",也不得而知。以上所附,并不是完全肯定或否定连云港封土石室墓与百济移民的关系,而是说有这种可能,要予以考虑和重视。

另,本文原发表题目为《我国东北地区的高句丽封土石室墓》,本次收入本书,为了与全文内容切合,改为《我国东北地区的高句丽封土石室墓及连云港封土石室墓墓主人之考察》。

注　释

[1]　方起东:《〈好太王碑碑文〉释读》,《中国著名碑帖选集27　好太王碑》,吉林文史出版社,1999年;《魏书》卷一百《高句丽传》,中华书局,1974年,第2213~2214页;金富轼:《三国史记·高句丽本纪》第一,吉林文史出版社,2003年,第173~175页。

[2]　《三国志》卷三十"乌桓鲜卑东夷传":"(高句丽)男女已嫁娶,便稍做送终之衣。厚葬,金银财币,尽于送死,积石为封,列种松柏。"中华书局,1959年,第844页。

[3]　连云港市重点文物保护研究所:《江苏连云港封土石室墓调查简报》,《东南文化》2015年第5期。

[4]　金富轼:《三国史记·百济本纪》第六,吉林文史出版社,2003年,第331页。

[5]　《旧唐书·高宗本纪》:"(总章二年,669年)五月庚子,移高丽户二万八千二百,车一千八十乘,牛三千三百头,马二千九百匹,驼六十头,将入内地,莱、营二州般次发遣,量配于江、淮以南及山南、并、凉以西诸州空闲处安置。"中华书局,1975年,第92页。《新唐书·高丽传》:"总章二年(669年),徙高丽民三万于江淮、山南。"中华书局,1975年,第6197页。《资治通鉴》:"(总章二年,669年)高丽之民多离叛者,敕徙高丽户三万八千二百于江、淮之南,及山南、京西诸州空旷之地,留其贫弱者,使守辽东。"中华书局,1956年,第6359页。

[6]　《旧唐书·高丽传》:"仪凤中(676~678年)高宗授高藏开府仪同三司、辽东都督,封朝鲜王,居辽东,镇本蕃为主。高藏至辽东,潜与靺鞨相通谋叛。事觉,召还,配流邛州,并分徙其人,散向河南、陇右诸州,其贫弱者留在安东城傍。"中华书局,1975年,第5328页。《新唐书·高丽传》:"仪凤二年(677年),授藏辽东都督,封朝鲜郡王,还辽东以安余民,先编侨内州者皆原遣,徙安东都护府于新城。藏与靺鞨谋反,未及发,召还放邛州,廋其人于河南、陇右,贫寠者留安东。"中华书局,1975年,第6198页。《资治通鉴》:"(仪凤二年,677年)二月,丁巳,以工部尚书高藏为辽东州都督,封朝鲜王,遣归辽东,安辑高丽余众;高丽先在诸州者,皆遣与藏俱归。又以司农卿扶馀隆为熊津都督,封带方王,亦遣归安辑百济余众,仍移安东都护府于新城以统之。时百济荒残,命隆寓寄高

丽之境。臧至辽东，谋叛，潜与靺鞨通；召还，徙邛州而死，散徙其人于河南、陇右诸州，贫者留安东城傍。高丽旧城没于新罗，余众散入靺鞨及突厥，隆亦竟不敢还故地，高氏、扶馀氏遂亡。"中华书局，1956年，第6382～6383页。

［7］　张学锋：《江苏连云港"土墩石室"遗存性质刍议——特别是其与新罗移民的关系》，《东南文化》2011年第4期。

（原载连云港市重点文物保护研究所：《连云港封土石室墓调查与研究》，上海古籍出版社，2018年；插图经孙颢加工修整；收入本书时略有调整）

我国境内发掘的高句丽无壁画封土石室墓

高句丽墓葬分为积石墓和封土墓两大类型，前者早，后者晚，它们交替演变的时间在四、五世纪。封土墓分布于我国东北和朝鲜半岛北部之广大地区，其数量相当庞大。据1966年对集安洞沟高句丽墓葬的统计，它占总数的56%之多，超过了积石墓[1]。当然不排除这里面有的是属于高句丽政权灭亡之后的，比如1982年清理的集安上和龙6座封土石室墓，其中M4出土了方亚字形素面铜镜，该墓时代则属渤海[2]，但是这种墓葬数量很少。封土墓的外部结构，有学者又分为方坛封土、方坛阶梯封土、土石混封和以黄土为封四种[3]。其中前两种具有从积石墓向封土墓转化的过渡形式，而且其数量发现极少，作为一种类型划出，尚有不足。至于后两种，土石混封和黄土为封，从调查数量来看都不算少，但是它们是地理环境不同所致，还是代表等级和时代上什么意义，现在还说不清楚，不像积石墓外部之无坛、方坛和方坛阶梯那样是有比较明确的区别和意义，所以暂且不做两种类型划出，统称为封土。封土墓的内部结构，除个别为石棺（或石椁）外，绝大部分为石室，故封土墓又称为封土石室墓。当然，石棺（或石椁）也可包括在封土石室墓之内。封土墓的外部封土，中小型墓呈圆丘形，大型墓多呈覆斗形。在大型墓和少量中型墓的墓室四壁、顶部和甬道、墓道两侧，多绘以精美的壁画。多年来学界对壁画墓进行了多项调查发掘和研究，先后发表、出版的报告、论文、著作、图录等有几百篇（部）以上，而对数量众多的无壁画的中小型封土墓做的工作和研究比较少。这些墓葬是了解和探讨高句丽中下层社会生活诸方面的重要资料，要予以足够的重视。以下，本文将对我国发掘的此类墓葬加以介绍和分析。

一、类 型 结 构

我国境内至今发掘的高句丽无壁画封土石室墓有几百座。笔者在1994年出版的《高句丽考古》中，以1976年集安发掘的两批墓葬为主[4]，对之前发表材料中的近200座发掘墓葬及其形制结构分别列表进行了统计和归纳总结。在此期间，1984～1985年为配合集（安）—锡（林浩特）公路的建设，对禹山墓区进行了大面积的发掘，墓葬规模都不大，其中封土墓有70多座，发掘报告于1993年发表[5]。当时《高句丽考古》已结稿，未将此批材料收入。之后，在抚顺施家和沈阳石台子山城附近等地又陆续发掘了100多座此类墓葬[6]。经前后对照，1994年《高句丽考古》的归纳总结，基本上还是可行的。现根据原有的归纳总结和新的发现，将高句丽无壁画封土石室墓的类型结构划分为石棺（或石椁）、长条形石室墓、刀形石室墓、铲形石室墓几种。各类型中多为单室，少见双室，个别三室，顶有平盖顶、叠涩顶（穹隆叠涩和平行叠涩，下同）、抹角顶几种（抹角，亦可称抹角叠涩，本文简称抹角），个别见覆斗形四阿顶。各项综合在一起，如表一所示。

表一　无壁画封土石室墓类型结构统计表

平面 室顶 墓室	室顶结构	单室	双室		三室	备注
石棺或石椁	平盖顶	√				
长条形石室墓	平盖顶		√			很少
刀形石室墓	平盖顶	√	√		一室叠涩，两室抹角	
	叠涩顶	√	√			
	抹角顶	√	√			
铲形石室墓	平盖顶	√				很少
	叠涩顶	√	√	一室四阿加叠涩， 一室四阿加抹角		
	抹角顶	√	√			
备注			另见长条形平盖顶和刀形 叠涩顶双室		另见两室刀形叠涩顶和 一室铲形叠涩顶三室	

（一）石棺（或石椁）

石棺墓在积石墓中已经出现，石砌四壁，平盖顶，而无门无墓道。一个石棺即是一座墓，还未发现双石棺或三石棺同封为一墓者。石棺内面积狭小，长2米左右，宽一般不超过1米，葬单人，只有个别发现木棺，其他皆不再使用木棺，发现木棺的可称石椁[7]。石砌四壁，多是四面一次筑成（图一，1、2），也有的是先筑三面，后筑另一面（图一，3）。有的论著将后一种称为长方形石室墓[8]，笔者在《高句丽考古》中也曾将其列为一种类型。现在看来，此类型墓数量不多，而且有时四壁是一次筑成还是两次筑成，不易区分，即使是两次筑成，筑后效果基本相同。所以，本次整理将其皆归为石棺（或石椁）。

石棺（或石椁）墓以往在集安、桓仁地区发现的并不多，之后在石台子山城附近发现了多座，发掘的68座中有44座是石棺墓。发掘报告将其统称为长方形石室墓和梯形石室墓（看图接近长方形）[9]，本文统一改为石棺（或石椁）墓。

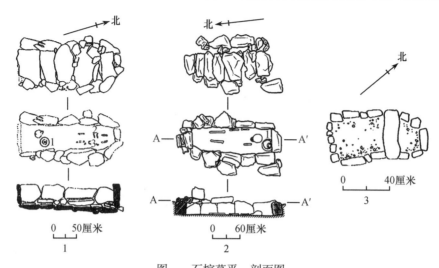

图一　石棺墓平、剖面图

1. 前屯M18　2. 石台子山城ⅢDM8　3. 东大坡M350

（二）长条形石室墓

该类型墓室内宽度与石棺（或石椁）相仿或略宽，而长度不仅长于石棺（或石椁），而且也长于以下刀形石室墓与大部分铲形石室墓。砌筑顺序是先筑三面，之后封堵另一面，顶为平盖顶。尸骨放置室内中后部，前部空出，比作墓道。此类型墓的数量很少，但将其与上述石棺（或石椁）和被弃用的长方形石室墓相比，皆有不同，所以单列为一种类型。

至今发现的长条形石室墓，分别见同为长条形的双室和与刀形叠涩顶石室墓同封的双室两种（图二）。

（三）刀形石室墓

该类型墓由墓室和墓道构成，墓道偏向一侧，故称刀形。墓室平面多为长方形，有的接近方形。室顶有平盖、叠涩和抹角三种，并且各有单室和双室（图三；本图所用例墓因为来自不同报告和论著，所以属于同一地点的墓葬，其名称中的地点表示会稍有差别，或者有的用汉字，有的用拼音，为了方便与引用处查对，则维持原名称不动，下同），同时还发现了同为刀形、一室叠涩顶和两室抹角顶同封的三室墓，以及两室刀形叠涩顶和一室铲形叠涩顶同封的三室（图四；其中图四的1，原报告介绍西室为叠涩顶，中室和东室为抹角叠涩顶）。

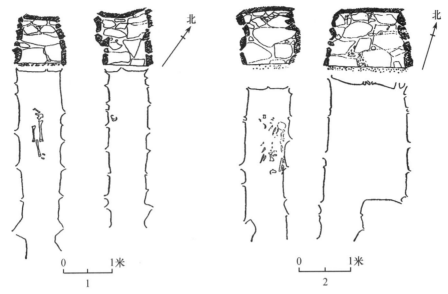

图二　长条形石室墓平、剖面图

1. 禹山M678　2. 禹山M733

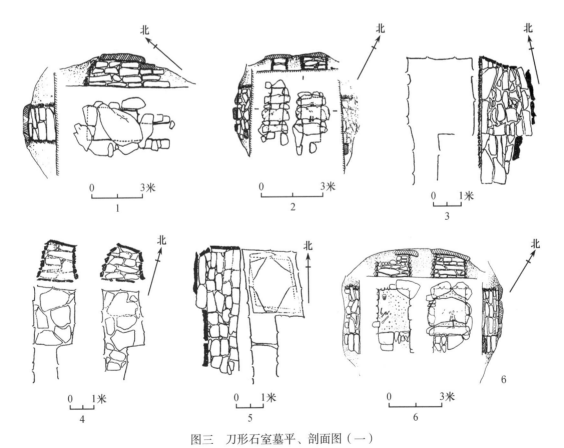

图三　刀形石室墓平、剖面图（一）

1. JYM328（平盖顶单室）　2. JYM742（平盖顶双室）　3. 麻线M1479（叠涩顶单室）　4. 禹山M711（叠涩顶双室）

5. 山城下M325（抹角顶单室）　6. JYM1758（抹角顶双室）

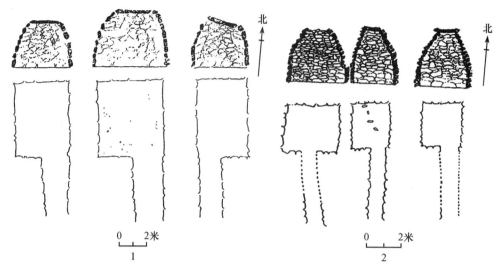

图四　刀形石室墓平、剖面图（二）

1. 麻线M1447　　2. 麻线M1445

（四）铲形石室墓

该类型墓同样是由墓室和墓道构成，墓道位于一壁中间，故称铲形。墓室平面多呈方形，有的是长方形。墓顶，只见个别狭小单室使用平盖顶（图五，1），其余皆为叠涩顶和抹角顶，而且各有单室和双室（图五，2、3；图六，1、2），或者一室四阿加叠涩、一室四阿加抹角之双室（图六，3）。三室有铲形与刀形同封者，见上述刀形石室墓例墓。

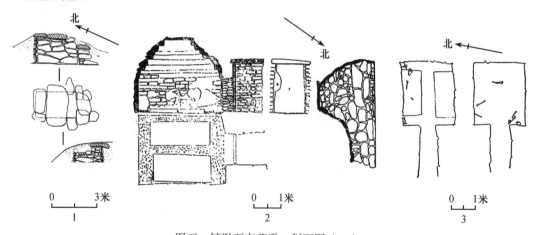

图五　铲形石室墓平、剖面图（一）

1. JYM2890（平盖顶单室）　　2. 东大坡M217（叠涩顶单室）　　3. 麻线M1440（叠涩顶双室）

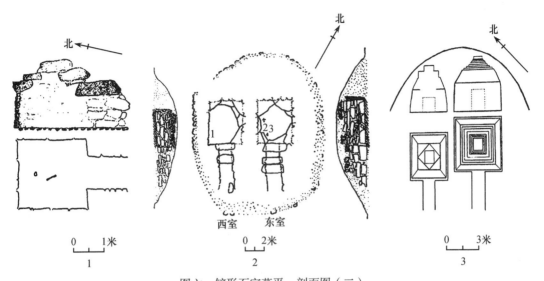

图六　铲形石室墓平、剖面图（二）

1.洞沟M840（抹角顶单室）　2.考虑哨M1（抹角顶双室）　3.禹山M1897

二、等级和年代

上述不同类型墓葬，未见叠压打破墓例，所以它们之间的相互关系，可以从结构本身入手考察。先看墓室平面，石棺（或石椁）和长条形石室墓，皆为长方形，刀形石室墓多为长方形，有的接近方形，而铲形石室墓进一步接近方形或呈方形。室顶结构，石棺（或石椁）和长条形石室墓皆为平盖顶，刀形石室墓还见部分平盖顶，而铲形石室墓则只是个别的了，刀形、铲形石室墓墓顶结构的主体是叠涩顶和抹角顶。

与上述两种变化同步，墓葬的规模则随之增大。据统计，石棺（或石椁）一般长2米左右，宽不超过1米。长条形石室墓的宽也不超过1米，长3米多，是包括前部墓道部分在内的。刀形石室墓中，平盖顶的长度一般不超过2米，宽为1米余；叠涩顶和抹角顶的长度为2～3米，宽度可接近2米或略超过2米。铲形石室墓，个别平盖顶的小型墓除外，其余的边长都大于同样室顶结构的刀形石室墓，有的边长则超过3米，接近大型封土石室墓。

另据统计，在墓室石壁构筑技术和装饰方面，石棺（或石椁）和平盖顶刀形石室墓的石壁是直接用石块砌筑，叠涩顶和抹角顶的刀形石室墓和铲形石室墓出现了白灰勾缝，个别铲形石室墓还以白灰涂壁。关于随葬品，由于这些墓葬皆被毁坏或打开扰乱过，随葬品发现很少，即使如此仍能看出一些差别。石棺（或石椁）墓中只发现零星陶器和铁器，而刀形石室墓到铲形石室墓，则釉陶器和铜器、银器、鎏金器等贵重金属器逐渐发现与增多。

以上各项考察说明，这些无壁画的高句丽封土石室墓从石棺（或石椁）、长条形石室墓到刀形石室墓和铲形石室墓，尽管大都属于中小型，但是仍能看出比较明显的等级差别。石棺（或石椁）、长条形石室墓和平盖顶的刀形、铲形石室墓，应是一般平民的墓葬；叠涩顶、抹角顶的刀形和铲形石室墓，不排除部分仍属于一般平民墓葬，而多数应是富裕平民和一般贵族的墓葬，其中少数规模较大的铲形石室墓，其地位还要高一些，比如中高级贵族和中下层官吏等[10]。在使用时间上，这些墓葬应该是并存的。参照封土石室壁画墓的流行时间，其时间上限可到4世纪，下限可到高句丽政权灭亡或稍后。在此期间内，由于叠压打破关系和随葬品的缺失，还无法划分出阶段性的变化。但是对于墓顶结构比较规整的少数较大型墓葬，可以推测出它们的大致年代。下面以几座墓葬为例加以说明。

（1）集安山城下M1071，近方形双室墓。一室长3.5、宽3.4、高3.05米，四阿加平行叠涩加抹角顶，甬道左右开小型耳室。另一室长2.7、宽2.6、高3.1米，四阿加平行叠涩顶，底铺两个棺床，甬道一侧开小型耳室。两室及其甬道、耳室皆用白灰涂平。该墓类型结构与通沟12号封土石室壁画墓基本相同，只是其中一室顶部的抹角比较突出。该墓年代与通沟12号相当或稍晚，约在5世纪[11]（图七）。

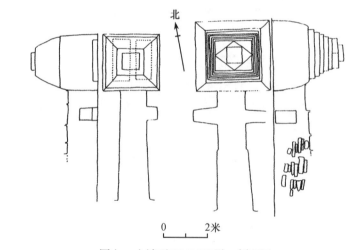

图七　山城下JSM1071平、剖面图

（2）集安山城下东大坡M217，该墓在以上铲形石室墓插图中已经列出，铲形单室，长3.46、宽2.6、高2.8米，六层平行叠涩加两层抹角顶，室壁和棺床上皆涂4厘米左右厚的白灰，室底白灰面下还铺9厘米左右厚的木炭，木炭下面的地面经火烘烧。随葬品发现灰陶灶、铁镞、铁带卡、棺钉、棺环和鎏金桃叶形铁马饰（杏叶）等。墓葬年代，由于该墓位于所在墓地的山坡下部，墓地中部曾发现被推测为5世纪的封土石室壁画墓王字墓（M332），发掘报告推测M217年代在6~7世纪[12]。据该墓室顶之多层平行叠涩结构及出土器物来看，其年代在5~6世纪，到不了7世纪（图五，2；图八，9~15）。

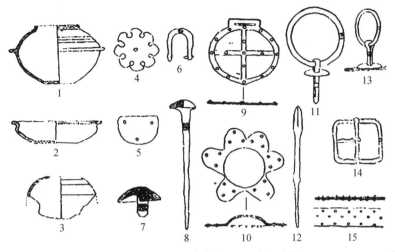

图八　JYM1897和东大坡M217出土遗物

1.黄釉陶釜　2.黄釉陶盆　3.灰陶罐　4.鎏金棺饰　5.鎏金铊尾　6.鎏金带扣　7.鎏金棺钉　8.铁棺钉
9.鎏金杏叶　10.鎏金马饰　11、13.铁棺环　12.铁镞　14.铁带卡　15.鎏金铁马饰
（1～8.M1897：9；9～15.M217出土）

（3）集安禹山M1897，双室墓，一室方形，边长3.8、高3.95米，四阿加平行叠涩顶，一室长3.4、宽2.8、高3.4米，四阿加抹角顶。两室内遍涂白灰。封土周长80余米，高约5米。墓内出土灰陶罐、釉陶釜、釉陶盆和鎏金饰片。墓葬年代，发掘报告将其与通沟12号封土石室壁画墓相比，推测为5世纪中叶前后[13]。该墓墓道不见通沟12号之耳室，其中一室室顶的抹角也比较突出，所以其年代有可能晚到6世纪（图六，3；图八，1～8）。

（4）集安七星山M65、M66，两墓同建在一座方坛阶梯积石墓之上，间隔3.1米，M65已坍塌，估计两墓应是一座异穴同封双室墓。M66铲形方室，边长3.3米，平行叠涩加抹角顶，四壁和顶部均涂白灰。发掘报告和以往研究推测该墓年代在5世纪中叶前后[14]。考虑到墓葬建立在一座方坛阶梯积石墓之上，中隔时间不会太短，而且M66的墓顶是大抹角，所以其年代应与禹山M1897相当或稍晚（图九）。

（5）集安禹山M1080，铲形抹角顶单室墓，长3.15、宽3.1、高2.95米，底铺三个石棺床，室壁白灰勾缝。封土周长约100米，高约10米。盗洞填土中发现一通小型石碑（石柱），墓内同样出土不少鎏金饰件。集安设立同类小型石碑（石柱）的墓葬还有山城下M1411，其他再无发现。M1080的年代，发掘报告推测为6世纪中后期是合适的[15]（图一〇）。

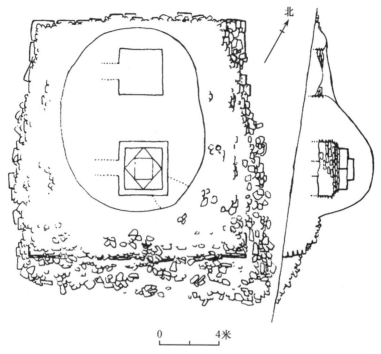

0　　　　　4米

图九　七星山M65、M66平、剖面图

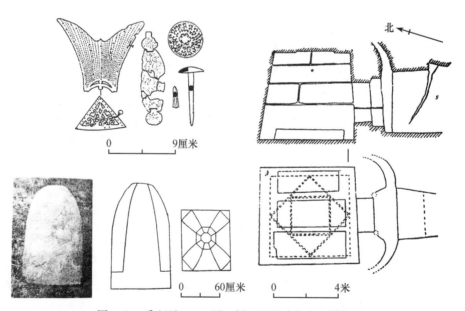

图一〇　禹山下M1080平、剖面及石碑和出土器物图

三、抚顺施家墓葬和沈阳石台子山城附近墓葬的特点

我国境内无壁画的高句丽封土石室墓，迄今发现的主要集中于其都城所在桓仁和集安，其中以集安为最多。近年在抚顺高尔山城附近的施家墓地和沈阳市东北石台子山城附近的墓地，发现并发掘了多座同类墓葬，其中抚顺施家墓地发现墓葬百余座，发掘41座（其中1座有壁画），石台子山城附近的墓地发掘了68座。两处墓地相距十几千米，墓葬类型结构都符合上述的总结，同时也具备一些共有的自身特点。

第一，墓葬的深浅。墓葬的深浅是指墓室相对于墓葬所在的地表而言的，通常表述为地上、地下、半地上（或半地下）。发掘时未做地层解剖或经解剖仍遗迹不清，一般只能以现地表为准。地上，是指墓室室底与地表平，推测墓葬是在地表上直接砌筑。地下、半地上（或半地下），是先挖墓圹然后砌筑石壁，而深浅不同，地下者是整个墓室位于地表下，半地上（或半地下）者则是墓室下半部在地表下，上半部在地表上。据介绍，桓仁、集安和抚顺前屯的墓葬，地上、半地上（或半地下）的多见，个别的是地下，而抚顺施家、沈阳石台子山城附近的墓葬，则是半地上（或半地下）和地下，趋势向下发展。

第二，多人葬和二次葬。此多人葬，是指一座墓中葬3人以上者。桓仁、集安地区封土石室墓中的人骨保存得很差，是否有多人葬和二次葬并不清楚，而抚顺施家、沈阳石台子山城附近的墓葬则不同。抚顺施家墓地发掘41座，除去不详的12座，其余29座中葬2人的10座，葬3人的5座，葬4～9人的14座。沈阳石台子山城附近的墓葬，发掘报告统计"单人葬33座，多人葬29座"。这29座中包括双人葬在内，发表的例墓多是3人以上。这类墓葬的等级并不多高，但墓室可以修得大一些。现从两处墓地各选一座墓介绍如下。

（1）施家M27，铲形，弧方形墓室，边长3.2米。靠北壁和西壁各砌筑一棺床。室内共发现人骨六具个体（一男五女），其中两个位于墓室中部，仰身直肢一次葬，其余多堆放在墓室的西北角（图一一）。

（2）石台子山城附近第三墓地西区M2，铲形，墓室长2.34、宽2米。室内中间摆放男女两具人骨，两侧还杂乱堆放三具个体。随葬品有铜耳坠、铜饰件和玛瑙珠各一件（图一二）。

判定一座墓中所葬个体的关系，双人葬大都是夫妇合葬，三人葬中有的也可能是夫妇合葬，有的则不是，超过三人的就很少再是夫妇合葬了，而应当是一个家庭或家族成员的墓葬。此种葬俗在桓仁、集安的同类墓葬中未曾发现。但是在集安发现的双室或三室异穴同封为一座墓的情况，在抚顺施家和石台子山城附近的墓葬中没有出现。在双室或三室中的一个墓室内，有的置放两个棺座，应是夫妇合葬，那么此两室

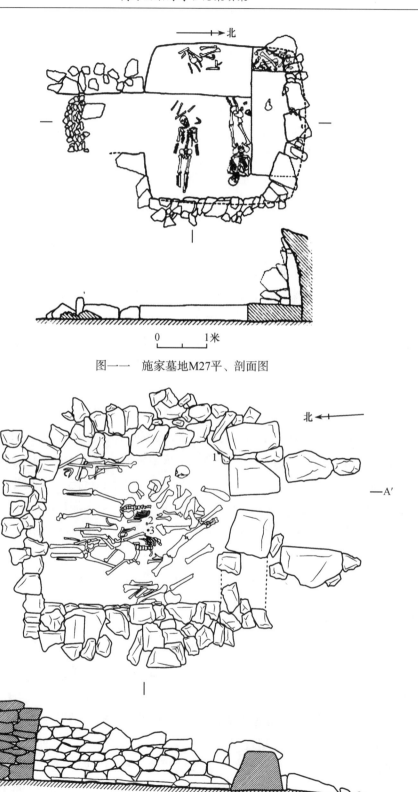

图一一　施家墓地M27平、剖面图

图一二　石台子山城ⅢXM2平、剖面图

或三室的异穴同封墓就应该是一个家庭或家族成员的墓葬。此种情况向上可以追溯到当地同为异穴同封（封石）的双室或三室的积石石室墓和双圹或多圹的积石石圹墓，以及积石墓中多座墓相连成串的"串墓"。

那么，为什么抚顺施家、石台子山城附近两处墓地与桓仁、集安地区相比有上述不同呢？从时间考虑，石台子山城是在5世纪初高句丽占领辽东以后修筑的，高句丽修筑抚顺高尔山城比此要早，而两处墓葬的类型结构和葬俗基本相同，其年代都应在5世纪以后，或者更晚一些。石台子山城附近第四墓地M3，铲形石室墓，出土铁马镫1件，柄极短，脚踏部扁宽，与高句丽中期流行的长柄马镫大不一样。施家M18，墓室几近方形，边长2.9米和2.96米，葬四男三女，出土两副具有唐代风格的带具和两枚"开元通宝"（图一三）。由此说明这些墓葬的年代到了高句丽晚期或再晚。

抚顺、沈阳地区不属于高句丽中心地区，两处墓葬年代又较晚，所以不见中心地区积石墓中高句丽的某种原始葬俗，也说得通。该地区新发现的葬俗，是在桓仁、集安地区因保存不好而未发现，还是该地区新出现的变化，希望以后在桓仁、集安地区的调查发掘中加以注意。如果是抚顺、沈阳地区新出现的变化，那么只是因为地区不同而自然发生的，还是有其他什么因素和影响，也需要继续考虑和探讨。

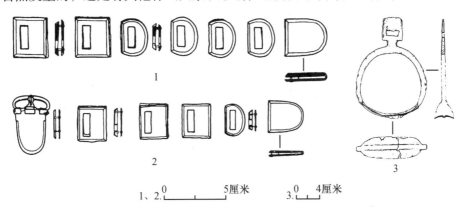

图一三　施家M18出土铜带具与石台子山城ⅣM3出土马镫
1.M18：3　2.M18：4　3.ⅣM3：1

注　释

［1］　李殿福：《集安高句丽墓研究》，《考古学报》1980年第2期，表二"积石墓"，表中百分比合计43%，实算应是44%；而封土墓，表中百分比合计55%，实算应为56%。

［2］　集安县文物保管所：《集安县上、下活龙村高句丽古墓清理简报》，《文物》1984年第1期。

［3］　李殿福：《集安高句丽墓研究》，《考古学报》1980年第2期。

［4］　吉林省文物工作队、集安文管所：《1976年集安洞沟高句丽墓清理》，《考古》1984年第

1期；张雪岩：《吉林集安东大坡高句丽墓葬发掘简报》，《考古》1991年第7期。

[5] 吉林省文物考古研究所、集安市文物保管所：《集安洞沟古墓群禹山墓区集锡公路墓葬清理》，《集安博物馆高句丽研究文集》，延边大学出版社，1993年；孙仁杰：《高句丽串墓的考察与研究》，《集安博物馆高句丽研究文集》，延边大学出版社，1993年。

[6] 辽宁省文物考古研究所、抚顺市博物馆：《辽宁抚顺市施家墓地发掘简报》，《考古》2007年第10期；辽宁省文物考古研究所、沈阳市文物考古研究所：《石台子山城》，文物出版社，2012年。

[7] 石棺内发现棺钉之木棺遗迹的墓葬，有抚顺前屯M16。见王增新：《辽宁抚顺市前屯、洼浑木高句丽墓发掘简报》，《考古》1964年第10期。

[8] 张雪岩：《吉林集安东大坡高句丽墓葬发掘简报》，《考古》1991年第7期；吉林省文物考古研究所、集安市文物保管所：《集安洞沟古墓群禹山墓区集锡公路墓葬清理》，《集安博物馆高句丽研究文集》，延边大学出版社，1993年。

[9] 辽宁省文物考古研究所、沈阳市文物考古研究所：《石台子山城》，文物出版社，2012年。

[10] 有的地区，由于多人葬和二次葬也使用了墓室较大的刀形墓或铲形墓，但其等级并不明显升高。

[11] 孙仁杰、迟勇：《集安高句丽墓葬》，香港亚洲出版社，2007年。

[12] 张雪岩：《吉林集安东大坡高句丽墓葬发掘简报》，《考古》1991年第7期。

[13] 张雪岩：《集安两座高句丽封土墓》，《博物馆研究》1988年第1期。

[14] 林世贤：《吉林省集安洞沟古墓群七星山墓区两座古墓的考察》，《北方文物》1998年第4期；孙仁杰、迟勇：《集安高句丽墓葬》，香港亚洲出版社，2007年。

[15] 方起东、林至德：《集安洞沟两座树立石碑的高句丽古墓》，《考古与文物》1983年第2期。

［原载《边疆考古研究》（第30辑），科学出版社，2021年，与孙颢合著；收入本书时略有调整］

中国境内高句丽壁画墓研究

高句丽墓葬总体分为积石墓和封土墓两大类。积石墓早，主要分布在中国境内，封土墓晚，在中国境内和朝鲜半岛都有分布。在以封土墓为主的大中型墓葬中，先后发现了一批壁画墓，其内容丰富、绘制精美，而且有的保存也相当完好，受到了各方面的极大关注，成为考古、历史学界长期以来的重要研究对象。中国境内的高句丽壁画墓，绝大部分分布于集安市区附近。从20世纪初发现开始，就有不少日本人先后到此进行非法调查，并发表了一些报告；1949年后，又陆续有中青年学者利用过去的材料和中国新发表的材料，开展了专题研究。朝韩学者对高句丽壁画墓的研究，不仅反映在其高句丽考古的综合著作中，而且也出版了专门著作。中国学者对高句丽壁画墓的专门研究，公开发表的论著首见于《文物参考资料》1958年第4期杨泓先生的论文《高句丽壁画石室墓》。该文先是考察了集安、平壤两地高句丽壁画墓的渊源，然后从两地选出8座例墓（集安6座，朝鲜半岛2座），将其形制结构和壁画内容及布局列成表格，进行比较分析和分期研究。十几年后，1974年北京大学宿白先生编印的《三国—宋元考古》（上）内部讲义在"高句丽遗迹"专门章节中，列表收录了当时集安已发表的全部12座壁画墓，表格中的内容更加详细，因而比较分析、分期研究进一步细化和深入。从此开始，高句丽壁画墓研究在中国学术界逐渐发展起来。实践证明，对于壁画墓此类内容丰富多样的遗存进行综合研究，通过列表进行逐项比较分析，是研究者全面收集整理资料而由浅入深逐步提高认识之必须要做的基础工作和要走的途径。我在以前出版的《高句丽考古》《高句丽遗迹》和本文下边所列的壁画墓表格以及对壁画墓的分析认识，都是在上述两文的基础上又陆续补充进新发现的材料后而形成的。

一、墓葬形制结构与壁画内容及布局

中国境内的高句丽壁画墓，迄今在集安共发现36座，其中封土石室墓29座，积石石室墓6座，积石砖室墓1座，在桓仁和抚顺各发现1座，皆为封土石室墓。这样两地封土石室墓则达31座，其中有4座只说是壁画墓，具体情况不清楚，暂不做介绍分析。其余27座中，有22座墓的形制结构和壁画内容及布局等迹象比较明确，而且保存得也相对较好，现统一列表如下（表一）。

从表一可以看出，壁画墓分布于山坡、河谷台地和平地不等。墓葬平面，皆为方形或长方形主室，部分还有半前室、前室，或者在墓道、甬道两侧开大小耳室。半前室与前室的区别，此定为该室之前后纵深小于左右宽度一半者称半前室，大于一半者称前室。半前室与耳室的区别，半前室的室顶高于墓道、甬道，左右是连为一体的，耳室则是开口于墓道、甬道两侧，多平顶，与开口等高，低于墓道、甬道，左右相对各自独立。耳室大小不等，有的小耳室，整体接近于墓道、甬道的地面。主室外设半前室的有3座，即角觝墓、舞踊墓和散莲花墓；前后双室的有4座，即长川1号墓、下解放31号墓和冉牟墓，三室墓也可归入其中；墓道、甬道两侧设耳室的有7座，即麻线沟1号墓、万宝汀645号墓、通沟12号墓、山城下332号墓、长川2号墓、桓仁米仓沟"将军坟"和山城下983号墓；单室墓有8座，即龟甲莲花墓、长川4号墓、环纹墓、抚顺施家1号墓、四神墓、五盔4号墓、五盔5号墓和东大坡365号墓。其中万宝汀645号墓、通沟12号墓和长川4号墓是异穴同封，两个墓室左右并列互不相通。

主室与前室的室顶结构，分为穹隆叠涩、平行叠涩、四阿覆斗和抹角叠涩几种。墓门方向，多偏于西向和南向，且多开在西壁和南壁的中部或靠近中部，个别的偏向一侧，又使整个墓葬平面呈现出铲形及刀形。

壁画内容大体上分为反映现实的墓主人家内生活、出行、狩猎、战斗场面和莲花、"王"字云纹、环纹等装饰图案，以及日月星云、四神、奇禽异兽几大类。家内生活中的墓主人图像多固定在主室后壁。其他，进食、角觝、舞蹈活动和仓廪设施多绘于主室左壁或左耳室，但在主室右室或右耳室也见（此左右划分，是由墓室内面向墓门而定的）；而出行、狩猎、鞍马、马厩、甲骑、战斗、攻城、斩俘等室外活动，绘在主室右壁或右耳室的略多于主室左壁或左耳室。侧视莲花、正视莲花等不同样式的莲花图案以及飞天、拜佛图像属于佛教题材。而有的墓室四壁通绘排列有序的莲花、"王"字云纹、环纹图案，很明显这是模拟织锦壁衣的装饰。值得注意的是，在不少墓中尽管有壁画，同时在墓室壁上仍留有弓形挂钩或位置有序的钉孔，此弓形挂钩上原来很可能挂有帷帐实物（麻线沟1号、长川2号、米仓沟"将军坟"、山城下332号、禹山下41号、万宝汀1368号和长川1号后室等；另据介绍，在冉牟墓左壁梁枋上和梁枋下凹槽内也发现类似钉孔，见耿铁华《好太王碑一千五百八十年祭》，中国社会科学出版社，2003年，第361页）。四神图像一般是以面朝墓门为准，前朱雀、后玄武，左青龙、右白虎，按方位分别绘于主室的顶部、四壁上部或四壁，只是长川1号墓前室的四神图相反，是面朝后室来布局的。主室四隅和梁枋，分别绘以影作木结构和怪兽、缠龙形象。象征天空的室顶，绘以日月星云，有的还绘以莲花、盘龙和各种奇禽异兽、伎乐仙人、传说故事等。墓道、甬道和前后室通道的两侧，墓门正面和背面，以及墓室的前壁，多绘以与守卫有关的门卒、卫士或伏犬、蹲狮，有的还绘以与家内生活有关的侍女。主室内石棺床皆顺置，有的上涂白灰，甚至还描绘花纹图案。木棺只发现残片，多涂漆，有的也绘以精美的花纹。

中国境内部分高句丽封土石室壁画墓形制结构与壁画内容布局表

名称 地点与位置	封土形状大小	平、剖面图	方向	室顶结构 耳室、前室	室顶结构 主室	主室	墓门	墓道、甬道	耳室、前室	通道	主室 后壁	主室 左壁	主室 右壁	主室 前壁	主室 四隅、梁坊	主室 顶	室底及棺床、葬具	随葬品	备注
1. 角骶墓（JYM457）；禹山山坡	覆斗形，直径15米，高4米		235°	半前室，覆斗形顶	穹隆叠	3.2×3.2+3.4		右：犬	半前室绘影作木结构、树木、火焰、蔓草		墓主人夫妇对坐宴饮	家居、进食、大树、角骶	大树、（牛？）车与鞍马出行	左右各一大树	影作、木结构、一斗三升	日月星云、蔓草、火焰	右侧石棺床		《通沟》
2. 舞踊墓（JYM458）；禹山山坡	覆斗形，边长17米，高4米		235°	半前室，覆斗形顶	穹隆叠	3.3×3.5+3.55		左：犬	半前室绘影作木结构、一斗三升；左：房屋、树木、蔓草；右：鞍马人物		家居对坐宴饮	进食、舞踊	大树、牛车出行、狩猎	左右各一大树	影作木结构、一斗三升	日月星云、火焰、侧视莲花、青龙、白虎、朱雀、奇禽异兽、伎乐仙人、人物	右侧石棺床		《通沟》
3. 麻线沟1号（JMM0001）；麻线河台地	周长50余米，高5米		285°	左右耳室，耳室门低于墓道，而耳室顶高于墓道，左耳室顶覆斗形，右耳室顶覆斗加小抹角	四阿无柱隆顶，顶石	28×4.19+4.05		顶绘莲花	左耳室：影作木结构、仓廪、牛舍、顶绘莲花；右耳室：影作木结构、狩猎、庖厨（？）、顶绘莲花		墓主人夫妇对坐宴饮	舞踊，正视莲花	甲马骑士		影作木结构简化，上绘菱形卷云纹	莲花，中心柱上绘莲花	左右两石棺床，涂白灰，绘虎皮图案	釉陶四耳展沿壶、盆、灶、铁门饰、钩、金耳环、金饰、鎏金马具、带扣、管环、骨环等	《考古》1964年第10期；《边疆考古研究》（第9辑），科学出版社，2010年
4. 万宝汀645号（JWM645）；通沟河台地	7米×10米+2.5米；异穴同封		西向	北室：左右耳室，耳室门低于墓道，而耳室顶略高于墓道，两层平行叠涩	四角先叠抹角，多层平行叠涩到	方形			左（南）耳室之西南、西北两角隐约见影作木柱		白灰大部脱落，东北角见朱红色木柱，东南角见朱红色木柱和梁坊残迹								《集安高句丽壁画墓的演进及分期》，《集安高句丽壁画古墓的发现与保护》，《东北亚历史与考古信息》总30期，1998年；《洞沟古墓群1997年调查测绘报告》
				南室：左右耳室，平顶	四角先叠抹角，四坡收	方形					白灰大部脱落								
5. 通沟12号墓（JYM1824）；禹山山坡	覆斗形，周长90余米，高4.6米；异穴同封		240°	北室：右设耳室，平顶	覆斗	8×2.66+3.04			右耳室绘庖厨		墓主人夫妇对坐	战斗	狩猎	犬	影作木结构简化，上绘菱形卷云纹	荷叶莲花			《考古》1964年第2期
				南室：左右设耳室，平顶	平行叠	3×3.48+3.48		两侧绘狩猎图	左耳室绘庖厨、右耳室绘马厩图		墓主人夫妇对坐	挽车出行	挽车出行	舞乐、犬	影作木结构简化，上绘菱形卷云纹	莲花	底铺巨石		
6. 山城下332号（JSM332）；禹山西坡	覆斗形，直径10米，高4米		150°	左右设耳室，平顶	平行	8×3.26+3.24		左：狩猎，右：狩猎、侍女			"王"字云纹	"王"字云纹	"王"字云纹	"王"字云纹	在叠涩顶底层"下棱"绘墨色梁坊	莲花	底涂白灰，白灰下铺木炭；右侧石棺床，涂白灰	陶四耳展沿壶，铁门环、钩、圆帽钉（包银1）、镞、铜提手、带饰铜鼻等	《考古》1983年第4期

名称 地点与位置	封土形状大小	平、剖面图	方向	室顶结构		尺寸（米）		墓门	墓道、甬道	耳室…	主室					室底及棺床、葬具	随葬品	备注
				耳室、前室	主室	耳室、前室	主室				左壁	右壁	前壁	四隅、梁枋	顶			
7. 长川2号（JCM002）；山坡	覆斗形，周长143米，高6米		254°	左右设耳室，平顶	平行叠涩	左1.58×1.14+1.26 右1.52×1.14+1.26	3.52×3.6+3.32	正面绘门卒，背面绘侍女	两侧绘侧视莲花，顶绘正视莲花	两耳室坝…字云纹，…云…	正视莲花	正视莲花	正视莲花	梁枋绘缠枝忍冬	叠涩石侧面绘侧视莲花，底面绘卷云纹；顶盖石底面绘正视莲花和菱形几何纹	左右两右棺床，涂白灰，漆棺残片	釉陶四耳展沿壶、灶、铁锤、刀、门具、镞、带扣、钉、鎏金马具、带扣、环、棺饰、钉、挂钩、织锦残片、漆木构件、板瓦等	《考古与文物》1983年第1期
8. 桓仁米仓沟"将军坟"；浑江边小山冈上	覆斗形，周长150米，高8米		西偏北15°	左右设耳室，平顶	平行叠涩	左1.6×1.17+1.34 右1.58×1.16+1.34	3.52×3.5+3.5	周边绘黑框		两耳…字…面也…	侧视莲花	侧视莲花	侧视莲花、"王"字云纹	梁枋变形龙纹	侧视莲花、变形莲花、正视莲花、王字云纹	左右顺放两个石棺床	釉陶四耳展沿壶、灶，另有铁器、铜器和鎏金饰件	《桓仁米仓沟高句丽"将军坟"》，《东北亚考古学研究》，文物出版社，1997年
9. 山城下983号（JSM983）；河谷盆地	覆斗形，边长10米，高4米		280°	左右设耳室，平顶	平行叠涩，中心两层抹角	左0.52×0.7+0.65 右0.50×0.57+0.62	3.42×3.74+3.1							影作木结构简化	莲花、云纹、朱雀		釉陶带耳壶、灶，锅形铁把手、圆帽钉（圆帽包银1），鎏金方帽钉	《考古》1983年第4期
10. 散莲花墓（JYM1896）；禹山南坡	覆斗形（？）边长7米，高2.2米			半前室，覆斗形	覆斗形，中心两层抹角	3.27×1.24+1.5	3.33×3.33+2.7				正视莲花	正视莲花	正视莲花	影作木结构简化	侧视莲花			《朝鲜的建筑和艺术》；《洞沟古墓群1997年调查测绘报告》
11. 龟甲莲花墓（JSM1304），河谷盆地	方形，边长18米，高7米				平行叠涩中心两层抹角		2.75×2.69+3.17				龟甲莲花	龟甲莲花	龟甲莲花	影作木结构，一斗三升	卷云纹梁枋，青龙，白虎			《朝鲜的建筑和艺术》；《洞沟古墓群1997年调查测绘报告》
12. 长川1号（JCM001）；山坡	覆斗形，周长88.8米，高6米		256°	前室，平行叠涩加小抹角	平行叠涩	2.37×2.9+3.35	3.3×3.2+3.05			前室之…各一门…花、伎…左壁…食；右…乐、山…壁…士；四…影作木…顶：四…菩萨…生、生…伎乐、…	正视莲花	正视莲花	正视莲花	正视莲花	正视莲花，盖顶石下绘日月星象，并书"北斗七青"四字	后室左右两石棺床，涂白灰，绘编织纹，漆棺，绘缠枝忍冬		前室南北两壁现壁画上面，还曾涂灰绘画，北青龙，南似白虎，后剥落。后室现壁画下四面石壁上原绘影作木结构、莲苞、莲花化生壁画，后被现壁画覆盖，见《东北考古与历史》第1辑，文物出版社，1982年

二、墓葬分期与年代

关于中国境内高句丽壁画墓的分期，在上述杨泓、宿白先生研究之后，中国学者李殿福、方起东、汤池、赵东艳、刘萱堂等相继进行了研究；国外学者中，朝鲜朱荣宪研究得比较早，之后还有韩国朴晋煜、全虎兑、日本东潮等人。20世纪初，耿铁华出版《高句丽古墓壁画研究》，除北京大学1974年《三国—宋元考古》（上）之外，对上述其他论著大都进行了介绍[1]。近年韦正又发表长文，对集安壁画墓及相关遗存进行了全面的研究[2]。各家研究对于墓葬壁画的演变规律和壁画墓的总体序列，认识基本一致，而对于壁画墓的起止年代、个别墓葬的年代推测以及由此引起的墓葬形制的局部序列变化等，仍存在着不同看法。本人在学习、比较各家研究的过程中，采取了四期分法，而和先前的《高句丽考古》《高句丽遗迹》相比，本文分期不仅将壁画墓的数量基本补全，同时对以往个别墓葬的期别又作了调整。

第一期包括角觚墓、舞踊墓、麻线沟1号、万宝汀645号和通沟12号五座，皆位于山坡或河边台地，其中角觚、舞踊两墓上下相距仅几米。墓葬形制结构，角觚、舞踊两墓由主室和半前室构成，主室室顶做穹隆叠涩，横长方形半前室，覆斗形顶。万宝汀645号和通沟12号两墓皆为左右两室，异穴同封。两墓和麻线沟1号墓一样，皆是单室带耳室，即在主室外甬道或墓道开耳室，可简称带耳室墓。其中麻线沟1号墓、万宝汀645号墓和通沟12号墓南室设左右两个耳室，通沟12号墓设一个耳室。三座墓主室室顶为四阿无脊穹隆、覆斗或平行叠涩。左右耳室中：麻线沟1号墓耳室的顶部，一为覆斗形，一为覆斗加小抹角，皆高于墓道；万宝汀645号墓北室的两个耳室，皆做平行叠涩顶，略高于墓道；万宝汀645号墓南室的两个耳室和通沟12号墓南室与北室的三个耳室，皆为平顶，并低于墓道，与下边第二期墓葬耳室的结构相同。由此看来，耳室变化是由高变矮、逐渐简化的趋势（图一）。

墓葬的壁画，万宝汀645号墓中只见木柱梁枋残迹，其他四座墓保存较好，皆是以墓主人家内生活、出行、狩猎为主，而且都在主室后壁绘以墓主人的活动场面，这是其他壁画墓所少见的。其中角觚、舞踊两墓的图像保存较好，帷帐之下的墓主人（一男二女），角觚墓的同其他墓葬一样，是跪坐于矮榻之上，舞踊墓的则是垂足坐于蹄足高凳之上（有学者认为舞踊墓所绘是宴飨宾客）（图二、图三）。两墓男主人短衣束带、肥裤革履，女主人"裙襦加襈"[3]，皆多戴菱形罗冠，而无冠垂发之侍女小童或"跪拜曳一脚"[4]侍奉于前，或小心翼翼站立两旁。角觚墓取名之角觚图，绘于主室左壁，两高鼻深目之力士，身穿犊鼻裈，搭肩搂背，搏斗不止，倚杖老翁与树上小鸟也在一旁助兴、眺望（图四）。舞踊墓左壁绘面对墓主人的伴唱群舞图，故名此墓为舞踊墓。歌舞图像同见麻线沟1号和通沟12号，由此反映出高句丽"其民喜歌舞"[5]的

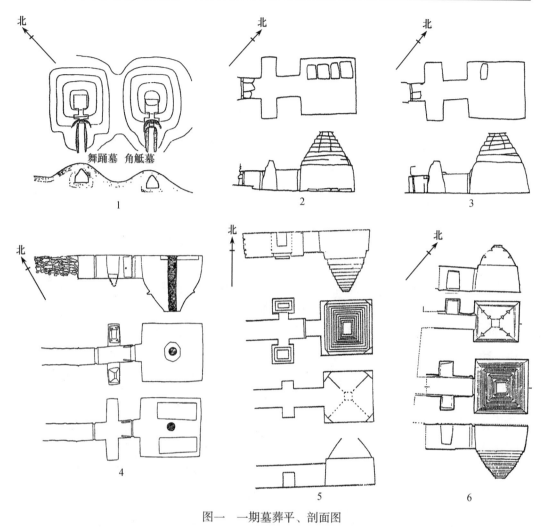

图一　一期墓葬平、剖面图

1.舞踊墓、角觝墓位置　2.舞踊墓　3.角觝墓　4.麻线沟1号　5.万宝汀645号　6.通沟12号

社会风俗和高官显贵的闲情逸致（图五）。乘牛车出行（舞踊墓）或列队出行（通沟12号）是高句丽上层的重要活动之一，而乘牛车出行则是中原魏晋之社会风尚[6]（图六，上）。狩猎活动是高句丽民族日常生活和战斗训练的双重需要，所以一开始就频频出现在多座墓葬的壁画中。舞踊墓左壁宏大的狩猎图中，一位奔驰于山峦之间和身后一位蓄势待发的骑手足下，清楚地绘出了椭圆形的环状马镫，说明此时成对的双马镫已在高句丽流行（图六，下）。以往发现，4世纪中叶的安阳孝民屯晋墓出土的仍是单马镫[7]，因此舞踊墓的时代应在此之后。通沟12号墓在耳室中特绘马厩图，可见马匹在高句丽受到普遍重视，该墓被称为马槽墓，也取自此画。麻线沟1号墓中的甲马骑士图和通沟12墓中的斩俘图形象生动地勾画出了当时骑兵的重甲装束和战斗的残酷场面（图三七）。室顶壁画，舞踊墓的莲花和并不齐全的四神图像（左、右两侧绘有青

图二　角觝墓主室后壁壁画
（采自《通沟》）

图三　舞踊墓主室后壁壁画
（采自《通沟》）

图四　角觝墓角觝图
（采自《通沟》）

图五　舞踊墓左壁壁画全景与舞踊图举例

左：采自《通沟》　右：1. 舞踊墓　2. 通沟12号　3. 麻线沟1号

图六　舞踊墓右壁壁画

（图版采自《通沟》）

龙、白虎和类似朱雀的图像，而在前方应绘朱雀的位置画了两只公鸡），不见于角觚墓，说明它略晚于角觚墓（图七）；麻线沟1号和通沟12号则换成了莲花，说明其年代还要晚一些。墓室四隅和四壁上沿，角觚、舞踊两墓皆绘赭红色木柱、梁枋和一斗三升斗栱，麻线沟1号和通沟12号则予以简化（图三九）。角觚、舞踊两墓墓道绘伏犬守卫，通沟12号墓将犬绘在墓室前壁，这种习俗在辽阳汉壁画墓中已有表现。如此不同图像，从多方面反映了当时高句丽权贵的现实生活。该期墓葬的年代，推测为4世纪中叶至5世初。

　　第二期包括山城下332号、长川2号、桓仁米仓沟"将军坟"、山城下983号和散莲花墓，皆位于山坡或河谷平地。墓葬形制结构，前四座墓是由主室和左右耳室构成，主室室顶为平行叠涩，平顶耳室由大变小，逐渐退化。其中山城下983号墓的耳室最

图七　角觚墓舞踊墓墓室顶部壁画

右上.角觚墓　余.舞踊墓

（左上采自杨泓：《高句丽壁画石墓》，《文物参考资料》1958年第3期；左下采自《中国出土壁画全集》8
《辽宁吉林黑龙江卷》；右上、右下采自《通沟》）

小，长宽刚刚过半米。散莲花墓是由主室和半前室构成，皆为覆斗顶[8]。山城下983号和散莲花墓主室在顶部中心出现小抹角（图八）。

　　壁画内容与上期相比，最明显的变化是莲花、"王"字云纹等装饰性的图案占据了主要画面。例如长川2号、米仓沟"将军坟"、散莲花墓三墓四壁和顶部几乎被莲花图案所占满，乃其他期墓葬所少见。莲花属于佛教常用的题材。佛教传入高句丽，并在高句丽王提倡下广泛流行，是从四世纪后半叶开始的。墓葬壁画中佛教题材的大量出现，当然不能早于此时，一般来说，应该比社会上佛教开始流行的时间晚一些，所以第二期墓葬的年代应在五世纪。曾有学者研究，佛教艺术的莲花纹饰在南方地区是南朝时期开始盛行的[9]，由此也证明此第二期墓葬的年代不能早于5世纪。"王"字云纹同时见于山城下332号、长川2号（图一〇）和桓仁米仓沟"将军坟"（图九），而且这三座墓的形制结构又相同，表现了墓葬整体变化的一致性。

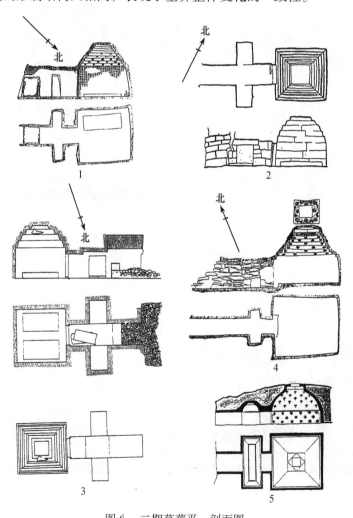

图八　二期墓葬平、剖面图

1. 山城下332号　2. 长川2号　3. 米仓沟"将军坟"　4. 山城下983号　5. 散莲花墓

图九 桓仁米仓沟"将军坟"

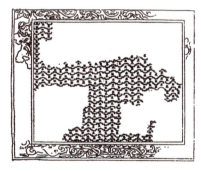

图一〇 "王"字云纹举例

左上、右.山城下332号墓 左下.长川2号

（右采自《中国出土壁画全集》8《辽宁吉林黑龙江卷》）

第三期包括龟甲莲花墓、长川4号、环纹墓、抚顺施家1号和长川1号、下解放31号、冉牟墓、三室墓，仍是多分布于山坡，个别下降到平地。墓葬形制结构，前四座墓是方形或近方形单室，其中长川4号为左右两室，异穴同封；后四座墓中，三室墓为三室，呈曲尺形相通，其余三座墓为前后双室。墓顶多为平行叠涩，少为覆斗形，而抹角叠涩的成分在逐渐增加（图一一）[10]。

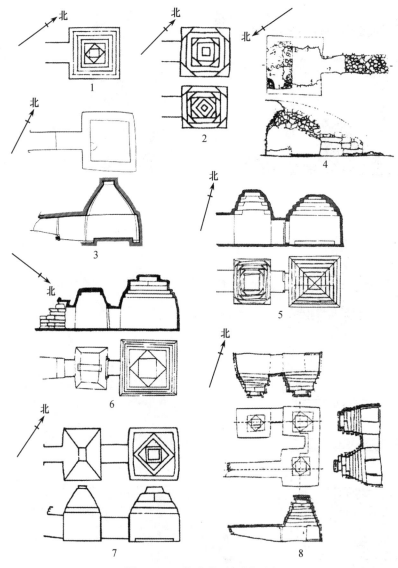

图一一　三期墓葬平、剖面图

1.龟甲莲花墓　2.长川4号　3.环纹墓　4.施家1号　5.长川1号　6.下解放31号　7.冉牟墓　8.三室墓

　　壁画内容，莲花、飞天等佛教题材仍占重要地位。龟甲莲花墓最初调查只是龟甲莲花图案（图一二），后又有介绍："（龟甲墓）主壁上绘六边形连续龟甲图案，上部绘双人带头光的莲花化生，各角绘正视莲花图案。龟甲线框中还可见鹿、马、飞龟等，已多漫漶不清。"内容明显增多，表中未填，附记于此[11]。长川1号墓前室出现的拜佛场面和菩萨形象，则是其他墓所未见。长川1号墓后室四壁和顶部平行叠涩满绘正视莲花，顶部中心绘北斗七星和日月图，并题"北斗七青"四字（图一三~图一五）。环纹墓甬道两侧，绘蹲狮来守卫，其形象及所在位置与南朝齐画像砖陵墓相同，证明环纹墓的年代不会早于5世纪末[12]（图一六）。家内生活与列队出行、狩猎

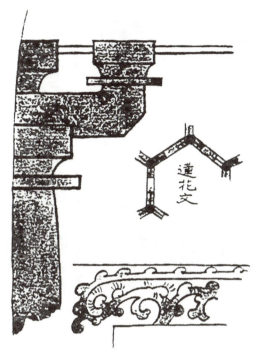

图一二　龟甲莲花墓花纹
（采自《朝鲜的建筑与艺术》）

图一三　长川1号墓前室后壁及其顶部壁画

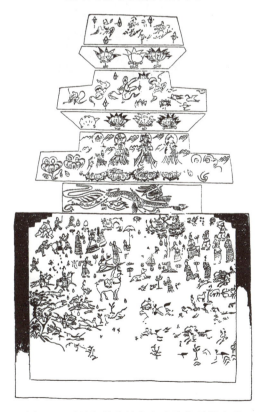

图一四　长川1号墓前室右壁及其顶部壁画

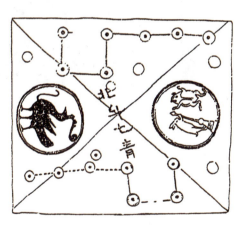

图一五　长川1号墓后室顶部壁画

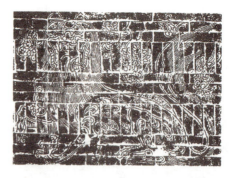

图一六　南京丹阳建山金家村墓葬甬道两侧画像砖蹲狮图像（上）和环纹墓甬道两侧蹲狮壁画（下）
（下采自《通沟》）

场面在该期壁画中仍有表现，长川1号墓前室右壁上下多种图像的百戏伎乐图和山林逐猎图，是该题材中的集中代表。三室墓中反映现实生活的墓主人夫妇对坐、出行、狩猎、攻城战斗等画面集中在第一室四壁，二室、三室四壁则变为新出现的形象凶猛、威严的托梁力士和卫士（图一七）。此和长川1号墓一样，有意将"前堂后室"区分开。三室墓三个墓室的顶部皆作多层平行叠涩（一室六层，二室、三室四层）加两层抹角，顶部的壁画，二室、三室的内容也比一室复杂，但是都绘有四神（一室南壁、北壁残缺），方位皆是以一室西向墓门为准，前（西）朱雀，后（东）玄武，左（南）青龙，右（北）白虎，说明三个墓室是统一的整体。本期绘有四神图像的墓葬还有环纹墓和长川1号墓前室，而且都在墓室顶部。将这三座墓划入第三期，四神图像的突出是重要考虑之一。

冉牟墓并无壁画，只是在前室后壁上方残留长篇墨书题记，学术界也将其归入壁画墓。题记中出现两个人名，一个是《北史·高丽传》所记高句丽十二等官吏中的第

图一七　三室墓第三室西壁托梁力士
（分别采自《通沟》和《洞沟古墓群1997年调查测绘报告》）

三等大兄冉牟，另一个是第八等大使者牟头娄，可能是冉牟的家臣。由于题记缺字太多，所以关于该墓的主人，自20世纪30年代发现至今，一直存在争议。日本学者多认为是牟头娄，中国学者多认为是冉牟。20世纪末对墓葬进行维修，耿铁华对题记再次进行了辨认和释读，共识出436字，超出以往许多[13]（图一八）。根据题记推测，该墓年代有可能在第二期，而墓葬后室室顶作大抹角，所以此将其放入第三期。

　　抚顺施家1号墓处于高句丽都城之外，而壁画布局和内容与集安墓葬壁画都有可比之处。本墓墓壁以墨带明确地划分出上下栏和左右格，左右格的明确划分在集安尚未看到，但在同一墓壁上下或左右绘制两种不同题材的内容都有发现，而且在三室墓第

图一八　冉牟墓墨书题记局部
（采自《通沟》）

一室南壁还清楚地看到上下分栏的界限，长川1号墓前室南壁则是分成四栏。壁画内容同样如此，施家1号墓北壁上栏的一列人物，则与集安三室墓第一室南壁上栏的出行图相似，西壁下栏残存的马蹄图案和东壁上栏残存的挥刀人像，都是集安壁画中常见的迹象。施家1号墓扰土中出土的莲花瓦当曾在高尔山城中有类似发现。所以该墓的年代与长川1号、三室墓相当或稍晚。第三期墓葬的时间跨度应在5世纪末到6世纪中叶这个时期。

第四期包括四神墓，五盔4号、5号和东大坡365号，皆为方形或长方形单室，其中前三座墓皆位于禹山脚下平地上，所用石材规整硕大，室顶为大抹角叠涩（图一九）。

壁画内容上，前三座墓墓室四壁以四神为主体；四隅、梁枋不见上述三期日趋简化的影作木结构，而和室顶共同充满了怪兽、盘龙等恐怖形象和日月神、牛首人等各种古代传说，以及乘龙驾凤的众多伎乐仙人（图二○~图二四；图二二之4号墓室顶壁画的四个上层抹角底部的龙纹，本图与原报告所标有别，是和照片校对后进行了变动）。四神墓梁枋侧面的缠枝忍冬，线条流畅，彩色绚丽，是高句丽壁画中难得的发现，这与北朝中后期中原的同类石刻纹饰非常相似；而在五盔4号、5号四壁之四神形象下面衬托的忍冬网纹图案，与宁夏固原5世纪末北朝漆棺上的绘画有明显的渊源关系（图二五、图二六）。其中在4号墓的网纹图案中，还绘以各种人物，有的头戴鸟纱笼冠，身穿合衽袍，足登墨履，手持团扇，也有的跪坐或跌坐，披发羽衣，或绘八卦，或攻读，这种秀骨清相、潇洒闲逸的姿态和褒衣博带、笼冠高履的打扮，与南朝士大夫无有两样，同样也体现出了高句丽晚期在最高统治者提倡之下佛、儒、道三教的合流同归。在绘画工艺上，不像前三期那样先在石壁上涂白灰然后作画，而是不涂白灰，把画直接绘在平整的石壁之上。此三座墓葬的时间约在6世纪中叶至7世纪初。墓葬规模巨大，壁画精美，其等级非同一般，而且其西侧还有未曾打开的五盔1号、2号、3号三座同等规模的大型封土墓。20世纪末集安博物馆林至德馆长曾提出五盔4号、5号"这两座墓应考虑是高句丽迁都平壤以后的某几代国王陵寝。目前由于资料缺乏，还不能贸然定论，需要今后对五盔坟1、2、3号墓作清理发掘之后再加探求验证"[14]。近年来有学者进一步考证和认定，认为五盔坟这几座大墓就是高句丽迁都平壤后的几代王回迁的陵墓[15]。因为平壤同样有几座高句丽后期的大型封土石室壁画墓，所以高句丽迁都平壤后的王陵认定，需要对集安与平壤两地的同等墓葬进行综合考察和研究。

东大坡365号位于山城下墓区之禹山西坡，北侧上坡不远处是山城下332号，下坡西南侧是通沟河。该墓封土并不算小，而墓室不大，所用石材未经加工，壁画仍是绘在粗糙的白灰面上，保存不好，遗迹不清。该墓等级较低，无法和以上三座墓相比。墓中出土的酱釉盘口长颈瓶时代较晚，在中原、南方隋唐墓和敦化渤海墓葬中出土过同类可比器物，所以将该墓定为第四期[16]（图二七）。

封土石室壁画墓中，除上表所列22座之外，其他对其形制结构或壁画有简略介绍的墓葬，还有5座，即美人墓，山城下1305、1407号，万宝汀1368号和禹山2174号，前

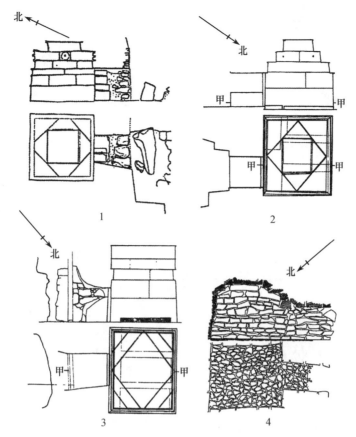

图一九　四期墓葬平、剖面图

1. 四神墓　2. 五盔4号　3. 五盔5号　4. 东大坡365号

图二〇　五盔4号墓北壁与东壁壁画

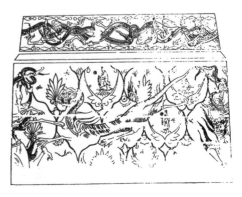

图二一　五盔4号墓南壁与西壁壁画

图二二 五盔4号墓室顶壁画（仰视）

1～4.下层抹角侧面壁画 5～8.上层抹角侧面壁画

图二三 五盔4号墓北壁和上部室顶壁画

（采自《集安出土高句丽文物集粹》）

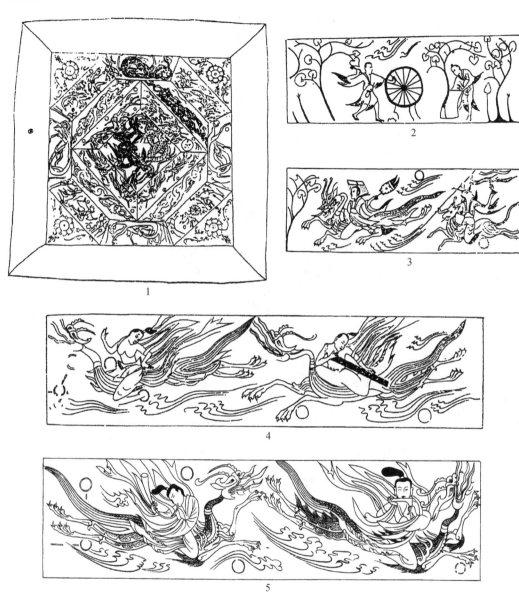

图二四 五盔5号墓室顶壁画全景示意图及举例

（采自杨泓：《高句丽壁画石墓》《文物参考资料》1958年第3期）

三座单室带耳室，后两座一座单室，一座双室（图二八）。

美人墓（山城下1296号）位于山城下墓区北部，与上述龟甲莲花墓和下述1305号、1405号、1407号、1408号等壁画墓皆位于折天井墓的北侧和西北侧，大致呈东西排列，相距最远处有百米余[17]。据关野贞1913年调查，美人墓墓顶已经塌坏，室内壁画剥落殆尽，只是有两个妇人的图像稍能看清，后又有介绍说是墓主人夫妇和侍女图像[18]，但男性墓主人不好辨认（图二九）。近年还有介绍："美人墓为带龛室的石室墓……墓室东北隅有红地绘的栌斗承梁枋，南壁存一侧视莲花。"[19]此"龛室"应是

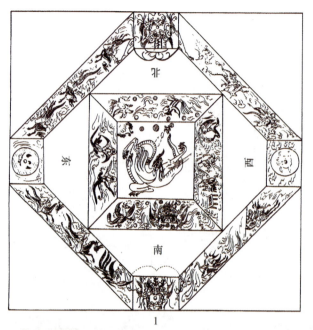

1

2

3

图二五　四神墓室顶部分壁画和北壁及其梁枋壁画

（1、2.采自《通沟》；3.采自《洞沟古墓群1976年调查测绘报告》）

指耳室。推测该墓年代要略早于龟甲莲花墓。

　　山城下1305号和1407号相似，方形墓室，室顶已塌落，各留一层平行叠涩，墓道两侧都带耳室。1407号规模较大，方形封土，边长22米，高4.5米，石室长5.1米，宽5.35米。1305号石室大小未介绍，只知其方形封土边长16米。两墓室内壁画脱落殆尽，只在残留的白灰壁和白灰残片上少见彩绘[20]。这两座墓的时代属于第二期。

　　万宝汀1368号[21]位于万宝汀西部山坡。封土大小，发掘报告介绍为高近4米，《洞沟古墓群1997年调查测绘报告》介绍为6米×5米+1.9米。墓室长3.2米，宽2.44米，高3.2米，四坡收顶，高3.2米。墓道偏向一侧，使整体平面呈刀形，方向194°。墓

图二六　忍冬花纹图案类比较

1.大同司马金龙墓石柱　2.固原北魏漆棺　3、4.云冈石窟石刻　5.龙门宾阳洞大佛背光

6.北响堂山第三窟大佛莲座　7.四神墓梁枋

（3～7采自杨泓：《高句丽壁画石墓》）

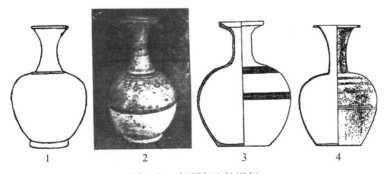

图二七　长颈瓶比较举例

1.安阳北齐武平六年（575年）范粹墓　2.湖南湘阴县大业六年（610年）墓　3.东大坡365号墓　4.六顶山ⅠM9

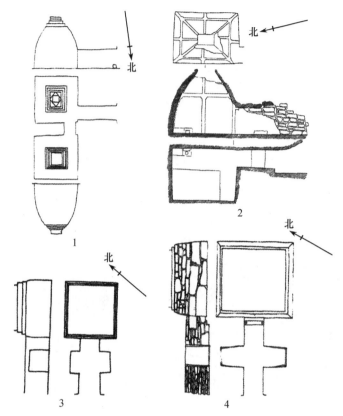

图二八　统计表外封土石室壁画墓平、剖面图

1. 禹山2174号　2. 万宝汀1368号　3. 山城下1305号　4. 山城下1407号

图二九　美人墓壁画

（采自赵俊杰、马健：《高句丽龟甲莲花墓、美人墓拾零》）

室底涂白灰，靠西壁和北壁石砌棺床，室东北角砌有石灶，皆外涂白灰。墓室四壁、四隅和顶部绘简化的墨色影作木结构。四壁上部留有数量不等的呈直角向上弯曲的铁钉，当是挂帷帐用的挂钩。石灶造型与麻线沟1号、长川2号、三室墓的陶灶相似，而接近于麻线沟一号（图四一）。鉴于上述迹象，将万宝汀1368号归入一期，或跨入二期，而且等级不高。

禹山2174号位于禹山墓区中部，西南距三室墓约百米。南北方形二室，以位于西侧的通道相连，墓门西向，开于南室西壁北段。两墓室和墓道并非前后贯通，与三室墓一、二室类似。室顶做法，南室为穹隆加平行叠涩、再加两层小抹角，北室为穹隆加五层平行叠涩。两墓室的白灰表面疏解剥落，壁画已漫漶不清[22]。根据墓葬的形制和墓顶结构，该墓的年代与三室墓相当或稍早，属于第三期。

集安绘以壁画的6座积石石室墓是山城下墓区折天井墓、798号、725号、1408号、1405号、禹山下41号。前三座单室带耳室，后三座中一座双室，两座单室（图三〇）。

折天井墓（山城下1298号）位于山城下墓区的中部，关野贞、梅原末治等人都先后作过调查，因其石室顶部呈前后两坡状，故称折天井墓。1983年集安文物部门对

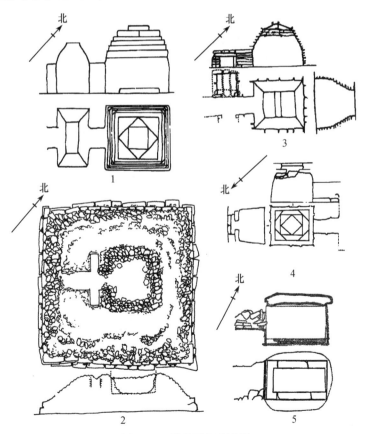

图三〇　积石石室壁画墓
1.山城下1408号　2.山城下725号　3.折天井墓　4.山城下1405号　5.禹山下41号

该墓重新进行了调查测绘。该墓是一座现存三级阶梯的较大型方坛阶梯石室墓，四边各长20.3米，残高7.1米。石室筑在第二级阶梯之上。1983年在主室外还发现了耳室。1985年又在墓室内发现了绘有彩色壁画的白灰残片，颜色有朱红、橘红不等，有的以墨线起稿，好像是服饰的残部[23]。根据形制结构，该墓年代在一、二期之内。

山城下798号，西南距龟甲莲花墓约百米，方坛阶梯石室，室顶已被破坏，墓道西向，设平盖顶双耳室，壁画只见涂有颜料的白灰残片，出土釉陶器，皆未发表图和照片[24]。该墓年代与折天井墓相当。

山城下725号，方坛阶梯边长18米，高4.5米，顶部塌陷，露出边长4.5米、深3米的石室，墓道西向，设南北耳室。在墓室中出土了大量彩色壁画残片，还有鎏金器、釉陶、铁器等遗物[25]。该墓年代同样与折天井墓相当。

禹山下41号位于禹山南坡边缘，东距太王陵约500米，1974年被发掘。该墓外部残留方坛，可能原为方坛阶梯。石室以大型石材筑成，长3.15米，宽2米。高2.42米。在室内四壁和顶部都涂有白灰，然后绘画。后壁绘墓主人家居宴饮，左壁绘人物、正视莲花，右壁绘狩猎、正视莲花，四隅及左、右、后三壁绘赭红色木柱、栌斗和梁枋。墓室中间的石棺床上也涂有白灰，并残留斑驳的赭红色，但图像已看不清。在石室左右壁的上部留有相对等距离的挂钩钉孔，有的钉孔正好位于绘画莲花中心，在室顶中央左右也有两个钉孔，墓中出土多件釉陶器、铁器、鎏金器、银器和织物、漆皮残片[26]。根据四耳展沿釉陶壶和马镫的特征，推测该墓年代属于第二期。

山城下墓区1408号和1405号皆为方坛阶梯石室。1408号为双室，前室左右宽3米，前后纵深1.8米，高2.1米，作四阿顶，后室方形，边长3.5米，高3.7米，室顶先作四层平行叠涩，然后以两层抹角叠涩封顶。1405号单室长方形，长3.7米，宽3.1米，高3.25米，室顶先作一层平行叠涩，然后以三层抹角叠涩封顶。两墓墓内石壁涂抹的白灰全部脱落，在白灰碎片上留有墨线和赭、红彩色[27]。两墓的年代可到5世纪末，是积石墓中最晚的，1405号稍晚于1408号。

积石砖室壁画墓一座，即集安禹山3319号。该墓位于禹山南面西端半山腰的一个平台上，1997年进行了发掘[28]。积石为方坛阶梯，尚存四级，由于地势南低北高，所以第一级为取平墓基，则南高北低，南面长22.5米，高2.4米左右，北面长21米，高0.7米左右，东面长20.5米，西面长20米。第二级内收1.5～2米，残高0.5米左右。第三级内收1.5米左右，残高0.3米。方形砖室，边长4.95米。砖室所在山坡地面，先经平整，然后铺以0.5米厚的青膏泥和0.1米厚的白灰，白灰上再铺两层砖，下层错缝顺铺，上层呈人字形。墓室砖壁砌筑在铺地砖上，筑法为三横一竖。砖壁外侧0.4米处，又有一道用河卵石自地表筑起的宽约0.5米厚的石墙，砖壁与石墙之间用以白灰同鸡蛋大小的河卵石合成的混合浆填充加固。墓室铺地砖上面又铺以0.6米厚的木炭和0.5米厚的白灰，然后靠南、北、东三面平铺三层或四层砖，筑成倒"凹"字形的棺床。墓室砖壁上的白灰大部剥落，白灰面上尚见有朱红、绿、墨色彩，说明原有壁画。室顶已经坍塌，室内堆积中有楔形砖和弧形砖。墓门西开，外接甬道、墓道和左右耳室，皆是以砖砌成（图三一）。

　　该墓尽管被盗，仍出土器物数十件。其中鎏金器有步摇活叶、甲片、带具铊尾、圆帽钉、冠饰残片等；铁器有刀、马衔、甲片；青瓷器有盘口壶；釉陶器有鸡首壶、虎子、熏炉、盆、钵、盘、耳杯、器盖等。值得注意的是，这次发掘发现带有"乙卯年癸酉"铭文的灰色卷云纹瓦当一件，在此之前，1961年曾发现带"丁巳"铭文的瓦当（图三二、图三三）。

　　3319号的砖室采取六朝墓葬的砌筑方法，出土的青瓷器与东晋瓷器相同，釉陶器

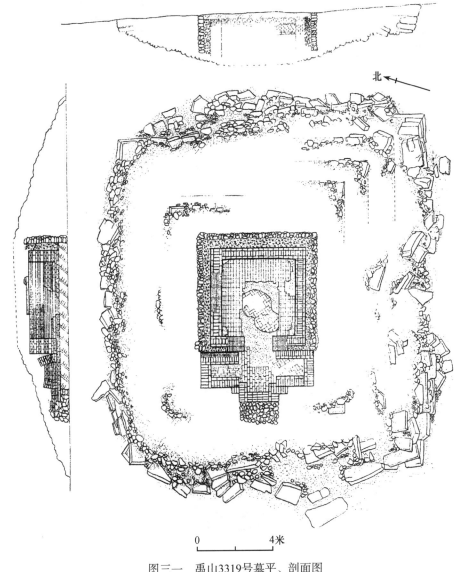

北

0　　　　　　4米

图三一　禹山3319号墓平、剖面图

物的造型多见于东晋，由此推测乙卯年为公元355年，丁巳年为357年，这也是目前学术界对该墓葬年代的推测。因此，可将该墓归入第一期。关于此墓的主人，曾有学者推定为小兽林王[29]，发掘报告推测是来自中原的平州刺史东夷校尉崔毖。从墓葬的形制结构、出土器物和崔毖的经历、东奔高句丽的年代（公元319年）综合考虑，发掘报告的推测是说得通的。

至此，将上述各墓年代与分期，归纳为表二。

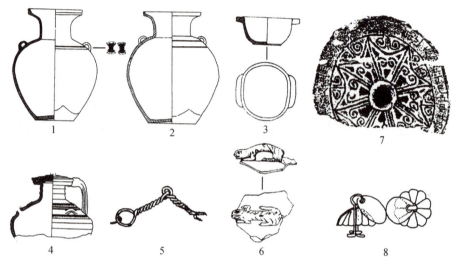

图三二　　禹山3319号墓出土器物案例

1、2.青瓷盘口壶　3.釉陶耳杯　4.釉陶鸡首壶　5.铁马衔　6.釉陶虎子　7.1961年发现的"丁巳"铭文瓦当

8.鎏金步摇活叶

图三三　　禹山3319号墓出土的青瓷盘口壶

表二　中国境内高句丽壁画墓分期示意表　（年代：公元/世纪）

	一期（4中~5初）	二期（5世纪）	三期（5末~6中）	四期（6中~7初）	备注
封土石室墓	角觝墓 舞踊墓 （半前室）	散莲花墓 （半前室）	长川1号墓 下解放31号墓 冉牟墓 禹山2174号墓 三室墓 （双室或三室）	四神墓 五盔4号墓 五盔5号墓	另有封土石室万宝汀709号、1022号，山城下491号、1020号4座墓，皆受损严重，遗迹不清，故暂不分期，附记于此
	麻线沟1号墓 万宝汀645号墓 （异穴同封） 通沟12号墓 （异穴同封） （单室带耳室）	山城下332号墓 长川2号墓 米仓沟"将军坟" 山城下983号墓 山城下1305号墓 山城下1407号墓 美人墓 （单室带耳室）	龟甲莲花墓 长川4号墓 （异穴同封） 环纹墓 施家1号墓	东大坡365号墓	
	万宝汀1368号墓 （单室）		（单室）	（单室）	
积石石室墓	折天井墓 山城下798号墓 山城下725号墓 （单室带耳室）				
		山城下1408号墓 （双室）			
		禹山下41号墓 山城下1405号墓 （单室）			
积石砖室墓	禹山3319号墓 （单室带耳室）				

三、分期演变及其所承袭、接受的文化来源

以上分期，以封土石室墓为主体，积石石室墓、积石砖石墓与其相互对照，分期的主要依据是墓葬的形制、主室及前室室顶结构和壁画内容。这三方面的变化，有时同步，有时不同步，不同步时则要根据具体情况做具体分析。通常在分期上，出土器物是重要的考察对象，遗憾的是，上述壁画墓中出土器物太少，只有少量器物可供参考。四期年代的划定，同样是由于包括绝对年代在内的可供参考的依据太少，所以只

是大致推测，相邻两期之间出现首尾年代重叠，以及个别墓葬放在两期之间，也是出于此种考虑。尽管如此，四期先后的总体演变趋势，还是明确的，而且从中还可以看出分期演变过程中所承袭、接受的不同文化来源。

关于墓葬形制的变化，从表二可以看出基本分为以下三条线：

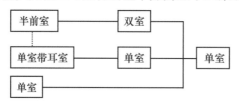

第一条是由半前室、双室变为单室，此之所以将半前室和双室前后列在一起，因为有的墓葬的半前室或双室，其纵深与其左右宽度的一半很接近（见前边散莲花墓插图和注释；再如山城下墓区1408号，前室左右宽3米，前后纵深1.8米，很接近半前室），说明这两种类型是有联系的。禹山2174号墓的双室是左右相通，三室墓则又转向再加一室，都有点特殊，也放在此处。第二条是单室带耳室墓的耳室逐渐退化、消失而变为单室。第三条则是单室开始就存在，一直延续到最后。相比之下，封土石室墓中主要表现为数量占多数的第二条线，然后是第一条线。第三条线中，年代在一至二期的万宝汀1368号墓平面为刀形，虽然第四期中的五盔4号墓的平面也似刀形，但是其规模巨大，显然与万宝汀1368号墓关系不大。之所以确立第三条线，因为在积石石室墓第二期和第三期初也有类似例墓存在。墓葬主室及前室室顶结构，总体上是由穹隆叠涩、平行叠涩、四阿覆斗，经平行叠涩和四阿覆斗加小抹角，渐变为大抹角。

此演变趋势的形成，与高句丽在此过程中自身文化的发展及其与周邻文化的交流有密切的关系。高句丽墓葬中的不同类型积石石圹墓、积石石室墓和封土石室墓（包括壁画墓在内），在以集安地区为中心的中国境内最为齐全，演变序列也最为清楚。石室结构在上述壁画墓中所表现出来的前后双室墓和单室带耳室墓，在中原及东北地区汉代以来砖结构或石结构的墓葬中都有发现，在乐浪地区砖室墓中同样可以找到可比的例墓[30]。而在当地无壁画积石石室墓中，单室带耳室墓有发现，前后双室墓不见，说明前后双室墓是来自其他地区。上述第一条线中的半前室墓同样不见于当地无壁画积石石室墓中，正如上边所言，它与双室墓可以归为一类，因此第一条线不是起源于本地。第二条线之集安、桓仁壁画墓中多见的单室带耳室的墓葬，倒是与本地原积石墓中的"圹室墓"[31]有相同之处，同时与朝鲜黄海北道发现的公元348年的带方太守张抚夷墓（图三四），以及在集安发现的年代略晚于张抚夷墓，而且墓主人也推测是中原人士的禹山3319号积石砖室墓也很接近。这两座墓的年代与"圹室墓"出现的时间相当。"圹室墓"的耳室出现之前曾发现石砌的"器物箱"，有学者推测"圹室墓"的耳室可能与石砌的"器物箱"有关。那么在"器物箱"向耳室演变的过程中是否受到了张抚夷墓和禹山3319号这两座墓所代表的墓葬类型的影响，同样值得考虑。还有年代较早的麻线沟1号墓，过去我们曾推测其耳室室顶的做法受角觚、舞踊两座墓半前室的影响，后经比较发现，连同万宝汀645号在内，倒是与朝鲜平壤大城区高山洞7号墓（植物园区域9号墓）耳室的做法更近一些。有学者研究，高山洞7号墓受公元357年安岳3号冬寿墓多室形制的影响（图三五）[32]。由此看来，上述不同地区的各种因素和影响，便促成了中国境内高句丽壁画墓中带耳室墓葬的数量增多。至于单室壁画墓，类型简单，各地都有发现，在集安壁画墓开始阶段见积石墓，也见封土墓，只是数量很少。但是，上述几种不同形制的墓葬，经过各自的发展，6世纪以后则统一变为方形或长方形单室，显然是又接受了中原与长江中下游地区南北朝后期墓葬的影响。

壁画的变化，由墓主人的家内外现实生活画面为主，经莲花、"王"字云纹等装饰图案，渐变为以四神为主。现实生活画面有墓主人夫妇对坐、舞乐、出行、狩猎、战斗等，集中出现在一期墓葬，至三期长川1号墓前室和三室墓第一室仍有精彩

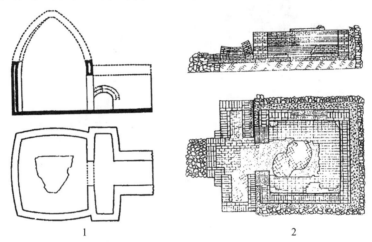

图三四　带方太守张抚夷墓（1）和禹山3319号墓（2）

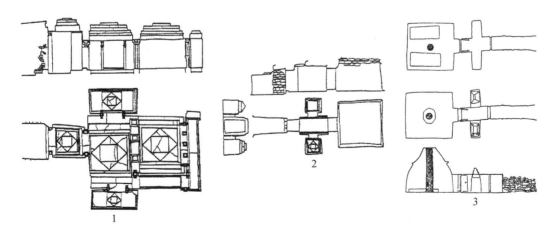

图三五　墓葬比较

1. 安岳3号墓　2. 高山洞7号墓　3. 麻线沟1号墓

表现（现实生活壁画至此在这两座墓中出现，是否与其形制有关，值得考虑），施家1号墓也有遗迹可寻。这些壁画内容常见于中原及辽东地区的汉魏晋墓葬中，传入高句丽后又有新的表现和发展。居于墓主人家内生活核心地位的夫妇对坐图，至今共发现六座，其中禹山下41号积石石室墓属于第二期，其余五座封土石室墓中，三室墓之外的四座，这次同划入第一期。画面中的墓主人及侍者皆着高句丽民族服饰，墓主人的坐姿和中原、辽东地区一样，多是跪坐，同时还出现了罕见的垂足高坐。在墓主人平时的生活中，观赏歌舞、竞技是其不可或缺的娱乐活动，高句丽的歌舞有群舞、对舞不同组合，长袖甩摆则代表了其鲜明的舞姿风格（见图五）。墓主人出行，或借助于车马或列队步行，组合形式先后在发生变化（图三六）。与高句丽社会生活息息相

图三六　出行图举例

1. 舞踊墓　2. 通沟12号　3. 三室墓

关的狩猎活动和反映高句丽攻防战争连年不断的战斗场面，从一期到三期频频出现在
壁画之中，其人马着甲的装备显然是受到了十六国北朝兴起的"甲骑具装"的影响
（图三七）。

图三七　马厩、甲马、战斗、斩俘图
1、4.通沟12号　2.麻线沟1号　3.三室墓

　　莲花花纹从一期舞踊墓出现到四期持续不断，以侧视莲花、正视莲花为主体，其
他还有花蕾、叶茎莲花和莲花化生等，多表现为图案形式，第一期有的接近于写实，
到第四期普遍图案化[33]（图三八）。莲花以及拜佛等佛教题材占据壁画主导地位，集
中于以二期墓葬为主的5世纪先后。文献记载，高句丽于公元372年自中原传入佛教，
公元375年始创佛寺，公元392年"下教崇信佛法求福"，公元393年创九寺于平壤，公
元498年创金刚寺[34]，说明此时期佛教在高句丽的盛行以及高句丽政权的快速发展与
社会稳定。分别由莲花、"王"字云纹、环纹等组成的织锦壁衣绘满墓室四壁，有的
再挂上实用的帷帐，显示出高句丽高官贵族阶层生活的豪华与享乐。

　　四神图像在一期舞踊墓中出现，但不齐全，三期墓葬中四神的图像逐渐突出，进
入四期则占据了主导画面。与上述莲花纹饰一样，这两种花纹在中原和南方地区先后
流行，传到高句丽后都得到了更加突出的发展。与四神图像变化同步，墓室四隅的花
纹由之前逐渐简化的仿木结构变成了面目狰狞的怪兽，梁枋上的花纹也由原来不同形
式的云纹变为互相缠绕的龙纹（图三九），墓门、甬道、通道处的门卒、卫士形象也
变得威严、好斗（图四〇）。由此透视出高句丽晚期社会矛盾的激化和上层统治者的

图三八　莲花图举例

1~4. 舞踊墓　　5~11. 麻线沟1号　　12. 通沟12号　　13. 长川2号　　14、15. 米仓沟"将军坟"　　16. 散莲花墓

17、18、20~22、25. 长川1号　　19、23. 长川4号　　24. 下解放31号　　26~28. 三室墓　　29、30. 五盔4号

31、32. 五盔5号

恐惧心态。

　　壁画墓中出土的陶器，至今可拿来排比的只是四耳展沿陶壶和有时同出的陶灶，其中有的属于釉陶（图四一）。

　　图四一中所选10件四耳展沿壶和7件灶，分属于三期，与上述壁画墓的前三期基本相符。10件四耳展沿壶中有3件不是出土于壁画墓，其中第1件和第3件出土于禹山540号墓，这是一座大型积石"圹室"墓，年代不晚于麻线沟1号墓；第10件引自《高句丽陶器的初步研究》（《文物》1984年第1期），该文介绍此件陶器出土于麻线117号墓，关于117号墓的具体类型没有介绍，只是将这件出土器物编入第三组，并说第三组陶器"多出土于封土洞室墓中，属于高句丽晚期，年代约当六世纪之后"[35]。四耳展沿壶的早晚变化主要表现在腹身，即由矮圆向瘦高发展，此与东晋南朝盘口壶、鸡首壶器身的变化倒是有点相似[36]。7件灶中，第11号灶出土于太王陵，铜质；第13号灶出土于万宝汀1368号墓，以石砌成，外涂白灰。太王陵的年代在第一、第二两期交叉

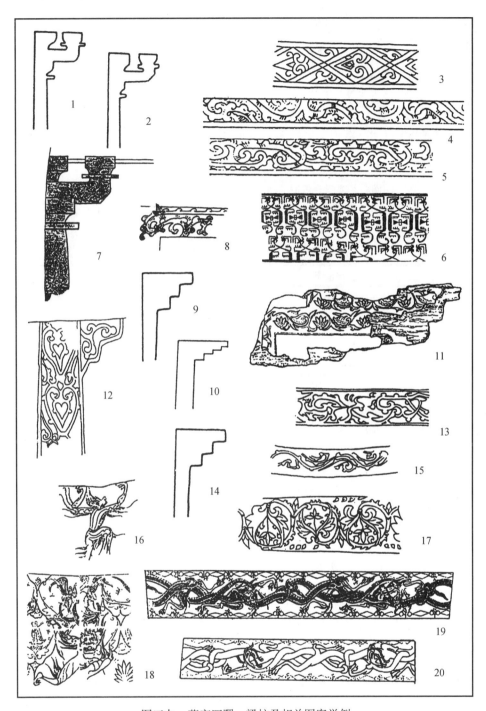

图三九　墓室四隅、梁枋及相关图案举例

1.角觚墓　2.舞踊墓　3.麻线沟1号　4、5.长川2号　6.米仓沟"将军坟"　7、8.龟甲莲花墓　9.散莲花墓
10、11.长川1号（棺木残段花纹）　12、13.环纹墓　14、15.三室墓　16、17.四神墓
18、19.五盔4号　20.五盔5号

图四〇　墓门、甬道、通道等处门卒、侍女、卫士图像举例

1. 长川2号墓石扉正面门卒与背面侍女　2. 长川1号墓前室后壁门卒与通道侧面侍女　3. 三室墓二室门侧卫士

4. 四神墓甬道侧面卫士　5. 五盔5号墓甬道侧面卫士

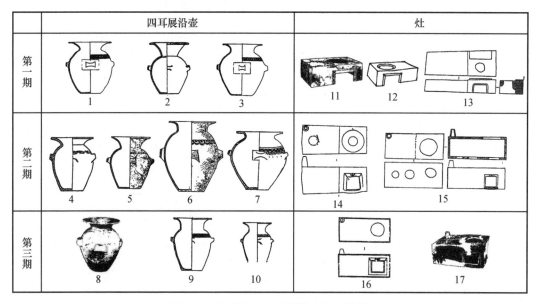

图四一　墓葬出土四耳展沿壶和灶举例

1、3.禹山540号墓出土（灰陶）　2、12.麻线沟1号墓出土（釉陶）　4.禹山下41号墓出土（釉陶）

5.山城下332号墓出土（灰陶）　6、14.长川2号墓出土（釉陶）　7、15.米仓沟"将军坟"出土（釉陶）

8、17.长川4号墓出土（釉陶）　9、16.三室墓出土（釉陶）　10.麻线117号墓出土（黄褐陶）

11.太王陵出土（铜质）　13.万宝汀1368号墓出土（石砌）

重叠之时，1368号墓的年代在一至二期，但是两墓出土的两件灶与麻线沟1号墓出土的釉陶灶一样，皆无底，明显区别于以下第二期和第三期的各件，表现出时代风格的趋同性。

以上各项梳理说明，中国境内以集安为集中地的高句丽壁画墓在其兴起、发展过程中所表现出来的分期演变，既体现了此地长期作为王都之原有浓厚的本民族的文化传统和特色，同时也处处显示出来自中原、南方以及乐浪地区的持续不断的影响。

注　释

［1］　耿铁华：《高句丽古墓壁画研究》，吉林大学出版社，2008年，第98～132页。

［2］　韦正：《将毋同——魏晋南北朝图像与历史》，上海古籍出版社，2019年，第233～292页。

［3］　《北史》卷九十四《高丽传》；《周书》卷四十九异域上·高丽传，记："妇人服裙襦，裾袖皆为襈。"

［4］　《后汉书》卷八十五《东夷·高句骊传》，中华书局，1974年，第2813页。

［5］　《三国志》卷三十《乌丸鲜卑东夷·高句丽传》，中华书局，1959年，第843页。

［6］　《晋书·卷二十五·舆服志》记："古之贵者不乘牛车，汉武帝推恩之末，诸侯寡弱，贫者至乘牛车，其后稍见贵之。自灵献以来，天子至士遂以为常乘，至尊出朝堂举衰乘之。"

［7］　中国社科院考古研究所安阳工作队：《安阳孝民屯晋墓发掘报告》，《考古》1983年第6期。

［8］　此墓在《朝鲜的建筑和艺术》中的插图，前室之前后纵深明显小于左右宽度的一半。另《东北亚历史与考古信息》（总第30期）所载林至德《集安高句丽壁画墓的演进及分期》插图，该墓前后纵深加大，正好是左右宽度的一半。

［9］　罗宗真：《六朝考古》，南京大学出版社，1994年，第128页。

［10］　龟甲莲花墓的形制结构图，采自北京大学历史系考古教研室：《三国—宋元考古（上）》，北京大学历史系考古教研室，1974年；长川4号墓，原简报没有发表平、剖面图，本图采自同［1］的图3.28。

［11］　林至德：《集安高句丽壁画古墓的发现与保护》，《东北亚历史与考古信息》总第30期，1998年。

［12］　南京地区在墓葬甬道两侧发现有狮子图像的画像砖墓共四座，其中一座是西善桥油坊村大墓，有学者推测为陈显帝的显宁陵，另三座在丹阳，有学者推测均为南齐陵墓。
参见龟甲莲花墓的形制结构图，采自北京大学历史系考古教研室：《三国—宋元考古（上）》，北京大学历史系考古教研室，1974年；郑岩：《魏晋南北朝壁画墓研究》，文物出版社，2002年，第61～78页。

［13］　冉牟墓墨书题记，左右长214厘米，上下宽30厘米，末端最宽处达32.5厘米，正文79条界格，每行10格，前另有题首2行，题记文字多漫漶不清，1994年维修该墓，耿铁华对题记文字又进行了辨认，共识出436字。
参见耿铁华、倪军民：《高句丽历史与文化》，吉林文史出版社，2000年，第308～313页；耿铁华：《好太王碑一千五百八十年祭》，中国社会科学出版社，2003年，第363～366页；集安市博物馆：《集安高句丽碑》，吉林大学出版社，2013年，第160、161页。

［14］　林至德：《集安高句丽壁画墓的演进及分期》，《集安高句丽壁画古墓的发现与保护》，

《东北亚历史与考古信息》（总第30期），1998年。

［15］　张福有、孙仁杰、迟勇：《高句丽王陵通考》，香港亚洲出版社，2007年。

［16］　河南博物馆：《河南安阳北齐范粹墓发掘简报》，《文物》1972年第1期；熊传新：《湖南湘阴县隋大业六年墓》，《文物》1981年第4期；王承礼：《敦化六顶山渤海墓清理发掘记》，《社会科学战线》1979年第3期。

［17］　参见吉林省文物考古研究所、集安市博物馆：《洞沟古墓群——1997年调查测绘报告》，科学出版社，2002年。

［18］　关野贞：《满洲国辑安县关于高句丽时代遗迹》，《朝鲜的建筑与艺术》，岩波书店，1941年；赵俊杰、马健：《高句丽龟甲莲花墓、美人墓拾零》，《北方文物》2013年第2期。

［19］　林至德：《集安高句丽壁画古墓的发现与保护》，《东北亚历史与考古信息》（总第30期），1998年。

［20］　林至德：《集安高句丽壁画墓的演进及分期》，《集安高句丽壁画古墓的发现与保护》，《东北亚历史与考古信息》（总第30期），1998年；孙仁杰、迟勇：《集安高句丽墓葬》，香港亚洲出版社，2007年，第105页；耿铁华：《高句丽古墓壁画研究》，吉林大学出版社，2008年，第56、57页。

［21］　李殿福：《集安洞沟三座壁画墓》，《考古》1983年第4期。

［22］　孙仁杰、迟勇：《集安高句丽墓葬》，香港亚洲出版社，2007年，第105页。

［23］　关野贞：《朝鲜的建筑与艺术》，岩波书店，1941年；池内宏、梅原末治：《通沟》，日满文化协会，1940年；孙仁杰：《"折天井"墓调查拾零》，《博物馆研究》1988年第3期。

［24］　林至德：《集安高句丽壁画古墓的发现与保护》，《东北亚历史与考古信息》（总第30期），1998年；孙仁杰、迟勇：《集安高句丽墓葬》，香港亚洲出版社，2007年，第105页。

［25］　孙仁杰、迟勇：《集安高句丽墓葬》，香港亚洲出版社，2007年，第104、105页。

［26］　吉林省博物馆文物工作队：《吉林集安的两座高句丽墓》，《考古》1977年第2期。

［27］　高远大：《维修中发现的两座高句丽积石石室壁画墓》，《博物馆研究》2000年第1期。

［28］　参见吉林省文物考古研究所、集安市博物馆：《洞沟古墓群——1997年调查测绘报告》，科学出版社，2002年；吉林省文物考古研究所、集安市博物馆：《集安高句丽王陵：1990～2003年集安高句丽王陵调查报告》，文物出版社，2004年；吉林省文物考古研究所、集安市博物馆：《洞沟古墓群禹山墓区JYM3319号墓发掘报告》，《东北史地》2005年第6期。

［29］　耿铁华：《高句丽墓上建筑及其性质》，《集安博物馆高句丽研究文集》，延边大学出版社，1993年。

［30］　郑君雷：《中国东北地区汉墓研究》，吉林大学博士学位论文，1997年。其中刁家楼四室墓，四室环通，比集安三室墓还多一个墓室；王培新：《乐浪文化——以墓葬为中心的考古学研究》，科学出版社，2007年，第120～140页；刘未：《高句丽石室墓的起源与发展阶

段》，《南方文物》2008年第4期。

［31］ "圹室墓"是近些年来关于积石墓内部结构的一种新出现的称谓，其中一种情况是指通常所说的石圹结构，另一种是指石圹不见盖顶石，而一侧开门、外接墓道，墓道两侧多置耳室的结构，本文此处所说的是第二种情况。

［32］ 赵俊杰、梁建军：《朝鲜境内高句丽壁画墓的分布、形制与壁画主题》，《边疆考古研究》（第13辑），科学出版社，2013年；韦正：《将毋同——魏晋南北朝图像与历史》，上海古籍出版社，2019年，第233～292页。

［33］ 孙仁杰：《谈高句丽壁画墓中的莲花图案》，《北方文物》1986年第4期。

［34］ 《三国史记·高句丽本纪》。

［35］ 关于麻线117号墓，查《洞沟古墓群1997年调查测绘报告》，介绍是"积石石圹墓，已注销"，此与1984年的介绍不同，不知是前后编号有别，还是有其他情况，附记于此。

［36］ 图40中第7号米仓沟"将军坟"出土的釉陶四耳展沿壶，比同期其他几件显得矮圆一些。记得该墓葬发掘后不久，在辽宁省文物考古研究所召开的一次小型座谈会上，笔者认为该墓的形制结构、壁画、出土器物的种类都与集安长川2号墓基本相同，就是釉陶四耳展沿壶比长川2号墓出土的显得矮圆一些。当时辛占山所长说该器物复原后也注意到此现象，可能与复原也有关系。

［原载《边疆考古研究》（第32辑），科学出版社，2022年；收入本书时略有调整］

集安麻线高句丽碑的研究回顾及再思考

集安麻线高句丽碑自2012年发现至今已近十年，先后发表、出版的论著有几十篇（部）。这些论著对于碑文释读和解释中所涉及的诸多问题进行了热烈的讨论，其中有的问题已达成共识，有的问题仍存在着不同的看法。本文对此研究过程及主要问题、主要观点进行了回顾和总结，同时也介绍了个人在整理学习中的收获和思考。

集安麻线高句丽碑是于2012年7月29日由集安市麻线乡麻线村村民马绍彬在麻线村附近之麻线河右侧河边发现的，发现后被分别称为集安高句丽碑、集安麻线高句丽碑等不同名称，为叙述方便大家简称之麻线碑。该碑由粉黄色花岗岩雕凿而成，呈圭形，顶部缺一角，残高173厘米，宽60.6～66.5厘米，厚12.5～21厘米，下部榫头高15～19.5厘米，宽42厘米，厚21厘米。石碑重464.5千克，未发现碑座[1]。该碑发现后，立刻引起文物部门和国内外学术界很大关注，至今已近十年，发表、出版论著数十篇（部），相关研讨会议也开过几次。首次公开报道该碑发现，是在2013年1月4日的《中国文物报》上。稍后，2013年1月由集安市博物馆编著的《集安高句丽碑》由吉林大学出版社出版，全面介绍了该碑的发现经过和研究概况。接着，《东北史地》2013年第3期成组发表了集安博物馆和林沄、徐建新、张福有、孙仁杰、耿铁华五位先生及本人的7篇文章。2014年1月，张福有先生编著的《集安麻线高句丽碑》在文物出版社出版，该书在对碑文进行了详细的影像处理和考释之后，又收录了包括上述7篇文章在内当时已经发表的15篇文章和未发表的16篇文章。又经近四年之后，2017年12月耿铁华先生在吉林大学出版社出版《集安高句丽碑研究》，对该碑作了多方面的考察和分析，比较全面地收录了该碑发现以来中外学者发表的各种释文和研究概况。我在该碑发现初写的《关于新出集安高句丽碑的几点思考》（以下简称《几点思考》）文章中谈过几点初步想法[2]，近期在对上述陆续发表的资料和研究成果的整理学习中，原来的想法也有所扩充，现一并加以简要回顾和介绍。

一、碑文释读

麻线碑碑面磨损比较严重，有的字缺失，有的字模糊不清，释读中出现多种不同说法，因而对碑文的解释也就出现了不少分歧。碑文共10行，每行满格22字。本人欠缺文字考证专业知识，开始并未做碑文释文，写文章则是根据当时的初步观察和参考其他仅见的四种释文。至今国内学者发表的释文已达十几种，国外也有多位学者进行了释读[3]。再经观察思考和比较分析，本人也逐步形成了倾向性的认识，即列在下边各家释文之后的"笔者释文"。

	1	2	3	4	5	6	7	8	9	10	11	12	13	14	15	16	17	18	19	20	21	22
1-文报：	□	□	□	□	世	必	□	天	道	自	承	元	王	始	祖	邹	牟	王	之	创	基	也
1-集书：	□	□	□	□	世	必	授	天	道	自	承	元	王	始	祖	鄒	牟	王	之	创	基	也
1-徐文：	□	□	□	□	世	必	授	天	道	自	承	元	王	始	祖	鄒	牟	王	之	創	基	也
1-张文1：	□	□	□	□	世	必	授	天	道	自	承	元	王	始	祖	鄒	牟	王	之	創	基	也
张文2：	惟	雉	才	不	世	必	授	天	道	自	承	元	王	始	祖	鄒	牟	王	之	創	基	也
1-孙文：	□	□	□	□	世	必	授	天	道	自	承	元	王	始	祖	邹	牟	王	之	创	基	也
1-林文：	□	□	□	□	世	必	授	天	道	自	承	元	王	始	祖	鄒	牟	王	之	創	基	也
1-耿文：	惟	大	王	之	世	必	授	天	道	自	承	元	王	始	祖	鄒	牟	王	之	創	基	也
1-李文：	□	□	□	□	世	必	授	天	道	自	承	元	王	始	祖	鄒	牟	王	之	創	基	也
1-梁文：	□	□	□	□	世	必	授	天	道	自	承	元	王	始	祖	鄒	牟	王	之	创	基	也
1-王文：	□	□	□	□	世	必	授	天	道	自	承	元	王	始	祖	鄒	牟	王	之	創	基	也
1-源文：	□	□	□	□	世	必	授	天	道	自	承	元	王	始	祖	鄒	牟	王	之	創	基	也
1-东文：	凡	王	兴	于	世	必	应	天	道	自	承	元	王	始	祖	邹	牟	王	之	创	基	也
笔者释文：	□	□	□	□	世	必	授	天	道	自	承	元	王	始	祖	鄒	牟	王	之	創	基	也

	1	2	3	4	5	6	7	8	9	10	11	12	13	14	15	16	17	18	19	20	21	22
2-文报：	□	□	□	子	河	伯	之	孙	神	□	□	□	□	荫	开	国	辟	土	继	胤	相	承
2-集书：	□	□	□	子	河	伯	之	孫	神	靈	祐	護	蔽	蔭	開	國	辟	土	繼	胤	相	承
2-徐文：	□	□	□	子	河	伯	之	孫	神	□	□	□	假	蔭	開	國	辟	土	继	胤	相	承
2-张文1：	□	□	□	子	河	伯	之	孫	神	靈	祐	護	假	蔭	開	國	辟	土	继	胤	相	承
张文2：	天	帝	之	子	河	伯	之	孫	神	靈	祐	護	假	蔭	開	國	辟	土	继	胤	相	承
2-孙文：	□	□	□	子	河	伯	之	孫	神	灵	祐	护	假	荫	开	国	辟	土	继	胤	相	承
2-林文：	□	□	□	子	河	伯	之	孫	神	靈	祐	護	蔽	蔭	開	國	辟	土	继	胤	相	承
2-耿文：	日	月	之	子	河	伯	之	孫	神	靈	祐	護	蔽	蔭	開	國	辟	土	继	胤	相	承
2-李文：	□	□	□	子	河	伯	之	孫	神	靈	祐	護	蔽	蔭	開	國	辟	土	继	胤	相	承
2-梁文：	□	□	□	子	河	伯	之	孙	神	灵	祐	护	蔽	荫	开	国	辟	土	继	胤	相	承

2-王文：	□□□子 河伯之孫 神靈祐護		蔽蔭 開國 辟土 继胤 相承
2-源文：	天帝之子 河伯之后 神龟祐护		蔽荫 开国 辟土 继胤 相承
2-东文：	天帝之子 河伯之孙 神明护佑		庇荫 开国 辟土 继胤 相承
笔者释文：	□□□子 河伯之孫 神靈祐護假（蔽）		蔭 開國 辟土 继胤 相承

　　　　　　　　1 2 3 4 5 6 7 8 9 10 11 12 13 14 15 16 17 18 19 20 21 22

3-文报：	□□□□□□烟 户 以□河 流 四时 祭 祀 然□□ 俻 长 烟
3-集书：	□□□□□□烟 户 以此 河 流 四时 祭 祀 然而□ 俻 长 烟
3-徐文：	□□□□各家 烟 户 以此 河 流 四時 祭 祀 然□世 悠 長 烟
3-张文1：	□□臼民各家 烟 戶 以此 河 流 四時 祭 祀 然萬世 悠 長 烟
张文2：	遠近舊民各家 烟 戶 以此 河 流 四時 祭 祀 然萬世 悠 長 烟
3-孙文：	□□□□各家 烟 户 以此 河 流 四時 祭 祀 然万世 悠 長 烟
3-林文：	□□□□各家 烟 户 以此 河 流 四時 祭 祀 然萬世 悠 長 烟
3-耿文：	□□□□□□烟 户 以此 河 流 四時 祭 祀 然而□ 俻 長 烟
3-李文：	□□□□各家 烟 户 以此 河 流 四時 祭 祀 然萬世 悠 長 烟
3-梁文：	□□□□各家 烟 户 以此 河 流 四時 祭 祀 然万世 悠 長 烟
3-王文：	□□□□各家 烟 户 以此 河 流 四時 祭 祀 然萬世 悠 長 烟
3-源文：	□□□□□□烟 户 以此 河 流 四時 祭 祀 然而□ 俻 長 烟
3-东文：	今王勒石制令烟 户 以旁 河 流 四时 祭 祀 然律制 备 长 烟
笔者释文：	□□□□各家 烟 户 以此 河 流 四時 祭 祀 然萬世 悠 長 烟

　　　　　　　　1 2 3 4 5 6 7 8 9 10 11 12 13 14 15 16 17 18 19 20 21 22

4-文报：	□□□□烟□□□□富足□ 转卖□□守墓者 以铭
4-集书：	□□□□烟 户□□□富足□ 轉賣□□守墓者 以铭
4-徐文：	□□□□烟 户□□□富□□ 轉賣□□守墓者 以銘
4-张文1：	刀□□□烟 户为禁□□富庶擅 轉賣轉買守墓者 以銘
张文2：	户亦轉賣烟 户为禁舊民富庶擅 轉賣韓穢守墓者 以銘
4-孙文：	□□□□烟 户□规禁有富足者 转卖转买守墓者 以铭
4-林文：	□□□□烟 户□□□富□□ 轉賣□□守墓者 以銘

4-耿文：　户□□□烟户□□□富足者轉賣韓穢守墓者以銘
4-李文：　□□□□烟户立規禁有富足者轉賣韓穢守墓者以铭
4-梁文：　□□□□烟户□□□富□□转卖□□守墓者以铭
4-王文：　□□□□烟户□教無窮富足者轉賣執形守墓者以铭
4-源文：　□□□□烟户□□□富足□转卖□□守墓者以铭
4-东文：　户差错致烟户擅买为禁富足者转卖烟户守墓者以铭
笔者释文：□□□□烟户□□□富□□轉賣□□守墓者以铭

	1	2	3	4	5	6	7	8	9	10	11	12	13	14	15	16	17	18	19	20	21	22
5-文报	□	□	□	□	□	□	□	太	□	□	□	□	□	王	神	□	□			与	东	西
5-集书	□	□	□	□	□	罢	□	太	王	□	□	□	□	王	神	□	□			興	東	西
5-徐文	□	□	□	□	國	罢	上	太	王	□	平	□	□	王	神	□	□			興	東	西
5-张文1	□	□	□	□	□	□	國	罢	上	太	王	號	平	安	太	王	神	武	乘	興	東	西
张文2	守	墓	人	摽	然	唯	國	罢	上	太	王	號	平	安	太	王	神	武	乘	興	東	西
5-孙文	□	□	□	□	□	□	国	罢	上	太	王	号	平	安	太	王	神	武	乘	興	東	西
5-林文			□	□	唯	國	罢	□	太	王	□	乎	□	太	王	神	武	車		興	東	西
5-耿文	□	□	□	□	唯	國	罢	上	太	王	□	□	□	王	神	□	□			興	東	西
5-李文	□	□	□	□	唯	國	罢	上	太	王	平	安	太	王	神	武	乘			興	東	西
5-梁文			□	□	唯	国	罢	□	太	王	□	乎	□	太	王	神	武	车		舆	東	西
5-王文	□	□	□	□	國	罢	上	太	王	號	平	安	太	王	神	武	四			興	東	西
5-源文	□	□	□	□	国	罢	上	太	王	故	国	原	王	王	神	□	□			舆	東	西
源文2	□	□	□	□	国	罢	上	太	王	□	□	□	□	王	神	亡	我			舆	京	西
5-东文	唯	国	冈	上	广	开	土	境	好	太	王	二	九	登	祚	王	神	庇	佑	与	东	西
笔者释文	□	□	□	□	唯	國	罢	上	太	王	號	平	安	太	王	神	武	车	(乘)	興	東	西

	1	2	3	4	5	6	7	8	9	10	11	12	13	14	15	16	17	18	19	20	21	22
6-文报	□	□	□	□	□	□	追	述	先	聖	功	勋	彌	高	悠	烈	繼	古	人	之	慷	慨
6-集书	□	□	□	□	□	□	追	述	先	聖	功	勋	彌	高	悠	烈	繼	古	人	之	慷	慨
6-徐文	□	□	□	□	□	國	追	述	先	聖	功	勋	弥	高	□	烈	继	古	人	之	慷	慨

6-张文1：　□□□巡故國追述先聖烈勳弥高怃　　烈继古人之慷慨

　张文2：　廿　家　巡故國追述先聖烈勳弥高怃　　烈继古人之慷慨

6-孙文：　□□□□□国追述先圣功勋弥高悠　　烈继古人之慷慨

6-林文：　廿　家　巡故國追述先聖烈勳弥高怃　　烈继古人之慷慨

6-耿文：　□□□□□□追述先聖功勳弥高悠　　烈继古人之慷慨

6-李文：　廿　家　巡故國追述先聖功勳弥高怃　　烈继古人之慷慨

6-梁文：　　　　巡故国追述先圣功勋弥高怃　　烈继古人之慷慨

6-王文：　□□□□□□追述先聖功勳弥高悠　　烈继古人之慷慨

6-源文：　□□□□□□追述先圣功勋弥高悠　　烈继古人之慷慨

6-东文：　威武振披四海追述先圣功勋弥高悠　　烈继古人之慷慨

笔者释文：□□□巡故國追述先聖功勋弥高怃（悠）烈继古人之慷慨

	1	2	3	4	5	6	7	8	9	10	11		12	13	14	15	16	17	18	19	20	21	22
7-文报	□	□	□	□	□	□	□	□	自	戊	□		定	律	教	□	發	令	□	修	复	各	于
7-集书	□	□	□	□	□	□	□	□	自	戊	□		定	律	教	□	发	令	其	修	復	各	於
7-徐文	□	□	□	□	□	□	□	石	自	戊	申		定	律	教	内	發	令	其	脩	復	各	於
7-张文1	□	□	□	丁	卯	歲	刊	石	自	戊	申		定	律	教	言	發	令	並	修	復	各	於
张文2	此	河	流	丁	卯	歲	刊	石	自	戊	申		定	律	教	言	發	令	並	修	復	各	於
7-孙文	□	□	□	丁	卯	岁	刊	石	自	戊	子		定	律	教	言	發	令	其	修	复	各	於
7-林文					癸	卯	歲	刊	石	自	戊	申	定	□	教	□	發	□	其	修	復	各	於
7-耿文	□	□	□	□	□	□			自	戊	□		定	律	教	遣	发	令	其	修	復	各	於
7-李文	□	□	□	丁	卯	歲	刊	石	自	戊	申		定	律	教	内	發	令	其	修	復	各	於
7-梁文					癸	卯	岁	刊	石	自	戊	申	定	□	教	□	發	令	其	修	复	各	于
7-王文	□	□	□	□	□	□	□	□	自	戊	子		定	律	教	内	發	令	更	脩	復	各	於
7-源文	□	□	□	□	好	太	王	曰	庚	戌	年		定	律	教	□	发	令	其	修	复	各	於
源文2	□	□	□	□	□	□	王	曰	庚	戌	年		定	律	教	□	发	令	其	修	复	各	於
7-东文	紹	承	基	业	以	永	后	世	至	戊	戌		定	律	教	言	发	令	其	修	复	各	于
笔者释文	□	□	□	□	卯	□	刊	石	自	戊	子（申）		定	律	教	内	發	令	其	修	复	各	於
	□	□	□	□	□	□	王	曰	自	戊	子（申）		定	律	教	内	發	令	其	修	复	各	於

　　　　　　　　1 2 3 4 5 6 7 8 9 10 11 12 13 14 15 16 17 18 19 20 21 22

8-文报：　□□□□立碑铭其烟户头廿人名□示后世自今以后

8-集书：　□□□□立碑铭其烟户头廿人名以示後世自今以後

8-徐文：　□□□□立碑銘其烟户頭廿人名凶示後世自今以後

8-张文1：先王墓上立碑銘其烟戶頭廿人名宣示後世自今以後

　张文2：先王墓上立碑銘其烟戶頭廿人名宣示後世自今以後

8-孙文：　先王墓上立碑铭其烟戶头廿人名凶示后世自今以后

8-林文：　□□□□立碑銘其烟户頭廿人名□示後世自今以後

8-耿文：　先王墓上立碑銘其烟户頭廿人名以示後世自今以後

8-李文：　□□□□立碑铭其烟户頭廿人名以示後世自今以後

8-梁文：　□□□□立碑铭其烟户头廿人名□示後世自今以后

8-王文：　祖先王墓立碑銘其烟戶頭廿人名以示後世自今以後

8-源文：　祖先墓上立碑銘其烟戶头廿人名以示後世自今以後

8-东文：　祖先墓上立碑铭其烟户头廿人名昭示后世自今以后

笔者释文：祖先王墓立碑銘其烟户頭廿人名凶示後世自今以後

　　　　　　　　1 2 3 4 5 6 7 8 9 10 11 12 13 14 15 16 17 18 19 20 21 22

9-文报：　守墓之民不得□□更相转卖虽富足之者亦不得其买

9-集书：　守墓之民不得擅自更相轉賣雖富足之者亦不得其買

9-徐文：　守墓之民不得擅買更相擅賣雖富足之者亦不得其買

9-张文1：守墓之民不得擅買更相擅賣雖富足之者亦不得其買

　张文2：守墓之民不得擅買更相擅賣雖富足之者亦不得其買

9-孙文：　守墓之民不得擅自更相转卖虽富足之者亦不得其买

9-林文：　守墓之民不得擅自更相轉賣雖富足之者亦不得其買

9-耿文：　守墓之民不得擅自更相轉賣雖富足之者亦不得其買

9-李文：　守墓之民不得擅買更相擅賣雖富足之者亦不得其買

9-梁文：　守墓之民不得擅自更相转卖虽富足之者亦不得其买

9-王文：　守墓之民不得擅買更相轉賣雖富足之者亦不得其買

9-源文：　守墓之民不得擅自更相转卖虽富足之者亦不得其买

9-东文：　守墓之民不得违律更相转卖虽富足之者亦不得其买

笔者释文：守墓之民不得擅自更相轉賣雖富足之者亦不得其買

　　　　　　　1　2　3　4　5　6　7　8　9　10 11 12 13 14 15 16 17 18 19 20

10-文报：　卖 □ □ 违 令 者 后 世 □ 嗣 □ □ 看 其 碑 文 与 其 罪 过

10-集书：　賣 如 有 違 令 者 後 世 □ 嗣 □ □ 看 其 碑 文 與 其 罪 過

10-徐文：　[賣] □ 若 [違] 令 者 後 世 □ 嗣 [之] □ 看 其 碑 文 与 其 罪 過

10-张文1：賣 [向] 若 違 令 者 後 世 [继] 嗣 之 者 [看] 其 碑 文 与 其 罪 過

　张文2：　賣 向 若 違 令 者 後 世 继 嗣 之 者 看 其 碑 文 与 其 罪 過

10-孙文：　卖 [如] 有 违 令 者 后 世 继 嗣 之 [者] 看 其 碑 文 与 其 罪 过

10-林文：　賣 □ 若 違 令 者 後 世 □ 嗣 □ □ 看 其 碑 文 與 其 罪 過

10-耿文：　賣 如 有 違 令 者 後 世 继 嗣 并 罰 看 其 碑 文 与 其 罪 過

10-李文：　賣 □ 若 違 令 者 後 世 继 嗣 之 家 看 其 碑 文 与 其 罪 過

10-梁文：　卖 □ 若 违 令 者 后 世 □ 嗣 □ □ 看 其 碑 文 与 其 罪 过

10-王文：　賣 如 有 違 令 者 後 世 继 嗣 之 者 看 其 碑 文 与 其 罪 過

10-源文：　卖 如 有 违 令 者 后 世 □ 嗣 □ □ 看 其 碑 文 与 其 罪 过

10-东文：　卖 [如] [有] 违 令 者 后 世 [子] 嗣 [依] [律] 看 其 碑 文 与 其 罪 过

笔者释文：賣 [如] 有 [違] 令 者 後 世 □ 嗣 □ □ 看 其 碑 文 与 其 罪 過

　　上述释文，多家存在空格，只有《张文2》和《东文》是将缺的字都补全了，但是两者所补的字中相同的也很少，《东文》对其他文字的释读中也有不少是与其他学者不同的。

　　第一行，开始缺四个字，多家空，剩余字中除第7字《东文》所释有别外，其他字各家的释文都是相同的。

　　第二行，开始缺三个字，多家空，接上下文推测为"天帝之子"或"日月之子"皆可，前者见好太王碑碑文，后者见冉牟墓题记。第10～13字，各家有释有空，其中第13字，多家释为"假"或"蔽"，其中《集书》摹写为"假"，但正文为"蔽"；该字看拓片像"假"，而"蔽荫"语义要通顺一些。

　　第三行，前四个字多家空；剩余字中，《东文》有几字自有见解，其余各家释文基本相同。其中第18字仅留下半，像"而"，前后联系从整体看应是"萬"。第19字释为"世"是对的。

　　第四行，缺字较多，各家释文区别也较大。

　　第五行，缺字最多，前五个字多家空。之后，中间的"太王"二字，《东文》之外没有异议。"太王"前边的几个字，"上"字虽然位于该字格的上半，但横竖笔画清晰。"罡"字接近于好太王碑上的"罡"字。"國"字所留笔画不清,仍可看出方框轮廓,应释为"國",与后四字相连,释为"國罡上太王"是对的,多家对此大都认可。"國"字之前,即第6字,左侧偏上"口"字清楚,该字释为"唯",语义也是通的。后边诸字,第16"王"字、17"神"字、21"東"字、22"西"字清楚;第13"平"字、20"興"字也基本清楚;第14字上半看出"宀",下半有一交叉笔画,可释为"安"字;第15字接近"太"字;第12字,笔画繁多,整体组成可考虑为"號"字;第18字留上半,接近"武"字;第19字不清,释为"車"或"乘",皆通。这样,本行从第6字开始通释为"唯國罡上太王 號 平安太王神 武 車 (乘) 興東西",文字和语义都说得通。

第六行,前三个字多家空,第6字同样是方框清楚,可释为"國";第4~6三字释为"巡故国",语义通;其余字,各家释文大都相同。

第七行,关键是两处,第一处是第4~8字,有几家不释,释出者基本是两种意见。第一种意见:有的释为"丁卯歳刊石",有的释为"癸卯歳刊石";第二种意见:《源文》和《源文2》分别释为"口好太王曰"和"口口太王曰",国外学者有的释为"好太圣王曰"或"口口太王曰",耿铁华先生在其新作中也认为"从拓片上看后两字更像'王曰'"[4]。看拓片,第8字接近"石"字,也接近"曰"字;第7字接近"刊"字,也接近"王"字;而第5字和"太"字对不上,接近"卯"字,但是和好太王碑碑文中"辛卯年"的"卯"相比,显得过于圆滑,如果和第7、第8两字"王曰"相对应,释为"好"字似乎也可以考虑,但是和好太王碑碑文四处"好"字相比差别很大。这几个字如何释读,关系到对此处前后碑文的理解和该碑刻立的年代(见后文),暂保留"口 卯 口 刊 石"和"口口口 王 曰"两种释文。

另一处是第9~13字,其中第9字多家释为"自",第10字多家释为"戊",第12、13两字多家释为"定律",看拓片也都清楚,可以定。而第11字则区别大了,有的不释,有的释为"申",有的释为"子",国外学者有的释为"午"[5],从字形笔画来看,都有可比之处,而从下文的年代考证看,"戊午"年不在其内;还有的释为"戌","戊戌"年倒是在下文考证的年代之内,但碑文中看不出"戌"字。《源文》和《源文2》将第9~13五个字释为"庚戌年定律",即公元410年,与众有别。

第八行,前四个字缺失,参考好太王碑之"尽为祖先王墓上立碑"碑文,释出者分别释为"先王墓上""祖先王墓"或"祖先墓上"等,语义相同,和前后文字连接也通顺,笔者取"祖先王墓"。后边的文字除个别外,多数文字的释文是相同的。

第九行,字保存最全,第十行,缺字也很少,各家释文基本相同,个别字所释有别,但语义不变。

该碑的背面,据张福有等学者确认有20个字,辨认出17个字,即"口口國烟口守墓烟户合廿家石工四烟户頭六人"。

二、碑文试析

通观全部碑文，共分为三段。第一段从第一行开始，到第三行后半"四時祭祀"止。第二段从第三行后半"然萬世悠長"开始，到第八行后半"囚示後世"止。第三段从第八行后半"自今以後"开始，到碑文末尾。第一段虽缺字不少，但基本读得通，记述的是元王始祖邹牟王创基立业、"開國辟土"的历史功绩和"各家烟户以此河流四時祭祀"的活动。第三段缺字很少，语义明确，记述的是禁止守墓之民买卖的规定。复杂的是第二段，文字量占全部碑文的一半，缺字也最多。立碑的起因、过程及时间等关键问题，主要需通过本段碑文解决。而要解决这些问题，碑文第五行中的"國罡上太王"是指哪一位王，第七行中的"戊囗定律"是在何年，第七行第4～8五个字如何释读，则是重点考察的对象。

1."國罡上太王"是哪一位王，此是生前称号还是谥号

高句丽诸王名称中，与"國罡上太王"名称有关的有两位王，一是第十六位王故国原王（公元331～371年在位），源自《三国史记》所记"故国原王，一云国罡上王"；二是第十九位王好太王（公元391～412年在位），源自好太王碑之"国罡上广开土境平安好太王"和"国罡上广开土境好太王"之记载。

有的学者认为"國罡上太王"是高句丽第十六位王故国原王（公元331～371年在位），该碑是公元403年（即碑文第七行"癸卯歲刊石"的"癸卯歲"）"广开土王'尽为祖先王墓上立碑'之一例"，是为故国原王的守墓烟户所立，故国原王墓则是离碑不远的规模巨大的千秋墓，并将第七行中的"戊囗定律"释读为"戊申定囗"，定其为故国原王十八年，即公元348年（《林文》）。上述将碑文第七行第9～13五个字释读为"庚戌年定律"的《源文》和《源文2》作者，也认为"國罡上太王"为故国原王、该碑是好太王为故国原王陵墓千秋墓所立的。

比较多的学者认为"國罡上太王"是高句丽第十九位王好太王（公元391～412年在位）。其中有的学者认为"国冈上、阳冈上、平冈上立足高位一类的修辞，也是高句丽人的习惯赞美词，高句丽王生前也是可以使用的"，"'国罡上广开土境好太王'这样的王号很可能是自己在位时封的"，"'国罡上广开土境平安好太王'不是谥号，而应该是高句丽王公大臣上的尊号"，该碑是"好太王为上祖先王立的墓碑之一"，是好太王为其父高句丽第十八位王故国壤王的陵墓千秋墓所立的墓碑，碑的年代与好太王碑的年代应该接近，对于碑文第七行"戊囗定律"，认为"此处的干支还是以好太王十八年的'戊申'，公元408年最为合适"[6]。同样认为"國罡上太王"是高句丽第十九位王好太王，但不是好太王谥号的学者中，还有的把该碑立碑的

时间定在公元407~412年期间，是好太王修缮其父故国壤王陵墓千秋墓时立的，将碑文第七行"戊□定律"释为"戊子定律"，推定为美川王二十九年，即公元328年（《王文》）。

认为"國罡上太王"是高句丽第十九位王好太王的学者中，比较多的认为该名称是好太王的谥号，麻线碑是好太王之后，由高句丽第20位王长寿王所立的。具体时间，多认为是在长寿王迁都平壤之前，即公元412~427年或公元414~427年之间。其中有的推定在公元427年的"丁卯岁"；有的认为该碑立于长寿王初期，不会晚于好太王碑太久，而该碑碑文第七行中的"癸卯"（公元403年）和"戊申"（公元408年）纪年与此无关，这两纪年是指好太王时期另外先后两次立碑的时间[7]。还有的认为碑文第六行4~6字"巡故国"是长寿王迁都平壤之后对今集安地区的称谓，所以碑文中的"丁卯岁刊石"是长寿王迁都平壤后的"丁卯岁"，即公元487年（《李文》）。

那么，"國罡上太王"到底是生前称号还是谥号？

据《三国史记》，好太王之前的诸位王，其陵墓所在地点大都有记载，而且多以此作为该王的谥号。故国原王是"葬在故国之原"，所以称故国原王，"国罡上王"是注在故国原王名称下边的。《三国史记》记载高句丽王的葬地与"故国"有关的并非故国原王一人，其他还有四位王及其葬地与"故国"明确有关，即第8位新大王——故国谷，第9位故国川王——故国川，第13位西川王——西川之原、故国原，第18位故国壤王——故国原。可见"故国"的范围相当大，据考证应包括今集安市区及其周围地区，而"国罡"只是"故国"中的一个地点，而且从字义考虑应该是一个地势较高的岗地[8]。

关于好太王，好太王碑记载好太王在世时"号称永乐太王"，另又记为"国罡上广开土境平安好太王"和"国罡上广开土境好太王"。这两个称号又可分解成三个共有的小的称号。一是后边的"好太王"称号，对此，在讨论"太王陵"出土铜铃铭文"辛卯年"纪年的具体年代时，"好太王"三字是好太王去世前或去世后的称号，学术界还有不同看法，但是这并不影响好太王碑碑文中此称号的年代[9]。二是中间的"广开土境"称号，而此称号正好与《三国史记》所记好太王去世后被称为"广开土王"的含义是相同的，"广开土王"是好太王的谥号。三是开头的"国罡上"三字，好太王的埋葬地点虽然没有明确记载，但将"国罡上"三字理解为其陵墓的所在地点，也是完全说得通的，故国原王和好太王祖孙二人葬在同一地点，也是符合古代葬制的。

好太王碑之外，"国罡上"三字，作为好太王名称中的称号，还见于冉牟墓题记和"壶杆"铭文。这里所说的冉牟墓题记中的具体地方，是题记正文第42~43行所记的高句丽王名称，耿铁华先生释为"国罡上太王圣地好太圣王"，也有的学者释为

"国罡上广开土地好太圣王"等名称，而"国罡上"三字没有变[10]。冉牟墓的时间约在6世纪末，晚于好太王。"壶杆"乃一带盖铜盒，1946年出土于庆州一座公元6世纪前半叶的新罗古墓，器底铭文为"乙卯年国罡上广开土地好太王壶杆十"，得知该器物当时叫"壶杆"，于是该古墓也被称为"壶杆冢"，好太王在位时期无"乙卯年"纪年，学术界考证"乙卯年"为好太王之后的公元415年[11]。这就再次证明，"国罡上"三字作为好太王名称中的称号，只用于好太王去世之后，因此连同故国原王在内，将"国罡上"视为谥号中的用词，是成立的。

由此看来，不管是指故国原王，还是指好太王，碑文中的"國罡上太王"皆是作为谥号而用的。那么，碑文中"國罡上太王"到底是指故国原王还是指好太王呢？对此，笔者在《几点思考》文章中已经谈到，好太王和故国原王的陵墓，已被多数学者推定为距麻线碑出土地点约10千米之国内城东边的"太王陵"和禹山992号，麻线碑出土地点附近的千秋墓系好太王之父故国壤王的陵墓，因此为故国原王立的碑不可能在麻线出现。还有，如果将碑文中"國罡上太王"推定为故国原王，将立碑的时间定为是公元403年（即碑文第七行"癸卯葳刊石"的"癸卯葳"），将第七行中的"戊□定律"释为"戊申定□"，定其为故国原王十八年（公元348年），则与《三国史记》关于小兽林王三年（公元373年）高句丽"始颁律令"的记载发生了矛盾。因此，将碑文中作为谥号的"國罡上太王"，推定为好太王还是合适的。而碑文中接"國罡上太王"之后的三字释为"號平安"，正好与此是对应的。

2. 麻线碑刻立的过程及年代

明确了"國罡上太王"的确切身份，下边联系碑文第一、第三两段，通过对第二段及整体碑文的试析，对该麻线碑的刻立过程及年代等问题加以探讨。

前边谈到碑文第一段记述的是元王始祖邹牟王创基立业、"开国辟土"的历史功绩和"各家烟户以此河流四时祭祀"的活动。第二段开始，"然萬世悠長"发生转折，出现了守墓人烟户的买卖现象，于是"國罡上太王"好太王便"車（乘）興東西□□□巡 故國追述先聖功勛弥高烋（悠）烈継古人之慷慨"。因为在此之前历代高句丽王的陵墓绝大部分坐落于今集安地区，所以好太王"追述先圣功勋"的这些活动主要是在今集安地区发生的。此句碑文之后八字不清，争议较大，再后是"自戊子（申）定律教內發令其修復各於祖 先 王 墓立碑銘其烟户頭廿人名以示後世"。这句话中，"立碑"应该是"定律"的主要内容，"自戊子（申）定律"开始，便起动了"立碑"活动。而且其中"各於"二字，又说明"立碑"并非一处。那么"立碑"是何时开始的呢，本碑没有记载，而好太王碑碑文有记载："自上祖先王以来，墓上不安石碑，致使守墓人烟户差错。惟國岡上廣開土境好太王盡爲祖先王墓上立碑，銘其烟户，不令差错"[12]，说明"立碑"是好太王所为。既然如此，"戊□定律"定在哪一年合适呢？前边已经提到，《三国史记》记高句丽"始颁律令"是在高句丽第十七位王小兽林王三年（癸酉年，公元373年）。就是说，"戊□定律"的时间不能早于公元373年，而晚不会晚于好太王时期（公元391～412年）。这样，"戊□定律"时间则要从公元373～412年之间的戊寅（公元378年）、戊子（公元388年）、戊戌（公元398年）、戊申（公元408年）几个年代中去考虑。以上几家所释出的"戊申""戊子""戊戌""戊午"，前三个皆在其内。看拓片比较接近"戊子"和"戊申"，此"戊子"年属故国壤王时期，"戊申"年属好太王时期。前者，"可以解释为好太王之父故国壤王去世前三年，提出制定守墓烟户的法律的意见"（《孙文》），如果是这样，那么好太王"各於 祖 先 王 墓 立碑"在其整个在位期间（公元391～412年）都是可以的；如果是"戊申"的话，那么好太王"各於 祖 先 王 墓 立碑"的时间则只能限定在公元408～412年之间。上句话之后，则是碑文第三部分，"自今以後守墓之民不得擅自更相轉賣雖富足之者亦不得其買賣 如 有 違 令者後世□嗣□□看其碑文与其罪過"，重申对守墓之民不许买卖。其中"如 有 違 令者後世□嗣□□"，缺几字，推测是说如有违令者，对其处罚要延及后世，此比好太王碑进了一步。而具体如何处罚，"看其碑文与其罪過"，从文字考虑，将"看其碑文"理解为麻线碑也可，但是本碑并没有具体规定，有规定的还是好太王碑。好太王碑碑文在上引"自上祖先王以来，……不令差错"之后，"又制：守墓人自今以後不得更相轉賣，雖有富足之家亦不得擅買。其有違令，賣者刑之，買人制令守墓之"，对守墓人转卖之"卖着"和"买人"的处罚都规定得非常明确，所以麻线碑"看其碑文与其罪過"，只能去看好太王碑碑文才能具体落实。由此也说明，麻线碑的刻立年代要在好太王碑之后。

上述对整篇碑文的解释，应该说大部分是比较清楚的，前后相接大体是贯通的，问题是碑文第七行第1～3字缺失、第4～8字不清，各家释读和解释分歧较大，其中又可能关系到麻线碑刻立的时间问题。如何把这八个字比较恰当地释读出来，并且把前后碑文比较通顺地贯通起来，仍然是学术界今后继续探讨的问题。上述笔者所保留的第一种释读"□卯□刊 石"，照有的学者直接释读为"丁卯岁刊石"（公元427年），并定其为麻线碑立碑的年代，与上述立碑的年代相符，而且更为具体。笔者在《几点思考》一文中也曾对此释读和解释表示认同。疑惑的是碑文上一行所记好太王"巡 故國追述先圣功勋弥高 於（悠）烈继古人之慷慨"，到此突然终止，好像话还没有说完，又换了主体，感到不顺。后来又反复思考，觉得如果将"□卯□刊 石"作为本碑刻立的重要提示，以下"自戊 子（申）定律教 內 發令其修复各於 祖 先 王 墓 立碑銘其烟户頭廿人名 以 示後世"，对以往"定律"和好太王"立碑"活动进行回顾与重申，同时将上句好太王"巡 故國追述先圣功勋"要做的事情在此予以照应和体现，然后过渡到碑文第三段，也可以解释得通。

上述笔者所保留的第二种释读"□□□王 曰"，此"王"所指是哪一位王，如果是指好太王，与上句好太王"巡 故 國追述先圣功勋"的活动相接不用转换主体，还比较自然，以下"自戊子（申）定律教 内 發令其修复各於 祖 先 王 墓立碑銘其烟户头廿人名 以 示後世"，则是"王 曰"的内容。再下与碑文第三段接续也比较顺当。此"王"所指，如果是指麻线碑的立碑主持者长寿王，同上述第一种释读一样，到此主体转换，和上句相接感到不顺，但是和以下"自戊子（申）定律教 内 發令其修复各於 祖 先 王 墓立碑銘其烟户头廿人名 以 示後世"以及碑文第三段则可以比较顺当的接续下去，而且都可以看作是"王 曰"的内容。

以上两种释读和解释，都还可以说得过去，但又都感到不托底。关键还是文字的释读，包括第七行开始的几个空缺文字在内，希望在以后的工作中能有所突破。

至此，可以把好太王、长寿王时期几次立碑和与其有关的颁发律令的过程，列出以下表格（表一）：

表一

1	小兽林王"三年（公元373年）始颁律令。"（《三国史记》）	
2	"戊□定律"	
	"戊子定律"（公元388年）	"戊申定律"（公元408年）
3	好太王"为祖先王墓上立碑"（好太王碑碑文）推定时间	
	公元391～412年	公元408～412年
4	长寿王为好太王墓立碑（好太王碑）——公元414年	
5	长寿王立麻线碑推定时间（公元414～427年）	

三、相关问题讨论

1. "以此河流四时祭祀"的对象及习俗

在讨论麻线碑的性质时，先后有学者称其为"定律碑"（《张文2》）、"律令碑"（《孙文》）、"告诫碑"（《徐文》）和"宣示烟户碑"[13]，都认为该碑是对好太王为先王墓上立碑和守墓烟户管理法令的重申及加强。而碑文第一段最后记"各家烟户以此河流四时祭祀"，又说明麻线碑的刻立在对上述管理法令重申及加强的同时，还有专指的祭祀活动。此祭祀活动有明确的地点和时间，而且不见于好太王碑碑文。那么，该祭祀的对象是谁呢，它所反映的是一种什么样的祭祀习俗，同样是必须考虑的一个问题。

对此，笔者在《几点思考》文章中进行了比较详细的考证，指出此祭祀的对象很可能与高句丽的始祖邹牟王有关。具体而言，这当中有一个逐渐发展的过程，同时又有一个稳定的核心。高句丽民族具有祭祖的传统，此祭祀活动也应该开始得很早。起初祭祀的对象很少，只是邹牟王一人或几人。之后随着时间的推移则逐渐增加，到了麻线碑刻立之时，便包括了立碑之前的各位王，正如孙仁杰先生所言，"祭祀的对象，有始祖邹牟王和'继胤相承'的各位王"（《徐文》）。同时，又如碑文开篇对邹牟王所追述颂扬的那样，由于其历史功绩无人能比，这也就决定了邹牟王在先后祭祀过程中始终占据着首要的位置。此祭祀活动开始到麻线碑立碑之前，已过去几百年，"然万世悠长"，出现了守墓烟户的买卖现象，则需要立碑加以制止。

该祭祀活动，不同于对其他王陵、神庙的祭祀那样在王陵旁边或神庙内进行，而是"以此河流四时祭祀"，将山川祭祀和祖先祭祀结合在一起。有学者研究，山川崇拜是人类最早的自然崇拜和原始崇拜中的重要内容之一，自然神之发展逐渐人格化，战国以后，黄河之河神开始被称为"河伯"[14]。春秋时期人们对山川的崇拜与对英雄祖先的崇拜往往结合在一起，使自然崇拜与祖先崇拜的结合成为宗教观念上的普遍状态[15]。中国古代在对祖先祭祀的宗庙祭祀中，实行四时祭，即"春夏秋冬用新物荐享祖先的祭祀"，可能是战国以后四时祭逐渐各有一个固定的名称。[16]邹牟王的身世及高句丽政权的创始过程与水有不解之缘，"以此河流四时祭祀"，把麻线河作为祭祀的地点和载体，将对山川的崇拜祭祀和对以邹牟王为首的诸位祖先王的崇拜祭祀合为一体，同时也表明此古老的祭祀习俗已深深地融入高句丽的社会之中。

2．"烟户头"的身份及构成

"烟户頭"出现在麻线碑碑文第八行，该名称不见于好太王碑。那么"烟户頭"属于什么身份、是由哪些人构成的，也是本碑讨论的问题之一。

"烟户头"所在碑文，"自戊子（申）定律教内發令其修复各於祖先王墓立碑铭其烟户頭廿人名以示後世"，上述考证是指好太王"自戊子（申）定律""各於祖先王墓立碑"之事。"各於祖先王墓立碑铭其烟户頭廿人名"，说明每座王陵有"烟户頭"20人。一名"烟户頭"当代表一家烟户，其身份，多位学者认为相当于好太王碑碑文中的"國烟"。好太王碑记载，好太王陵墓的"國烟"30户，"看烟"300户，照此比例，其他王陵的"看烟"应是200户。好太王陵墓的烟户是其他王陵的1.5倍，这与好太王乃长寿王之父、而且其地位和功绩高于其他王有关系。王陵烟户的构成，好太王碑所记好太王生前的"教言"说得清楚。其曰："祖王、先王但教取远近旧民守墓洒扫，吾虑旧民转当羸劣。若吾万年之后，安守墓者，但取吾躬巡所略来韩秽，令备洒扫。"那么"祖王、先王但教取远近旧民"的各自来源，是否也像好太王那样取自与该王生前征战或其他活动有关的地方，不排除这种可能。

麻线碑背面，张福有等学者确认有20个字，辨认出"□□國烟□守墓烟户合廿家石工四烟户頭六人"17字，此"國烟□守墓烟户合廿家"和"烟户頭六人"是什么关系，不明白。另碑文第六行前三个字，有学者释读为"廿家"两字。尽管这两处文字还需进一步辨认和商讨，但是从中似乎看出麻线碑与20家國烟或20名"烟户头"有关联。那么此是否说明麻线碑所记载的祭祀活动也专门安排了20名同为国烟身份的"烟户头",这种可能是存在的。

此外,又有学者推测,好太王之前的18座王陵,每座王陵当有1位"烟户頭",再加上2位正副总管,即构成了麻线碑碑文中的20名"烟户頭"(《梁文》)。这就是说该祭祀平时不像其他王陵那样需要"守墓洒扫",不设专门的烟户,而是在"四时祭祀"时从其他王陵抽调组成。照此推想,碑文第三行"各家烟户以此河流四時祭祀"之记载,因为此祭祀是对之前以邹牟王为首的诸位王的共同祭祀,所以此处所说的"各家烟户",也可以考虑为其他"各家"王陵的烟户。其他近20座王陵加在一起,"国烟"几百人,"看烟"几千人,当然不能全来,于是各抽调1名烟户头,在带一些"看烟"烟户,也就可以了。此推测具有一定的合理性。当然数字核算,因为麻线碑刻立后的祭祀是对包括好太王在内的前19位王的共同祭祀,20名"烟户頭",19名来自19座王陵,再加上1名总管也可以。这只是细节问题,只要是20名"烟户頭"的构成有此可能,就应予注意。

以上两种解释,第二种解释中又有两种可能,"烟户頭"的国烟身份都是一样的,而由于两种解释所说的祭祀活动不是同一项,所以"烟户頭"的构成还有所区别。"烟户頭"的问题比较单一,而讨论中从多角度去考虑,对于相关问题的解决也是有帮助的。

注　释

［１］　集安市博物馆:《集安高句丽碑调查报告》,《东北史地》2013年第3期。

［２］　载《东北史地》2013年第3期。

［３］　国内各家释文之文章,为叙述方便,则以简称代之,具体如下:

文报——集文:《吉林集安新见高句丽石碑》,《中国文物报》2013年1月4日(140字);

集书——《集安高句丽碑》(吉林大学出版社,2013年1月)(156字),2012年11月5日论证会提交的释文与此同;

徐文——徐建新:《中国新出"集安高句丽碑"试析》,《东北史地》2013年第3期(160字);

张文1——张福有:《集安麻线高句丽碑碑文补释》,《中国文物报》2013年4月10日(190字);

张文2——张福有:《集安麻线高句丽碑试读》,《东北史地》2013年第3期(217字);

孙文——孙仁杰:《集安高句丽碑文释读》,《东北史地》2013年第3期(188字);

林文——林沄:《集安麻线高句丽碑小识》,《东北史地》2013年第3期(172字);

耿文——耿铁华、董峰:《新发现的集安高句丽碑初步研究》,《社会科学战线》2013年第

5期（178字）；

李文——李新全：《集安麻线高句丽碑之我见》，《东北史地》2013年第6期（《东北史地》2013年第6期所刊李文之释文误，将上述《中国文物报》释文误印成李之释文，张福有《集安麻线高句丽碑》所收李之释文，乃是李之释文原文，2018年5月21日笔者也与李通电话问清此事。此李之释文录自《集安麻线高句丽碑》）；

梁文——梁志龙、靳军：《集安麻线高句丽碑试读》，《东北史地》2013年第6期；

王文——王飞峰：《关于集安高句丽碑的几个问题》，引自《集安麻线高句丽碑》；

源文——徐德源释文，引自《集安高句丽碑研究》281页。另，徐德源先生在《高句丽与东北民族研究》2013年第1期（吉林大学出版社2013年12月）登载的《新发现集安高句丽碑铭文主人公及部分铭文释读之我见》文章中发表的该碑释文，其中第5行、第7行与《集安高句丽碑研究》281页收录的稍有不同，下边以"源文2"分别附在两行之后；

东文——李东：《吉林集安新发现的高句丽碑》，《文物》2014年第10期。

国外学者对该碑碑文的释读，韩国学者比较多，见《韩国古代史研究——集安高句丽碑特辑号》70（2013年6月），耿铁华《集安高句丽碑研究》收录了其中几种，同时还收录了日本学者武田幸男的释文。国外学者的释文，碑上文字能看清的地方则与我国学者释文基本相同，有争议的几处将在下边论述中说明，这里就不再抄录释文全文了。

[4] 见《韩国古代史研究——集安高句丽碑特辑号》70，2013年6月，第187、414页；耿铁华：《集安高句丽碑研究》，吉林大学出版社，2017年，第283、92页。

[5] 见《韩国古代史研究——集安高句丽碑特辑号》70，2013年6月，第187、414页。

[6] 耿铁华：《集安高句丽碑研究》，吉林大学出版社，2017年，第186、23、188、195、83、101、53页。

[7] 《梁文》，该文认为，"癸卯"年（公元403年）立的碑是好太王分别为故国原王、小兽林王、故国壤王立的碑，"戊申"年（公元408年）立的碑是"极有可能在守墓烟户管理机构附近"立的碑。

[8] 参见《高句丽考古》（吉林大学出版社1994年出版）或《高句丽遗迹》（文物出版社2002年出版）的墓葬章节。

[9] "太王陵"铜铃上的铭文为"辛卯年好大王□造铃九十六"，"好大王"即"好太王"。关于"辛卯年"的年代，有的学者认为是好太王继位的第一年，即公元391年，这就是说好太王在世时是可以称"好太王"名称的；有的学者认为好太王在世时不能称"好太王"之名，"辛卯年"的年代在好太王之后，这也就是说该铜铃是在好太王之后制作的。其实，"好太王"称号即使是好太王在世时开始使用，而"国罡上广开土境平安好太王"称号作为一个整体，如果可证明其中另两个称号"广开土境"和"国罡上"都是好太王去世后才使用的，那么则说明"好太王"称号在好太王去世后仍在继续使用，因而将"国罡上广开土境平安好太王"视为好太王的谥号也就很自然了。

［10］　耿铁华：《好太王碑一千五百八十年祭》，中国社会科学出版社，2003年，第389、390页。

［11］　〔日〕东潮、田中俊明：《韩国的遗迹·新罗篇》，中央公论社，昭和63年7月。

［12］　方起东释读：《好太王碑碑文》，《好太王碑——中国著名碑帖选集27》，吉林文史出版社，1999年。

［13］　王绵厚：《"集安高句丽碑"的命名论及其内容补释》，《集安麻线高句丽碑》，文物出版社，2014年。

［14］　詹鄞鑫：《神灵与祭祀——中国传统宗教综论》上编第一章第七节，江苏古籍出版社，1992年。

［15］　郭春晖：《论春秋时期'天帝'与祖先关系的转型》，《中原文化研究》2018年第6期。

［16］　詹鄞鑫：《神灵与祭祀——中国传统宗教综论》下编第二章第三节，江苏古籍出版社，1992年；该书在论述四时祭的性质时，引用了董仲舒《春秋繁露·四时》中的一段话，抄录如下："四祭者，因四时之所生熟而祭其先祖父母也。故春曰祠夏曰礿秋曰尝冬曰蒸。祠者，以正月始食韭也；礿者，以四月食麦也；尝者。以七月尝黍稷也；蒸者，以十月进初稻也。"另，麻线碑出土后，集安市博物馆研究人员尚武撰文对"四时祭祀"进行了考证，见"对高句丽'四时祭祀'制度的认识"，载张福有编著的《集安麻线高句丽碑》，文物出版社，2014年。

第三版《中国大百科全书》（考古卷）"高句丽"词条

一、高句丽遗迹

中国辽宁、吉林两省的高句丽族和高句丽政权的遗迹。高句丽族很早就生活在浑江流域和鸭绿江中游一带。公元前108年，汉武帝置玄菟郡，以高句丽地为县。公元前1世纪，夫余王子朱蒙南奔到辽宁桓仁，建立高句丽政权。公元3年，高句丽第二代王琉璃明王"移都于国内"（吉林省集安）。427年高句丽迁都平壤，集安国内城作为高句丽后期的"别都"，列其"三京"之一，一直到高句丽政权灭亡之前，仍起着重要的作用。高句丽早期和中期先后以桓仁、集安为都，持续时间达464年之久，占高句丽政权全部历史的三分之二，高句丽政权28位王中有20位是在桓仁、集安继位为王的。因此，分布于桓仁、集安的高句丽遗迹，数量众多，类别、类型最齐全，持续时间也最长。集安最早发现的高句丽遗物是"好太王碑"，时间在清代末年，当即引起国内外社会各界的关注。自20世纪初开始，日本人连续在集安等地进行了非法调查和挖掘。1914年关野贞发表的《满洲辑安县及平壤附近的高句丽时代遗迹》和池内宏、梅原末治等在1938年、1940年先后出版的大型报告《通沟》上卷与下卷，收录了当时他们所看到的集安高句丽王城、大型积石墓、壁画墓等重要遗迹。新中国成立后，在加强保护的基础上，结合各项工程建设，我国的文物考古单位对辽宁、吉林两省的高句丽遗迹进行了有计划的调查和发掘，取得了一系列新的重要成果。2004年，我国申报的"高句丽王城、王陵及贵族墓葬"作为文化遗产项目成功入选《世界遗产名录》，其中包括五女山山城、国内城、丸都山城、12座王陵、26座贵族墓葬、好太王碑和将军坟1号陪冢。

（一）古城

高句丽所在地区，"多大山深谷"，再加上高句丽政权自始至终攻防战争连年不断，所以高句丽古城的绝大部分是山城。桓仁和集安两地的王城城址中首当其冲的就是山城，即桓仁五女山城和集安丸都山城。在个别山城附近还有平原城，集安国内城则是其突出代表。

经多年调查，中国境内分布的高句丽山城达百座以上，部分山城已先后进行了发掘。早期山城多在桓仁、集安两地及其周围地区，5世纪初高句丽占领辽东郡治襄平（今辽阳），改称辽东，于是南起辽东半岛南端，北至西丰、辽源一线，又修筑了众多山城。另外，在自辽东去鸭绿江江口沿线和吉林市、图们江流域之北方、东方据点也发现了一些重要山城（表一）。

表一　中国境内高句丽山城

辽宁省		
1. 桓仁五女山城	26. 西丰张家堡山城	51. 普兰店吴姑山城
2. 桓仁高俭地山城	27. 开原龙潭寺山城	52. 普兰店老白山山城
3. 桓仁城墙砬子山城	28. 开原古城子山城	53. 金州大黑山山城
4. 桓仁瓦房沟山城	29. 开原马家寨山城	54. 庄河城山山城前城
5. 桓仁马鞍山山城	30. 铁岭催阵堡山城	55. 庄河城山山城后城
6. 新宾黑沟山城	31. 铁岭青龙山山城	56. 庄河旋城山山城
7. 新宾转水湖山村	32. 沈阳石台子山城	57. 岫岩马圈子山城
8. 新宾五龙山城	33. 沈阳塔山山城	58. 岫岩娘娘城山城
9. 新宾得胜堡山城	34. 灯塔石城山山城	59. 岫岩清凉山城
10. 新宾太子城山城	35. 海城英城子山城	60. 岫岩老城沟山城
11. 新宾杉松山城	36. 营口马圈子山城	61. 岫岩松树沟山城
12. 清原英额门山城	37. 大石桥海龙川山城	62. 岫岩老城山山城
13. 清原南山子山城	38. 盖州青石岭山城	63. 岫岩二道岭山城
14. 本溪窟窿山城	39. 盖州奋东山城	64. 岫岩南碾子山城
15. 本溪边牛山城	40. 盖州赤山山城	65. 岫岩闹沟门山城
16. 本溪下堡山城	41. 盖州城子沟山城	66. 岫岩南沟山城
17. 本溪平顶山山城	42. 盖州孙家窝堡山城	67. 岫岩古城山山城
18. 李家堡山城	43. 盖州田屯高力城山城	68. 岫岩刘家堡山城
19. 抚顺高尔山城	44. 盖州烟筒山山城	69. 岫岩小茨山城
20. 抚顺马和寺山城	45. 瓦房店山城	70. 凤城凤凰山山城
21. 抚顺南章党山城	46. 瓦房店龙潭山山城	71. 凤城山城沟山城
22. 抚顺城子沟山城	47. 瓦房店岗崮山城	72. 宽甸虎山山城
23. 抚顺西山城	48. 瓦房店高力城山城	73. 宽甸高力城山城
24. 西丰城子山城	49. 瓦房店马圈子山城	
25. 西丰天德城子山山城	50. 普兰店高力城山城	

吉林省		
74. 集安山城子山城	85. 浑江夹皮沟城址	96. 辽源龙首山城
75. 集安霸王朝山城	86. 浑江桦皮甸子城址	97. 辽源工农山城
76. 集安关马山城	87. 临江山城	98. 辽源城子山山城
77. 集安大川哨卡	88. 柳河罗通山城	99. 吉林龙潭山城
78. 通化自安山城	89. 柳河钓鱼台古城	100. 吉林东团山城
79. 通化建设山城	90. 辉南辉发城	101. 吉林三道岭子山城
80. 通化南台山城	91. 辉南钓鱼台古城	102. 蛟河横道子南山山城
81. 通化太平沟门山城	92. 盘石纸房沟坝城	103. 蛟河拉法小砬子山城
82. 通化依木树古城	93. 盘石大马宗岭山城	104. 蛟河六家子东山山城
83. 通化英戈布山城	94. 盘石城子沟山城	105. 图们城子山山城
84. 浑江东马城址	95. 抚松大方顶子城址	106. 珲春萨其城

　　高句丽山城的规模大小不一，周长在3000（含）米以上的大型山城约为1/4，其中最大的周长超过万米；周长在1000（含）～3000米之间的中型山城，将近一半；周长在1000米以内的小型山城，目前发现稍多于1/4，它原来的数量应更多一些。大、中、小不同规模的山城互相照应，构成了高句丽严密的防御体系。

　　高句丽山城大都修筑在依山傍水之处，在山势、地形的选择，以及平面的布局诸方面大体形成了簸箕型、山顶型、"筑断为城"型和左右城、内外城四种类型。

　　簸箕型山城多修筑在环形山脊之上，山脊往往是三面高一面低，山势陡峭之处多以悬崖为壁，不筑城墙，而山势平缓低凹之处则必修城墙，城内有纵深的山谷和开阔的坡地。这类山城最便于兵民驻防和储藏器备，数量占山城总数的一半以上，而且多为大中型，如集安丸都山城、西丰城子山山城、铁岭催阵堡山城、沈阳石台子山城、海城营城子山城、盖州青石岭山城、金州大黑山山城、吉林市龙潭山山城、延边城子山山城等（图一）。

　　山顶型山城皆位于山顶之上，城内地势高亢，而且多较平整，四周多为悬崖陡壁，或一面稍微缓和。缓和之处修筑城墙，其他地方或以悬崖为壁，或再筑城墙。此类山城数量很少，高句丽初期王城桓仁五女山城最为典型。该城位于桓仁县城东北8.5千米、浑江对岸的五女山上。五女山海拔800余米，主峰自半山腰突兀直上，形成高逾百米的悬崖陡壁。山城分山上、山下两部分，周长达4754米。山上部分位于山城西南部的主峰上，城内地势比较平坦，近年发掘在此发现了高句丽政权初期与中期的大量遗迹和遗物（详见本文"桓仁高句丽遗迹"）（图二）。21世纪初发现的本溪平顶山山城与五女山城颇为相似，规模也不小，周长3183米。此两座山城之外，多为周长

图一　集安丸都山城

图二　桓仁五女山城

不足1000米的小型小城，个别的才一二百米，所以山顶型山城绝大部分是用于关隘哨卡和大中型山城的卫城。

"筑断为城"的名称，来源于文献对乌骨城，即凤城凤凰山山城之"东西二岭，壁立千仞……高丽于南北峡口筑断为城"的描述。凤凰山山城周长15995米，其中人工石砌城墙7525米。人工墙首先是封堵南、北峡口，其他则是修在东西两侧的山脊上。城内地势宽阔，同样便于驻兵民、藏器备。凤凰山山城修得如此之大，是因为它正好处于辽东至平壤的交通要道上，对于高句丽迁都平壤之后的政权安全，起着举足轻重的作用（图三）。其余该型山城，多规模较小，有的筑于山间谷口，属于关隘哨卡。

左右城、内外城，是指在平面布局上有相互联系的两城，而其中的某一城又可以是上述的簸箕型或山顶型。左右城迄今发现两座，即抚顺高尔山城和柳河罗通山城，皆是大型山城，而且外形相似，左右相连，犹如肺叶。两城一主一次，重要遗迹集中于主城内（图四）。内外城山城发现稍多，布局又略有区别。一种从外形上看是一座山城，中间再筑一道城墙将其分为两城，一内一外。另一种是内城单为一城，在内城地势低平的一侧另筑外城，与内城相连或半包。

山城的城墙以石筑为主，土石混筑、土筑的很少。石筑的山城贯穿、分布于高句丽的整个时期及整个地区，而土石混筑、土筑的山城多位于中后期的西部防线。石筑城墙内外壁的石材一般都要经过加工，呈方形或长方形，也有的是一头大一头小的楔形石。墙的内部用扁条石层层交错叠压拉结，缝隙间用碎石填塞。

为了加强防御，在山城城墙的拐角处和制高点上多筑有高台，以便于瞭望，有的高台上原来还可能有角楼之类的建筑。部分山城内也有利用原来高岗或经人工修筑而

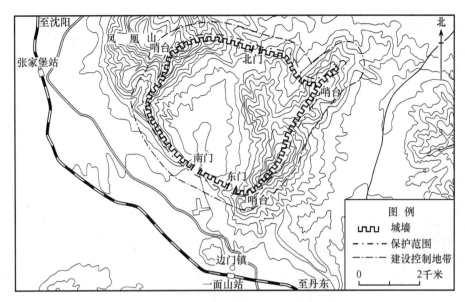

图三 凤城凤凰山山城平面图

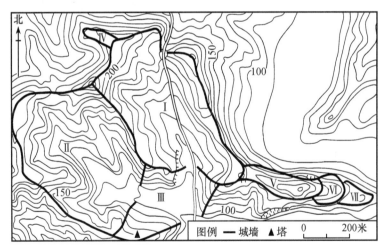

图四 抚顺高尔山城平面图

形成的瞭望高台。有的山城，在城墙内侧分布着大小不等的圆形土坑，可能是戍守兵士的居住址。石筑城墙顶上常再筑女墙，在不少山城女墙的内侧又发现成排的小型石洞。小型石洞的具体作用，说法不一，但都与防御有关。中后期山城的城墙外侧，又往往修有马面。有的山城内还发现了仓库建筑遗址和烧瓦窑、冶铁遗迹。

一座山城可以开几个城门，只有个别小型山城才开一个城门。主要城门位于山势比较平坦、便于出入的一面，而城内有水溪的话，则从此流出，所以在城门旁往往修筑涵洞。为了加强防御，重要城门又多修有瓮城。为了保护水源，很多山城内修了蓄水池、水井、水坝等设施（图五）。

图五　沈阳石台子山城蓄水池

在个别大中型山城附近发现平原城，形成山城与平原城相结合的格局。比如鸭绿江江口之内不远处的宽甸虎山山城和丹东叆河尖古城，则是其中的重要一例。叆河尖古城曾出土"安平乐未央"铭文瓦当，考证该城原是汉辽东郡西安平县县治所在。形成这种山城与平原城相结合的格局，最典型的还是位于集安的高句丽的两座王城丸都山城和山城下的国内城。

丸都山城是位于今集安市区西北2.5千米处的山城子山城。该山城始建于公元3年高句丽政权迁都于集安之初，开始叫尉那岩城，3世纪初改称丸都城。山城城墙沿环形山脊以石砌成，周长6947米。依地势修建成内凹瓮城的山城正门位于南侧低洼之处。正门之内有瞭望高台、蓄水池和大型宫殿址。沿正门之前的通沟河顺流而下不远处，则是国内城。国内城乃集安市区内平原城，地处流入鸭绿江的通沟河河口左侧。城址平面呈长方形，周长2686米。石筑城墙，外壁下部逐层内收，呈阶梯状。城墙四周设有马面，四角有的发现角楼遗迹。发现城门七处，有的设瓮城。城内先后发现多处遗迹，其中城内中部偏西处的建筑址等级较高，推测这一带是原王室所在。两座城址发掘中出土的大量建筑瓦件，多呈红色，板瓦饰方格纹、席纹，瓦当的花纹是莲花纹、忍冬纹和兽面纹。文献记载，高句丽政权以今集安为都期间，向西通往辽河流域有南、北两条交通道路。关于两条道路的走向，一直受学术界所关注，先后发现了多处相关的山城和关隘哨卡遗址（详见本文"集安高句丽城址"）。

与山城有关，文献记载高句丽晚期为加强西部防线而修筑了千里长城，"东北自扶馀城，西南至海，千有余里"，"筑长城千里，东北首扶馀，西南属之海"。对此，有学者先后进行了考察。有的认为该长城是北起西丰城子山山城、南至金州大黑山山城的"千里山城联防线"，有的认为该长城是南起营口，北至德惠松花江南岸的土筑墙垣。有关考察工作，还将继续进行。

（二）墓葬

同古城一样，墓葬是高句丽的另一项主要遗迹，在高句丽势力所到之处，多有墓葬发现，而集中发现仍是在桓仁、集安两地，尤其是集安地区。位于集安市区周围的洞沟古墓群，1997年复查尚存墓葬6854座。高句丽墓葬的类型，从外观上可分为"积石为封"的积石墓和以土为封的封土墓两大类型，数量大体等同。积石墓早，自高句丽政权建立之前到5世纪末，封土墓晚，自4世纪初到高句丽政权灭亡，四、五两个世纪是两大类型交替演变的时期。积石墓是高句丽本民族的墓葬类型，封土墓是高句丽受中原文化影响后所形成的墓葬类型。在积石墓向封土墓的演变过程中，墓葬的外部结构和内部结构都在变化。

具体分析，同是积石墓和封土墓，又各有不同，尤其是积石墓又可划分出几种类型。积石墓类型划分，既要注意墓葬外部结构的变化，又要注意墓葬内部结构的不同。积石墓的外部结构可分为无坛、方坛和方坛阶梯三种。所用石料有河卵石、自然石块和加工过的石材，有碎有整，有粗有精，并不一致。无坛，则是先用大的河卵石或石块在地表之上堆出略呈方形或长方形的边框（或称墓基），再用碎石（小的河卵石或石块）把整个墓葬包封起来，成为不甚规则的封石堆。方坛，则是在墓葬四周用大型石块和石条砌筑出一层规整的台阶，台阶之上再以碎石封顶，该结构又被称为有坛、基坛等名称。方坛阶梯，是在上述方坛之上用规整石块再筑方坛，通常为三级，也有更多的，逐级内收叠压，成阶梯状，上边以碎石封顶，故称之为方坛阶梯，该结构又被称为阶坛、阶台。方坛阶梯还有一种自内到外砌筑高矮不等阶墙的建造方法，外观与上述逐层平筑叠压的效果差别不大，也归入方坛阶梯。积石墓的内部结构可分为石圹和石室两种。石圹指的是石砌四壁、上无盖顶石，一般无门无墓道。石室则是上有盖顶石，并且有门有墓道。将积石墓外部结构和内部结构相结合，可以组成表二中所列的几种类型。

表二中所列积石墓的类型计六种，即无坛石圹墓、无坛石室墓、方坛石圹墓、方坛石室墓、方坛阶梯石圹墓、方坛阶梯石室墓。其中外部结构是无坛的可统称为无坛积石墓，是方坛的可统称为方坛积石墓，是方坛阶梯的可统称为方坛阶梯积石墓；内部结构是石圹的可统称为积石石圹墓，是石室的可统称为积石石室墓。

表二　高句丽积石墓类型

外部 内部	无坛	方坛	方坛阶梯	
石圹	无坛石圹墓 　1	方坛石圹墓 　2 　3	方坛阶梯石圹墓 　4 　5	积石石圹墓
石室	无坛石室墓 　6	方坛石室墓 　7 　8	方坛阶梯石室墓 　9 　10	积石石室墓
	无坛积石墓	方坛积石墓	方坛阶梯积石墓	

注：1. 集安下和龙M8　2. 桓仁冯家堡子M2　3. 集安禹山M324　4. 桓仁高力墓子村M23　5. 桓仁高力墓子村M15　6. 凤城胡家堡子M2　7. 桓仁高力墓子村M1　8. 集安榆树林大高力M31　9. 桓仁高力墓子村M21　10. 集安将军坟

积石墓的外部结构，从无坛—方坛—方坛阶梯，积石的规模多是逐渐增大，尤其是那些王室贵族级的大型方坛阶梯积石墓，边长达几十米，是其他墓葬无法比拟的。残存的随葬品种类，也是从一般陶器、铁器逐渐增加到釉陶器、铜器、银器、鎏金器。所以，积石墓外部结构之无坛、方坛和方坛阶梯，尽管开始阶段会有先后出现和逐渐完备的发展顺序，但后来长期并存期间则体现的主要的不是年代早晚的不同，而是等级高低的差别。另有一种情况，由于高句丽墓葬中存在少量双圹、双室或三圹、三室之异穴同封的葬俗，所以此类墓葬可能等级不高，但是也要修得大一些，使用了方坛或方坛阶梯。

关于积石墓的内部结构，墓葬分布之顺山谷、河流走向呈纵行排列的原始葬俗存在于石圹结构的墓葬中，而在石室结构的墓葬中则很少看到；火烧迹象也只存在于石圹结构的墓葬中，而在石室结构的墓葬中并未发现；还有葬具遗物，在大中型的石圹墓中发现的是铁扒锔，说明使用的是木椁，而在石室墓中发现的是棺钉。所以可以说，积石墓内部结构石圹到石室的变化，不是墓葬等级的不同，而是墓葬年代先后的差别。积石石圹墓从高句丽政权建立之前开始，一直延续到5世纪，其间在3世纪末4世纪初又出现了积石石室墓，而它们结束的年代基本是同时的，大概到5世纪末。积石石室墓数量不多，是积石石圹墓向封土石室墓转变的过渡形式。5世纪末以后，高句丽的墓葬则完全是封土石室墓了。

同样是在四、五世纪，墓葬内部还发现另一种结构，即石砌四壁的墓圹不见盖顶石，而在一侧石壁却开门、外接墓道，墓道两侧多置耳室。此石砌四壁形成的墓圹原来是否有顶已不得知，如果无顶则是保留石圹特色，如果有顶那就是石室了。为稳妥起见，现学术界称之为"圹室"。这种墓葬在桓仁曾有发现，在集安发现数例，但总体数量很少，多为中型。如果该类型确实存在，则应是积石石圹向积石石室转变中的一种过渡形式。

在积石墓当中，分布于集安的十几座规模巨大砌筑考究、属于高句丽王陵的墓葬，早已被国内外学者所关注，其中最为著名的有将军坟、太王陵、千秋墓、西大墓和临江墓等。21世纪初对这些墓葬进行了清理，其外部结构为方坛阶梯，年代晚的则石材加工和砌筑技术越加规整坚固，其内部结构，年代早的为石圹，年代晚的为石室。在这些墓葬上边，普遍发现以灰色为主的板瓦、筒瓦瓦件，年代晚的几座墓上出现了云纹或莲花纹瓦当。有的墓葬还发现了精美的金属饰件。闻名中外的好太王碑即矗立在太王陵东北360米处（图六）；2012年在集安市区之西的麻线河右侧河边又发现一通新的高句丽碑，被称为集安高句丽碑或集安麻线碑（详见本文"集安高句丽积石墓"）。

高句丽封土墓内部皆为石室，所以全称为封土石室墓。该类墓中的大量中小型墓，这些年来先后发掘了几百座，可分为石棺（或石椁）、长条形石室墓、刀形石室墓、铲形石室墓几种。各类型中多为单室，少见双室，个别为三室，顶有平盖顶、叠

图六　集安好太王碑与太王陵

涩顶（穹隆叠涩和平行叠涩）、抹角顶（抹角叠涩），个别见覆斗形四阿顶。出土的残留器物有各种陶器、铁器和少量鎏金饰件。

历来颇受关注的是在部分大中型封土石室墓中发现了精美的壁画，其中桓仁1座，抚顺1座，其余29座皆在集安，保存情况较好的有十几座。这些壁画墓的年代在4世纪中叶至7世纪初，可划分为早中晚三期或四期。早期以角觚墓、舞踊墓、麻线沟1号、通沟12号为代表，中期（四期之二、三期）以长川2号、桓仁米仓沟"将军坟"和长川1号、三室墓为代表，晚期以四神墓、五盔4号、五盔5号为代表。集安还有6座积石石室墓和1座积石砖室墓中也发现了壁画残迹，它们的年代在四、五两个世纪。壁画墓的早晚变化主要表现在墓葬形制结构和壁画内容及技法诸方面。在四、五两个世纪同时存在几种类型和半前室-双室、主室外带耳室、单室等不同形制，反映了这一时期当地高句丽原有葬制与中原葬制两种文化的交叉融合，至6世纪以后则统一变为方形或长方形单室，显然是接受了南北朝后期墓葬的影响。封土石室壁画墓的主室及前室室顶总体上是由穹隆叠涩，经平行叠涩和四阿覆斗，渐变为大抹角。壁画内容，先是受汉魏晋墓葬影响，以反映现实的墓主人家内生活、出行和狩猎、战斗场面等为主，后随着中原佛教的传入，莲花、拜佛、飞天之佛教题材和莲花、"王"字云纹、环纹组成的织锦壁衣装饰图案急剧增加，最后演变为以四神图像及盘缠龙纹为主，而且作画也由原来长期使用的先涂白灰后绘画，改为直接绘在平整的石壁之上（详见本文"集安高句丽壁画墓"）。

由于壁画墓屡被扰乱，所以发掘中出土遗物很少。残存的遗物中，四耳展沿壶及同出的灶受到大家的关注。其质地多为釉陶，也有灰陶，四耳展沿壶的腹部由矮圆向瘦高发展，表示了年代的早晚（图七）。还值得注意的是，在壁画墓和大中型积石墓中，马具的构件也时有发现，包括衔镳、镫、鞍桥包片、銮铃、杏叶等，铁质或铜鎏金，有的制作相当精细。经比较得知，高句丽马具的出现和发展受到辽西地区鲜卑马具的影响，之后经高句丽又影响到朝鲜半岛南部和日本。

图七　集安长川4号墓出土四耳展沿釉陶壶

扩展阅读

吉林省文物考古研究所、集安市博物馆：《洞沟古墓群：1997年调查测绘报告》，科学出版社，2002年。

王绵厚：《高句丽古城研究》，文物出版社，2002年。

二、桓仁高句丽遗迹

高句丽早期及中期遗迹。桓仁县位于辽宁省东部。浑江在县东北界与自县内北部流来的富尔江汇合后，进入境内，向西绕桓仁县城南下，然后沿县南界向东，出县境不远即注入鸭绿江。富尔江和浑江古称沸流水。桓仁是高句丽政权于公元前37年始建至公元3年迁都今集安之前的王城所在。桓仁高句丽遗迹的年代多在高句丽早期及中期，包括古城与墓葬。

（一）古城

古城中最重要的是高句丽的早期王城五女山城。该城位于桓仁县城东北8.5千米、浑江对岸的五女山上。原来浑江从五女山东侧和南侧绕过向西流去，后因下流拦江筑坝，这一带多被水库淹没。五女山海拔800余米，居周围群山之首，山的主峰自半山腰突兀直上，形成高逾百米的悬崖陡壁。山城分山上、山下两部分，整体平面呈不规则长方形，南北长约1540米，东西宽350～550米，周长4754米，面积约60万平方米。山上部分位于山城西南部的主峰上，南北长600米，东西宽110～200米，其内地势比较平坦，南端有天然瞭望高台，中部有一侧经过人工砌筑的蓄水池以及旁边石砌的小滤水井。山下部分多为平缓的坡地，而遗迹较少（图八）。山城城墙只是在山下南面、东面山势稍缓的地方和山上重要豁口处以石砌筑，全长565米，其余4189米则皆是利用陡峭的悬崖和山脊为墙。石筑城墙的外壁一般用大石条起基，上面用楔形石错缝垒筑，并略有收分。墙内以棱形条石逐层叠压，并和外壁的楔形石犬牙交错，相互咬合，缝隙间填充碎石找平加固。内壁面砌筑用的是不规则的石条或石板。石墙内侧和顶部，有的地方还培土封护。城墙顶部外侧有的保留女墙，沿女墙内侧向下发现成行的小石洞。

城门共发现三处，即山下南门、东门和山上西门。南门位于山城的东南角，门道宽2.3米，其西侧是南墙东端垛头，东侧是落差10～20米的断崖。一条出入山城的重要道路从南门通过。

东门距南门150米，根据地势，门址南北两侧的城墙不在一条直线上，北侧的城墙靠外，在接近城门处内向西折，与门址南侧的南北向城墙之间留出4.3米宽的缺口作为城门，方向152°，所以东门的方向不是直接朝东，而是朝东南的。这种布局结构是高句丽山城中最原始的瓮城形式。出东门有一条重要的道路直至浑江右岸，入城则与沿墙道路相接。东门南侧的一段城墙保存最好，底宽4～6米，顶宽3～4米，外壁高3～6米，内壁高2～4米（图九）。墙顶外侧筑有女墙，宽1.2～1.5米，存高0.2～0.5米。靠近女墙内壁的根基处发现7个石洞，间距1.8～2米，洞口呈方形或长方形，长、宽一般在0.3米左右，洞壁平齐向下，深0.3～0.5米。

西门位于山上主峰西部的一条山谷的上口，山谷底宽上窄，两侧石崖陡立。门道内高外低，宽3米，方向300°。门道两侧筑石墙与石崖相接。南侧石墙较短，北侧石墙稍长，并呈曲尺状向外展开，而使门址略向内收形成内瓮。在门道外段的两侧，发现对置的两块门枢础石。在门道内段的两侧，各有一个内凹的石砌门卫室。西门外边，铺筑5层石阶，下接多曲"之"字形的"十八盘"古道而通往山下。在西门址的发掘中，出土了少许陶片和多件镞、削、甲片、车輨、钉等铁器，还有一件铜勺。

20世纪末至21世纪初连续几年的大规模发掘，主要是在山上部分进行的，共发现了五个时期的文化遗存。其中第三期为高句丽文化早期遗存，相当于两汉之际。第四期为高句丽中期遗存，相当于4世纪末至5世纪。在第三期发现了一座大型建筑址和四座半地穴建筑址。出土器物中多为陶器，有罐、盆、杯等，其中竖耳罐被认定为高句丽早期的典型陶器（图一○）。铁器有镢和锸。其他还发现西汉五铢和大泉五十铜钱各1枚。

第四期遗迹丰富，其中有大型建筑址两座，用于驻兵、哨所和居住的建筑址21座，同时还发现一个铁器窖藏。21座建筑址中，多为半地穴建筑，室内皆设有类似"火炕"的取暖设备，多为三烟道，少数为单烟道；多呈曲尺形，少数呈"U"字形（图一一）。本期遗物主要为陶器和铁器，其中在铁器窖藏的倒扣铁釜内发现的铁器

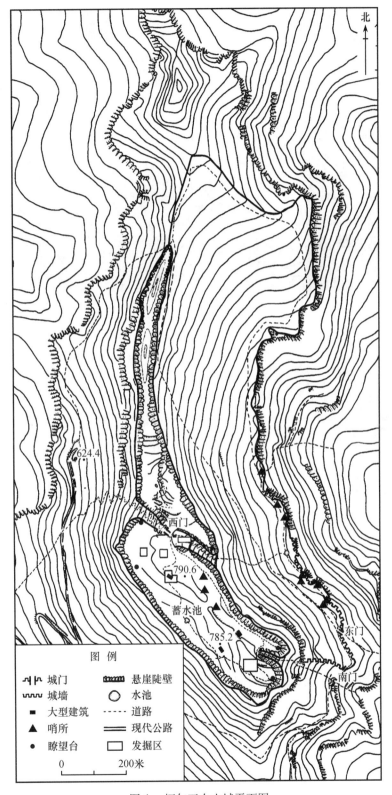

北

624.4

西门

790.6

蓄水池

785.2

东门

南门

图　例

╴╥╨╥╴ 城门　　╫╫╫╫╫ 悬崖陡壁

ⵤⵤⵤⵤ 城墙　　◯ 水池

■ 大型建筑　---- 道路

▲ 哨所　　═══ 现代公路

● 瞭望台　　▢ 发掘区

0 ————— 200米

图八　桓仁五女山城平面图

图九　五女山城东门南侧城墙

图一〇　五女山城第三期出土竖耳陶罐

就达300余件，釜底及釜侧覆盖着一层铁甲片，推测原是一件铁甲衣。陶器器类繁多，有瓮、罐、盆、壶、甑、瓶、盘、碟、器盖等，瓮、罐数量最多。器耳中横桥状耳最为流行，大多对置于器物腹部，一般为两个，也有的是四个，但数量较少。铁器中生活用具有釜、罐、削等；生产工具有镬、镰、斧、锤、铲、凿、锯、锉、钻、耙子等；车马具有锏、辖、镫、衔镳、带扣等；兵器有矛、镈、镞、甲片等。窖藏中出土的脚镣子，是目前发现的高句丽时期唯一的刑具。铁器中数量最多的是兵器中的铁镞，形式多样。大量铁镞及兵器的发现，说明山城的军事性能较强。

以上先后两期发现说明：高句丽人于高句丽政权建立之初就在五女山上居住，此为推定五女山城为高句丽政权早期王城提供了主要根据之一；公元3年高句丽政权迁都今集安后，该山城的重要地位仍在继续。《三国志》记载，高句丽"本有五族，有涓奴部、绝奴部、顺奴部、灌奴部、桂娄部。本涓奴部为王，稍微弱，今桂娄部代之。"学术界认为涓奴部的活动中心在桓仁一带，桂娄部的活动中心集安一带。公元前37年属于桂娄部的朱蒙在桓仁建立高句丽政权，40年后琉璃明王迁回集安。2世纪末，高句丽王位继承发生冲突，失势的一方，"与涓奴加各将下户三万余口诣康降，还住沸流水"，说明涓奴部在桓仁的势力和影响是根深蒂固、源远流长的。上述五女山城不同时期的发现可能与此历史过程有关联。今后的工作，建议有机会时对石砌城

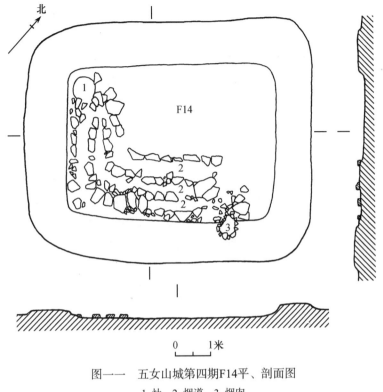

图一一　五女山城第四期F14平、剖面图

1. 灶　2. 烟道　3. 烟囱

墙进行解剖发掘，以探讨山城的修筑年代和过程。

　　在桓仁县城之西3千米的浑江对岸平地上，还有一座土城下古城子古城，由此溯浑江向上10千米可达五女山城，而且同位于浑江的一侧。今城内皆被民房覆盖，曾采集到竖耳、横耳陶器残片。1998年解剖城墙西北角，在夯土墙体叠压的一个灰坑里，出土了竖耳和柱状纽陶片，说明该土城的年代有可能早到高句丽政权建立之初，其确切年代及其与五女山城的关系，有待继续考察。

　　在桓仁县境内，还发现高俭地山城、城墙砬子山城、瓦房沟山城等山城。其中高俭地山城是由三座山头相互怀抱而形成的"簸箕型"山城，城墙砬子山城是"山顶型"山城。高俭地山城于2008～2009年进行了部分发掘。

（二）墓葬

　　桓仁境内的高句丽墓葬，20世纪50年代调查共发现了750座，之后几十年来新的发现又不断出现。墓葬的类型中积石墓明显多于封土墓。其中重要的墓葬有高力墓子村墓群和米仓沟"将军坟"壁画墓。

　　高力墓子村墓群位于五女山城东南5千米的浑江东岸、高力墓子村村南的一条山岗上。20世纪50年代对该墓群进行第一次发掘，多为积石墓，也有少量封土石室墓。积石墓的形制结构为积石石圹和积石石室。其中墓群南端为积石大墓区，共约70座。最南端高岗上为一座，其北邻为两座。再往北依次发展为四行，墓墓相连，凡北墓全无南壁，皆倚南墓北墙接砌。墓葬内部为石圹，外部为不甚规整的方坛阶梯。此显然是一处高句丽早期高官显贵的世代茔地，并且可能是基于氏族关系，按族系和行辈埋葬。发掘的积石石室墓和封土石室墓，皆为中小型，有的积石石室墓外部也砌筑不甚规整的方坛或方坛阶梯。20世纪90年代在此墓区进行第二次发掘，主要的也是方坛阶梯石圹串墓。此类墓葬普遍发现火烧迹象。两次发掘出土器物很少，陶器有罐、壶等，铁器有刀、矛、镞、马衔、带卡、鱼钩等，还有铜镯、银镯、鎏金饰片等。墓群中积石石圹墓的年代主要在汉代或稍晚，属于高句丽早期的墓葬，积石石室墓和封土石室墓要依次延后。

米仓沟"将军坟"壁画墓位于桓仁县城之南10千米处的一个小山岗上，1991年进行了发掘。这是一座大型封土石室壁画墓。封土周长170米，高7.2米。方形墓室，平行叠涩顶，甬道两侧开耳室。墓室四壁满绘侧视莲花，四壁上端梁枋绘变体龙纹图案，叠涩顶部绘侧视、正视莲花和"王"字云纹（图一二）。两耳室绘"王"字云纹。出土器物有釉陶四耳展沿壶、灶，还有铡刀、铲、斧等铁器，带扣、步摇活页、铃、铊尾、簪等鎏金饰件。该墓形制结构、壁画和出土的釉陶器与集安长川2号墓基本相同，皆为5世纪的墓葬。

近年在下古城子古城之南不远处、被称为望江楼的沿江小山包上发现了几座高句丽早期积石墓，在城北1.5千米的上古城子村附近也分布有高句丽的墓葬群。两处墓葬的类型多为积石石圹墓，说明其年代较早。另，2006～2007年对桓仁县城之西25千米处的华来镇冯家堡子积石墓进行了发掘，其类型有无坛石圹和石室、方坛（方形或长方形）石圹和石室，此为考察高句丽积石墓的类型与演变提供了比较典型的例证。

图一二　桓仁米仓沟"将军坟"壁画墓后壁和叠涩顶部壁画

扩展阅读

陈大为：《桓仁县考古调查发掘简报》，《考古》1960年第1期。

武家昌、梁志龙、王俊辉：《桓仁米仓沟高句丽壁画墓》，《辽宁考古文集》，辽宁民族出版社，2003年。

辽宁省文物考古研究所：《五女山城：1996～1999、2003年桓仁五女山城调查发掘报告》，文物出版社，2004年。

三、集安高句丽城址

高句丽中期的王城及关隘、城堡遗址。集安市位于吉林省东南部，东界鸭绿江与朝鲜接壤，西边与桓仁为邻。长白山余脉老岭斜贯境内，岭南的大小河流南入鸭绿江，岭北的大小河流北入浑江。集安市区所在，乃鸭绿江中游右岸的一个狭长盆地，发源于市区北侧老岭的通沟河从市区西侧流过注入鸭绿江。这里空气清新，山清水秀，被誉为吉林省的小江南。公元3年高句丽政权自早期王城所在、今桓仁"迁都于国内"，即今集安地区，到427年"移都平壤"之前，一直以此为都。这里有两座王城城址，一座是位于集安市区西北2.5千米处的山城子山城，即丸都山城，一座是位于市区内的平原城，即国内城。《周书·异域传》曾对高句丽427年迁都平壤后的王城记载为："其城，东西六里，南临浿水。城内唯积仓储器备，寇贼至日，方入固守，王则别为宅于其侧，不常居之。"其实，丸都山城和国内城正是这种布局，由此说明高句丽王城之山城和平原城互相结合的布局在以今集安为都的时期就已经形成了。

（一）丸都山城

丸都山城乃山城子山城，但不是山城子山城开始的名称。文献记载琉璃明王二十二年（公元3年）"迁都于国内，筑尉那岩城"，此"国内"是指今集安地区，"尉那岩城"则是山城子山城。山城子山城开始称丸都城，是在2世纪末，今称之为丸都山城。山城沿环形山脊修筑，周长先后发表为6951米和6947米。东面、北面山脊略为平坦，故多在山脊顶外侧石筑城墙。城墙的结构，内外两面用楔形石，中间用梭形石。外墙面从底部开始向上逐层略为回收内倾。山城西北角有一峰顶，城墙绕峰顶外侧修筑，上与峰顶平齐，形成直径8米的圆台。此是山城的最高点，站圆台之上，北眺小板岔岭，西望麻线沟，皆一一在目。山城西面山脊起伏较大，中间有一高峰，高峰两翼山势险峻，南段之石墙多已塌毁。山城南墙修建在下临通沟河的绝壁之上，也大部坍塌。从现存情况来看，东墙南段、西墙北段和北墙保存较好，其中以北墙为最好，有些墙段仍保留20多层，高达5米左右。在北墙和西墙的个别地方发现补砌迹象，补砌的石材比较扁薄，不同于其他地方普遍用的是楔形石。城墙顶部外侧修有女墙，高0.78~1.3米，宽0.73~1米不等，西墙有一处竟高达2.8米。女墙内侧发现方形或长方形石洞，其中东墙连续保留的五个石洞，长宽在（0.2~0.4）×（0.15~0.4）米之间，深0.3~0.55米，间距1.3~1.9米（图一三）。

全城共发现门址七处，西墙仅在南端发现一门，其他三面各有两门。其中南墙正门、南墙西门和西墙门近年先后进行了发掘。

南墙正门位于山城的南谷口，谷口外是通沟河。山城南墙沿河谷断崖修筑到谷口两侧则内向曲折，形成横宽115.1米、纵深最大距离达56.5米的内瓮城。门址位于瓮城中部低洼处，现进城山路仍自此通过，山城内溪水从路边流向城外。门址破坏严重，具体形制不清。门址东西两侧瓮城墙，内外墙面用楔形石错缝垒砌，光滑平整，墙心

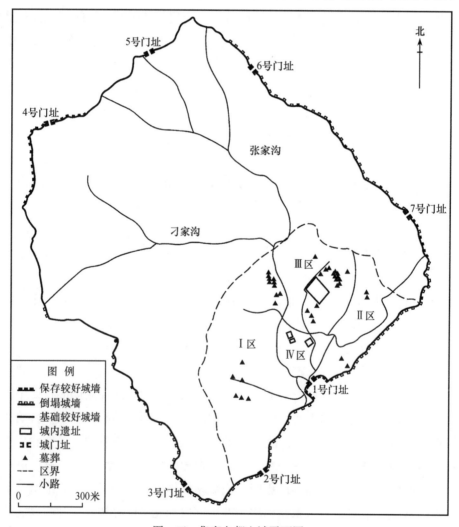

图一三　集安丸都山城平面图

则用梭形石和板石穿插筑成。东侧墙残高6.5米，宽13米，墙基中部有一排水涵洞。西侧墙残高6米，宽12米，墙基中部有两个排水涵洞。另根据上述现在溪水的流向，推测门道的下边还有一个排水涵洞。

瓮城东西两侧的南北向瓮城墙修筑得同样坚固，其中西侧的南北向瓮城墙保存较好，外壁用楔形石垒砌，现存20余层，高5米余，内壁存高1.5米。在两侧南北向瓮城墙南端与东西向城墙交接处，各有一个砌筑工整的角台，现高6米，类似一对拱卫城门的阙台。角台周边发现瓦件和烧土，说明上边原有瓦顶建筑。

山城内分布有瞭望台及戍卒建筑址、蓄水池、宫殿址、墓葬等遗迹，其中瞭望台、蓄水池、宫殿址，近年进行了发掘。

瞭望台俗称"点将台"，位于南墙正门内100米处的一个小土丘上。登台南望，掠过通沟河谷及两岸山川，一直看到集安市区。瞭望台主体建筑是一圆角长方形石筑高台，长6.7米，宽4.5米，残高4.5米。靠瞭望台北壁修有登台的左右石台阶。戍卒建筑址位于瞭望台北侧的台地上，南北长约16米，东西宽约9米，地表现存础石18个。

蓄水池俗称"饮马湾"和"莲花池"，位于瞭望台东南30米的一片洼地中。池底有泉，常年不枯。蓄水池平面为圆角方形，周长146.3米。其中南壁东段和东墙南段保存较好，残深1.8米。池壁以块石砌筑，顶上和外侧又用灰色膏泥与黄色黏土做了防水保护层。

宫殿址位于瞭望台东北320米处的平缓山坡上，距南墙正门460米，坐东朝西，方向234°。宫殿址四周石筑宫墙，东墙长91米，西墙长96米，南墙长70米，北墙长75米，周长332米，呈不规则四边形。宫墙内依东高西低之地势筑四阶台基。每阶台基之上分布着数量不等的建筑址，多为长方形，个别为方形，其中西数第二阶台基上有两座为八角形。一阶与二阶台基之间设南北宽88米、进深9～15.5米的广场，广场西侧有一座方形建筑址。宫殿址正门位于宫墙南壁中间，其后有踏步与各阶台基相通，构成整座宫殿址的中轴线（图一四）。

上述发掘中出土最多的遗物是建筑瓦件和铁器。瓦件包括板瓦、筒瓦和瓦当，均为红色或以红色为主。板瓦饰绳纹、方格、斜方格、席纹等纹饰，筒瓦素面。在部分筒瓦和板瓦上发现刻画或模印、抹压的符号和文字，其中在宫殿址上发现了"小兄"文字的瓦件。瓦当的纹饰为兽面纹、莲花纹、忍冬纹。宫殿址发掘中还出土了多个圆形、八角形础石。铁器中出土最多的建筑用的铁钉，其他还有环、鼻、箍、折叶、马掌、带具、凿、矛、镞、钉履等。日用陶器出土不多，只在宫殿址出土了罐、盘、盆、盅等十余件（图一五）。

丸都山城地势险要，防守严密。3世纪中叶，毌丘俭讨伐高句丽，"束马县车。以登丸都"，就是此山城。毌丘俭纪功碑于20世纪初在山城西北十多千米的板岔岭山坡上发现。

图一四　丸都山城宫殿遗址平面图

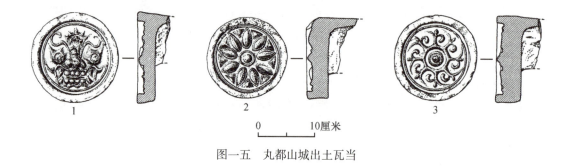

图一五　丸都山城出土瓦当

（二）国内城

　　国内城即位于流入鸭绿江的通沟河河口左侧的集安市区内平原城。《通典》卷一八六记："马訾水一名鸭绿水，……去辽东五百里，经国内城南，又西与一水合，即盐难水也。"此马訾水、鸭绿水，即鸭绿江，辽东、即今辽阳，盐难水，即浑江。集安市区内平原城与此记载相符。该城平面呈长方形，1984年测的是周长2686米，以后测的少有不同，但变化不大。城墙皆用巨大花岗岩石条垫基，宽10米左右。墙基以上石筑城墙，外壁均用加工后的花岗岩楔形石材垒筑，下部逐层内收，呈阶梯状，然后直砌向上。城址西靠通沟河，其他三面外侧均修有壕沟。城墙四周筑有马面。西南角和东南角发现角楼址，西北角受损不清，东北角呈弧形转角，转角两端各有一个马面（图一六、图一七）。

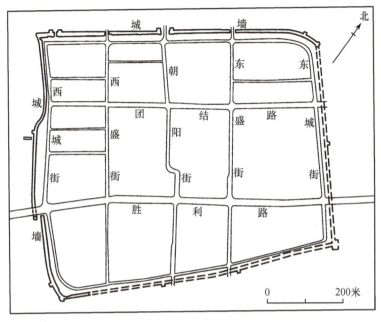

图一六　集安国内城平面图

据考古调查发掘和对文献记载分析，国内城石墙始筑于4世纪中叶或3世纪中叶，之后高句丽又对其进行过增修。那么，在此之前此处是否有城存在呢，1975～1977年的试掘，在石墙地下发现了剖面呈弓形的坚硬土垄，后称之土墙。该土城的年代，学术界提出从3世纪中叶向上到汉代和战国晚期，由高句丽或中原郡县构筑的不同看法。之后，21世纪初对北墙和东墙的解剖否认了该土墙的存在，其中东墙的发掘认为石筑墙体内部的土筑部分和其内外两侧之石筑或土石混筑的墙体皆为一体构筑，是石筑城垣的内部土芯，而非年代早于石墙的土筑城垣，解剖地点的国内城城

图一七　国内城东北角城墙与马面

垣的始建年代不早于公元4世纪初前后。该问题涉及高句丽政权迁都到此地后的社会组织与社会生活等，需要在以后的调查发掘和研究中继续考察、探讨。

现存石墙经先后调查和发掘，推定开城门七座，南面一座，其他三面各两座，有的设有瓮城。西墙南门之南北两侧城墙不在一条直线上，北侧城墙靠外，至此与南侧城墙之间形成一个南向缺口。城门门道就修在这个缺口处，形成具有特色的瓮城。西墙北门没有进行全面发掘，而在原调查推测的城门处，发现了外折的墙基、东西向的石砌排水涵洞及其南北两侧的墙基。推测复原，此外折墙基和排水涵洞南北两侧的墙基共同组成了瓮城墙基，石砌排水涵洞则是由瓮城向外排水用的。

城内先后发现多处遗存，1963年曾出土"太宁四年太岁□□闰月六日己巳造吉保子宜孙"灰色卷云纹铭文瓦当，近年在中部偏西原体育场地点清理出四座地面建筑址。墙基以河卵石石块垒砌，室内仍能看出可能是取暖设备留下的曲尺形红色土面迹象。该建筑址附近过去曾发现古代墙基、大型覆盆础石和八角形础石、大量的红色瓦件，推测这一带原是高句丽王室所在。上述各处发掘中发现大量建筑瓦件和盆、罐等生活用陶器及少量釉陶、青瓷残片。瓦件的颜色、纹饰与丸都山城所出基本相同。

在国内城东边发现东台子建筑址和民主遗址及石柱。东台子清理出四座由回廊相互连接的房址，其中第一座保存较好，东西15米、南北11米，室内设曲尺形取暖设备"火炕"，中央列长方形石座。出土遗物有八角形础石、大量红色瓦件和多种陶器、铁器等。该建筑址可能是王室宫室或祀奉土神农神的地方。民主遗址面积较大，清理出三个大型院落，但保存不好，遗物很少，出土了一枚"开元通宝"铜钱。两根石柱立于民主遗址东侧十几米处，高3米余，呈东西排列，间距40米。石柱北侧，皆发现石墙基。

在国内城北的禹山脚下还有一处梨树园子南遗址，曾发现大型础石和与东台子建筑址所出基本相同的莲花纹、忍冬纹、兽面纹瓦当，以及精致的鎏金箭头、白玉耳杯等遗物。

（三）交通道路及关隘、城堡

文献记载高句丽以今集安为都时期，向西通往辽河流域有南、北两条道路。两条道路的具体走向，学术界仍未达成一致意见。与此相关，经以往调查在集安境内也曾发现两条交通道路。

南侧一条从集安市区出发，经麻线沟、小板岔河，登板岔岭，然后沿新开河谷地顺流下行，直至浑江渡口，全长约80千米。山路险峻，崎岖难行，沿线设望波岭关隘和霸王朝山城。该条道路过浑江后，溯富尔江而上，抵新宾县东界旺清门，向西经新宾县城，永陵、木奇镇，继续顺苏子河河谷西行即达抚顺、沈阳（当时玄菟郡所在）。望波岭关隘修建在新开河上源，从一侧山腰伸向河谷之高岗上的石墙将新开河河谷横腰拦住，大有"一夫当关，万夫莫开"之势。霸王朝山城位于新开河汇入浑江河口右侧的高山上，充分利用山岭的悬崖峭壁，在山势凹伏，以及南面谷口平缓处石筑城墙，周长1260米。山城扼守高句丽西去水陆交通要道，地理位置十分重要。这条道路是上述学术界都认可的一条道路，只是属于文献记载中的北道还是南道持不同意见。

北侧的一条从集安市区出发，逾土门岭，翻老岭，顺韦沙河河谷逶迤而行抵浑江，全长约90千米，沿途发现关马山城和大川哨卡。此条道路是学术界中以上条道路为南道的对应北道。关马山城位于韦沙河上源之清河河谷，在一条小河流入清河而形成的"丁"字形河谷三端垒砌石墙，两侧依山，筑断为城。城内地势平坦，水源充足，可驻大批军队。由此顺清河而下7.5千米则是大川哨卡。哨卡修筑在清河之北400米处的一座山崖上，石墙依山势围筑，略呈圆形，周长153米，是居高临下扼控河谷通道的险要据点。

扩展阅读

吉林省文物考古研究所、集安市博物馆：《丸都山城：2001～2003年集安丸都山城调查试掘报告》，文物出版社，2004年。

吉林省文物考古研究所、集安市博物馆：《国内城：2000～2003年集安国内城与民主遗址试掘报告》，文物出版社，2004年。

吉林省博物馆：《吉林辑安高句丽建筑遗址的清理》，《考古》1961年第1期。

四、集安高句丽积石墓

集安以积石为封的高句丽王室贵族和平民墓葬。高句丽墓葬分为积石墓和封土墓两大类型，积石墓的年代自高句丽政权建立之前到5世纪末，是高句丽本民族的墓葬类型，封土墓自4世纪初到高句丽政权灭亡，是高句丽接受中原文化影响后形成的墓葬类型。桓仁地区的高句丽墓葬中绝大部分是积石墓，平壤地区的高句丽墓葬中绝大部分是封土墓，而集安地区的高句丽墓葬，封土墓与积石墓大致等同，此与两类墓葬的流行年代和集安地区持续重要的地位是直接相关的。

（一）墓葬分布与调查发掘

分布于集安境内的高句丽墓葬很多，大小墓群有十余处。老岭山脉斜贯集安全境，少数墓群位于岭北新开河与韦沙河的两侧，这两条河谷也是高句丽以集安为都时期通往辽河流域的古道；绝大多数墓群位于岭南之鸭绿江右侧的大小河流流域，其中最大的墓群是位于集安市区周围的洞沟古墓群。该墓群之内又划分为禹山、山城下、万宝汀、七星山、麻线和下解放六个墓群，1980年发表的1966年调查的总数是11300座，1997年调查测绘时现存墓葬为6854座，注销3928座，同时重新确定1966年统计的总数为10782座。各个墓群内部，往往是积石墓和封土墓都有，只是相对数量不等。具体布局，积石墓多在山坡与河旁台地的较高处，封土墓所在地势则较低，但是也有后插入积石墓群之中的（图一八、图一九）。

对于上述墓群，几十年来在调查的同时先后进行了多次发掘。其中位于集安市区东北40多千米的良民墓群，绝大多数是积石墓。20世纪60年代鸭绿江云峰水库蓄水之前调查了170座，发掘了30多座，然后墓群则被水库淹没。2006年就水库大坝维修、库

图一八　集安洞沟古墓群麻线墓群

图一九　集安洞沟古墓群山城下墓群

区水位下降之机集中调查和发掘，共发现墓葬2753座，发掘73座。该墓群前后两次调查发掘为探讨中小型积石墓类型提供了可贵资料。再如集安市区西南12千米的上、下和龙墓群，也是积石墓占绝大多数，1982年发掘了一部分，2010年又调查发现了新的墓葬。墓葬规模不大，等级较低，同样为分析该类型积石墓提供了比较典型的资料。相比之下，发掘工作进行最多的还是在洞沟古墓群。自清代末年好太王碑发现开始，洞沟古墓群即受到国内外社会各界的关注。新中国成立后，在有计划地保护和调查的同时，结合各项工程建设，从20世纪50年代开始到21世纪初我国"高句丽王城、王陵及贵族墓葬"世界文化遗产成功申报和申报之后的保护及研究，先后进行了多次发掘，包括积石墓和封土墓，总数达千座以上。发掘的积石墓的规模由小到大、等级从一般平民到王室贵族、年代从政权建立前后到5世纪的各类型墓葬比较齐全，同时在葬具、葬俗和随葬品诸方面，都有相应的发现，为全面认识和研究积石墓的类型、年代等问题积累了比较完备的基础资料。

积石墓将其外部结构和内部结构相结合，可以划分为无坛石圹墓、无坛石室墓、方坛石圹墓、方坛石室墓、方坛阶梯石圹墓、方坛阶梯石室墓六种类型，分别代表着等级和年代方面的不同含义（详见本文"高句丽遗迹"部分）。

（二）大型积石墓王陵

集安积石墓中有几十座规模巨大、砌造考究的大型方坛阶梯积石墓，一直受到各界关注。21世纪初为准备申遗，清理发掘后确定了13座为王陵；同时还确定了10余座为王陵备选墓葬，其中少数进行了发掘。后来有学者将集安市区东北约31千米之鸭绿江右岸的蒿子沟1号墓也推定为王陵（图二〇）。

上述墓葬之所以被确定为王陵或王陵备选墓葬，其主要特点如下：

第一，墓葬规模巨大，砌造考究。过去一直认为千秋墓规模最大，21世纪初测的底边长宽是60.5～71米，高11米，属于第二大，而规模最大的是禹山临江墓，底边长宽为71～76米，高10米。石材加工和墓葬修筑，年代越晚越加精细和坚固。

第二，墓葬所在地势，从山崖高坡逐渐下移到山下平岗高地，周围开阔，独立为陵，并发现墓域、祭台、陪葬墓、陵寝建筑、排水系统等设施。

第三，墓葬外部为方坛阶梯结构，先是阶墙构筑法，后逐渐变为叠压平筑法。底部四周立靠大的护坟石。墓葬内部结构多被扰乱毁坏，但是年代早的是石圹、年代晚的是石室、由石圹向石室的转变，还是很明确的，石室墓中有的使用了石椁。

第四，墓葬上普遍出土瓦件。瓦件的颜色多为深浅不等的灰色，也有深浅不等的褐色。板瓦、筒瓦的纹饰由粗细绳纹逐渐转变为素面，檐头板瓦后来流行压印纹，筒瓦瓦唇由平缓逐渐变为折唇。瓦当出现较晚，开始流行的是云纹，后来则是莲花纹。

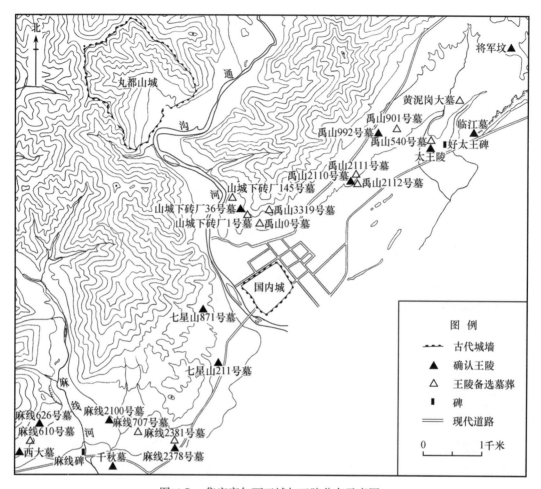

图二〇　集安高句丽王城与王陵分布示意图

（参照《集安高句丽王陵：1990～2003年集安高句丽王陵调查报告》图一绘制，个别处修改补充）

在年代较早的几座墓上或墓下还发现熔石，有的熔石与瓦件烧结在一起。

　　第五，尽管墓葬皆被扰乱盗掘，出土的器物并不算多，但种类还是比较齐全的。陶瓷器中釉陶、青瓷器的发现对墓葬的断代提供了重要参考。铁器中常见的是镞、甲片和车马具等。铜器、鎏金器和金器多是装饰品，其中摇叶及各种步摇构件尤为突出。

　　根据文献记载，高句丽第二位王琉璃明王至第十九位王好太王皆是葬在今集安地区，第二十位王长寿王也可能是葬在此处。根据高句丽墓葬的类型演变和文献记载，除第四位王闵中王是葬在"石窟"中外，这个时期的其他王陵都属于大型积石墓。上述大型积石墓王陵，根据墓葬形制结构和出土遗物，可以推断出年代早晚，但是要确定其中某一座墓具体是哪一位王的陵墓，则是比较困难的。对此，几十年来学术界讨论最多的是太王陵以及与太王陵年代接近的将军坟和千秋墓。

　　太王陵位于集安市区之东4千米处的一个高地上，为大型方坛阶梯石室墓，底边长宽62.5～68米，高14米，四周有巨石倚护，保存状况不好。石室位于墓葬顶部，西向，长宽2.96～3.24米，高3米，内置两坡屋面石椁，椁内摆放两个石棺床。地面设施完备，瓦当的莲花花纹比其他墓发现的都复杂，出土的随葬品也最为齐全精致。太王陵自发现以来之所以称太王陵，源自墓上发现的"愿太王陵安如山固如岳"铭砖，至今同样的铭砖已陆续发现多块。2003年对太王陵进行大规模发掘，出土铁甲片多达237件，首次发现铜灶，出土3件铜铃，还出土了马镫、节约、杏叶和帐钩、幔架、案足、案饰，以及包括各种步摇构件在内的大量制作精美的鎏金、金质饰件。特别是在一件铜铃上边刻有"辛卯年好太王□造铃九十六"铭文。据考证，如果说"愿太王陵安如山固如岳"铭砖中的"太王"二字，还可做其他王解释的话，那么该铜铃铭文中的"好太王"三字，则非好太王莫属。因此可以推定，太王陵就是好太王的陵墓（图二一）。

将军坟位于集安市区东北7.5千米的龙山脚下，西南距太王陵2千米余。这里地势高亢，视野开阔，可以俯视整个通沟平野。墓葬保存较好，在以扁平河卵石和大石条铺垫的基础上，通体用1100多块精琢的花岗岩石条砌筑成七级阶梯。底级是四层石条，以上各级则为三层。墓葬四周，每边有三块巨石倚护。墓葬底边长宽31.7～33.1米，高13.07米，尽管规模没有太王陵大，但是石材加工和修筑技术比太王陵明显提

图二一　太王陵出土文物举例

1. 鎏金马镫　2. 铜铃　3. 铜灶　4. 鎏金案足

图二二　集安将军坟

升。墓室建于第三级阶梯之上，开口于五级中间，朝向西南。室内四壁各用六层石条砌筑，其上又用大石条作一层平行叠涩梁枋，然后以整块巨石盖顶，底边长宽5.43～5.5米，高5.1米，比太王陵石室增大许多（图二二）。

千秋墓位于集安市区西南3.5千米之麻线河口东岸200米左右的漫坡上，规模仅次于临江墓，稍大于太王陵。外部结构为方坛阶梯，但石材加工略粗，顶部已被破坏，从残留的大石条、石板，推测原有石室和石椁。该墓自发现以来之所以称千秋墓，源自墓上发现的"千秋万岁永固"铭砖，文字的风格与太王陵铭砖很接近。该墓出土的铜铃，造型也与太王陵出土的相同。

千秋墓、太王陵和将军坟都发现莲花纹瓦当，通过排比，千秋墓的早，之后是太王陵的，再后是将军坟的。千秋墓还发现太王陵和将军坟不见的云纹瓦当。因此，现在学术界多把将军推测为长寿王的陵墓，把千秋墓推测为故国壤王的陵墓。

（三）好太王碑与集安麻线碑

好太王碑矗立于太王陵东北360米处，发现于清代末年。碑身用一整块巨形角砾凝灰岩制成，呈不规则的方柱形，高6.39米，面宽1.35～2米。碑文四面环刻，计44行1775字，以东南面为第一面。该碑是公元414年高句丽第二十位王长寿王为其父高句丽第十九位王好太王树立的纪功碑。碑文书体基本为隶书，内容分三部分。第一部分追述了高句丽政权的创始传说和前三世王邹牟王、儒留王、大朱留王的承袭关系以及好太王本人的行状，这里记载的创始传说，是高句丽创始传说中最早的文字资料；第二部分利用碑文的一半篇幅追述了好太王一生征碑丽、伐百济、救新罗、败倭人、征东夫余等攻伐业绩；第三部分记载了好太王陵守墓人烟户的来源、数目和具体的守墓规定。在该碑碑文中，好太王的全称是"国罡上广开土境平安好太王"，"号为永乐太王"（图二三）。

2012年在集安麻线之麻线河右侧河边又发现了一通高句丽碑，被称为集安高句丽碑或集安麻线高句丽碑，一般简称集安麻线碑。该碑形制为常见的圭形，主要内容是对高句丽王陵之守墓规定的告诫。但是由于保存不如好太王碑，有的文字缺失，有的文字模糊不清，各家识读区别较大，因而使该碑的刻立主体和时间等重要问题，迄今学术界仍存在较大分歧。争议的主要问题之一是对碑文中出现的"国罡上太王"的解释，多数学者认为此是指高句丽第十九位王好太王，但是"国罡上太王"是否谥号，又有不同看法。有的学者认为"国罡上太王"不是谥号，因而推定该碑是好太王在位时刻立的，比较多的学者认为"国罡上太王"是谥号，因而推定该碑是好太王之后高句丽第二十位王长寿王在位时刻立的（图二四）。

图二三　集安好太王碑

图二四　集安麻线高句丽碑拓片

扩展阅读

吉林省文物考古研究所、集安市博物馆：《洞沟古墓群1997年调查测绘报告》，科学出版社，2002年。

吉林省文物考古研究所、集安市博物馆：《集安高句丽王陵：1990～2003年集安高句丽王陵调查报告》，文物出版社，2004年。

五、集安高句丽壁画墓

集安高句丽王室贵族墓葬之一，年代在4世纪中叶至7世纪初。迄今在我国境内共发现高句丽壁画墓38座，其中辽宁2座，即桓仁米仓沟将军坟壁画墓（详见本文"桓仁高句丽遗迹"）和抚顺施家1号壁画墓，其余36座皆在集安，分布于集安市区附近及长川一带。这36座壁画墓中，有29座是封土石室壁画墓，6座是积石石室墓，1座是积石砖室墓。集安高句丽壁画墓自20世纪初开始陆续被发现，新中国成立后，在有计划的保护过程中，对以往曾被打开过的部分壁画墓先后进行了重新调查和著录，同时还新发现了数座壁画墓，其中有的壁画还相当精美，保存得也比较好，为高句丽壁画墓的研究增添了重要资料。

（一）封土石室壁画墓

集安29座封土石室壁画墓包括角觝墓、舞踊墓、麻线沟1号墓、万宝汀645号墓、通沟12号墓、散莲花墓、山城下332号墓、长川2号墓、山城下983号墓、山城下1305号墓、山城下1407号墓、美人墓、万宝汀1368号墓、长川1号墓、下解放31号墓、冉牟墓、禹山2174号、三室墓、龟甲莲花墓、长川4号墓、环纹墓、四神墓、五盔4号墓、五盔5号墓、东大坡365号墓、万宝汀709号、万宝汀1022号，山城下491号、山城下1020号。其中最后4座墓，只说是壁画墓，因受损严重，具体情况未作任何介绍，其余25座中，保存较好的约20座。

图二五　集安大型封土石室壁画墓

这些壁画墓多分布于山坡、坡下平地与河谷台地不等（图二五）。墓葬平面，皆为方形或长方形主室，部分还有半前室、前室，或者在墓道、甬道两侧开大小耳室。少数墓葬异穴同封，两个墓室左右并列互不相通，共处于同一封土之下。主室与前室的室顶结构，分为穹隆叠涩、平行叠涩、四阿覆斗和抹角叠涩几种。墓门方向，多偏于西向和南向，且多开在西壁和南壁的中部或靠近中部，使整个墓葬平面呈铲形，个别的偏向一侧，使整个墓葬平面呈刀形。壁画内容，大体上分为反映现实的墓主人家内生活、出行、狩猎、战斗场面和莲花、"王"字云纹、环纹等装饰图案，以及日月星云、四神、奇禽异兽几大类。根据墓葬的形制结构和壁画内容，这些墓葬可以分为四期。

第一期包括角觝墓、舞踊墓、麻线沟1号、万宝汀645号和通沟12号五座。万宝汀645号和通沟12号两墓各为左右两室，异穴同封。角觝、舞踊两墓是由主室和半前室构成。主室室顶做穹隆叠涩，横长方形半前室，覆斗形顶。麻线沟1号墓、万宝汀645号墓和通沟12号墓南室皆设左右两个耳室，通沟12号墓北室设一个耳室。三座墓主室室顶为四阿无脊穹隆、覆斗或平行叠涩。左右耳室中：麻线沟1号墓耳室的顶部，一为覆斗形，一为覆斗加小抹角，皆高于墓道；万宝汀645号墓北室的两个耳室，皆做平行叠涩顶，略高于墓道；万宝汀645号墓南室的两个耳室和通沟12号墓南室与北室的三个耳室，皆为平顶，并低于墓道。

墓葬壁画，万宝汀645号墓中只见木柱梁枋残迹，其他四座墓保存较好，皆是以墓主人家内生活、出行、狩猎为主，而且都在主室后壁绘以墓主人的活动场面，这是其他壁画墓所少见的（图二六）。角觝墓取名之角觝图，绘于主室左壁。舞踊墓取名之舞踊图，也绘于主室左壁（图二七）。通沟12号墓在耳室中绘马厩图，该墓又被称为马槽墓。各墓出行图分别绘车马、牛车、挽车不等。狩猎活动是高句丽民族日常生活和战斗训练的双重需要，所以从第一期开始就频频出现在多座墓葬的壁画中。麻线沟1号墓中的甲马骑士图和通沟12墓中的斩俘图形象生动地勾画出了当时骑兵的重甲装束和战斗的残酷场面（图二八）。角觝、舞踊两墓墓道和通沟12号墓主室前壁皆绘以伏犬。主室顶部，角觝墓之外，其他墓葬皆出现了莲花，并逐渐增多。壁画中的人物多着高句丽本民族服饰，而牛车出行、角觝搏斗、伏犬守墓等图像仍反映了中原文化的影响。舞踊墓狩猎骑手足下踏镫，为墓葬年代提供了参考（图二九）。该期墓葬年代在4世纪中叶至5世纪初。

第二期包括山城下332号、长川2号、山城下983号和散莲花墓。前三座墓由主室和主室外左右耳室构成，主室室顶为平行叠涩，耳室由大变小，逐渐退化。散莲花墓由主室和半前室构成，皆为覆斗顶。山城下983号和散莲花墓主室在顶部中心出现小抹角。壁画内容与上期相比，最明显的变化是莲花、"王"字云纹等装饰性图案占据了主要画面。莲花属于佛教题材，文献记载4世纪后期佛教自中原传入高句丽后逐渐兴起。本期年代推测为5世纪（图三〇）。

第三期包括龟甲莲花墓、长川4号、环纹墓和长川1号、下解放31号、冉牟墓、三室墓。前三座墓是方形或近方形单室，其中长川4号为左右两室，异穴同封；后四座墓

图二六　角觝墓主室后壁壁画

图二七　舞踊图举例

1. 舞踊墓　2. 通沟12号　3. 麻线沟1号

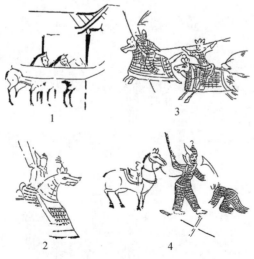

图二八　马厩、甲马、战斗、斩俘图

1、4. 通沟12号　2. 麻线沟1号　3. 三室墓

图二九　舞踊墓右壁狩猎图与牛车出行图

图三〇　山城下332号墓平剖面及墓室右侧"王"字云纹与莲花壁画

中，三室墓为三室，呈曲尺形相通，其余三座墓为前后双室。墓顶多为平行叠涩，少为覆斗形，而抹角叠涩的成分在逐渐增加。壁画内容丰富多样。一是莲花、飞天等佛教题材仍占重要地位，其中龟甲莲花墓是将莲花图案绘在六边形连续龟甲图案之内，但只留残部；保存最好的是长川1号墓，后室四壁和顶部平行叠涩满绘正视莲花，顶部中心绘北斗七星和日月图，并题"北斗七青"四字，前室出现的拜佛场面和菩萨形象，则是其他墓所未见。二是家内生活与列队出行、狩猎场面在该期壁画中还有表现，长川1号墓前室右壁上下多种形象的百戏伎乐图和山林逐猎图，是该题材中的集中代表（图三一）。三是四神形象明显突出，三室墓中反映现实生活的墓主人夫妇对坐、出行、狩猎、攻城战斗等画面集中在第一室四壁，二室、三室四壁则变为新出现

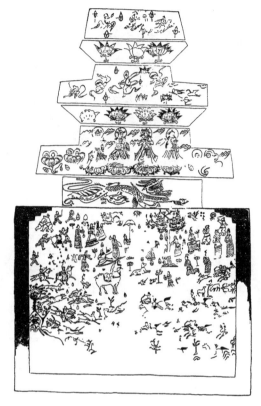

图三一　长川1号前室右壁和顶部壁画

的形象凶猛、威严的托梁力士和卫士，三个墓室的顶部都绘有四神（一室南壁、北壁残缺），方位皆是以一室西向墓门为准，前（西）朱雀，后（东）玄武，左（南）青龙，右（北）白虎，说明三个墓室是统一的整体。墓室顶部绘四神图像的还有长川1号墓前室和环纹墓。环纹墓甬道两侧，绘蹲狮来守卫，其形象及所在位置与南朝齐画像砖陵墓相同，证明环纹墓的年代不会早于5世纪末。冉牟墓并无壁画，只是在前室后壁上方残留长篇墨书题记，学术界也将其归入壁画墓。冉牟的官职是《北史·高丽传》所记高句丽十二等官吏中的第三等大兄，而为其撰写题记的家臣牟头娄则是第八等大使者。第三期墓葬的年代在5世纪末到6世纪中叶。

　　第四期包括四神墓和五盔4号、5号和东大坡365号，皆为方形或长方形单室，其中前三座所用石材规整硕大，室顶由前三期之穹窿叠涩、平行叠涩、四阿覆斗等演变为大抹角叠涩。前三座壁画内容，四壁以四神为主体；四隅、梁枋不见上述三期日趋简化的影作木结构，而和室顶共同充满了怪兽、盘龙等恐怖形象和日月神、牛首人等各种古代传说，以及乘龙驾凤的众多伎乐仙人。其中在4号墓四壁的网纹图案中，还绘以各种人物，有的头戴乌纱笼冠，身穿合衽袍，足登墨履，手持团扇，也有的跪坐或跌坐，披发羽衣，或绘八卦，或攻读，这种秀骨清相、潇洒闲逸的姿态和褒衣博带、笼冠高履的打扮，与南朝士大夫无有两样，同时也体现出了高句丽晚期在最高统治者提倡之下佛、儒、道三教的合流同归。而四神墓梁枋侧面的缠枝忍冬，线条流畅，彩色绚丽，是高句丽壁画中难得的发现。在绘画工艺上，不像前三期那样在石壁上先涂白灰后作画，而是不涂白灰，把画直接绘在平整的石壁之上。此三座墓葬的时间约在6世纪中叶至7世纪初（图三二）。

图三二　五盔4号墓后壁和顶部壁画

东大坡365号封土并不算小，而墓室不大，所用石材未经加工，壁画仍是绘在粗糙的白灰面上，说明其等级较低，无法和以上三座墓相比。壁画仅留一些纤细的墨线，内容不清。墓中出土的酱釉盘口长颈瓶时代较晚，在中原、南方隋唐墓和敦化渤海墓葬中出土过同类可比器物，所以将该墓定为第四期。

集安其余几座封土石室壁画墓，壁画保存很差，根据其形制结构大致可以推测其年代，分属于上述一期到三期。其中万宝汀1368号为刀形单室，规模不大，壁画只是在墓室四壁、四隅和顶部的白灰壁上绘简化的墨色影作木结构。四壁上部留有数量不等的呈直角向上弯曲的铁钉，当是挂帷帐用的挂钩。墓中出土石灶，其造型更接近于麻线沟1号墓出土的釉陶灶，所以该墓的年代属于上述一期或二期。

（二）积石石室壁画墓与积石砖室壁画墓

6座积石石室壁画墓中，山城下墓区折天井墓、798号、725号为主室外带耳室，山城下1408号为双室，山城下1405号和禹山下41号为单室。墓葬规模属中型或较大型方坛阶梯石室墓，年代在四、五两个世纪内，皆是先涂白灰后作画。其中折天井墓（山城下1298号），20世纪50年代以前日本人来此调查，因其石室顶部呈前后两坡状，故称折天井墓，1983年重新调查测绘，确定为较大型方坛阶梯石室墓，并在主室外发现了耳室，1985年又在墓室内发现了绘有彩色壁画的白灰残片，颜色有朱红、橘红不等，有的以墨线起稿，好像是服饰的残部。

禹山下41号于1974年被发掘，外部残留方坛，可能原为方坛阶梯。石室以大型石材筑成，在室内四壁和顶部都涂有白灰，然后绘画。后壁绘墓主人家居宴饮，左壁绘人物、莲花,右壁绘狩猎、莲花,四隅及左、右、后三壁绘赭红色木柱、栌斗和梁枋。在石室左右壁的上部留有相对等距离的挂钩钉孔,有的钉孔正好位于绘画莲花中心,在室顶中央左右也有两个钉孔。墓中出土多件釉陶器、铁器、鎏金器、银器和织物、漆皮残片。根据四耳展沿釉陶壶和马镫的特征,推测该墓年代属于第二期。

1座积石砖室壁画墓是禹山3319号,外部积石为方坛阶梯,砖室采取南方晋墓流行的三横一竖的筑法,主室外带耳室。墓室砖壁上的白灰大部剥落,白灰面上尚见有朱红、绿、墨色彩。该墓尽管被盗,仍出土器物数十件,其中鎏金器有步摇活叶、甲片、带具铊尾、圆帽钉、冠饰残片等;铁器有刀、马衔、甲片;晋青瓷盘口壶和造型多见于东晋的鸡首壶、虎子、熏炉、盆、钵、盘、耳杯、器盖等釉陶器;还发现"乙卯年癸酉"铭文的灰色卷云纹瓦当。该墓年代推测为4世纪中叶。墓葬地表东南角留有人面石刻。有学者推测此墓为流入高句丽的中原人墓葬(图三三)。

集安高句丽壁画墓存在于4世纪中叶至7世纪初,封土石室墓贯穿于始终,是壁画墓的主流,四、五两个世纪还有部分积石石室墓和个别积石砖石墓。墓葬形制结构演变分三条线,第一条是由半前室、双室变为单室,第二条是由主室外的耳室逐渐退化、消失,变为单室;第三条则是单室开始就有存在,一直延续到最后。5世纪之前,不同类型墓葬的几种形制同时存在,反映了这一时期当地高句丽原有葬制与中原葬制两种文化的交叉融合,6世纪以后三条线则统一变为方形或长方形单室,显然是接受了南北朝后期墓葬的影响。墓葬壁画在从反映现实生活开始、经佛教题材传入、最后变为以四神为主的变化过程中,同样可以看到当地原高句丽的生活习俗和社会风尚与中原文化的交叉融合。

图三三　集安禹山3319号墓出土青瓷盘口壶

扩展阅读

吉林省文物工作队:《吉林集安五盔坟四号墓》,《考古学报》1984年第1期。

吉林省文物工作队、集安县文物保管所:《集安长川一号壁画墓》,《东北考古与历史》(第一辑),文物出版社,1982年。

附记:本文为第三版《中国大百科全书》(考古卷)"高句丽"词条的内容(中国大百科全书出版社,2021年),收入本书时略有调整。

第三版《中国大百科全书》（考古卷）"渤海"词条

渤海上京龙泉府遗址

渤海上京龙泉府是唐代渤海国都城遗址。该城址位于黑龙江省宁安市市区西南35千米处，西濒忽汗河（今牡丹江），故称忽汗城。城址内的村镇中有一大镇，曾长期叫东京城，今名渤海镇，而现今的东京城是城址东边3千米处、以火车站为中心发展起来的村镇于20世纪70年代改名的。城址西南约20千米处是曾被称为忽汗海的风光秀美的镜泊湖。渤海国存世229年（698～926年），全盛时被誉为"海东盛国，地有五京十五府六十二州"，该城址为上京龙泉府所在，称其为上京，是因为其地理位置在渤海北方。天宝（742～756年）末年文王大钦茂迁都至此，但贞元（785～805年）初又迁到东京龙原府。贞元十年（794年），成王大华玙迁还上京，此后一直为首都，直至辽太祖耶律阿保机天显元年（926年）灭渤海、末王大諲譔自此城出降为止。日本侵占期间的1933～1934年，"东亚考古学会"曾在此发掘。中华人民共和国成立后加强了城址的保护，1961年被公布为全国重点文物保护单位。中国社会科学院考古研究所于1963～1964年对该城址进行了大规模的勘探发掘，发掘报告《六顶山与渤海镇》于1997年由中国大百科全书出版社出版。之后自80年代开始，以宫城内主要宫殿、城门和郭城主要城门为主，先后进行了多次发掘，同时对宫城主要宫殿、城门基址也进行了保护复原。在部分发掘简报陆续发表之后，其中1998～2007年全部成果集中为《渤海上京城——1998～2007年度考古发掘调查报告》于2009年由文物出版社出版。经过多年的调查发掘，上京城的规划布局、主要宫殿和城门的建筑结构、建筑构件和相关日用器物的特征等，日趋明确清楚，从中不仅展示了渤海本民族本地区的文化特色，而且还突出地表现了中原唐文化的深刻影响。

上京城同隋唐长安城（隋大兴-唐长安城）一样，主要由宫城、皇城和郭城组成。郭城呈东西横长方形，宫城和皇城位于郭城北部中间稍偏西处，皇城在前，宫城在后，宫城东、西、北三面各有一个附属区（图一）。郭城北面有一个面积较大的现称为玄武湖的人工湖，湖中的小岛上散布着渤海础石和瓦片。自城址西侧流来的牡丹江

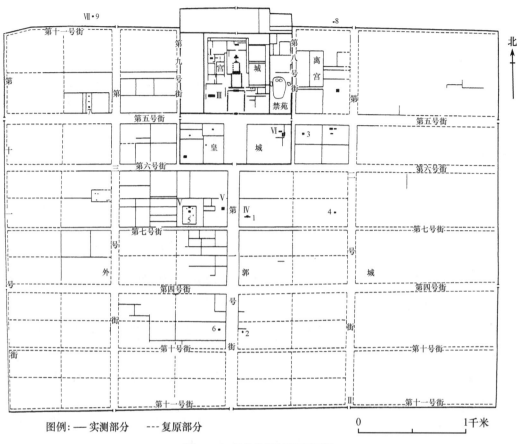

图例：—— 实测部分　　--- 复原部分

图一　上京龙泉府城址平面图

1～9.佛寺遗址　Ⅰ～Ⅶ.本次发掘的遗迹

（采自《六顶山与渤海镇》）

至人工湖西北方朝东转去，人工湖北边的江面上仍留有渤海桥梁遗迹。江的对岸先后发现重要的渤海墓葬。

（一）宫城及其附属区

上京城宫城相当于长安城的太极宫，东西620米，南北720米，周长2680米。现存石城墙宽10米左右，高3～5米，是在先挖地槽、以石垒砌宽于地上墙体的墙基之上筑成的。宫城东面附属区相当于长安城的东宫，西面附属区相当于长安城的掖庭宫，上京城报告将三面附属区分别称为东掖城、西掖城和圆壁城。有的论著称其仿长安城，将宫城及其附属区统称为宫城，还有的将皇城也包括在宫城之内。

宫城正门相当于长安城的承天门，开于南墙中间，即今五凤楼处。门址中间是用沙土和卵石层叠夯筑而成的5米多高的台基，台基之上仍留有成排的础石。门道开于台基两侧，门道两侧石壁上仍留有清楚的被烧成红褐色的排叉柱痕迹（图二）。正门之西57米处开一侧门，与之相对称的正门东侧，则倚南墙外侧设一假门。

宫城内分左、中、右三区。中区自正门向北中轴线上建五座主要宫殿，其中一至四殿两侧向南都设回廊相连接。

一殿距正门175米，台基东西55.5米，南北24米，高2.7米，面阔十一间，进深四间，南面设左右上殿台阶，两侧向南接近于南墙的曲尺形回廊将殿前围成一个宽阔的广场（图三）。

图二　上京城宫城正门西门道

图三　上京城宫城第一宫殿址（西南—东北）

二殿距一殿135米，其规模大于一殿。台基东西93.5米，南北22.4米，面阔十九间，进深四间，被扰乱严重。

三殿规模较小，与四殿距离很近。四殿置完备的灶、曲尺形烟道、烟囱等取暖设施。两殿东西两侧相连的回廊有别于其他回廊，回廊之上列行距相等的南北向三行础石，并以中行础石为界、由宽约20厘米的隔墙分割为南北两列数个小的房间（厢房），有的房间内还发现了灶与曲尺形烟道。三殿、四殿中间还设十字形通道。四殿左右又有与四殿结构相同的殿址，而且在东侧殿址的东侧也发现向南的回廊。

五殿为独立一院，与前面殿区隔一道石墙，设单门道院门相通。

宫城北门位于五殿之后的宫城北墙中间，是常见的开于同一门墩之下的双门道结构。

在宫城左右两区中，又各由石墙划分为几个院落，各院落内分布着数量不等的建筑基址。其中在西区南部的院落中，1964年发掘出一座应属于仓库类建筑的"堆房"遗址，出土了大量的渤海陶器碎片，可复原的达686件，有盘、盆、碗、钵、器盖、罐等多种器物。其中在一件陶砚残片的圆形台面靠边处，还发现刻有清晰的头戴幞头的人面像，由此可看出渤海上层人士的服饰与唐中原的风俗是一致的（图四）。在西区中部院落西北角的一个小院落中，还发掘出了一座与中区四殿结构相似的寝殿居住址。

图四　上京出土陶砚残片
（采自《六顶山与渤海镇》）

宫城附属区的城墙低于宫城墙，宽度多在5～7米。东面附属区相当于长安城的东宫，附属区的南半部为园林区，挖凿大型的水池，并配以小岛、假山和亭阁。在水池的北岸，还修建了大型的殿堂和连通的亭阁、长廊。

西面附属区相当于长安城的掖庭宫，地势平坦，未见建筑遗迹，而且其西墙在地面上也看不到了。

北面附属区，仅发现几段墙基。此区相当于大明宫北边玄武门和重玄门之间的夹城，守卫宫城的主要军队当驻扎在该区域内。

（二）皇城

皇城位于宫城及其两侧附属区之南，中间隔以92米宽的横街，横街经过皇城东西两端与宫城附属区之间的地方，修有1米多宽的南北石墙，并各设一座城门。皇城城墙是将原地面略加平整后直接以石砌成的，现只见高约0.5米、宽约6米的土棱，上边散露少量石块，残留石墙宽2米、5米不等。皇城内分东西两区，中间是222米宽的南北街道，街道的北端是宫城正门。皇城正门位于南北街道的南端，即南墙的正中，相当于长安城的朱雀门。南门台基高2米左右，东西28米，南北9米，内为夯土，外部砌石。台基上排列础石，面阔七间，进深两间，以四段横向石墙分割出三个通道，每个通道的南北两端都有上下台基的斜坡踏道。此结构有别于上京其他城门，台基东西两侧，是否还会各有一个再宽一些的门道，因遗迹受损而不清楚。

皇城两区内残留石砌隔墙和建筑台基等遗迹，1964年在东区发掘了一处台基，出土大量陶器、铁器残件和建筑瓦件等遗物。

（三）郭城

郭城呈横长方形，东墙长3358.5米，西墙长3398米，南墙长4586米，北墙中部外凸，长4946米，周长16288.5米。城墙是在先筑起的内缓外陡的梯形土墙基之上以石砌成的，现宽10米左右，高1～3米，城外发现城壕（图五）。

郭城原探出十座门，南墙与北墙各三座，东墙和西墙各两座，其中南墙正门、北墙正门和南墙东门已进行了发掘。

南墙正门相当于长安城的明德门。门址通宽57.6米，三个门道。中间门道两侧略成方形的门墩又宽又厚，边长超过11米，门墩之上和北侧发现成排础石。两侧门道的门墩明显窄短，各通过6.5米长的石墙与中间门墩相接。

1   2

图五　上京城郭城城墙

1. 北墙（西北—东南）　2. 西墙（北—南）
（1采自《六顶山与渤海镇》；2采自《渤海上京城》））

　　宫城北面的郭城北墙与宫城北面附属区北墙是一道墙，郭城北墙正门则位于此处。该门址通宽52.12米，中间是一座面阔五间进深四间的建筑台基，南北两侧的中部各有一条上下踏道。台基东西两侧各有一个门道，通过5.3米长的土石混筑墙与台基相接（图六）。

　　南墙东门于1964年发掘，为单门道。1997年在宫城北面附属区东侧的郭城北墙上，还新发现了一个城门，同样是单门道。在宫城北面附属区西侧，与该门址相对应的郭城北墙上，也有一个缺口，推测也是一个门址。

　　郭城内已发现街道九条，其中南北街五条，东西街四条，推测在城南部还应有一条东西街，四面城墙内应有"顺城街"。与城门相通的街道较宽，都在78米以上，其中自皇城正门至郭城正门的南北中轴大街，俗称"朱雀大街"，宽达110米，将郭城分

图六　上京城郭城北墙正门遗址发掘现场（西—东）
（采自《渤海上京城》）

成东、西两半。皇城前的横街虽然不通城门，也宽达65米。其他的街道则明显变窄。

上述这些纵横街道将郭城分成若干长方形区域。在这些区域内，大多又修有宽1米余的十字形石墙，或一道南北石墙。由此十字形和南北向的石墙，将原区域又分成四等份或两等份。这每一等份和那些内部不修石墙的长方形区域，则构成一个个居民区里坊。每一个里坊则两面临街，两面靠墙；或者三面临街，一面靠墙；或者四面临街。临街的地方，同样修有围墙。坊的东西宽度接近，大致在465～530米，但南北长度差距较大，大坊350～370米，小城235～265米。大坊分布在宫城附属区和皇城两侧，小坊分布在皇城以南的广大区域。

渤海信奉佛教，20世纪60年代发现九座佛寺，其中七座位于郭城内，两座分别位于郭城北墙之东门、西门外，后来又在宫城左右的里坊内确认两座。60年代对郭城内东半城和郭城北墙西门外佛寺的正殿进行了发掘。前者是由主殿和左右两阁组成，主殿内设倒"凹"字形佛坛，上置九佛座，据其排列，座上塑像应是一佛、二弟子、二菩萨、二天王（或二力士）、二供养人，或一佛、二弟子、二菩萨、二天王、二力士（图七）。后者不见两阁，其他与前者基本相同。

另在郭城南半之中轴大街东侧的一座佛寺，即今"南大庙"处，仍然保留着渤海的石灯塔和石佛像（残）。石灯塔用40余块玄武岩雕刻组成，通高近6米，八角形基座，圆柱形塔身，塔身上下为仰覆莲花，再上是八角形的灯室和攒尖顶，顶上有多层相轮。整体雕刻精致，造型优美，是现存珍贵的渤海文物（图八）。

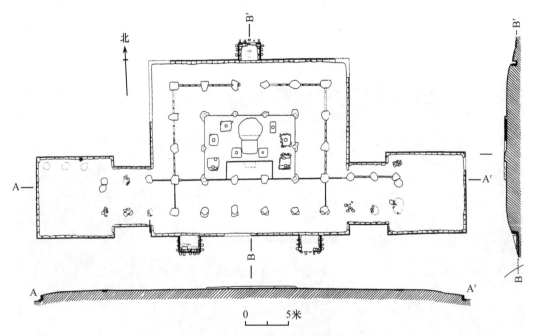

图七　上京城郭城东半城1号佛寺正殿平、剖面图

（采自《六顶山与渤海镇》）

1   2

图八   渤海上京城石灯塔
（2采自《渤海故都》）

（四）建筑砖石瓦件

上京城的宫殿、佛寺和主要城门等重要建筑，皆以石砌筑高低不等的台基，有的周边还包砖。有的殿址还出土了石雕螭首和宝相花纹铺地方砖（图九）。台基上的础石多雕成覆盆状，覆盆外围有的再放置环形光面或莲瓣纹的绿釉"柱围"，此仅见于渤海。屋顶板瓦、筒瓦和瓦当多为灰色，有的饰以绿釉。部分板瓦下端的斜线连圈纹饰、筒瓦唇部的两道凸弦纹和莲花瓦当中的心形莲瓣儿，构成了渤海瓦件的代表特征（图一〇）。屋脊上的绿釉鸱尾和绿、黄、褐多色兽头，表明渤海殿堂建筑是很华丽的（图一一、图一二）。

图九   上京城宫城第二宫殿址出土莲花方砖
（采自《渤海上京城》）

图一〇　上京城宫城第二宫殿址出土瓦件
（采自《渤海上京城》）

图一一　上京城址出土鸱尾
（采自《六顶山与渤海镇》）

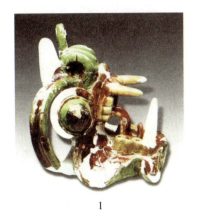 

1   2

图一二　上京城址出土兽头
1. 采自《渤海上京城考古》　2. 采自《渤海上京城》

（五）上京城营建时序

文献记载渤海政权天宝中以中京为都，天宝末迁都上京，30年后迁都东京，约10年后又迁回上京，一直到926年政权灭亡。中京即和龙西古城，东京即珲春八连城。这两座城址经多次调查，近年进行了大面积发掘，并出版了发掘报告。上京城宫城的大小和布局，接近于西古城、八连城，尤其是与西古城更接近。上京城宫城的三殿、四殿，相当于西古城、八连城的一殿、二殿。上京城宫城、宫城附属区、皇城和郭城的城墙，其宽厚高矮和筑法各不相同，尤其是宫城东西两面附属区的南墙与宫城城墙相接处，都是倚宫城城墙而建的，说明它们的修建是有先后的。由此推测，上京城第一次为都时不排除有整体规划的可能，而当时建成的当只是宫城；宫城附属区、皇城和郭城应是第二次为都时修筑的，同期内在宫城三殿之前又修建了大型的二殿和一殿，共同构成了渤海王的外朝、中朝和内朝。

附记：本文为第三版《中国大百科全书》（考古卷）"渤海"词条的内容（中国大百科全书出版社，2021年），收入本书时略有调整。

黑龙江省海林三道中学渤海墓葬发掘记

退休后将从学校研究室运回家的常用书刊上架，在替换下来的书刊中无意发现了三道中学渤海墓葬发掘的一包资料，其中有学生的实习作业和部分记录，还有我本人的工作日记和发掘后由我负责撰写的遗迹文稿。逐项翻阅，一幕幕30年前的实习场景浮现眼前，颇有感慨。墓葬的形制结构较有特色，而且所在地点也很重要，于是便重新整理了一下。插图也没有请人重绘，只是自己动手将原图稍微加工和编排了一下，并增加了一幅该墓葬所在牡丹江下游地区的渤海遗迹分布示意图。如今，此沿江一带早已变成水库淹没区，再也无法去发掘和考察，就以此稿作为大家对当地遗迹和当年工作的回顾吧。

一、工作经过和墓葬所在

20世纪90年代，因牡丹江下游要修建莲花水库，黑龙江省文物考古研究所和吉林大学考古学系联合，在此地区连续几年进行了多项发掘。其中1993年8~10月就同时进行了三道中学墓葬和渡口遗址（该遗址初名"河口遗址"，1994年在该遗址北侧不远处发掘另一遗址，取名"河口遗址"，于是把该遗址改为"渡口遗址"）、东兴遗址三个地点的发掘。吉林大学参加人员有90级考古和博物馆的学生20多人，带队教师是陈国庆和吕军。黑龙江省文物考古研究所的指导教师是张泰湘、赵虹光和赵永军。发掘期间，黑龙江省文物管理委员会杨志军主任和黑龙江省文物考古研究所殷德明、朱国忱所长等同志先后到工地视察、指导。我是代表考古学系和师生一起进入工地的，中间曾有事回校一小段时间。工地期间，其他两个点我都反复去过，而比较多的时间是在三道中学渤海墓葬发掘点。

海林市所在的牡丹江下游地区，有四条发源于张广才岭的河流自西向东注入牡丹江，由南到北分别取名为头道河、二道河、三道河和四道河。三道河子乡即位于三道河口右岸，是一个比较大的村镇。自牡丹江市之北柴河镇始发到此，沿江有《林海雪原》电影中所见的森林小火车往返通过。当时大家饶有兴趣地坐着小火车，望着急缓有序的江水和两岸连绵的青山，穿过一片片森林、农田和一个个繁杂热闹的车站小镇。小火车之简陋，拿张泰湘老师的话说，一脚就可以踢翻。实习前打前站的同志回来说车上没有厕所，所以头一天晚上就告诉学生少喝水。上车之后又问列车员，还好，一列十多个车厢有两个急用厕所。带学生实习就是这样，什么事情都要预先想到。

三道中学位于三道河子村村后，此处地势与敦化六顶山墓群二区、牡丹江市石场沟墓群所在相似，背后山峰突兀直上，犹如一堵高墙挡住北来的寒风，两侧又各向前伸出一道小的山梁，中间则半围成一个宽阔的山坳坡地。由对面远处望来，好像一个天然的大簸箕，当地老乡称其为大沙发。三道中学建于山坳的下方，据说过去修建校舍时，就曾发现过古代墓葬。这次发掘的墓葬就在中学的后边（图一）。

图一　牡丹江下游地区渤海遗迹分布示意图

该墓群发掘从1992年开始，由黑龙江省文物考古研究所和牡丹江市文物管理站合作进行，发掘了两座墓葬。1993年共发掘了7座，并对1992年发掘的M2进行了解剖，时间从9月初到10月中旬，主要发掘人员是孟繁涛和娄新利两位学生，其间黑龙江大学历史系的几名学生参加了部分工作，指导教师是张泰湘老师和笔者。10月中旬其他发掘点的师生先撤点去参观考察，笔者和两位学生又留下进行了墓葬解剖、绘图等收尾工作。

二、发 掘 收 获

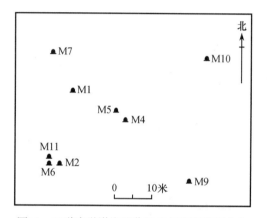

图二　三道中学渤海墓葬1993年发掘墓葬分布示意图

该墓群所在山坳北高南低，由于多年水土流失和农田开垦，所余墓葬都已暴露于地表。从旁看去，凡是长满树丛的石堆多是残破的墓葬，只有个别的是老乡种地时捡出的石块堆成的。本文所附墓葬分布示意图中，墓葬编号达11座，其中缺M3、M8两座，是何原因，现有记录中没有说明，可能是开始认为是墓葬，后经清理不是墓葬而销号。现把重新解剖的M2和新发掘的墓葬介绍如下（图二）。

M1是1992年发掘的，没有看到发掘材料，具体情况不清。

M2　该墓位于发掘区的西南角，残留下部，四壁用小型石块逐层垒砌，残高0.1～0.5米不等，宽约1.5米，内外两侧面都比较整齐。长方形墓室，西壁3米，北壁2.5米，东壁南端缩进0.25米，为2.75米，因而使南壁呈曲折状，通宽直线距离同北壁。墓门开于南壁中部，形成与南壁宽度等长的墓道。墓道内填塞小石块。渤海中小型石室墓多是这种做法，不像规模大的墓葬那样向外再接墓道，有的还安上正式的石墓门。以往论著将这两种形式一般都称为墓道。该墓在墓道两壁和墓室内壁及局部外壁，涂有白灰或用白灰勾缝。墓室底部遍铺一层红砖，由于烧制火候较低，且经时长久，多已粉碎。人骨也粉碎严重，个体与葬式不清。没有看到1992年的发掘资料，这只是1993年的观察结果。

因为此墓下部保存较好，为了弄清墓葬开始筑造的过程，1993年我们沿西壁外侧和墓葬中部向下做了解剖。发现墓葬北部的下边是黄褐色粗砂生土，2米或2.5米处之南，此生土层逐渐向下，而在其上出现了一层0.15～0.2米厚的黑灰色黏土。在黑灰色黏土的上边，处于墓葬南壁的部位，大概是为了防止墓基下沉，垫起一层石块，然后再遍铺一层黄褐色粗砂土，与墓葬北部基础取平，最后在上面砌筑墓葬石壁。由此可见，墓葬所在地势，原来是有明显坡度的，黑灰色黏土层是原来的地表。墓葬南部黑灰色黏土层上的黄褐色粗砂土正是从北部高处的生土中切下来的（图三）。

M4　该墓位于墓葬区的中部，西南距M2约20米，发掘前已有大石块露出地表，保留状况不好。墓壁用石块垒砌，内侧较平整，外侧则参差不齐，宽度不等，最宽处也不足1米。现存北壁长2.5米，西壁残长1.5米，东壁残长2米，残高0.4米。墓葬南部已被破坏，南壁无存，墓门应在南壁。墓室底为生土，有一层较平整的硬结面。在墓室的西北角出土一个头骨，旁置1件深腹筒形罐，还有2件铁镞和1件骨镞（图四）。筒形罐灰褐色，外表留有灰烬，泥质夹细沙，手制，口沿部有轮制痕迹，双唇，上唇尖圆，口径10.5厘米，高19.2厘米，腹径11.5厘米（图八，1）。

M5　该墓位于M4西北约3米处，仅保留东壁的一段，残高0.3米，由三层石块垒砌而成。墓中发现破碎的下颌骨，出土1件铁镞和少许陶片。

M6　该墓位于发掘区的西南角，东距M2约1.8米，而且形制结构和M2相似，但保留状况不好，大量石块散落在墓葬四周。两墓中间的石块尤其多，未清之前曾怀疑这又是一座墓葬，是并用中间两个石壁的三座墓，但是已有渤海墓葬无此先例，结果把乱石清掉后还是左右两座墓。M6现存东、北两壁宽1.5米，残高0.3～0.4米，由3～4层石块垒砌，内、外两侧都比较整齐。西壁中部尚留几块石块。南壁只留东南角几块石块，西边大段无存。墓室东西宽约3.5米，南北长约3.6米，墓门应开于南壁。在室内东部出土肢骨多件，可辨出至少是3个个体，属多人合葬。在室内西南部出土2件深

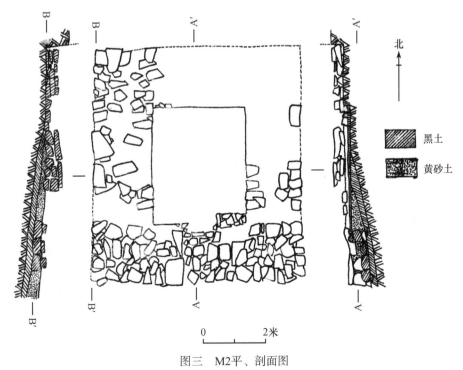

黑土

黄砂土

0　　　　　2米

图三　M2平、剖面图

腹筒形罐、1件大口罐，还有铁镞、铁钉、铜带銙等遗物（图五）。筒形罐1件，黑灰色，泥质夹细砂，手制，有轮制加工痕迹，双唇，唇下部饰三角锯齿纹，肩部有一道凸棱，口径9厘米，高15厘米，腹径9.5厘米。筒形罐2件，灰色，外表有灰烬，泥质夹少许细砂，手制，有轮制加工痕迹，方唇，口径10厘米，高18.5厘米，腹径10.5厘米。大口罐，灰褐色，夹砂，手制，较粗糙，双唇，口径8.5厘米，高8.8厘米，腹径9厘米（图八，5、3、6）。带銙略呈半圆形（拱形），最宽处2.7厘米，正面铜质，背面铁质，原由三颗铆钉固定（图九）。

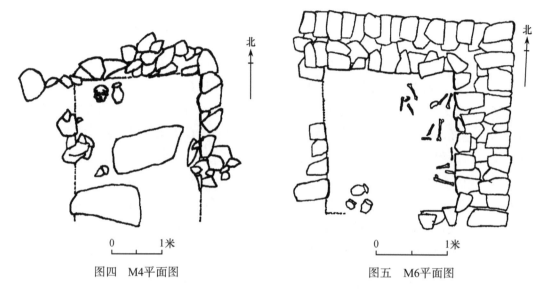

图四　M4平面图　　　　　　　　　　图五　M6平面图

M7　　该墓位于发掘区的西北角，是这次发掘中最大的一座。发掘前暴露出的大石块长约2米，宽约1米，可能是原盖顶石。西壁、北壁和南壁保留较多，用5～6层大石块垒砌而成，内侧平整，残高0.9米左右。北壁外侧是现存2米多高的粗砂生土断崖，上半部黄褐色，下半部红褐色。东、西两壁外侧也是此种生土断崖，只是自北到南逐渐变低。可见该墓是依此处陡坡先挖凿出生土圹后，再筑石壁的。墓室东西宽3.6米，南北长3.75米。墓门开于南壁中间，宽1.2米。墓道长2米，从图上可看出从南壁向外又接了一小段。墓道两侧竖立1米高的大石条，南端正中放置一个大石块，可能是原封门石。墓室底部遍铺一层长方砖，多是41厘米×26厘米×5厘米，少量大的是48厘米×27厘米×5.7厘米，颜色大多为青灰色，个别为红褐色（图六）。室内西部散乱堆放人骨，多为头骨和下肢骨，能辨出六七个个体，可见是多人二次葬。出土遗物有鼓腹罐、残深腹筒形罐、铁甲片、铁镞、铁钉、铜带銙、残鎏金铜铃、耳环（银？）等。鼓腹罐，灰色，泥质夹细砂，手制，似经轮制加工，方唇，口径10厘米，颈径7.5厘米，腹径30厘米，高34厘米。残深腹筒形罐，灰色，部分褐色，外表有灰烬，口径9.6厘米，双唇，上唇较尖，下唇呈凸棱状，肩部有一周不规则的波浪纹（图八，4、2）。

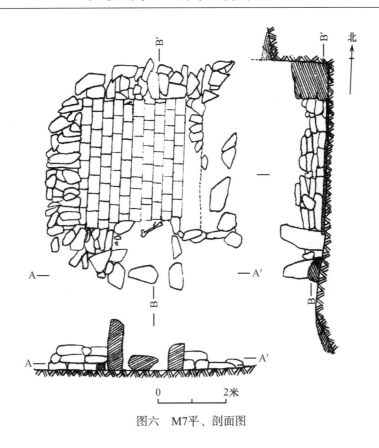

图六　M7平、剖面图

M9　该墓位于发掘区的东南角，学生作业中介绍不见墓圹、墓壁，只发现1件残的铜带扣和1件残的铜手镯。

M10　该墓位于发掘区的东北角，平面呈刀形，方向南偏西35°。墓室东壁由两块高大的石板竖立而成，北壁和西壁用石块垒砌，内侧平整，宽约1米，高处达1米。墓道位于墓室南壁东部，宽0.75米，长约1米。南壁紧靠墓道处竖立一根一米多高的石柱。墓室东西宽约1.5米，南北长约2.4米（图七）。室内生土为底，出土遗物有铁甲片、少许陶片和1枚残破的钱币。该墓发掘时，去掉表土，在墓室、墓道四周发现一个4.8米×3.3米的长方框。长方框外是黄褐色粗砂生土，长方框内也是粗砂土，颜色是黄褐色之中伴有黑灰色。可见此长方框是修墓前先挖的生土穴，方框内的土是砌筑完墓壁后的回填土。

M11　位于M6北侧，破坏严重，未见墓圹和较大的石块，出土方形和半圆形（拱形）铜带銙、铁镞、铁钉等遗物。其中有1件残的铜带銙，左右最宽处3.2厘米，正面饰以流畅的卷云纹，与吉林永吉查里巴渤海墓葬出土的非常接近（图九；此卷云纹带銙图为笔者在工地照实物描绘，未对花纹做精确测量）。上述M6也出土半圆形铜带銙，而且两墓相邻很近，学生作业推测该墓有可能不存在，出土遗物是由M6散落在墓外的，是有道理的。

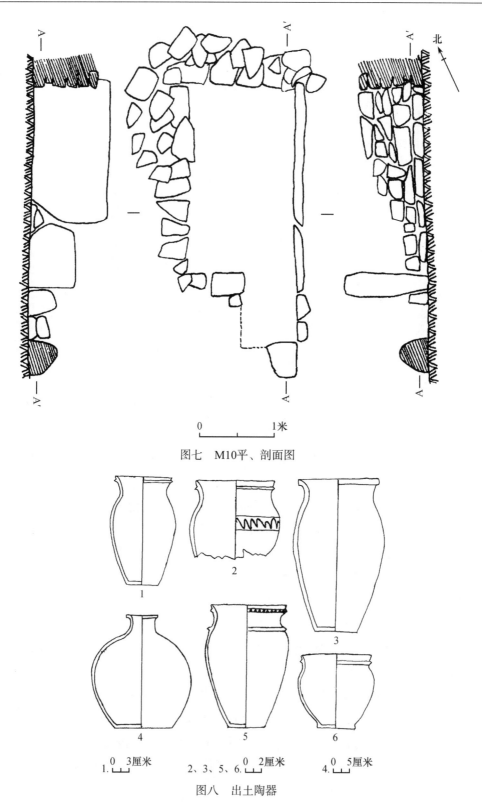

图七　M10平、剖面图

图八　出土陶器

1. M4出土　2、4. M7出土　3、5、6. M6出土

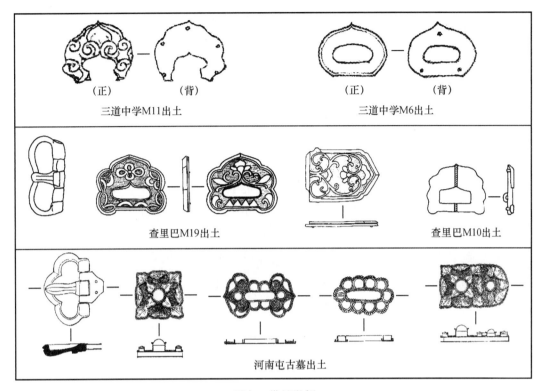

（正）　　　（背）　　　　　　　　　　　（正）　　　（背）

三道中学M11出土　　　　　　　　　　　三道中学M6出土

查里巴M19出土　　　　　　　　　　　查里巴M10出土

河南屯古墓出土

图九　带銙举例

三、几点认识

1. 墓葬的结构、形制、筑造过程和葬俗

该处墓葬属于石结构，多用大小不等的石块垒砌，也有的用大石板竖立为壁。墓室四壁保留较好的墓葬，可看出墓门开于南壁；室顶多已无存，个别的还保留着可能是原盖顶石的大石块；因多年水土流失，残存石结构皆暴露地表，估计原来应是有封土的。所以该处墓葬的类型属于封土石室墓，平面呈铲形或刀形，一般铲形的大于刀形的。关于墓葬的修筑过程，从以上发掘和个别墓葬的解剖可以看出，因墓葬所在地势不同而有所区别。地势平整之处则是先挖土穴再垒砌石壁；地势不平之处，坡度稍缓则是先取高垫低，平整好基础，然后再垒砌石壁，坡度陡峭则是直接将陡坡切下，石壁依切下的断崖后壁而筑造。以往讨论渤海墓葬是筑于地下还是地上，其实不是绝对的，要看具体地势和墓葬，这当中既有文化传承之因素，也有实际工程之需要。墓葬的葬俗，存在多人葬和二次葬，多墓铁钉的发现说明使用了木棺葬具。

2. 墓葬的年代

与其他渤海墓葬一样，该处墓葬常见的陶器是深腹筒形罐。该器物高度一般不超过20厘米，外表常见灰烬，它既可以加热，又可以直接作为餐具，适用于本地冬日较长的气候。筒形罐的变化主要在口沿部位，先后表现为饰附加堆纹、双唇和方唇。这三种做法在此处墓葬出土的几件筒形罐中都有表现，其中在M6中出土的2件，一件饰附加堆纹，一件方唇，说明器物的变化是渐变交叉的过程，同时也表明该墓的年代不会很早。再需注意的是本处墓葬出土的带銙，这种外形呈半圆形（拱形）的带銙，是中原地区隋唐时期流行的样式。其中M11出土的一件饰有流畅的花纹，与吉林永吉查里巴M19、M10和延边和龙河南屯古墓出土的很接近，都有可能是从中原输入的[1]。河南屯古墓是渤海墓葬，年代在渤海政权于唐天宝年间（742～756年）以中京为都之后。从器物对比来看，查里巴M19和M10的年代与此相当。查里巴M10的¹⁴C年测定年代距今1545年±95年，树轮校正为1480年±105年（470年），看来是偏早了[2]。三道中学墓葬的年代不能早于查里巴墓葬，再综合以下所谈三道中学墓葬与附近其他渤海遗存的关系，其年代应在渤海迁都上京之后。

3. 墓葬的分布排列、等级和墓主人身份

该处墓地保存情况不好，发掘区也没有包括山坳间整个墓地，即使如此，对于墓葬的分布排列、等级和墓主人身份，仍能看出一些线索。比如M7，该墓位于发掘区的最高处，记得此处也是山坳的最高处，后边就是突出的山峰了。墓葬规模和所用石材最大，砌筑也很考究，出土随葬品比较丰富，而且有铜器和鎏金器，说明该墓的等级是本墓区中最高的了。再如M2和M6，两墓东西并列，相距不足2米，墓室长宽达3米左右，砌筑也比较考究，M6还出土了比较丰富的随葬品，其中有一般平民不具备的铜带具，说明这两座墓的等级也比较高，而且关系相当近。两墓向北之中轴线北端则是M7，如果同属一个家族的话，M7就应是该家族的首领，M2、M6两墓墓主人则是M7墓主人的下属或后代，如果同属官吏阶层，则又表示地位的高低。此三墓之外，其余墓葬的等级可看出是低了一些。另要注意的是，该处墓葬中普遍出土铁镞，规模最大的M7和另一座墓葬M10还出土了铁甲片，则说明墓主人不只平时从事较多的狩猎活动，同时还有一定的军事背景。

4. 与附近渤海遗存的关系

三道中学墓葬所在三道河口附近有渡口、河口、振兴、东兴四处遗址和兴农古城，发掘后普遍发现了汉代，或者是汉代及汉代之后的遗存，其中渡口、河口、振兴三处遗址还发现了比较明确的靺鞨、渤海的遗存，而兴农古城则是一座渤海古城[3]。

综合分析这几处遗存及周边相关遗存得知，牡丹江下游地区进入铁器时代后，同时受到了东南方以绥芬河流域为中心的团结文化和东北方双鸭山滚兔岭文化的影响，其代表特征是陶器上的柱状纽和上翘单把手，时代大致在汉魏时期。之后是乳钉纽陶器流行的时期，可能是来自牡丹江中游东康类型的影响。再后流行的是口沿下饰附加堆纹的深腹筒形罐，其时代下限可到唐代前期或进入渤海政权建立之初，少量的还可以再往后延续一段时间；但是该地区的深腹筒形罐好像开始不是来自南边渤海的影响，而是来自北方松花江下游绥滨、萝北一带从汉代开始一直延续下来的文化的影响；当深腹筒形罐口沿下出现双唇（重唇）、方唇或圆唇时，则是来自南边渤海的影响了，这种口沿的深腹筒形罐流行于渤海的整个中后期。三道河口附近分布着几处靺鞨、渤海遗址和城址，墓葬区不会是一处。三道中学墓葬，从其所在地势和墓葬情况来看，应是其中等级高的一处，年代在渤海迁都上京之后，是与兴农古城相对应的墓地。自三道河口向北到牡丹江口，虽然在海林市木兰集、林口县四道河口北侧的烟筒砬子、依兰县土城子乡西岗子和太平乡勃利河三道桥等处还有一些渤海遗存的发现，渤海强盛之时，其疆域向北也还有延伸[4]，但是这都不影响三道河口作为这一地区的中心之一而存在，其突出代表就是兴农古城。该古城同时担负着渤海北部疆域和渤海通往黑水靺鞨之交通道路的守护作用，所以三道中学墓葬中普遍随葬铁镞，有的还随葬铁甲片，就不难理解了。

附记：向当时参加发掘的所有人员、向组织发掘的黑龙江省文物考古研究所和吉林大学考古学系表示感谢。

注　释

[1]　吉林省文物考古研究所：《吉林永吉查里巴靺鞨墓地》，《文物》1995年第9期；郭文魁：
　　　《和龙渤海古墓出土的几件金饰》，《文物》1973年第8期。

[2]　笔者编写《渤海考古》时，参考测试年代，在"图一四〇查里巴墓葬出土陶器"中把M10出
　　　土的鼓腹罐（肩部带弦纹）排到了本陶器表的早期。另，查里巴墓葬发掘报告"图一八陶鼓
　　　腹罐、壶"把其中"7、8"两个序号标反了。该报告"图一八　陶鼓腹罐、壶"中的"7、
　　　10. Ⅱ型鼓腹罐（M3：15、M10：2）　8. Ⅳ型鼓腹罐（M19：1）"，经查第33页正文介绍
　　　的Ⅱ型鼓腹罐"M3：15"的特征为"腹部饰多道弦纹"，与图中的第7号器物对不上，倒是
　　　和图中的第8号器物对得上。第33页正文介绍的Ⅳ型鼓腹罐，以图一六的M40：1鼓腹罐照片
　　　为例，其特征是"素面"；图一八中第8号器物"M19：1"鼓腹罐，在第31、32页之M19随
　　　葬品介绍中，只说有陶鼓腹罐1件，没有说明型式，在第33页之"Ⅱ型""Ⅳ型"鼓腹罐所
　　　举典型器物中，也没有提到M19所出鼓腹罐，但是在第46页墓葬统计表中登记的M19出土的

鼓腹罐为Ⅳ型，应与同型的M40∶1鼓腹罐的特征相同，报告中图一八的7鼓腹罐正是此型。所以，报告图一八之中的序号"7"和"8"，应该调换过来。对此，我当时没有校出，而在上述"图一四〇"中，把本是M3出土的鼓腹罐（M3∶15，肩部带弦纹）当成M19出土的（M19∶1），也排在了早期，同时把原M19∶1（肩部不带弦纹）当作M3∶15、同M3出土的其他几件器物一起排在了晚期。对于发掘报告之序号误标，后来刘晓东在撰写博士论文时发现并予以纠正，所以《渤海考古》图一四〇也需要调整，故借此加以说明，请大家参看《渤海考古》时予以注意。

[３] 黑龙江省文物考古研究所、吉林大学考古学系：《黑龙江海林市渡口遗址的发掘》，《考古》1997年第7期；《河口与振兴——牡丹江莲花水库发掘报告（一）》，科学出版社，2001年；《黑龙江海林县振兴遗址发掘简报》，《北方文物》1997年第3期；《黑龙江海林市兴农渤海时期城址的发掘》，《考古》2005年第3期。

[４] 黑龙江省文物考古研究所：《黑龙江省海林木兰集东遗址》，《北方文物》1996年第2期；刘滨祥：《浅谈烟筒砬子渤海建筑址出土物的性质与年代》，《北方文物》1994年第3期；孙秀仁、朱国忱：《渤海国上京京畿南北交通道与德理镇》，《黑龙江民族丛刊》1994年第3期。

［原载《边疆考古研究》（第35辑），科学出版社，2024年；收入本书时略有调整］

魏晋至隋唐时期中原地区都城规划布局的发展变化及其对高句丽渤海的影响

魏晋至隋唐时期，中原地区历朝都城规划布局的发展变化，在中国古代都城的发展进程中占有非常重要的位置，它在前朝的基础上勇于变革，逐步形成了自己新的规划布局和制度。此新的规划布局和制度，不仅在后代都城中有的还继续沿用，同时对当时周边及东北亚地区不同政权的都城，也产生了重要的影响。本文拟就都城的整体规划布局和宫城内主要宫殿的规划布局两方面对高句丽、渤海都城所产生的影响，加以介绍和分析。

一、都城的整体规划布局

1. 中原地区都城的整体规划布局

据多年考古发现，几千年前的新石器时期，在黄河、长江流域的多处古文化中心，先后出现了数座小型城址。进入商周，随着中央王朝及后来列国政权的建立与发展，作为其统治中心的都城，其规模也逐渐扩大，而且多划分出宫城和郭城。由于当时社会形势发展的需要和各座城址营造过程的不同，而使郭城有大有小，宫城与郭城的位置关系也不统一[1]。

秦汉全国大统一，其中建设完备、遗迹比较清晰，代表此大统一形势下的都城，则是西汉长安城和东汉洛阳城。长安城周长25000多米，内有长乐宫、未央宫、北宫、桂宫和明光宫五座宫城，占据了整座城址的大部分面积。其中长乐宫是由秦离宫兴乐宫改建，是刘邦进驻长安时的临时宫城；未央宫乃高祖时萧何特意建造，之后西汉皇帝均以此作为朝政活动的正式宫城。

东汉洛阳城始自西周，东周、秦两次扩建，西汉沿用，东汉之后曹魏、西晋和北魏又沿用，北魏大规模扩建，该城址统称为汉魏洛阳城。东汉洛阳城呈南北长方形，文献记南北九里，东西六里，俗称"九六城"，后南墙被洛河冲毁，今勘测城址周长达13000米。城内修有北宫和南宫两座宫城，有学者考证两宫城始建于秦。两宫城占据了城址北部和南部的中心部分，面积之和将超过全城面积的1/3[2]。

东汉末年，汉室衰微，曹操势盛，兴建邺北城以为王都，城市规划出现了新的格局。该城呈东西横长方形，南北1700米，东西2400米，西墙南段外凸，东西最宽处2620米。城内中间东西大道将全城划分为南北两半。北半西部为皇家园林铜爵园，历史上有名的铜爵、金虎、冰井三台正是筑在铜爵园西侧的城墙之上。北半中部稍偏东为王室所在，近年有考古学者参照文献记载，将其复原为由东西并列的外朝和内朝组成。外朝前面南北大街乃全城的中轴线。北半东部是贵族居住区戚里。南半为居民区里坊。邺北城布局规整，又比较对称，改变了汉代宫殿区分散的局面，居民区并有所扩大。这种布局，开启了中国都城建设的新阶段[3]（图一）。

东汉洛阳城在东汉末年受到严重毁坏，公元220年曹魏政权迁回洛阳，公元265年西晋代魏，继续以洛阳为都。两王朝先后对洛阳予以修建，但是西晋末洛阳城再次惨遭破坏。5世纪末北魏迁洛后，对该城进行了大规模增修。经多年发掘调查，魏晋北魏洛阳城的总体布局，已逐步清楚。首先，曹魏在东汉洛阳北宫的基础上建立了新的单一宫城。该宫城位于城内北部中间偏西处，呈南北长方形。宫城前有东西向横街和南北中轴大街。历经魏晋，到北魏晚期，横街之北的北半城，几乎全部被王室占有，

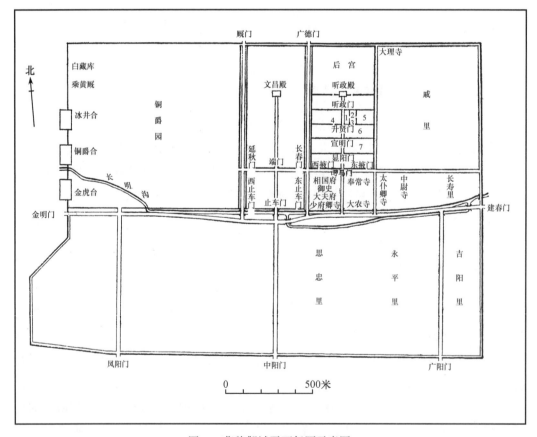

图一　曹魏邺城平面复原示意图

（引自《曹魏邺城的平面复原研究》）

宫城前面中轴大街两侧，也遍布衙署、寺院和高官宅第。该布局为以后隋大兴城的宫城和皇城开创了先导。其次是在原东汉洛阳城的西北角修建了金墉城三座小城。据近年发掘得知，位于城内的南侧丙城为曹魏时期修建，丙城北边之乙城和甲城的修建时间不早于北魏，晚或许到隋末，有可能是北魏迁洛后修建的[4]。金墉城的位置和作用，很明显是参照了邺北城的三台，占据制高点，加强防御。再次就是北魏外郭城的修建。为了扩大居民区里坊，北魏时期在东汉洛阳城之外，新修了"东西二十里，南北十五里"之规模巨大的外郭城[5]。里坊的规划，《洛阳伽蓝记》记"方三百步为一里，里开四门"，说明其内部是十字街道。北魏洛阳城的复原研究工作多年来持续不断，郭城外墙遗迹也陆续被考古调查发掘所证实[6]（图二）。

北魏洛阳城的规划布局，至隋唐长安城得以完善化和制度化。历经300多年的南北大分裂，到隋唐又走向新的大统一。公元582年，隋王朝虽然还没有出兵渡江灭陈，但

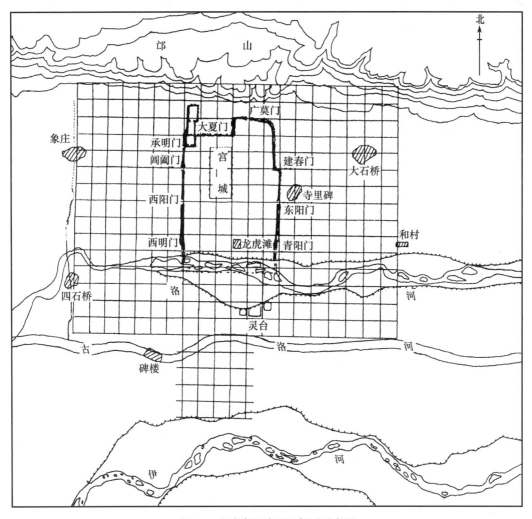

图二　北魏洛阳城平面复原示意图

（转引自《略论曹魏邺城、北魏洛阳城、东魏北齐邺南城平面布局的几个特点》）

是大统一的形势已成必然。为了适应该形势发展的需要，于是便放弃已使用几百年的旧都汉长安城，而在其东南侧兴建新的都城大兴城。唐代继续以大兴城为都，改名长安，后世则统称曰隋唐长安城。长安城在唐代虽然又修了新的宫城大明宫和兴庆宫，但是城址的总体布局并没有改变。隋唐长安城规划布局的主要特征有以下几点：一是外形规整，规模巨大，东西略大于南北，周长达36千米多；二是皇室与中央衙署所在的宫城和皇城各自为城，前后相邻，共位于郭城北部正中；三是郭城内由数条南北向和东西向的街道划分为若干封闭的居民区里坊和东西两个市场，这些里坊和市场又以皇城前的朱雀大街为中轴，左右均匀对称；四是在宫城、皇城、中轴大街两侧和郭城四角等处，先后修建了100多座佛寺和道观（图三）。

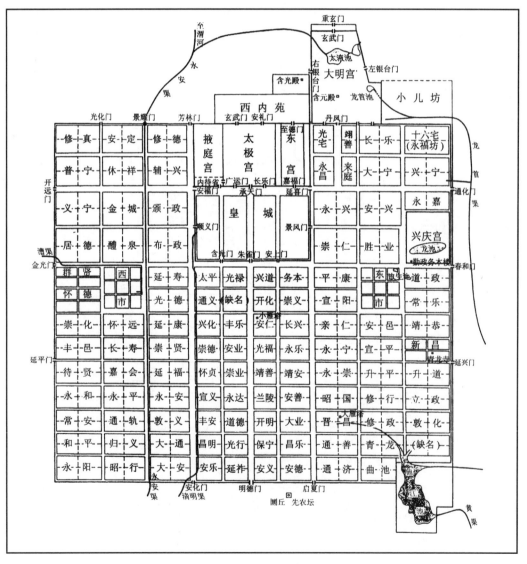

图三　唐长安城平面复原图

2. 高句丽都城的整体规划布局

高句丽民族是我国东北地区的古老民族，高句丽政权自公元前37年至公元668年在历史上存续了700年之久。其都城所在从大的地区而言是三治两迁，初治桓仁，公元3年一迁集安，公元427年再迁平壤，迄今在这三个地区发现了几座与都城有关的城址。关于高句丽都城的规划布局，学术界经常引用的是《周书·异域传》中的一段话，其曰："（高句丽）治平壤城，其城，东西六里，南临浿水。城内唯积仓储器备，寇贼至日，方入固守，王则别为宅于其侧，不常居之。"[7]此时，高句丽已迁都平壤。而在此之前不久，《魏书·高句丽传》记世祖太武皇帝时曾遣员外散骑侍郎李敖对长寿王进行册封，"敖至其所居平壤城"，《三国史记·高句丽本纪》记此事是在长寿王二十三年（公元435年），说明中原人士对于当时高句丽都城已有所了解。从这段话可以看出，当时高句丽的都城平壤城是由两部分组成的，一部分是"城"，一部分是"宅"。"城内唯积仓储器备，寇贼至日，方入固守"，指的是"城"；"宅"位于"城"之侧，"不常居之"的不是"宅"，而是"城"，"宅"则是"常居之"。这也就是学术界结合考古发现所总结的山城与平地城相结合的布局，"城"是山城，"宅"则是平地城。

在此，首先解释一个问题，高句丽在都城中为什么如此突出山城的地位和作用，其实这与高句丽城址的总体状况、特点及高句丽所处的地理环境、历史背景有直接关系。经多年调查知道，高句丽的城址中绝大部分是大小不等的山城，其中分布在中国境内的已超过百座，在朝鲜境内的也有几十座。之所以如此，一是因为高句丽所在"多大山深谷"，二是因为高句丽常年攻防战争连续不断，二者结合，便形成了高句丽城址和都城的如此状况及特点。

以下，具体分析平壤地区的高句丽都城。迄今在平壤地区共发现了4座与都城有关的城址，即大城山城、清岩里土城、安鹤宫和平壤市区内古城。其中，大城山城即上述文献记载中的山城，平壤市区内古城即公元552年始建、公元586年迁入的长安城，已基本为学术界所认可。认识不同的则是清岩里土城和安鹤宫。有的学者认为安鹤宫是与大城山城相结合的平地城，有的学者认为清岩里土城是与大城山城相结合的平地城。综合多年来的发现和研究，现在学术界多倾向于后一种看法（图四）。

大城山城位于今平壤市东北6～7千米处的大同江北侧的大城山上。城墙沿山脊走向以石砌筑，周长7076米，有的山谷处筑双重或三重城墙。城墙所经过的山峰高处，一般修有角楼之类的建筑或将台。山城地势呈簸箕状，主要城门南门开于西南边的峡谷。城内发现多处大小不一的房址和水池，房址分布与水池相互靠近。其中20座左右房址上散布瓦片，瓦片的颜色大多为赤红色，瓦当的纹饰为各种莲花。散布瓦片的房址中有的发现被烧过的粮食颗粒，说明此房址可能是仓库遗址。关于大城山城的修筑

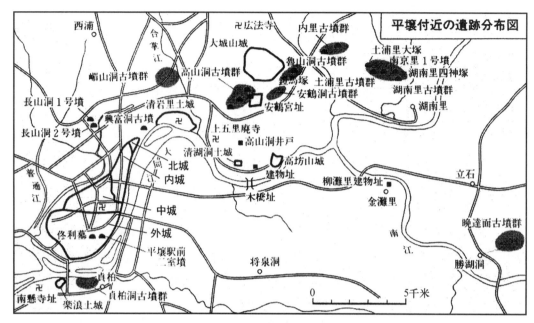

图四　平壤高句丽都城城址与墓葬分布图
（引自《高句丽的历史与遗迹》）

年代，原报告认为在4世纪末至5世纪初，这与文献记载基本相符[8]。

清岩里土城位于今平壤市区东北、大同江北岸的小山坡上，城址南侧是江岸绝壁，不筑墙，其他三面多土筑城墙，部分石筑，周长5千米。20世纪20年代日本人关野贞曾在城内发现与将军坟所出相同的莲花瓦当，后来又在城内发现被推测为公元498年创立的金刚寺址的多处房址。金刚寺址的布局是前塔后殿，以塔为中心，体现了早期佛寺的特点。清岩里土城东北方向为大城山城，两城相距4千米，并有城门直对，可以看出两城的关系是很密切的。

其实，类似大城山城与清岩里土城这种山城与平地城相结合的布局，在高句丽以集安为都的时期已经具备，在以桓仁为都的时期似乎也有迹可循。

集安的高句丽都城，一座是今集安市区所在的平地城，即文献记载中的国内城，另一座是位于市区西北2.5千米处的山城子山城，在文献记载中先后被称为尉那岩城和丸都城（图五）。

山城子山城地势同样呈簸箕状，沿山脊走向石筑城墙，周长6947米。主要城门开于面对市区平地城方向的南侧低洼处。城内山谷纵深，也有平缓的山坡，先后发现石筑瞭望高台、蓄水池和大型宫殿等遗址。文献记载3世纪中叶魏将毌丘俭和4世纪中叶鲜卑慕容皝先后两次出兵高句丽，该山城是主要进攻目标并皆被攻陷。

国内城平面略呈方形，石筑城墙，周长2700米左右。城墙外侧残存数个马面基址。城内已广建房屋，在中部偏北处曾连续发现高句丽时期的古代墙基、大型八角形

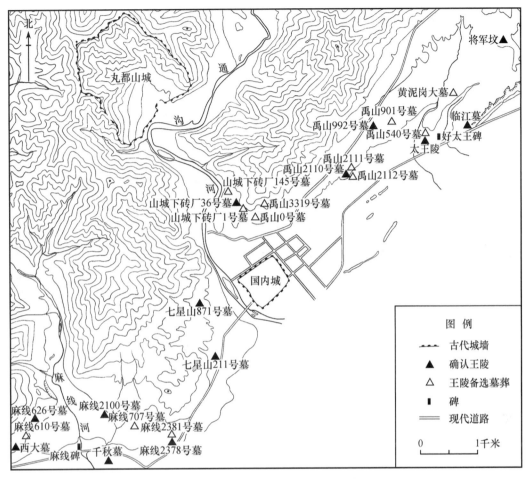

图五　集安高句丽王城与王陵分布示意图

（参照《集安高句丽王陵：1990～2003年集安高句丽王陵调查报告》图一绘制，个别处修改补充）

或覆盆形础石和大量的高句丽红瓦片，近年又发掘出部分大型建筑址，说明这里是高句丽王的宫室所在。关于国内城石筑城墙的年代，明确的记载见于公元342年[9]。在此之前，是否有城存在，看法不一。20世纪70年代初次试掘，曾在几处石城墙的底下发现一道剖面呈弓形的坚硬土垄，被认定为土城，而近年发掘的墙段，却没有发现有土城存在，该问题还有待继续发现与研究，但是这并不影响国内城与丸都山城的组合布局。

　　桓仁县城附近五女山城为高句丽初期的都城，已被学术界普遍认可。五女山城平面呈不规则长方形，南北长约1540米，东西宽350～550米，周长4754米。其中位于城内西南部主峰上的山上部分，南北长600米，东西宽110～200米，地势高亢平坦，有供瞭望用的天然平台和蓄水池，并发掘出高句丽初期与中期的多处建筑址和大量陶器、铁器等遗物。

从五女山城顺浑江而下10千米处，同在江的右侧还有一座平地土城，名下古城子古城。经试掘，地层叠压和出土遗物证明该城在高句丽初期已存在。这就为探讨高句丽初期都城是否已考虑到山城与平地城的关系，提供了进一步工作和研究的对象。

一座山城，一座平地城，同处一地，相互照应，战时上山，平时则居山下，这就是高句丽本民族的都城布局和特点。而这种布局和特点，到平壤后期修筑平壤市区内古城长安城时则发生了变化。

平壤市区内古城，北端是锦绣山的牡丹峰，东、西、南三面由大同江和普通江围绕，并据北高南低之地势，依次筑墙分隔为北城、内城、中城、外城。城址周长16千米，城墙总延长23千米[10]。城墙以石砌为主，有的混以少许黏土。文献记载该城于公元552年始筑、公元586年迁入。在几处城墙曾先后发现刻有高句丽官吏"小兄"和干支纪年铭文的刻石。城内布局，内城置王室，中城置衙署，外城置居民；其中在外城又规划、修建了整齐的内有十字街道的里坊；北城占据山峰，以保卫内城。经比较可知，该城是在原山城和平地城互相结合的传统基础上，又吸收北魏洛阳城的规划之后形成的新布局，只是由于地理环境的限制，不能像北魏洛阳城那样规整。它既保留了原山城利于防御的优势，同时又改变了原山城和平地城分据两处的不便，将山城和平地城合为一体，使战时防御和平时居住达到了合理统一。据文献记载，在北魏迁都洛阳前后的几十年中，高句丽朝魏使臣连年不断，有时一年之内多达几次。在这种频繁的交往之中，中原都城的制度和规划布局影响到高句丽，是不足为奇的。

3. 渤海都城的整体规划布局

渤海是公元698～926年由靺鞨族为主体在以我国东北地区为主，包括朝鲜半岛东北部和俄罗斯滨海边疆区在内的广大区域里建立的民族地方政权。根据文献记载与考古发现，渤海政权在其存在的229年当中，其都城四迁四治。初都敦化，史称"旧国"，天宝（公元742～756年）中以中京西古城（吉林省和龙）为都，天宝末迁到上京（黑龙江省宁安），公元785年自上京迁往东京八连城（吉林省珲春），公元794年又迁回上京，之后一直到公元926年灭于辽。上京城两次为都，时间最长，规模最大，布局和建筑也最为完备，在都城布局和建筑方面集中代表了"海东盛国"的文化面貌。

推断渤海初期的都城在敦化，敦化六顶山渤海早期墓地以及贞惠公主墓的发现，是重要的因素之一。敦化的渤海都城城址，以往学界推断，一是城山子山城，即大祚荣"据东牟山，筑城以居之"[11]的东牟山，今城内仍分布有众多的半地穴居住址，说明仍保留着靺鞨族"筑城穴居"[12]的传统；与城山子山城相对应的有两处，一是敖东城，一是永胜遗址，但是据近年部分发掘调查，两处时代都晚于渤海，永胜遗址又没有发现城墙。最近，又有学者关注到敦化境内另一处山城和平地城。总之，敦化地区的考古工作仍有继续进行的必要。以往所说此处渤海初期的都城还保留着高句丽都城山城与平地城相结合的特点，此种说法还需要验证。

渤海中京和龙西古城和东京珲春八连城城址，先后经过多次调查和试掘，近年又进行了较大规模的发掘，并分别出版了大部头的发掘报告。中京、东京为都时间都不长，经调查发掘和对比研究得知，西古城、八连城只相当于上京城的宫城部分，因此要想了解渤海都城规划布局的完整布局，则需对上京城城址进行具体考察和分析。

渤海上京龙泉府城址位于黑龙江宁安，牡丹江（忽汗河）南经敦化流来，先注入镜泊湖，然后自镜泊湖泄流而下，从城址的西边和北边环绕而过，则又往北滚滚而去。城址所在符合《新唐书·渤海传》中"天宝末，钦茂徙上京，直旧国三百里忽汗河址之东"的记载。多年来经先后多次调查和发掘，上京城址的规划布局已经明了清楚；其规划布局的模本乃隋唐长安城，也成为国内外学术界的共识。不同的是，由于渤海是唐王朝的一个羁縻府州，因此都城规模和相关建筑则相应缩减（图六）。

第一，上京城城址呈东西横长方形，东墙长3358.5米，西墙长3398米，南墙长4586米，北墙中部外凸，长4946米，周长16288.5米。土石混筑城墙，城墙底下有夯土墙基，城外有城壕。和长安城相比，面积相当于长安城的1/5，另外东西向略长一些。

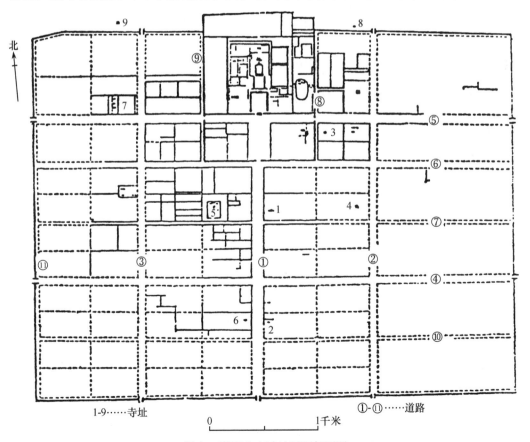

图六　渤海上京城址平面复原图

第二，宫城、皇城位于城内北部中间稍偏西处，皇城在前，宫城在后，宫城左右和北侧各有一个附属区。和长安城相比，此宫城相当于长安城宫城的宫殿区太极宫，此宫城东侧附属区相当于长安城宫城的东宫，西侧附属区相当于长安城宫城的掖庭宫，北侧附属区相当于长安城宫城北侧的西内苑和大明宫北部玄武门与重玄门之间的区域。

第三，郭城内由数条南北向和东西向的街道划分为若干封闭的居民区里坊，这些里坊又以皇城前的南北大街为中轴，左右基本均匀对称。和长安城相比，街道和里坊的数目有所减少，另外市场的位置还没有调查清楚。

第四，上京城发现佛寺十余座，明显少于长安城，但就上京城址而言，也是很突出的，其中两座分别位于北墙之东、西门外，可见对这两座城门的重视，其余则位于城内宫城、皇城和中轴大街两侧，左右对称，与长安城相同。

第五，据中京西古城、东京八连城与上京城的对比研究，以及上京城的调查发掘得知，上京城最先建的是宫城，宫城附属区、皇城和郭城皆晚于宫城，此营建时序与隋筑大兴城"先筑宫城，次筑皇城，次筑外郭城"[13]的过程是基本同步的。

二、宫城内主要宫殿的规划布局

1. 中原地区都城宫城内主要宫殿的规划布局

我国自先秦时期开始，在高等级建筑和王宫内，就开始出现"前堂后室""前朝后寝"的布局和制度。"前堂""前朝"和"后室""后寝"内部同样又有各自的布局和变化。

据考古发现，湖北盘龙城商代宫殿和陕西岐山凤雏村西周建筑基址，则是典型的"前堂后室"建筑布局[14]。汉长安未央宫，高台基前殿位于宫城中部，以椒房殿和其他后宫建筑群组成的皇后之宫在宫城北部，中间有一横道相隔，是明确的"前朝后寝"布局；而前殿之南北三座宫殿，也有著作将其划分为"朝"和"寝"[15]。此前殿之"朝"和"寝"，相当于后来都城宫城中"前朝"的外朝和内朝。

魏晋面北朝时期的都城中，在"前朝后寝"的"前朝"流行的是"前朝"两殿制。两殿的位置，同样多为南北排列，只有曹魏王都邺北城与此有别。据文献记载复原，邺北城外朝与内朝是东西并列，外朝在西，以文昌殿为正殿，内朝在东，以听政殿为正殿，皆属于"前朝"，魏王的住所寝宫在听政殿之后。该布局的形成，可能与邺北城南北较窄也有关系。

曹魏洛阳宫城以东汉洛阳之北宫所建，大规模营造是在明帝时期。西晋、北魏基本沿用了曹魏宫城。据调查发掘得知，该宫城位于全城北部稍偏西，呈南北长方形，在东墙和西墙中部各开一城门，两城门之间的东西道路将宫城分为南北两区域，南区为"前朝"，北区为"后寝"之寝宫，或称后宫、北宫[16]。

"前朝"区域，南门阊阖门，规模宏大，前出左右双阙。阊阖门之内南北中轴线上，自南向北，建两座大型宫殿。南边一座，是在原汉崇德殿旧基上重建的"前朝"正殿太极殿，太极殿两侧设东堂和西堂；北边一座名昭阳殿[17]。其中以"太极殿"命名宫内主要宫殿，据文献记载和专家考证，自曹魏开始，到唐代前后有六处都城予以使用[18]。而关于东堂和西堂，按照晋代制度，帝王举行大型朝会在太极殿，小会则在东堂[19]。傅熹年先生曾考证："太极殿的东西侧与之并列建有东堂和西堂，太极殿是魏帝举行大朝会等重要礼仪活动的主殿，平日极少使用。东堂是皇帝日常听政、召见方镇大臣、与臣下宴会、讲学之所。西堂是皇帝日常起居之所。自曹魏设东西堂以后，迄于南北朝末年北齐的邺南城，太极殿与东西堂并列成为皇宫主殿的通式。"[20]魏晋昭阳殿，晋避文帝讳，改曰明阳殿[21]。

傅熹年先生还特别指出，当时"每一座宫殿实际都是以它为中心，前有殿门，周以廊庑，围成大小规模不同的宫院。各宫院按性质、等级和使用要求排列成数条轴线，用巷道分区，形成一个互相联系的整体"[22]。这种布局形式，一直被后代的宫城所沿用。

北魏时，文献记载宫城"前朝"区域内除太极殿外，其他为显阳、式乾等殿，其中显阳殿同样可以处理一些政务，傅熹年先生考证显阳殿左右也各有其他宫殿，布局与太极殿及东西堂相仿，所以显阳殿的地位相当于原昭阳殿，或者就是同一处宫殿。傅熹年先生和考古学者的复原示意图都仍将此殿放在太极殿之后的重要位置。而关于式乾殿，文献记载皇帝曾在此进行佛事活动，还有一位皇帝崩于此殿，相比之下，其地位和作用低于显阳殿，傅熹年先生复原将此殿放在太极殿和显阳殿之间，考古复原没有标出此殿的位置所在[23]。据发掘者最近介绍，"前朝"区域内发现的主殿基址，的确是前后两座。显阳殿后是"永巷"，即上述宫城中部之东西道路，"永巷"之北乃"后寝"之帝后寝宫区域，内建多处殿观台阁和池水景观（图七、图八）。

东魏北齐邺南城宫城位于全城北部中间，同样为南北长方形（加上宫城北邻之"后园"），并划分为"前朝"和"后寝"南北两个区域。宫城南门名止车门，其内中轴线上依次设端门和阊阖门。阊阖门乃宫室正门，同样规模宏大，前出左右双阙。阊阖门内的两座宫殿仍名太极殿和昭阳殿。太极殿左右设东堂和西堂。"后寝"区域内建有大小多处宫殿，"后园"则是帝王禁苑[24]（图九、图一〇）。

关于"前朝"区域内太极殿和昭阳殿之功能和性质，因为太极殿是"会见外国使者宾客和举行重要典礼"之处，昭阳殿是"朝会、日常群臣奏议和接见臣下等活动"之处，多数学者称太极殿为"前朝"之"外朝"，昭阳殿为"前朝"之"内朝"[25]。正如傅熹年先生所考证，昭阳殿从曹魏时期开始，经北魏至此，地位逐步提升，与太

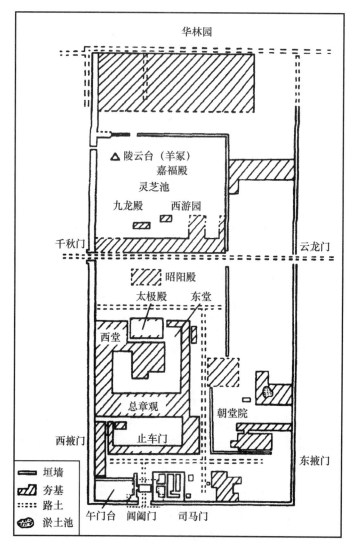

图七　魏晋、北魏洛阳宫城平面布局勘探复原示意图

（引自《汉魏洛阳故城沿革与形制演变初探》）

极殿前后并重，都是进行公务活动的殿宇，而东西堂的作用进一步减弱[26]。还有的学者根据文献所记，帝王在邺南城阊阖门上清都观举行"讲武、观兵及大赦"活动，提出邺南城的布局已有"三朝之意"或直接称为"三朝"，即外朝为阊阖门，中朝为太极殿，内朝为昭阳殿[27]。

　　"前朝"两殿制，在隋大兴城宫城大兴宫和唐长安城宫城太极宫继续实行，而"三朝"之名称则明确见于文献。长安城是由大兴城改名而来，太极宫是由大兴宫改名而来。据《唐六典》记载，宫城正门开于南墙正中，其名自隋至唐先后称广阳门、昭阳门和顺天门、承天门，"若元正、冬正大陈设，燕会、赦过宥罪、除旧布新、受万国之朝贡、四夷之宾客，则御承天门以听政（盖古之外朝也）"。承天门内中

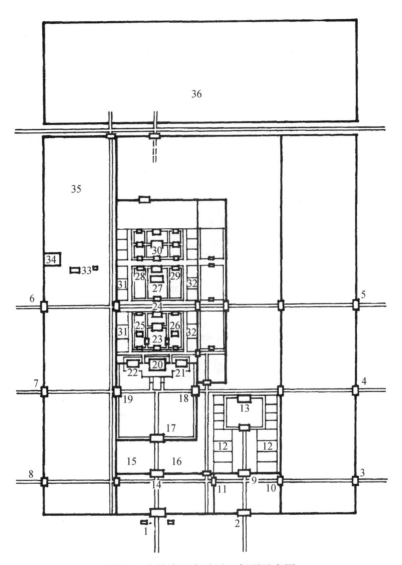

图八 北魏洛阳宫城平面复原示意图

1. 闾阖门 2. 大司马门 3. 东掖门 4. 云龙门 5. 万岁门 6. 千秋门 7. 神虎门 8. 西掖门 9. 尚书省门
10. 省东门 11. 省西门 12. 尚书省 13. 朝堂 14. 南止车门 15. 门下省（？） 16. 中书省 17. 端门
18. 朱华门 19. 乾明门 20. 太极殿 21. 太极东堂 22. 太极西堂 23. 式乾殿 24. 显阳殿 25. 徽音殿
26. 含章殿 27. 宣光殿 28. 明光殿 29. 晖章殿 30. 嘉福殿 31. 西省 32. 东省 33. 九龙殿 34. 凌云台
35. 西林园 36. 华林园

（引自《中国古代建筑史》第二卷）

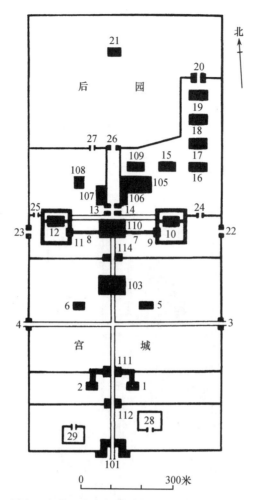

图九　东魏、北齐邺南城宫城平面复原示意图

1、2. 阙　3. 云龙门　4. 神虎门　5. 太极东堂　6. 太极东堂　7、8. 长廊　9. 东阁　10. 含光殿　11. 西阁

12. 凉风殿　13. 永巷　14. 五楼门　15. 宝殿　16. 瑎瑎殿　17. 修文殿　18. 偃武殿　19. 圣寿殿　20. 玳瑁殿

21. 万寿堂　22～27. 门　28. 大司马府　29. 御史台　101. 止车门　103. 太极殿　105. 显阳殿　106. 配殿

107. 椒殿　108. 宣光殿　109. 镜殿　110. 昭阳殿　111. 阊阖门　112. 端门　114. 朱华门

（1～29是推测出的建筑编号；余为夯土基址的原编号）

（引自《东魏、北齐邺南城平面布局的复原研究》）

轴线上的两座主要宫殿，第一座隋曰大兴殿，唐曰太极殿，"朔、望则坐而视朝也
（盖古之中朝也）"，大兴殿左右不再设东堂和西堂。第二座隋曰中华殿，唐曰两仪
殿，"长日听朝而视事焉（盖古之内朝也）"[28]。两仪殿之北有甘露殿，《长安图
志》记："甘露门内曰甘露殿，在两仪殿之北，殿门外有东西永巷，东出横门，又东有
日华门，西出横门，又西有月华门。"[29]《唐两京城坊考》在"永巷"下注曰"东西横
街"[30]，再次说明"永巷"是一条界线，"永巷"之北，包括甘露殿在内，属于"后
寝"区域（图一一）。

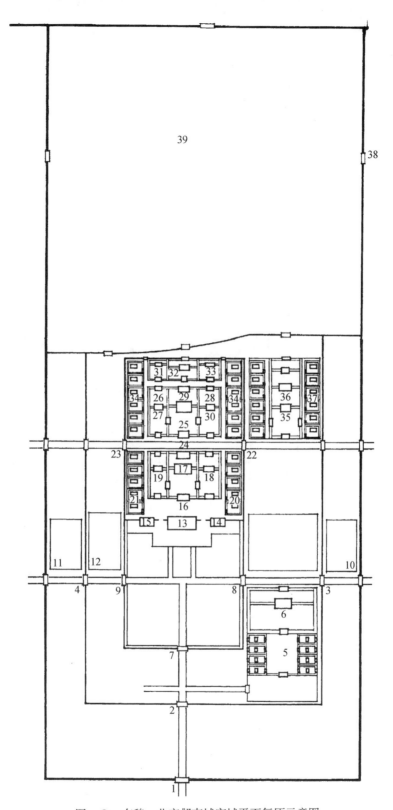

图一〇　东魏、北齐邺南城宫城平面复原示意图

1.阊阖门　2.南止车门　3.东止车门　4.西止车门　5.尚书台　6.朝堂　7.端门　8.云龙门　9.神虎门

10.左领军府　11.右领军府　12.中书省（？）　13.太极殿　14.太极东堂　15.太极西堂　16.朱华门

17.昭阳殿　18.含光殿　19.凉风殿　20.东省　21.西省　22.万岁门　23.千秋门　24.永巷　25.五楼门

26.瑶华殿　27.宣告光殿　28.嘉福殿　29.仁寿殿　30.显阳殿　31.玟瑠殿　32.镜殿　33.宝殿　34.嫔妃殿

35.偃武殿　36.修文殿　37.诸坊　38.华林东门　39.华林园

（引自《中国古代建筑史》第二卷）

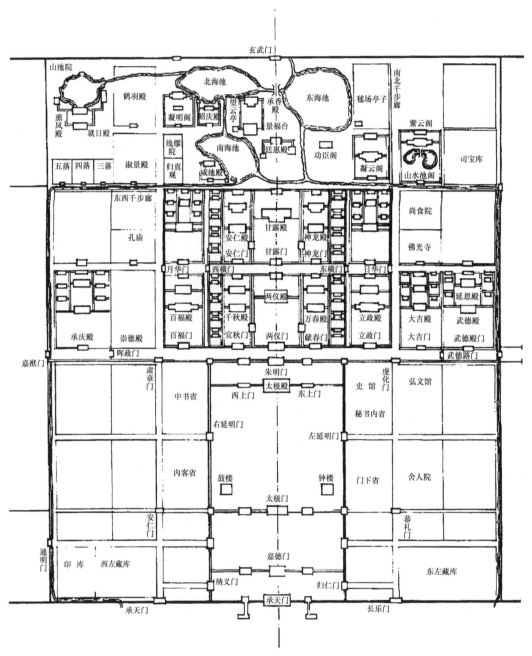

图一一　唐长安太极宫平面复原示意图

（引自《中国古代建筑史》第二卷）

　　这种"前朝"两殿制的布局和制度，到长安城大明宫时发生了大的改变。大明宫位于太极宫东北之郭城北城墙外侧，是唐高宗时期开始使用的宫城，又称东内。大明宫前面是郭城内翊善、永昌二坊，大明宫正门丹凤门前新建南北向丹凤门街，于是将翊善、永昌二坊辟成四坊。丹凤门内自南向北，依次为含元殿、宣政殿和紫宸殿，《唐六典》记："丹凤门内正殿曰含元殿（……今元正、冬至于此听朝也），夹殿两阁，左曰翔鸾阁，右曰栖凤阁（……阁下即朝堂，肺石、登闻鼓，如承天之制）。其北曰宣政门，……内曰宣政殿。……宣政北曰紫宸门，其内曰紫宸殿（即内朝正殿也）。"[31]《唐两京城坊考》记："丹凤门内正牙曰含元殿，大朝会御之殿。……含元殿后曰宣政殿，天子常朝所也。……宣政殿后为紫宸殿，……天子便殿也，不御宣政而御便殿曰入阁。"[32]这里所言，紫宸殿为"内朝"，含元殿"如承天之制"，当然可视为"外朝"，宣政殿在两殿中间，"天子常朝"之所，自然是"中朝"了。"外朝"的主要功能从承天门移到含元殿，当然与丹凤、承天两宫门外的布局不同有直接关系。而"前朝"由三座主要宫殿构成，从此以后在历代都城宫城中形成一项重要的制度，应该说是从大明宫正式开始的。正如北京大学宿白教授在讲课中所总结的那样，大明宫"南面的正门为丹凤门，门内正衙含元殿，是大朝之所；其后是宣政殿，为常朝之所；再后为紫宸殿，是皇帝的便殿。这是现知比较明确的最早的三殿制度，此制一直延续到明清"[33]（图一二、图一三）。

2. 高句丽都城宫城内主要宫殿的规划布局

　　关于高句丽都城内的宫殿布局，在桓仁五女山城之年代相当于两汉之际的第三期曾发现大型建筑址一处，平面呈长方形，长13.8米，宽6～7.2米，后侧边缘是凿出的土坎，高0.25米，前部并列7块础石（含缺1块在内）。该建筑址是否高句丽以此为都时期的宫殿，还无法确定，而且只此一座建筑，也构不成布局。

　　集安丸都山城内的确发现一处大型宫殿建筑，宫殿址坐东朝西，方向234°。宫殿址四周石筑宫墙，东墙长91米，西墙长96米，南墙长70米，北墙长75米，周长332米，呈不规则四边形。宫墙内依东高西低之地势，自西向东筑四层台基，台基西、南、北三面以块石垒砌护坡阶墙。在四座台基之上，分布着数量不等、大小不同的个体建筑，少的一座，多的四座，多为横长方形或方形，还有两座八角形，可以看出其性质、功能是有区别的。因地层较浅，受多年雨水冲刷和人工耕作之影响，遗迹保存并不大好，整体布局比较杂乱，正如发掘报告所总结的，未经周密的规划。

　　集安市区内平地城国内城，多年来已被房屋所覆盖。过去曾在城内中部偏北处发现古代墙基、大型覆盆形和八角形础石，以及大量高句丽红色瓦片。21世纪初在此处发掘出四座规模较大的建筑址，但还不是中心建筑。总之，国内城的宫殿建筑在这一区域是没有问题的，只是因为目前发掘不够，具体布局还不清楚。

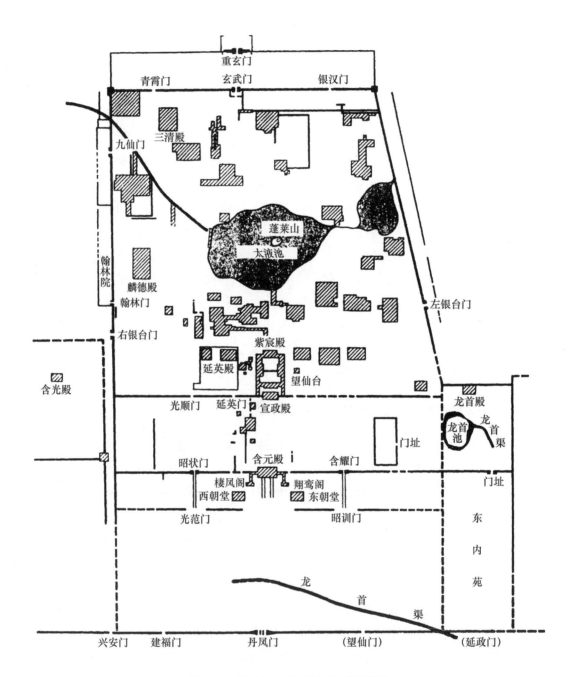

图一二　唐长安大明宫遗址平面示意图

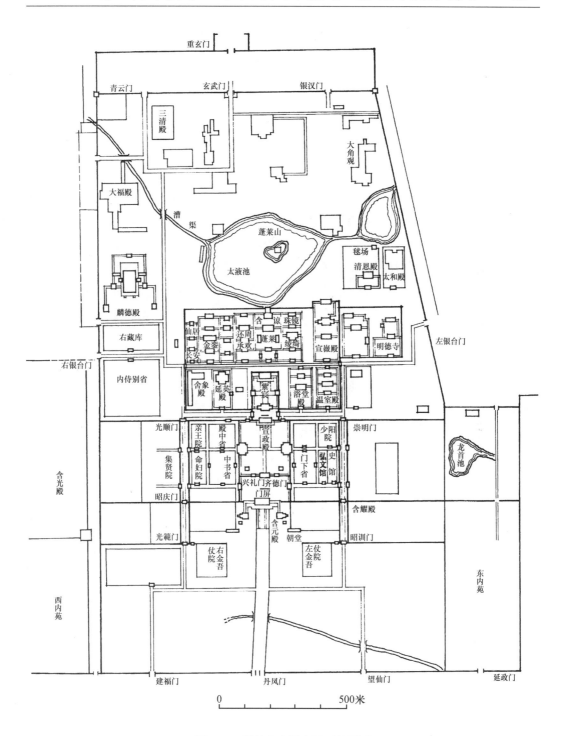

图一三 唐长安大明宫平面复原图

（引自《中国古代建筑史》第二卷）

　　平壤地区高句丽都城的宫殿建筑，大城山城未见明确报道。清岩里土城内中东部发掘出的被确定为5世纪末修建的高句丽金刚寺，宫殿址还没有发现。平壤市区内古城划分为几部分，宫殿区应在王室所在的内城，同样是由于现代建筑影响等原因而未发掘，所以宫殿的布局情况不清楚。

　　历经全面揭露、建筑布局清楚的是安鹤宫，但是其建筑年代却存在较大的分歧。

　　安鹤宫位于大城山南侧山麓，距大城山城700多米。安鹤宫略呈方形，北高南低，边长620米，周长2480米（图一四）。城墙土石混筑，基宽9米，内外两侧以石垒筑，并逐层稍向内收，成阶梯状，中间以黏土夯筑，现存高度4米。东、西、北三面各开城门一个，南面开三个，其中南墙中门为正门，规模较大，原是一座面阔七间、进深两间的木构建筑。城门不设瓮城。城外没挖护城河，但在东、西两墙之外有两条水渠被借用，另外还有一条自北墙东段入城，从南墙东段出城的水渠，因此形成了两个水门。城内有宽2米的环城街。城内建筑址已被揭露，主体建筑位于南墙正门之内的中轴线上，发掘报告将其分为南宫、中宫、北宫三个院落，皆有廊庑相通。南宫主殿面阔十一间，进深四间，规模最大。在该殿及其他几座殿址中，出现了减柱造的结构。南宫院落东侧，还有两个小的院落和殿址。南宫院落西侧小的院落和殿址保存不完整，但却发现了庭园遗址。中宫院落两侧也发现小的院落和殿址，但保存不好。北宫及其两侧，院落繁多，联系紧密，保存比较完整。另外在宫城的东北角还发现了一组被称为东宫的大型建筑。在宫城西北角和东门内南北两侧还发现一些零星小型建筑。在宫城东南角发现了水池遗迹，在北门之内也发现了庭园遗址[34]。

　　总的看来，安鹤宫绝非一般平民所居，而是高句丽王平时居住、议政的地方，而且据水岛晖臣慎所引蔡熙国之《遗迹发掘报告第九集——关于大城山一带高句丽遗迹的研究》，安鹤宫和大城山一样，皆始建于4世纪末到5世纪初。如果是这样的话，将安鹤宫作为《周书》所记"王则别为宅于其侧"的"宅"，倒是很合适。但是，早在20世纪20年代，关野贞就指出安鹤宫发现的高句丽时代的瓦，在形式上是最晚的；田村晃一根据安鹤宫与大城山城、定陵寺出土瓦当的比较分析，同样认为安鹤宫的时代最晚，因而对把长寿王迁都时的都城定为安鹤宫的见解，提出了怀疑[35]。另据报道，在安鹤宫址的下面曾发现高句丽的石室墓。石室墓的年代，有的认为是3世纪前半，有的认为是5世纪后半到6世纪前半，有的文章明确指出是封土石室墓，因此3世纪前半的断代显然是偏早了[36]。其中一座墓葬出土盘口壶等3件陶器，先后几位学者研究，陶器的断代都不早于5世纪，因此墓葬时间也不能早于此时[37]。笔者在1994年出版的《高句丽考古》和2002年出版的《高句丽遗迹》中都写道："总之，由于原始资料的限制，对此我们不好最后断言，但是否可以推测：如果安鹤宫与大城山城相配合，始建于长寿王时期或再早一些，而今天发现的宫城建筑，并不见得都是开始时建造的，有的部分，或者相当大的部分是后来改建的。这也就是说，安鹤宫从开

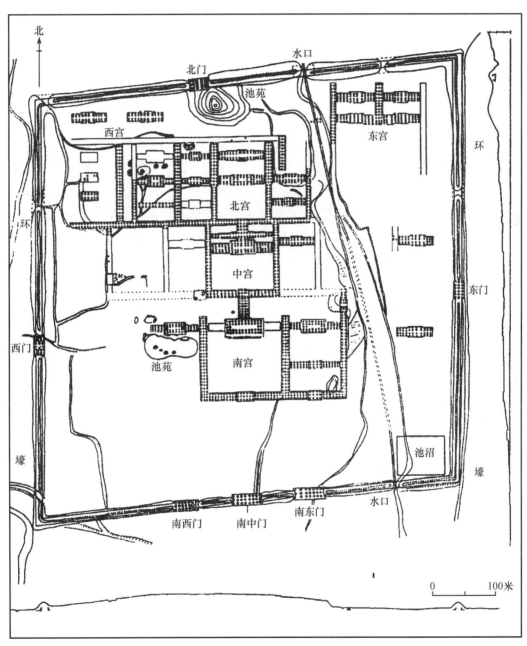

图一四　安鹤宫遗址平面图

（引自《安鹤宫年代考》）

始修建，一直到后来，包括高句丽王迁到今平壤市区内古城长安城为都时，仍在使用。《新唐书·高丽传》记：'（高丽）其君居平壤城，汉乐浪郡也，去京师五千里而赢，随山屈缭为郛，南涯浿水，王筑宫其左。'安鹤宫位于今平壤市东北，基本符合此记载。"现在看来，安鹤宫还是后来筑的可能性大一些，即不会早于平壤市区内古城的修建年代，其性质和功能，就是此《新唐书·高丽传》记载"王筑宫其左"的"宫"，但是它不是正式的宫城，而是属于别宫性质的宫城。

和中原都城宫城布局相比，安鹤宫与北魏洛阳、东魏北齐邺南城，以及隋大兴–唐长安城宫城内的布局是相似的。安鹤宫内南宫主殿，相当于北魏洛阳、东魏北齐邺南城宫城中的太极殿，以及隋大兴–唐长安城宫城中的大兴殿–太极殿；安鹤宫内中宫主殿，相当于北魏洛阳、东魏北齐邺南城宫城中的昭阳殿，以及隋大兴–唐长安城宫城中的中华殿–两仪殿；安鹤宫内中宫后边的东西向廊庑，相当于北魏洛阳、东魏北齐邺南城宫城中昭阳殿之后，以及唐长安城宫城两仪殿之后的永巷；安鹤宫内此东西廊庑之北的北宫及其左右区域，则是高句丽王"后寝"之寝宫、后宫；此东西廊庑之南的区域则是高句丽王的"前朝"，而且实行的是两殿制，其中南宫主殿相当于"前朝"的"外朝"，中宫主殿相当于"前朝"的"内朝"。

安鹤宫是一座别宫性质的独立宫城，不仅其内部皆被王室官衙所占据，不会允许一般居民入住，而且宫城前和左右两侧也不会安排居民居住。安鹤宫的南门址和宫内南宫的南门址，与北魏洛阳、东魏北齐邺南城宫城阊阖门，以及隋大兴–唐长安城宫城正门相比，在规模、构造、交通和防御诸方面，都有区别和差距。因此，类似中原都城宫城正门上的大型礼仪活动，可能还要在当时高句丽正式都城、即平壤市区内古城之内城正门前进行，或者有的内移到安鹤宫内南宫主殿进行。

3. 渤海都城宫城内主要宫殿的规划布局

渤海都城内的宫殿布局，同样是由于几次迁都而有所不同。敦化旧国时期的渤海都城，至今仍未确定，所以其宫殿布局也无从谈起。可喜的是，和龙中京西古城、珲春东京八连城和宁安上京城经多次调查发掘，其主要宫殿建筑已基本清楚，而且多位学者进行过分析研究（图一五～图一七）。

经比较研究，中京西古城、东京八连城相当于上京城的宫城，城址外形和大小很接近，城内总体布局也相似。中京西古城、东京八连城的主要宫殿一、二殿，相当于上京城宫城的三、四殿。它们之间明显的不同是在上京城宫城的三、四殿前，又增加了规模更大的一殿和二殿。为何会出现这种情况，此与三座都城修建的时间和过程有密切关系。

文献记载，渤海政权建立后，天宝中以中京为都，为时不久，天宝末徙上京，30年后，公元785年迁东京，不到10年，公元794年又迁回上京。中京、东京为都时间都

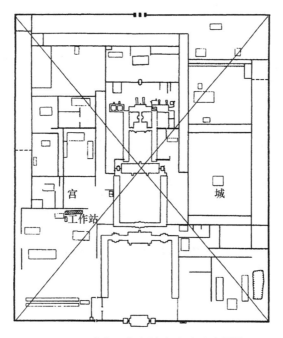

图一五　渤海上京宫城遗址平面示意图

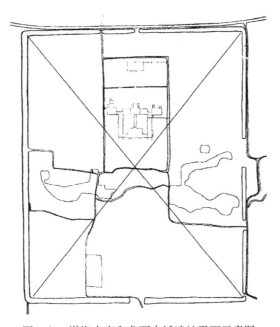

图一六　渤海中京和龙西古城遗址平面示意图

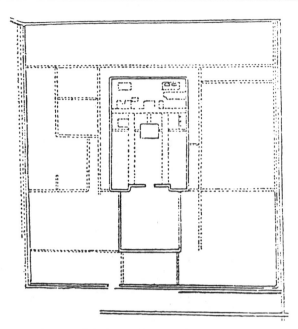

图一七　渤海东京珲春八连城遗址平面示意图

不长，上京城两次为都，第一次正好在中京、东京为都时期的中间。上京城前后两次为都，其全城布局和宫城内的宫殿建设最为完备。其第一次为都时是否已有此完整齐备的规划，两种可能都存在，我们不好确定，而可以确定的是，第一次为都时期的建筑和布局，应该与中京、东京基本一致，也就是说，凡是与中京、东京明显不同而增加的部分，应该是第二次为都后修建的，包括一、二殿在内。

　　具体分析三座都城宫殿的布局和功能，中京、东京一、二殿和上京宫城三、四殿，前后排列，中间和两侧都有廊庑相通。前面的一座规模较大，台基较高，殿内宽敞；后面的一座，其台基中间向北突出，后殿位于台基中部，殿内由中间的南北向门道划分为左右两个隔间，隔间内修有类似火炕的取暖设备，后殿两侧为对称的配殿。在后殿台基的东西两侧，又都修有同样具备取暖设备的宫殿。可见，前殿是渤海王的上朝正殿，后殿及左右两侧宫殿是渤海王的寝宫所在，前殿与后殿合属"前朝后寝"的布局与功能。上京城在第二次为都后，由于在三殿之前又修了规模更大的一、二殿，于是三殿的地位和作用就削弱了，而整体布局也就齐备了[38]。

　　和同时期中原都城相比，渤海上京城宫城正门和门内主要宫殿的建筑及功能，同时受到了长安城原宫城太极宫和大明宫的影响。具体而言，上京宫城正门之位置，门外之街道、皇城等布局皆如承天门，一殿之位置、建筑又如含元殿，所以上京宫城正门与主要宫殿的性质、功能，也会有两种可能。

　　一种可能是宫城正门如同太极宫承天门，属"外朝"；一殿如同太极殿，属"中朝"；二殿如同两仪殿，属"内朝"。而二殿之后的三殿，则完全与"前朝"政务无关了。这就是说，此时渤海实行的仍然是"前朝"两殿制。

另一种可能是宫城正门和一殿如同大明宫丹凤门和含元殿，同属"外朝"；二殿规模宏大，如同宣政殿，是渤海王"常朝之所"，属"中朝"；三殿则如紫宸殿，属"内朝"[39]。此分析看法，则不再是"前朝"两殿制，而是三殿制了。相比之下，这种可能性更大一些。因为三殿原来是上朝正殿，已有传统，此时继续作为"前朝"之"内朝"使用，应该是很习惯自然的。另外，太极宫在唐代作为宫城的时间并不长，高宗时迁到大明宫，之后除玄宗时曾以兴庆宫为宫城外，其余时间唐朝皇帝皆是以大明宫为宫城。渤海政权以长安城为楷模规划上京，第一次迁都上京时，正是安史之乱开始之时，之后唐玄宗则很快退位，渤海长时期与唐交往，朝见的是大明宫，因此大明宫的建筑必然会对上京城的宫城布局产生影响。

在探讨上京城的宫城布局时，有不少学者联系到高句丽安鹤宫。应该说它们之间有联系，又有区别。这种联系和区别是如何形成的呢？还是要从上京城宫城的修建过程说起。

前边谈道，上京城宫城先建造的是与中京、东京一、二殿相同的三、四殿，属于"前朝后寝"的布局。后来又修了规模更大的一、二殿。中京、东京的一、二殿，是另筑内城的。上京宫城的三、四殿，原来是否有内城，现在不清楚，但是从其周围墙垣范围来看，是和中京、东京的内城相同的；上京宫城后来修建的二殿，正是中京、东京内城的南门所在。可见，上京宫城原来三、四殿所在的区域，在修建二殿时被突破了。此修建过程及其遗迹表现，在安鹤宫中是找不到的。

安鹤宫和上京城宫城的重要宫殿，多以殿为中心，以廊庑围成大小不等的院落。前边已述，这是中原的传统。因为中原都城宫城全面揭露的很少，安鹤宫和上京城宫城揭露得比较清楚，尤其是上京城宫城中轴线上的二殿、一殿及其廊庑院落，与安鹤宫中宫、南宫很相似，说明上京城宫城在规划二殿、一殿的布局时，可能吸收了安鹤宫的影响。

但是，由于上京城宫城和安鹤宫的地位与功能不同，一个是正式宫城，一个是别宫，于是在相互联系中就又出现了区别。上京城作为正式宫城，则不仅前有皇城，左、右、后三面各有附属区，再外还有大的郭城，那么宫城的先后修建就必须考虑到与它们之间的相互照应。比如上京城宫城一殿直接面对宫城南门，南门前就是宫城前的东西横街和皇城通往郭城的中轴大街，殿、门结合紧密；前边谈过上京宫城一殿和南门同属"前朝"的"外朝"，那么这种布局与结合对于渤海王颁布政令是非常方便和必要的。安鹤宫则不同，它不仅不具备上京宫城的周围大环境，而且在南宫院落与宫城南门之间又出现了一个比较大的空白区，殿和门相互脱节，这对于高句丽王颁布政令是不方便的，这也说明安鹤宫的地位和功能和上京城宫城相比，是有明显差别的。还有，上京宫城用于议政的一、二、三殿和作为"寝宫"的四殿及其左右宫殿，在宫殿的平面布局和殿内设施方面，是有明显区别的，这种情况在安鹤宫内没有看到，观察安鹤宫的遗址平面图，宫殿的布局形式比较单一。此现象也是以后具体研究要注意的。

三、结　语

通过以上介绍和梳理，可以得出以下三点认识。

第一，魏晋至隋唐时期，中原地区都城的发展变化，无论是整体规划布局，还是宫城内主要宫殿的规划布局，在中国古代都城发展史中的确形成了鲜明的阶段性特征，这种鲜明的阶段性特征，实际上也是一种具体的规则和制度。

第二，高句丽的都城，由于地理环境和历史背景的原因，长时期保留着本民族的特点，到其后期接受了中原都城的影响。渤海初期的都城情况不明，之后则很快全面接受了中原都城的规划布局，这与当时中原文化的繁荣昌盛以及渤海与唐王朝友好关系的快速发展，是有直接关系的。有共同也有不同，有专家研究，高句丽、百济、新罗之上朝正殿都未曾称过当时中原都城上朝正殿常用的太极殿的名称，原因与它们的地位有关[40]。渤海政权同样如此。

第三，高句丽的都城对渤海有影响，作为先后在人口组成和地区分布诸方面相互有关的两个政权来说，这是正常的，但是此影响与唐王朝对渤海的影响相比，显然是处于次要的地位。

注　释

[1]　曲英杰：《古代城市》，文物出版社，2003年，第11～115页。

[2]　傅熹年：《中国科学技术史·建筑卷》，科学出版社，2008年，第117、118页；中国社会科学院考古研究所：《中国考古学·秦汉卷》，中国社会科学出版社，2010年，第228～237页。

[3]　徐光冀：《曹魏邺城的平面复原研究》，《邺城考古发现与研究》，文物出版社，2014年。

[4]　中国社会科学院考古研究所洛阳汉魏故城队：《汉魏洛阳故城金墉城址发掘简报》，《汉魏洛阳城遗址研究》，科学出版社，2007年，第666～685页。

[5]　文献记载，北魏王朝迁都洛阳之前，以大同平城为都时即分筑了宫城、外城和外郭城。

[6]　钱国祥：《汉魏洛阳故城沿革与形制演变初探》，《汉魏洛阳城遗址研究》，科学出版社，2007年，第396～411页。

[7]　该段记载，中华书局标点本标点为："（高句丽）治平壤城。其城，东西六里，南临浿水。城内唯积仓储器备，寇贼至日，方入固守。王则别为宅于其侧，不常居之。"其中在"方入

固守"之后标点为句号，则使该句不易解释，即高句丽王在"寇贼至日"，方入城固守；城之侧有"宅"，高句丽王又"不常居之"，那么高句丽王平时住在哪里呢？这里出现了问题。所以本段引文将此句号改成了逗点，这样上下就解释通了。

［8］　〔日〕东潮、田中俊明：《高句丽的历史与遗迹》，中央公论社，1995年，第207~214页；朴灿奎：《平壤地区高句丽都城遗迹》，香港亚洲出版社，2015年，第45~66页。

［9］　《三国史记·高句丽本纪》第六："（故国原王）十二年（公元342年）春二月，修葺丸都城，又筑国内城。""国内城"的全名在《三国史记·高句丽本纪》中这是第一次正式出现。

［10］　朴灿奎：《平壤地区高句丽都城遗迹》，香港亚洲出版社，2015年，第4页。

［11］　《旧唐书·渤海靺鞨传》。

［12］　《魏书·勿吉传》。

［13］　（清）徐松：《唐两京城坊考》，《唐代的长安与洛阳（资料）》，上海古籍出版社，1989年，第2页。

［14］　中国社会科学院考古研究所：《中国考古学·夏商卷》，中国社会科学出版社，2003年，第231~235页；中国社会科学院考古研究所：《中国考古学·两周卷》，中国社会科学出版社，2004年，第56~58页。

［15］　中国社会科学院考古研究所：《中国考古学·秦汉卷》，中国社会科学出版社，2010年，第183~190、226页；杨鸿勋：《宫殿考古通论》，紫禁城出版社，2001年，第232~237页。

［16］　钱国祥：《汉魏洛阳故城沿革与形制演变初探》，《由阊阖门谈汉魏洛阳城宫城形制》，《汉魏洛阳城遗址研究》，科学出版社，2007年。

［17］　以"太极殿"命名宫内主要宫殿，始于曹魏明帝公元235年于洛阳所建之朝政大殿。其位置，裴松之注《三国志魏志·文帝纪》曰："至明帝时，始于汉南宫崇德殿处起太极、昭阳诸殿。"钱国祥考证："曹魏初期营建洛阳时所谓'北宫'、'南宫'，应确实存在，但不是指汉代的南北二宫，而应与北魏的宫城一样，是分指宫城内位置与功能不同的南北两部分，即宫城北半部的后宫与南半部的正衙所在。"文献记载的原汉洛阳南宫崇德殿，钱国祥考证在东汉洛阳北宫。王仲殊先生也认为，"崇德殿亦可能建在东汉洛阳的北部"，"主张曹魏太极殿的位置在东汉北宫范围内的见解亦是值得重视的"。参见钱国祥：《汉魏洛阳故城沿革与形制演变初探》，《汉魏洛阳城遗址研究》，科学出版社，2007年，第402、403页；王仲殊：《中国古代宫内正殿太极殿的建置及其与东亚诸国的关系》，《考古》2003年第11期。

［18］　王仲殊：《中国古代宫内正殿太极殿的建置及其与东亚诸国的关系》，《考古》2003年第11期。

［19］　《玉海》卷一六一"晋太极东堂"条："晋制，大会于太极殿，小会于东堂。"转引自钱国祥：《由阊阖门谈汉魏洛阳城宫城形制》，《汉魏洛阳城遗址研究》，科学出版社，2007

年，第425页，注68。

［20］　傅熹年：《中国古代建筑史·第二卷》，中国建筑工业出版社，2001年，第24页。

［21］　《河南志》晋城阙古迹："明阳殿，本昭阳殿，避文帝讳改。"转引自钱国祥：《由阊阖门
　　　　谈汉魏洛阳城宫城形制》，《汉魏洛阳城遗址研究》，科学出版社，2007年，第425页。

［22］　同［20］。关于古代都城宫城内的布局，傅熹年先生在2001年由中国建筑工业出版社出版的
　　　　《中国古代城市规划、建筑群布局及建筑设计方法研究》（上册）第18页中还有一段系统的
　　　　论述，也抄录于此："就具体的布置而言，春秋战国至西汉近七百年间，宫室主体虽多为高
　　　　大的台榭，但从已发现的遗址来看，台榭四周仍有建筑或墙围成宫院，而各台榭、宫院之间
　　　　也多保持一定的轴线或呼应关系。东汉以后，宫殿采取院落式布局已基本定型，其后虽形
　　　　式、规模都不断发生变化，却一直延续到明清。各朝宫殿的外朝、内廷两大区都由大量规模
　　　　大小不等的院落群组成，院落可视为宫殿的基本组成单位。每个院落都是封闭式的，沿周边
　　　　建廊庑或配房，用左右对称的布置形成一条中轴线，以突显出建在中轴线甚或院落几何中心
　　　　处的主体建筑；若干院落依一定规律组织起来，构成院落群，共同拱卫或突显出其中的主院
　　　　落；若干院落群又以一定方式组织起来，布置在最重要建筑群的周围，形成全宫的主轴和
　　　　中心，以凸显出全宫的主建筑群和其中的主体建筑。古代宫殿面积巨大，建筑多不胜数，
　　　　正是采用院落和院落群的组合形式，才能把千门万户的大量建筑物组织起来，形成井然有
　　　　序、一气呵成、重点突出、充分显示国家政权和家族皇权威势的完整的宫殿建筑群。"据
　　　　近年考古工作，重要宫殿前由左右基本对称的廊庑围成独立的院落，在河南偃师商城宫城
　　　　内即已出现，见谷飞等：《河南偃师商城宫城第三号宫殿建筑基址发掘简报》，《考古》
　　　　2015年第12期。

［23］　傅熹年：《中国古代建筑史·第二卷》，中国建筑工业出版社，2001年，第110、111页，其
　　　　中111页将"显阳殿"写为"显（昭）阳殿"。钱国祥：《汉魏洛阳故城沿革与形制演变初
　　　　探》，《汉魏洛阳城遗址研究》，科学出版社，2007年，第404页。

［24］　徐光冀：《东魏、北齐邺南城平面布局的复原研究》，《邺城考古发现与研究》，文物出版
　　　　社，2014年。

［25］　徐光冀：《东魏、北齐邺南城平面布局的复原研究》，《邺城考古发现与研究》，文物出版
　　　　社，2014年，第351页；郭济桥：《邺南城昭阳殿考略》，《邺城考古发现与研究》，文物
　　　　出版社，2014年，第339页；张金龙：《东魏北齐邺南城建置杂考——以历史文献记载为中
　　　　心》，《邺城考古发现与研究》，文物出版社，2014年，第418～420页。

［26］　傅熹年：《中国古代建筑史·第二卷》，中国建筑工业出版社，2001年，第115、116页。

［27］　郭湖生：《论邺城制度》，《邺城考古发现与研究》，文物出版社，2014年，第333页；杨
　　　　鸿勋：《宫殿考古通论》，紫禁城出版社，2001年，第348页。

［28］　（唐）李林甫等（撰），陈仲夫（点校）：《唐六典》，中华书局，1992年，第217页。
　　　　另，《唐两京城坊考》记太极殿殿门太极门之两庑东西阁门时曾注曰："通鉴注引阁本太极

宫图，太极殿有东上阁门、西上阁门。按阁门可转北上两仪殿，太宗时以此为入阁，若东内，则以入紫宸为入阁。"见平冈武夫：《唐代的长安与洛阳（资料）》，上海古籍出版社，1989年，第4页。

［29］　平冈武夫：《唐代的长安与洛阳（资料）》，上海古籍出版社，1989年，第93页。

［30］　平冈武夫：《唐代的长安与洛阳（资料）》，上海古籍出版社，1989年，第5页。

［31］　（唐）李林甫等（撰），陈仲夫（点校）：《唐六典》，中华书局，1992年，第218页。

［32］　平冈武夫：《唐代的长安与洛阳（资料）》，上海古籍出版社，1989年，第10、11页。

［33］　宿白：《汉唐宋元考古——中国考古学（下）》，文物出版社，2010年，第111页。

［34］　朝鲜社会科学院考古研究所编，〔朝〕吕南喆、金洪圭译：《高句丽的文化》，同朋舍，1982年；朝鲜社会科学院考古研究所编，〔朝〕李云铎译：《朝鲜考古学概要》，黑龙江省文物出版编辑室（内部发行），1983年。

［35］　〔日〕关野贞：《关于高句丽的平壤及长安城》，《朝鲜的建筑和艺术》，岩波书店，1941年；〔日〕田村晃一著，李云铎译：《有关高句丽寺院遗址的若干考察》，《东北亚历史与考古信息》1985年第4期。

［36］　〔日〕东潮、田中俊明：《高句丽的历史和遗迹》，中央公论社，1995年；李淳镇（著），赵本科（译）：《关于平壤一带新发掘的皇大城》，《东北亚历史与考古信息》总第27期，1997年。

［37］　王飞峰：《安鹤宫年代考》，《庆祝魏存成先生七十岁论文集》，科学出版社，2015年。

［38］　经对照得知，中京、东京一殿的东西宽度相近，分别是41米和42.4米，上京城三殿的东西宽度是32.75米，明显缩短；中京、东京二殿和上京四殿的东西宽度分别是27～27.5米、30.6米和28米，都相接近；中京、东京二殿和上京四殿左右配殿的东西宽度，前两者接近（22米＋22.5米，20.8米＋20.5米），后者明显缩短（14.8米＋14.6米）。与此变化有关，上京三、四殿两侧的南北廊庑之间的间隔，与中京、东京一、二殿两侧的南北廊庑之间的间隔相比，也缩短不少。出现这种现象，其原因，一种可能是在上京开始修建三、四殿时就有在前边修建一、二殿的计划，所以三殿修得小一些，再一种可能是今天看到的三殿，是一、二殿修建后的什么时候重修的，因为它不再是朝政主殿，所以修得小一些。由于三殿的缩小，其他相应部分也发生了改变。

［39］　关于大明宫紫宸殿，自20世纪50年代开始长期主持隋唐长安城考古勘察和发掘的马得志先生曾著《唐代长安宫廷史话》（新华出版社，1994年），在145页"紫宸殿记事"中写道："大明宫的三个正殿中，紫宸殿因属寝殿且连接许多妃嫔的后宫别殿，所以政事活动较少，皇帝在紫宸殿的前殿坐朝问政，后殿退朝休息，能够被宣召入紫宸殿的官员是很荣耀的。"这句话好像是说紫宸殿有前殿和后殿，所以笔者原来把渤海上京的三殿和四殿比作紫宸殿的前殿和后殿，同属"内朝"。后来再查相关文献，没有查到紫宸殿有前后殿的记载，紫宸殿发掘至今没有进行，所以问题仍不清晰。就渤海上京而言，四殿原来就属"后寝"，所以将

三殿作为"前朝"之"内朝"，是合适的。近年发掘，在三殿之东发现一道东西向隔墙，使四殿东侧的寝殿区域到此与南边的区域断开，也说明"前朝"和"后寝"的分界线就在这里。关于此上京"前朝"三朝之看法，傅熹年先生与赵虹光同志先后做过同样的阐述，参见傅熹年：《中国古代城市规划建筑布局与建筑设计方法研究（上册）》，中国建筑工业出版社，1991年，第21~23页；赵虹光：《渤海上京城考古》，科学出版社，2012年。

［40］　王仲殊：《中国古代宫内正殿太极殿的建置及其与东亚诸国的关系》，《考古》2003年第11期。

［原载《边疆考古研究》（第20辑），科学出版社，2016年；收入本书时略有调整］

东北古代民族源流述略

我国的东北地区，包括辽宁、吉林、黑龙江三省和内蒙古自治区东部的呼伦贝尔市、兴安盟、通辽市、赤峰市之广大地区。历史上在此活动的古代民族及其建立的政权、中原政权或全国统一政权在此设置的郡县，有不少时期是超越了现今的地区范围。

东北地区是我国古人类、古文明和多民族起源发展的重要地区之一。东北地区的古人类遗迹，即旧石器时代遗址和地点，迄今在主要的大江、大河流域等地已发现几十处，其中时代最早的是距今40万年前的本溪庙后山遗址和距今28万年前的营口金牛山遗址，晚的距今1万年左右，出土遗物有人类化石、石器、骨器、动物化石等。根据旧石器遗址、地点之南早北晚的年代差距，以及打制石器与中原相比所表现出来的诸多一致性特征，说明东北地区的古人类可能是由中原迁来，然后再由此迁往东北亚各地或更远的地区。

大约距今8000年，东北地区进入新石器时代，4000年之后又进入青铜时代。在此期间，先后出现了多种富有特点的古文化，其中居住址、墓葬大量出现，祭祀遗址的地位尤为突出，陶器普遍用于日常生活，精美的玉器更引人注目，而且较早地使用了冶铜术，为多元一体的中华古文明的起源、发展做出了重要贡献。在这些文化的发展过程中，中原文化通过辽西陆路和山东半岛到辽南半岛的海路对东北地区的传播及交流，也在不断地加强。文化的发展，反映了人群组织形态的进步，这又为探讨东北古代民族的起源提供了线索。

东北地区的古代民族，在先秦文献中已有零星记载，比如肃慎族，就频繁出现过，至《史记》的《匈奴列传》《朝鲜列传》和《汉书》的《匈奴传》《朝鲜传》，相关内容则更多了，而真正开始给东北各主要民族单独立传的，则是《三国志》和《后汉书》[1]。

对于东北古代的众多民族，20世纪40年代金毓黻先生出版《东北通史》，将其分为肃慎族系、濊貊族系、东胡族系和陆续从中原迁入的华夏-汉族族系四大部分，迄今仍为学术界所沿用。金先生将这四个族系绘成"东北民族系统表"[2]。几十年来，东北史的研究在继续深化，尤其是东北考古的迅速开展，新的发现和研究成果不断涌现。笔者以金先生的原表为基础，并吸收上述新的发现和研究成果，又绘出一个"东北古代民族源流示意表"，现将这两个表（表一、表二）一起放在下边，然后再分族系简单说明。

表一 东北民族系统表（录自金毓黻《东北通史》）

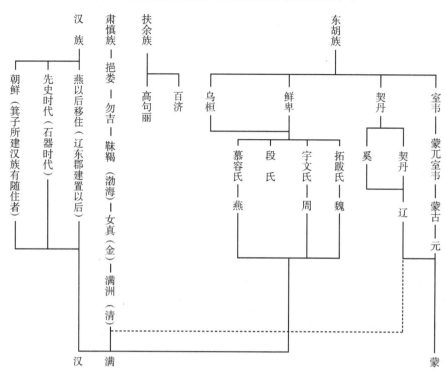

表二 东北古代民族源流示意表（参照金毓黻"东北民族系统表"制成）

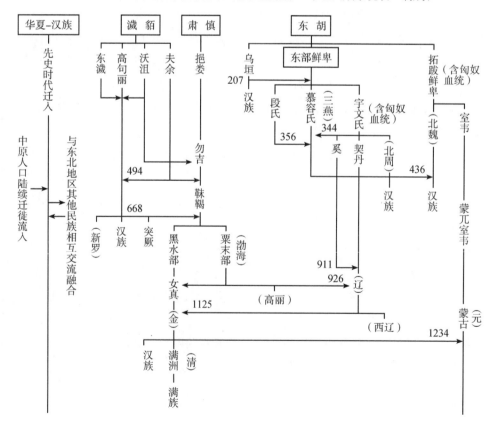

一、华夏-汉族族系

华夏-汉族族系是学术界对中原地区古代居民的统称，先秦之前一般称为华夏，汉代以后则称为汉族。东北地区华夏-汉族族系的出现和发展，主要由两部分构成，即表二所示：一是自先史时代开始，中原人口陆续迁徙流入，二是与东北地区其他民族的交流融合。第二部分的情况在后边三个族系中要分别谈到，现就第一部分的情况简单说明如下。

前边已经谈及，几十万年前东北地区古人类的出现就可能源自中原，之后几千年的新石器时代和青铜时代，中原文化自辽西陆路和山东半岛到辽南半岛的海路又源源不断地传入东北，其中必会有中原人口伴随而来。

文献记载出现后，中原人口大量地迁徙流入，更是前呼后应，接连不断，贯穿了整个古代历史时期。在这当中，有几个重要的事件和时期，是值得特别注意的。

首先看到的就是商末周初的箕子东迁。箕子是原商贵族，周灭商，箕子率族人自中原经辽西、辽东，到朝鲜半岛北部建立古朝鲜，周封其为侯国。箕子东迁的人数，据有关文献记载达5000人之多，并带来了中原的先进文化和生产技术，大大促进了该地区的发展[3]。当时古朝鲜的疆域以平壤地区为中心，并包括了鸭绿江以北的部分地区。

之后便是战国秦汉时期中原人口持续地大量迁徙流入，其历史背景与中原政权向东北地区开疆扩土和直接设置郡县有直接关系。

公元前300年左右，战国燕派遣大将秦开北却东胡，东击古朝鲜，向东北开拓疆土，从今河北北部到朝鲜半岛西北部之间设置了上谷、渔阳、右北平、辽西、辽东五郡，并把长城修到了鸭绿江以南，接近清川江江口。于是箕子古朝鲜则退到了清川江以南。近年在燕长城之外的吉林省四平市也发现了战国时期的古城二龙湖古城[4]。由于燕国在东北设立了正式郡县，也就大大方便了中原人口的迁徙。在上述广大地区曾发现数批燕国系统的铁器、货币和中原青铜兵器，从此东北地区及朝鲜半岛进入铁器时代。

秦统一六国后，其疆域在朝鲜半岛又向南延伸，接近了大同江江口。秦汉之际，中原战乱，大量中原人口迁往东北和朝鲜半岛。此时古朝鲜箕氏后世被由今北京地区流入的燕人卫满所代替。之后不久，卫满的后世随着其势力发展，则不肯入朝，还阻塞邻近民族"上书朝见天子"，西汉王朝遂于公元前2世纪末出兵灭之，并于其地分置乐浪、玄菟、临屯、真番四郡，进行直接管辖。过后几十年，临屯、真番两郡并入乐浪、玄菟之中，玄菟郡也从朝鲜半岛东北部初设之地向内迁移，但是，设置在平壤的乐浪郡一直持续到4世纪初。后再次迁徙到辽东郡内的玄菟郡和原来的辽东郡则一直持续到5世纪初。统一的版图，长时期的郡县统治，为中原人口及中原文化向东北及朝鲜半岛的迁入和传播，创造了更为有利的环境和条件。汉代末年至魏晋时期，由于中原再次进入战乱，又有大量人口流向辽东和平壤。多年的考古工作，在辽东、平壤两地区，陆续发现了大量汉魏晋时期的城址和汉人的墓葬。有学者研究，继上述战国时期铁器的传入之后，此时中原地区先进的冶铁技术也经由东北传到了朝鲜半岛和日本[5]。

下一个重要时期，是由东北民族契丹族和女真族先后建立的北方王朝辽金时期。唐末五代中原战乱，契丹崛起，建立辽朝，其疆域南到北京和山西北部，将大批汉人迁徙到契丹内地，编入州县，使其从事农业和手工业生产。为照顾迁来汉人的乡土情感，所建州县多用汉地原来州县旧名。据文献记载和考古发现，位于今内蒙古赤峰巴林左旗的辽上京城址，分为南北两城，北城谓"皇城"，供契丹王室所居；南城谓"汉城"，居民以中原汉人为多。由于辽境内汉人的增多，辽王朝的官制实行北面官和南面官制度，"以国制治契丹，以汉制待汉人"。北面官以契丹皇室贵族为主体，以本民族风俗制度，掌管契丹军政大权；南面官以中原风俗制度管理汉人，其官吏也主要以归降的汉人承担[6]。有学者统计，《辽史》列传之传主为汉人者58人，占全部列传的20%左右[7]。

女真人建立的金王朝灭辽侵宋，其疆域越过黄河到达淮河北岸。为加强对中原地区的统治，将大批女真人迁到中原地区，同时又把大批中原人口迁到金上京（今黑龙江阿城）等东北地区，以充实东北地区的人口和劳动力。据有关文献记载，公元1127年金第二次攻破北宋都城汴梁，掠男女不下20万[8]。有学者推算，当时东北地区女真人有200万人，而"汉、渤海、契丹、奚等族人口至少在女真人的一倍半到两倍以上，因而估计金代东北地区人口大约在五六百万之间"[9]。

中原人口向东北地区最后一次大的迁徙，则是有名的清代"闯关东"大潮。17世纪以来，女真与明战争不断，明军败退，原有汉族居民大部内迁，清兵入关，本族上下也大量随入，使得东北地区一派荒凉破败。于是清初曾颁布政令，鼓励关内汉人来东北垦荒种地。之后不久，清政府为了维护本民族的风俗、利益，保护其"龙兴之地"，乃推行封禁政策，修筑柳条边墙，严禁中原流民出关。但是，由于中原地区人多地少，再加上自然灾害，流民外流未能阻断。清代后期，只得开放禁令，于是一批批关内流民如潮水般向关外涌来。他们从南到北、由密到疏，遍布东北各地，形成了以汉族为主体、多民族相互交融的新格局。为了加强对新开垦土地和流民的管理，清政府在东北地区相继增设了很多新的州县，同时增添了边防设施。在此迁徙过程中，自清初开始被流放到东北地区的众多"流人"，在传播中原文化方面起到了特殊作用[10]。

二、濊貊族系

濊貊族系是我国东北地区古老的重要族系之一。在历史文献中，濊，又作秽，貊，又作貉，濊貊频见于先秦文献中。学术界多认为，汉代之前其分布，濊北貊南，濊主要分布在松嫩平原，貊主要分布在辽东山地。两者关系密切，相互交叉渗透，故汉代又往往统称之濊貊。其发展演变，濊之后为夫余、沃沮和东秽，貊之后为高句丽。其中夫余、高句丽正式建立了政权，政权的名称仍称夫余、高句丽。

（一）夫余

夫余之记载，始见于《史记·货殖列传》，其曰："燕北邻乌桓、夫余，东绾秽貉、朝鲜、真番之利。"此乃短短一句，但指出了夫余的方位所在。《后汉书》《三国志》《晋书》皆为夫余立传。《后汉书·夫余传》记载了夫余的创始传说，经比较可知，该传说来自之前的王充《论衡》和《三国志·夫余传》注引鱼豢《魏略》。夫余始祖东明，乃夫余北边的高离（橐离、索离）国王子。《魏略》记"东明因都王夫余之地"，《后汉书·夫余传》记东明"因至夫余而王之焉"，好像东明来之前夫余政权已经存在，其实不然，《论衡》记东明"因都王夫余，故北夷有夫余国焉"，说明夫余国是由东明南奔后称王而开始的。那么，夫余之地原来是哪些人在此居住呢？《后汉书·夫余传》一开始就明确说"夫余国……本濊地也"，《三国志·夫余传》记载得更为具体，其曰："今夫余库有玉璧、珪、瓒数代之物，传世以为宝，耆老言先代之所赐也。其印文曰'濊王之印'，国有故城名濊城，盖本濊貊之地，而夫余王其中，自谓'亡人'，抑有（似）［以］也。"其具体地点，《三国志·夫余传》记："夫余在长城之北，去玄菟千里，南与高句丽，东与挹娄，西与鲜卑接，北有弱水，方可二千里。"据考证，此时玄菟郡郡治在沈阳、抚顺之间，玄菟之北千里，约今七百里，即第二松花江中游的吉林地区[11]。

多年的考古工作，已在吉林市发现多处汉代的遗址、墓葬[12]，近年又在永吉杨屯和榆树老河深发现了几种文化遗存的明确叠压关系，即下层是西团山文化遗存，中层是汉代文化遗存，上层是靺鞨文化遗存[13]。杨屯中层文化遗存，发掘者曾提出应是中原迁入的汉人文化遗存；榆树老河深中层文化遗存主要是墓葬，数量相当多，发掘者提出是鲜卑墓葬。而经学术界数年讨论交流，现基本形成共识：即包括榆树老河深中层在内的吉林地区的这种汉代文化遗存，包含有中原汉文化的影响，或者会有部分汉人迁居此地，但从主体而言，这是夫余文化遗存；下层的西团山文化，过去有的学者主张是肃慎文化遗存，现在则多倾向是濊的文化遗存。

西团山文化是以吉林、长春地区为主，广泛分布于第二松花江流域的青铜文化，其时代相当于西周至战国时期[14]。夫余政权建立的时间，文献没有明确记载，推测是在西汉初期或前期，不会晚于汉设四郡的时间。夫余的王城则在今吉林市。据《资治通鉴》记载，4世纪中叶之前，夫余的王城"西徙近燕"[15]，具体到什么地方，过去多认为在农安或四平一带，近年又有学者提出在辽源，最后确定还需作考古工作。至公元494年，夫余被自主流松花江流域向南发展而来的勿吉所逐，夫余王室投奔高句丽，留在原地的夫余人则陆续融入勿吉，即后来勿吉-靺鞨七部中的粟末部[16]。

（二）沃沮和东濊

沃沮和东濊在《后汉书》和《三国志》中皆有传。沃沮有东沃沮、北沃沮、南沃沮之称，据考证，东沃沮为统称，其北部为北沃沮，南部为南沃沮。《后汉书·东沃沮传》记："东沃沮在高句骊盖马大山之东，东滨大海，北与挹娄、夫余，南与濊貊接。其地东西夹，南北长，可折方千里。"1977年吉林大学考古专业师生与黑龙江省考古队共同发掘了黑龙江省东宁团结遗址，该遗址下层被命名为团结文化，而且被确认为北沃沮遗存。其[14]C测定年代为公元前420年±105年，公元前150年±100年，公元前110年±105年，公元65年±85年，而且发现西汉五铢钱。与该文化属于同一性质的还有东宁大城子遗址、珲春一松亭遗址、汪清县新安间遗址上层和分布于俄罗斯滨海南部、构成"克罗乌诺夫卡文化"（初名"夹皮沟文化"）的众多遗址，以及朝鲜咸镜北道的罗津草岛遗址、会宁五洞遗址、茂山虎谷洞遗址等。其分布地区包括图们江流域、绥芬河流域、穆棱河上游；以及这一带东侧的沿海地区。其北边不越过兴凯湖，南边至朝鲜咸镜北道中部[17]。而根据上述文献所记，南边可到咸镜南道。前边所述，公元前2世纪末汉灭卫满古朝鲜设四郡，其中玄菟郡初设之地，学术界多认为是在咸镜南道咸兴一带[18]。

濊在《后汉书》和《三国志》中皆直接称濊，为了与上述原活动于松嫩平原的濊相区别，故学术界多称之东濊。《后汉书·濊传》记："濊北与高句丽、沃沮，南与辰韩接，东穷大海，西接乐浪。"学术界多认为濊在朝鲜江原道一带，而且认为上述汉四郡之一的临屯郡（公元前108～前82年）和四郡之前曾设的苍海郡（公元前128～前126年），皆在此地[19]。

沃沮和濊的居民同属濊族，那么是一开始就有濊人在沃沮和濊所在地区生活呢，还是由松嫩平原迁徙而来的呢？估计这两种情况都会存在。其中由松嫩平原迁徙来的部分，应与夫余政权建立的时间大致同时。

据《后汉书》和《三国志》的记载可知，沃沮和濊开始皆属卫氏朝鲜，汉设四郡分属玄菟郡和临屯郡，公元前82年四郡调整，又同归属乐浪郡东部都尉，东汉初年都尉撤销，汉又封各族"渠帅"为侯。因其地小势弱，东汉末年皆归属高句丽。但是，后据《晋书》《魏书》知道，沃沮人并没有都融入高句丽。《晋书》《魏书》不设沃沮传和濊传，说明此时两族已不再独立存在，其中《晋书》记肃慎（即挹娄）在不咸山北（即长白山北），《魏书》记勿吉在高句丽北，说明沃沮之地南部归高句丽所有，而北部被挹娄-勿吉所占，因而勿吉与高句丽才直接相接，其接壤地区在今延边一带。于是延边之北的沃沮人后来则多融入勿吉，形成后来勿吉-靺鞨七部之中的白山部。表二所示沃沮流向，一部分先流入高句丽，另一部分后流入勿吉，就是表明此意。

（三）高句丽

高句丽，又称高句骊，简称句丽或句骊，5世纪后逐渐改称高丽。作为历史上的一个称谓，高句丽既是一个民族的名称，又是一个政权的名称，其间还曾被作为中原政权所设玄菟郡中的高句丽县的名称。高句丽政权，自汉至唐，在鸭绿江两侧的我国东北地区和朝鲜半岛北半部持续了700年之久，而高句丽族的历史，更早于政权。前述公元前2世纪末，汉武帝灭卫氏朝鲜设四郡，其中玄菟、乐浪所属居民，《汉书·地理志》记"皆朝鲜、濊貊、句骊蛮夷"。玄菟郡中的高句丽县，东汉末年应劭为其作注曰："故句骊胡。"此时之"句骊蛮夷""句骊胡"，当然不是后来的高句丽政权，而是指高句丽民族。当时高句丽族的活动中心在今浑江流域和鸭绿江中游的辽宁省桓仁与吉林省集安一带。

高句丽民族的起源，学术界多认为是貊族，其依据分别是《汉书·王莽传》和《三国志·高句丽传》《后汉书·高句骊传》的记载。《汉书·王莽传》记："先是，莽发高句骊兵，当伐胡，不欲行，郡强迫之，皆亡出塞，因犯法为寇。辽西大尹田谭追击之，为所杀。州郡归咎于高句骊侯驺。严尤奏言：'貊（同貊——引者注）人犯法，不从驺起，正有它心，宜令州郡且尉安之。今猥被以大罪，恐其遂畔，夫馀之属必有和者。匈奴未克，夫馀、秽貊复起，此大忧也。'莽不尉安，秽貊遂反，诏尤击之。"《三国志·高句丽传》记："高句丽在辽东之东千里，南与朝鲜、濊貊，东与沃沮，北与夫馀接。都于丸都之下，方可二千里，户三万。……又有小水貊。句丽作国，依大水而居，西安平县北有小水，南流入海，句丽别种依小水作国，因名之为小水貊，出好弓，所谓貊弓是也。"《后汉书·高句骊传》记："句骊一名貊（耳），有别种，依小水为居，因名曰小水貊。出好弓，所谓'貊'弓是也。"据考证，此"大水"，即今鸭绿江，汉西安平县，即位于靉河河口的靉河尖古城[20]，"小水"，即今靉河。关于古代貊族，有学者考证推定，貊人原分布在大小凌河流域或更西南的地区和燕相邻，到战国燕国疆域向东北扩展后，才缩小，或一部分迁徙到东北方的山林地区鸭绿江流域，成为后来高句丽的重要组成成分[21]。

高句丽政权始建于汉孝元帝建昭二年（公元前37年）。据其创始传说，它并非是由原居住在桓仁、集安一带的高句丽族所建，而是由夫余族的王子朱蒙来建立的。

夫余属于濊，高句丽属于貊，二者关系密切，而且在政权创始中具有很相似的传说。高句丽政权的创始传说，最早见于公元414年的好太王碑，之后又见于冉牟冢题记，但都是寥寥几句。成书于公元554年的《魏书》，则记载得相当详细，达300多字。几百年之后，公元1145年高丽作家金富轼撰《三国史记》，又增加了不少细节。其中高句丽政权创建的具体时间，也首见于此书。尽管如此，其基本内容仍可看出是抄自《魏书》。

前边已述，夫余政权的创始传说先后见于《论衡》和《魏略》。《论衡》是王充晚年的著作，王充在世时间为公元27至约96年。《魏略》稍晚，作者鱼豢是三国时期的人物。两书都明显早于上述《好太王碑》《魏书》等碑刻和文献。因此可以认为，作为传说，是高句丽借用了夫余的传说。对此，唐代初年修著的《梁书》曾指出了它们二者之间的关系[22]。

在高句丽政权建立之前，已有高句丽县之建置，所以高句丽政权的名称应是直接从高句丽县而来。对此，13世纪高丽作家李承休所著《帝王韵记》也明确记朱蒙"以高句丽县名立国"。至此，我们可以看出，高句丽名称的沿袭关系是族名—县名—政权名。以高句丽为政权名称的同时，以朱蒙为首的王族也"以高为氏"。

公元3年，高句丽政权的王城从始建之地桓仁迁到集安，由此开始，高句丽进入快速发展时期。据文献记载，东汉时期高句丽以桓仁、集安、通化地区为中心，西边占据了新宾一带，北到辉发河流域和第二松花江上游，与夫余相接，东至延边，南至清川江，与乐浪为邻。汉末三国时期，由于公孙氏和魏将毌丘俭先后征伐，高句丽西进受挫。4世纪初，高句丽占领乐浪、带方，其势力向南发展到了大同江、载宁江流域，开始与朝鲜半岛南部的百济、新罗相争雄。4世纪中叶，慕容皝又一次远征高句丽，"焚其宫室，毁丸都而归"[23]。但是中原战乱不止，高句丽西邻的慕容鲜卑势力日趋衰落，于是到5世纪初，辽东之地终被高句丽占有。与此同时，高句丽向北发展，公元410年其势力到达吉林市之夫余故地[24]，后来便和从主流松花江流域南下的勿吉族相接壤。公元427年迁都平壤后，高句丽又把南边作为主要发展方向，公元475年长寿王率兵攻破百济都城汉城，迫使百济迁都熊津（今公州），高句丽的势力到达汉江流域。至此，高句丽政权的疆域达到了极限。高句丽遗存在以桓仁、集安、平壤三个王城所在为中心的广大地区，都有大量的分布。2004年在苏州召开的第28届世界遗产大会上，我国申报的"高句丽王城、王陵及贵族墓葬"项目和朝鲜申报的"高句丽的壁画古坟"项目，同被列入世界文化遗产名录。在长期的对外发展及战争过程中，高句丽的人口构成，在原有当地高句丽人和从北边迁来的夫余人的基础上，又陆续有沃沮、东濊、古朝鲜遗民和部分汉人等加入，其中大部分逐渐融合为一体。

高句丽族和高句丽政权建立之后的一段时期内，隶属玄菟郡管辖，自4世纪开始则连续接受历代中原王朝的册封。6世纪末，隋王朝统一南方，国力大增。而在这时，高句丽王却率骑兵"寇辽西"[25]，于是又引发了隋唐两代与高句丽之间长期的战争。公元645年，唐兵渡过辽水，收回被高句丽占据了240年的辽东。之后又经20多年，至公元668年，唐兵攻克平壤，在历史上持续了700年之久的高句丽政权灭亡。

唐灭高句丽，"收凡五部百七十六城，户六十九万"[26]。高句丽遗民，从唐出兵开始先后有数批被迁入中原；留居辽东的有的流入靺鞨或突厥，后来都大部分与汉族融合在一起；留居朝鲜半岛的多流入新罗，与新罗居民及之前亡国的百济遗民等共同组成朝鲜半岛的统一民族[27]。

三、肃慎族系

肃慎族系在我国东北地区最早见于文献记载，其名称从肃慎开始，经挹娄、勿吉、靺鞨、女真到满族，历史悠久，源远流长，其传承关系及其与其他民族交往也比较清晰。

（一）先秦肃慎及相关遗存

《史记·五帝本纪》记虞舜时，"南抚交阯、北发，西戎、析枝、渠廋、氐、羌，北山戎、发、息慎，东长、鸟夷，四海之内咸戴帝舜之功"，息慎者，郑玄注"或谓之肃慎，东北夷"[28]。照此记载和解释，说明早在夏商之前，远居东北的肃慎即已出现，并与中原发生了联系。

周代肃慎与中原的交往又有发展。《国语·鲁语》记："仲尼在陈，有隼集于陈侯之庭而死，楛矢贯之，石砮，其长尺有咫。陈惠公使人以隼如仲尼之馆，问之。仲尼曰：'隼之来也远矣，此肃慎氏之矢也。昔武王克商，通道于九夷百蛮，使各以其方贿来贡，使无忘职业，于是肃慎氏贡楛矢、石砮，其长尺有咫。先王欲昭其令德之致远也，以示后人，使永监焉，故铭其栝曰肃慎氏之贡矢，以分大姬，配虞胡公而分封诸陈。古者分同姓以珍玉，展亲也；分异姓以远方之职贡，使无忘服也，故分陈以肃慎氏之贡，君若使有司求诸故府，其可得也。'使求，得之金椟，如之。"

此时期肃慎所在方位，《左传》中有明确的记载，昭公九年（公元前533年），周王"使詹桓伯辞于晋，曰：'……及武王克商……肃慎、燕、亳，吾北土也。'"[29]，由此说明肃慎已在周的北部疆域内。

《山海经·大荒北经》记："大荒之中，有山名曰不咸。有肃慎氏之国。"[30]

后来《晋书·肃慎氏传》仍言肃慎在不咸山北。不咸山，即今长白山。此时肃慎的活动地区距长白山不远。

关于商周时期的肃慎遗存，目前还没有确定。以往有学者曾推定镜泊湖南端的莺歌岭遗址[31]。该遗址所在地区同以后挹娄的活动地区相比，略显偏南，但和上述文献记载的方位还是基本相符的。莺歌岭遗址上文化层的时代，^{14}C年代测定距今3025年±90年（树轮校正为公元前1240年±155年）和2985年±120年（树轮校正为公元前1190年±145年），正好是商周之际。因此，该遗址还是值得重视的。

（二）汉魏晋南北朝时期的挹娄、勿吉及其遗存

自《三国志》《后汉书》开始，作为东夷中的一族，挹娄被单独列传。其后，《晋书》又名其肃慎，《魏书》改称勿吉。在这些列传中，该族所在的方位、地区和物产、习俗等，都有了比较明确的记载。

《三国志·挹娄传》记："挹娄在夫余东北千余里，滨大海，南与北沃沮接，未知其北所极。其土地多山险。其人形似夫馀，言语不与夫馀、句丽同。有五谷、牛、马、麻布。人多勇力，无大君长，邑落各有大人。处山林之间，常穴居，大家深九梯，以多为好。土气寒，剧于夫馀。其俗好养猪，食其肉，衣其皮。……其弓长四尺，力如弩，矢用楛，长尺八寸，青石为镞，古之肃慎氏之国也。"

《后汉书》记载与《三国志》相同。《晋书·肃慎氏传》记"肃慎氏，一名挹娄，在不咸山北"，指出了挹娄与不咸山，即今长白山的关系，其他与《后汉书》《三国志》记载也相同。

《魏书·勿吉传》记载则进一步明确，其曰："勿吉国，在高句丽北，旧肃慎国也。……去洛五千里。自和龙北二百余里有善玉山，山北行十三日至祁黎山，又北行七日至如洛瓌水，水广里余，又北行十五日至太鲁水，又东北行十八日到其国。国有大水，阔三里余，名速末水。其地下湿，筑城穴居，屋形似冢，开口于上，以梯出入。……国南有徒太山，魏言'大白'，……去延兴中，遣使乙力支朝献。太和初，又贡马五百匹。乙力支称：初发其国，乘船泝难河西上，至太泝河，沉船于水，南出陆行，渡洛孤水，从契丹西界达和龙。"对此，金毓黻已作考证：和龙，即今朝阳；洛瓌水、洛孤水，即西辽河上游；太鲁水，太泝河，即今洮儿河；难河，即今嫩江，嫩江先后与洮儿河、第二松花江合流后，继续东北流去形成松花江主流，最后注入黑龙江，可统称为难河；《魏书》所记勿吉国内大水速末水，即此松花江主流。勿吉使者乙力支"初发其国，乘船泝难河而上"，视江水流向也只能是主流松花江。此记载中的徒太山、大白山，同样是指长白山，勿吉与长白山的关系与《晋书》记载相同。可见，这时勿吉族的活动中心是在长白山之北之主流松花江流域[32]。

关于挹娄、勿吉的考古遗存，苏联远东考古学中定名的"波尔采文化"，已被学术界定为挹娄文化遗存，其"主要在分布小兴安岭以南的黑龙江中游和下游的哈巴罗夫斯克边区境内"，年代为两汉时期[33]。与此文化相同的遗存，我国境内发现的有黑龙江省绥滨县的蜿蜒河遗址和四十连遗址[34]。萝北县团结墓葬和哈尔滨市附近黄家崴子墓葬出土的陶器与其相近，而时间稍晚，其中团结墓葬的^{14}C测定年代进入4世纪[35]。看来该文化之人群可能是逆主流松花江而上向南发展迁移的。

另值得注意的是，近年在松花江下游与完达山之间的广大丘陵地区还发现了几百座内部分布有众多半地穴居住址的聚落遗址和山城，此与上述文献所记挹娄、勿吉"穴居""筑城穴居"的习俗相吻合。而先后发掘的有双鸭山市滚兔岭遗址和友谊县凤林古城，从出土遗迹和遗物中可以看到与上述文化相同的因素，但自身的特点也很鲜明[36]。滚兔岭遗址和凤林古城的测定年代分别为汉代和魏晋时期，笔者认为其他遗址和山城的年代，有的会晚一些。如果说这些文化都属于挹娄、勿吉遗存范畴的话，那么又说明勿吉在南迁之前和南迁过程中就存在着不同的群体或部落。

《魏书·高句丽传》记："正始（公元504～508年）中，世宗于东堂引见其使芮悉弗，悉弗进曰：'高丽系诚天极，累叶纯诚，地产土毛，无愆王贡。但黄金出自夫余，珂则涉罗所产。今夫余为勿吉所逐，涉罗为百济所并，国王臣云惟继绝之义，悉迁于境内。二品所以不登王府，实两贼是为。'""夫余为勿吉所逐"，具体发生在哪一年？《魏书》没有记载，而在《三国史记·高句丽本纪》中有明确记载，即文咨王三年（公元494年），其曰："文咨王三年二月，扶余王及妻孥以国来降。"此两处记载说明，5世纪末勿吉发展到了第二松花江流域，与南边的高句丽直接相邻。

（三）靺鞨与渤海

勿吉之后改称靺鞨，《隋书》始为靺鞨立传，《北史》仍是《勿吉传》。在《隋书·靺鞨传》和《北史·勿吉传》中都记载该族有七部，内容也相同，而在《魏书·勿吉传》中还无此七部之记载，说明此七部是从5世纪末勿吉向南发展之后逐渐形成的。

《隋书·靺鞨传》曰："其一号粟末部，与高丽相接，胜兵数千，多骁武，每寇高丽中。其二曰伯咄部，在粟末之北，胜兵七千。其三曰安车骨部，在伯咄东北。其四曰拂涅部，在伯咄东。其五曰号室部，在拂涅东。其六曰黑水部，在安车骨西北。其七曰白山部，在粟末东南。胜兵并不过三千，而黑水部尤为劲键。"至《新唐书·黑水靺鞨传》，其记载比《隋书》《北史》又有详细之处："其著者曰粟末部，居最南，抵太白山，亦曰徒太山，与高丽接，依粟末水以居，水源于山西，北注它漏河；稍东北曰汩咄部；又次曰安居骨部；益东曰拂涅部；居骨之西北曰黑水部；粟末之东曰白山部。部间远者三四百里，近二百里。"关于靺鞨七部的所在地区，以往有多位学者作过考证[37]，此粟末水即第二松花江，粟末部在以今吉林市为中心的第二松花江中游地区，伯咄部在拉林河、阿什河流域，安车骨部在牡丹江中下游地区，拂涅部在兴凯湖一带，号室部在兴凯湖以北以东的地区，黑水部在安车骨之西北乃东北之误[38]，故黑水部应在黑龙江中下游流域，白山部在今延边地区。上述在吉林地区发现的晚于汉代夫余文化的永吉杨屯、榆树老河深和永吉查里巴三处墓群，其文化特点与上述逆主流松花江南下的文化相接，其时代上起北朝下到唐。所以，以此三处墓葬为代表的吉林地区的靺鞨遗存属于粟末部遗存。

前边还谈到，白山部中包括原沃沮北部的人口，粟末部中包括原夫余人的一部分。这两部位于南边，与高句丽相接。白山部先臣属高句丽，粟末部开始与高句丽相互摩擦，后来也附属高句丽。公元668年高句丽灭亡后，粟末、白山、伯咄、安车骨、号室等部或入唐，或奔散，入唐者多集中于唐营州、即今辽宁朝阳地区。30年后，契丹人反唐杀死营州都督，于是迁居营州的靺鞨人和高句丽人在粟末靺鞨人大祚荣的率领下乘机东奔，途中击败唐朝追兵，遂"据东牟山，筑城以居之"[39]，自号震国王，其地点，学术界多认为在牡丹江上游之今吉林省敦化境内。之后不久，"睿宗先天二年（713年），遣郎将崔䜣往册拜祚荣为左骁卫员外大将军、渤海郡王，仍以其所统为忽汗州，加授忽汗州都督"[40]，"自是始去靺鞨号，专称渤海"，"宝应元年（762年）诏以渤海为国，钦茂王之"[41]。渤海王数遣诸生诣唐京师太学，习识古今制度，迅速发展起来，被誉为"海东盛国"，"地有五京十五府六十二州"[42]，其疆域包括了我国吉林省的绝大部分，黑龙江省的东半部、辽宁省的东北部和朝鲜的东北部、俄罗斯的滨海边疆区。渤海的王城经几次迁徙后，则长期定于镜泊湖畔的上京城，又称忽汗城。公元926年，渤海政权被契丹所灭，改渤海国为东丹国，忽汗城为天福城，928年又迁东丹国于东平郡（今辽阳），升东平郡为南京，渤海上京遂废。在此过程中，原渤海居民只有少部分留居故地或南奔朝鲜半岛，大部分则被迁往西南辽境和辽东，之后经辽金两代，多与汉族融合。

靺鞨七部之中居于最北边的黑水部，与粟末部同为势力最大的两部。渤海政权建立后，黑水部曾附属之，但是它的活动地区和文化面貌没有发生大的变化。考古发掘的我国黑龙江省绥滨县同仁遗址，其一期早段出土的陶器，与上述相邻绥滨县四十连遗址出土的挹娄文化陶器有很大的相似性，该段^{14}C测定年代为隋唐之际，说明该段遗存年代有可能到黑水靺鞨时期；一期晚段时间进入北宋，但早段文化特征仍有保留[43]。

（四）女真与满族

女真，又称女直，其名始见于五代，女真族是由黑水靺鞨发展而来。《金史·本纪》记："开元中。来朝，……其后渤海盛强，黑水役属之，朝贡遂绝。五代时，契丹尽取渤海地，而黑水靺鞨附属于契丹。其在南者籍契丹，号熟女直，其在北者不在契丹籍，号生女直。生女直地有混同江、长白山，混同江亦号黑龙江，所谓'白山、黑水'是也。"当时由于渤海灭亡及大量人口西迁和南迁，黑水靺鞨趁机向南发展，形成数部。辽王朝将其强宗大姓迁移到今辽阳之南，编入辽户籍。学界认为，凡分布于第二松花江以南、受契丹影响较大而社会发展较快者，皆可称为"熟女真"，北边的诸部则是"生女真"，皆直接或间接地受辽王朝的统治和奴役[44]。"生女真"中的完颜部征服周邻各部，逐步发展强大起来。由于辽王朝对"生女真"的压迫和掠夺越来越严重，公元1113年完颜阿骨打继任生女真军事部落联盟长，第二年聚兵誓师反辽，第三年（1115年）即皇帝位，国号大金，定都会宁（今黑龙江阿城），1125年灭辽，然后继续南下，1127年灭北宋。

金在辽五京制的基础上，又有所增加和变化。东北地区开始分属上京路、东京路、北京路和中京路管辖。上京首府会宁府，今黑龙江阿城。东京首府辽阳，今辽宁·辽阳。北京首府临潢府，今内蒙古赤峰巴林左旗。中京首府大定府，今内蒙古赤峰宁城。之后中京并入北京，将北京迁到原中京所在赤峰宁城。东京地区以渤海、汉人为多，北京地区以契丹、奚、汉人为多，上京地区是女真族的发祥地，以女真人为主体，同时也居住着一些汉、渤海、契丹等族人户，形成了多民族交叉融合的局面[45]。

几十年后，起源于室韦的蒙古族在西部草原发展壮大起来，逐渐成为金王朝的最大威胁，并于公元1234年灭金。进入元代，东北地区的原契丹、奚、渤海等族逐渐融入汉、蒙古等族之中，东北地区南部的女真人也基本融入汉族等其他民族之中，而居住在东北地区东北部的女真人仍保持着原来的族称和生活习俗[46]。表二所示金于1234年灭亡之后，其民族流入汉族之中的，则包括此契丹、奚、渤海和女真几个民族的人口。

明代东北女真分为建州、海西、野人三部。野人女真部长期居住在原地，而建州女真和海西女真两部则由东西两侧向南迁移。1583年建州女真首领爱新觉罗·努尔哈赤（清太祖）起兵，相继统一建州诸部，吞并海西女真，1616年于今辽宁新宾建后金，向明王朝开始大举进攻，1625年迁都今沈阳。1626年皇太极（清太宗）嗣立，继续向周边用兵，统一东北大部，1635年改女真族名为满洲，1636年改国号为清。1644年清兵入关，逐步统一全国，在此过程中本族人大量从东北进入关内。1911年辛亥革命推翻清王朝，1912年满洲改称满族。

四、东胡族系

东胡和匈奴一样，先秦时期已见于历史，是长期活动于我国北方辽阔草原地区的两大民族。《史记·匈奴列传》注云东胡"在匈奴东，故云东胡"。战国时期赵武灵王胡服学射，燕将秦开北却东胡，皆是指其而言。西汉初年，东胡被匈奴击破，之后其后裔迁徙演变，先后出现多个民族，学术界皆将其归于东胡族系。在这期间，由于匈奴族的兴衰迁徙，有不少匈奴后裔加入到东胡族系的某些民族之中，因而使东胡族系包含了匈奴的血统。东胡族系的诸多民族，大而言之可分为乌桓、鲜卑两个序列，乌桓存续时间稍短，主要的还是鲜卑序列。关于鲜卑，开始如何分类和命名，至今学术界仍有不同意见。本文所采取的是由马长寿先生提出并已被学术界通用的分类和命名，即东部鲜卑和拓跋鲜卑，本节内容也主要参用了马长寿先生的著作[47]。之后，契丹、奚和室韦、蒙古等民族虽然不再以鲜卑冠名，仍不失为鲜卑与东胡历史发展长河中的胜出者、佼佼者。

（一）乌桓

乌桓，又名乌丸，《后汉书》《三国志》皆为其立传。《三国志·乌丸鲜卑东夷传》记："乌丸、鲜卑即古所谓东胡也。"其注引王沈《魏书》曰："乌丸者，东胡也。汉初，匈奴冒顿灭其国，余类保乌丸山，因以为号也。"学界考证，乌桓开始居住在西辽河上源北支西拉木伦河流域。汉武帝时期南迁到西辽河上源南支老哈河流域，北方鲜卑南迁到西拉木伦河流域，之后又不断向南迁徙，与汉人、鲜卑等民族杂处错居，并不时参与中原政权、匈奴、鲜卑之间复杂的战事。在这期间，乌桓就开始与汉族或鲜卑族发生交叉融合。汉魏之际，辽东、辽西、右北平三郡乌桓承中原战乱，掠夺大量幽州人口，而且加入曹操与袁氏的对决战争。3世纪初曹操远途奔袭，大破乌桓，迁其20余万人口于内地，留在原地者则融入鲜卑。

（二）东部鲜卑

鲜卑和乌桓一样，同为东胡后裔，西汉初东胡被匈奴击败后，鲜卑"逃窜辽东塞外"，"别保鲜卑山，因号焉"，其活动地区在乌桓之北。乌桓自西拉木伦河流域南迁到老哈河流域后，鲜卑乃迁到西拉木伦河流域。因乌桓相隔，一直到东汉初年鲜卑才与中原来往。东汉中期匈奴破败，鲜卑乘机占领匈奴故地，在北方辽阔草原上建立了以檀石槐为首领的横跨东西万余里的军事行政大联盟。大联盟分为东、中、西三部，东部在右北平郡（今天津丰润）以东至辽东，中部在右北平和上谷郡（今河北怀来）之间，西部在上谷郡以西至敦煌广大地区。其中，东部之中包括宇文部的先祖；中部包括慕容部的先祖；而西部，马长寿先生考证包括拓跋部的先祖。檀石槐之后不长时期，此大联盟历经反复则解体。魏晋时期，慕容氏、段氏、宇文氏三部在辽西及其周邻地区相继兴起，其中宇文氏乃匈奴后裔。三部犬牙相错，争斗不已，最后慕容氏西平段氏，北并宇文氏，东击高句丽，成为当时东北地区的强大部族，并从4世纪上半叶开始，先后建立前燕、后燕、北燕之三燕政权，其中在前燕、后燕时期，曾将疆域发展到中原地区。436年后燕被北魏灭亡。在此竞争合并的过程中，鲜卑与匈奴、鲜卑各部之间的交叉融合始终不断，之后大部并入北魏，最终陆续融入汉族。其中宇文氏在北魏灭亡之后还曾建立了北周政权，而在并入慕容部之时，还有一部分北逃松漠之间，形成契丹和奚两个新的民族。

（三）契丹和奚

奚，北朝称库莫奚，隋唐称奚。《魏书》为契丹和库莫奚立传，其曰："库莫奚之先，东部宇文之别种也。初为慕容元真所破，遗落者窜匿松漠之间。……契丹国在库莫奚东，异种同类，俱窜于松漠之间。"其地在西辽河流域，皆以游牧为生，两族之间及其与中原政权和周邻其他民族既相互联系，又不时发生纠纷。唐初，唐王朝于契丹所在设松漠都督府，于奚所在设饶乐都督府。武则天时期，契丹首领叛唐，杀死唐营州都督，促使了渤海政权的建立。之后，趁中原战乱，契丹逐渐发展壮大，公元907年其首领阿保机继可汗位，916年正式建立政权，国号"契丹"，后改称辽。在此过程中，契丹征服北方室韦，911年吞并奚，926年灭渤海，又接管黑水靺鞨后裔女真各部，并多次出兵中原，占领今北京和山西北部等地，掠夺大量汉人，发展成为统一的北方王朝。1125年辽被金所灭，其中一部西走建立西辽政权，1234年金又被蒙古所灭。进入元代，曾在辽金时期活动于东北地区的契丹、奚、渤海等民族，逐渐融入汉族和蒙古族之中。

（四）拓跋鲜卑

拓跋鲜卑原在东部鲜卑之北，然后一步步向内地迁徙。对此，《魏书·序纪》等文献有简略记载。《魏书·序纪》记拓跋先祖乃黄帝少子昌意，"受封北土，国有大鲜卑山，因以为号。……其裔始均，入仕尧世，……而始均之裔，不交南夏，是以载籍无闻焉"。之后，"积六十七世，至成皇帝讳毛立，聪明武略，远近所推，统国三十六，大姓九十九，威振北方，莫不率服"。说明此时拓跋鲜卑形成了比较强大的部落联盟，而此前之远古历史，无法验证；而且还可以推定大鲜卑山正是成皇帝毛所在的地方。

由此开始，中经四世，"宣皇帝讳推寅立。南迁大泽，方千余里，厥土昏冥沮洳。谋更南徙，未行而崩"。之后又中经六世，"献皇帝讳隣立。时有神人言于国曰：'此土荒遐，未足以建都邑，宜复徙居。'帝时年衰老，乃以位授子。圣武皇帝讳诘汾（立）。献帝命南移，山谷高深，九难八阻，于是欲止。有神兽，其形似马，其声类牛，先行引导，历年乃出。始居匈奴故地。其迁徙策略，多出宣、献二帝，故人并号曰'推寅'，盖俗云'钻研'之义。"

对于此拓跋鲜卑先后两次大迁徙，尤其是迁徙路线，先后有多位学者进行过考证，其中最有代表性的是马长寿先生和宿白先生的考证。两位先生对于第一推寅宣皇帝所进行的第一次迁徙，看法是一致的，而对于第二推寅献皇帝隣及其子圣武皇帝诘汾所进行的第二次迁徙的路线，则有明显的不同看法[48]。

上述2世纪中叶檀石槐建立军事行政大联盟时，其西部大人之一"推演"，马长寿先生考证是第二推寅献皇帝隣。那么从第二推寅献皇帝隣上溯七世是第一推寅宣皇帝，按马先生所定每世25年计算，至此计175年，则是公元前1世纪末。再往上溯五世是成皇帝毛，则是公元前150年左右，此时距西汉初年东胡被匈奴击败时间相近。由此可以推想，居住于大鲜卑山的拓跋鲜卑应该是东胡被匈奴打败后向北逃到这里的一支。大鲜卑山所在，马长寿、宿白两先生都考证为大兴安岭北段。1980年在该地之内蒙古呼伦贝尔鄂伦春自治旗发现了刻有北魏太平真君四年祝文的嘎仙洞遗址[49]，又为此提供了参考。之后到公元前1世纪末，第一推寅宣皇帝"南迁大泽"，学界推定为呼伦池附近。拓跋鲜卑在呼伦池一带活动时期，其南边是东部鲜卑，其西侧则是匈奴，彼此相邻，应有交往。公元1世纪中叶匈奴分裂为南北二部，南匈奴内附，1世纪末东汉出兵大败北匈奴，漠北空虚，为东部鲜卑向西发展、拓跋鲜卑向西南发展创造了绝好机会，第二推寅开始的再次内迁就是在这种形势下完成的。在此发展、迁徙过程中，数量众多的匈奴人加入东部鲜卑和拓跋鲜卑，所以后来南朝则明确称拓跋鲜卑为匈奴的后裔。

按《魏书》所记，第二推寅父子第二次内迁的终点是"匈奴故地"，之后不久，公元220年圣武皇帝诘汾之子始祖神元皇帝力微，开始明确纪年，并于258年"迁于定襄之盛乐"作为其都城。盛乐，乃今内蒙古和林格尔。查看地图，该地也在檀石槐军事行政大联盟之西部范围内〔上谷郡（今河北怀来）以西至敦煌广大地区〕。那么，第二推寅父子的第二次内迁，是直接到达今和林格尔所在的河套地区，还是如马长寿先生所推定向西绕了一个大弯儿，这还是有区别的。马先生推定第二推寅参加檀石槐军事行政大联盟时的所在地区，在今蒙古西部，而从河套地区到今蒙古西部，还有很大的一段距离，因此从今蒙古西部到河套地区还要进行一次内迁。如果是这样的话，则可以把这一次内迁和之前从呼伦池到蒙古西部的迁徙，视为前后两步，共同构成了第二次内迁的全过程。该迁徙路线的全程，还有待于我国和蒙古考古的共同发现及研究去验证。

宿白先生的研究，认为第二推寅献皇帝隣及其子圣武皇帝诘汾的第二次内迁是从呼伦池一带出发，向南越过大兴安岭南段，然后转向西南，长途跋涉，最后到达河套一带的"匈奴故地"。走这条路线，第二推寅献皇帝隣与檀石槐大联盟之西部大人中的"推演"是否同一个人，就值得考虑了。赞同此条路线的不仅有考古学者，同时有历史学者，与此相关的考古遗存，近年也不断有新的发现。

拓跋鲜卑定都盛乐后，315年穆皇帝被晋封为代王。386年拓跋珪继位，改称魏王，398年迁都平城（今大同）。494年魏孝文帝迁都洛阳。在此过程中，更加方便和加速了拓跋鲜卑与中原汉族的交流融合，经南北朝至隋唐时期，此交流融合基本完成。

（五）室韦和蒙古

室韦，又名失韦，《魏书》《隋书》《北史》和两唐书皆为之立传。按《魏书·失韦传》所记，室韦当时在勿吉北千里，而从契丹到室韦要走20多天，其国"有大水从北而来，广四里余，名捺水。国土下湿。语与库莫奚、契丹、豆莫娄同"。捺水，又名难水，学术界考证为嫩江，说明室韦开始的活动区域在嫩江流域。室韦民族的起源，有鲜卑、肃慎、丁零、乌桓及自成体系等几说[50]。笔者同意鲜卑说，而且同意是由拓跋鲜卑从呼伦池一带向西南迁移时留下的一部分演化而成的。后至隋唐，室韦发展为多部，地区也扩大到黑龙江上游之广大地区。进入辽金，室韦属辽金管辖，诸部发生变动，重新组合，名称也随之改变，至金末元初，室韦之名则完全不见了。

蒙古族起源于室韦中的蒙兀室韦部，《旧唐书·室韦传》记，室韦中的大室韦部落"傍望建河居。其河源出突厥东北界俱轮泊，屈曲东流，经西室韦界，又东经大室韦界，又东经蒙兀室韦之北，落俎室韦之南，又东流与那河、忽汗河合，又东经南黑水靺鞨之北，北黑水靺鞨之南，东流注于海"。望建河，即黑龙江上源南支额尔古纳河，额尔古纳河和黑龙江上源北支石勒喀河合流后仍称望建河；俱轮泊，即呼伦池；那河，即上述难水、嫩江，嫩江注入主流松花江，则通称那河；忽汗河，即牡丹江。牡丹江注入主流松花江，再注入黑龙江，可知此时蒙兀室韦活动地区在黑龙江与主流松花江合流之前的南侧地区，即嫩江上游的山林中。之后大约在10世纪，蒙兀室韦西迁到斡难河上源地区，并联合室韦诸部及其他民族部落，逐步发展为强大的部落联盟。13世纪初，成吉思汗铁木真统一蒙古高原各部，建立蒙古汗国。接着出兵南下，相继灭西夏和金。1260年忽必烈继位，1279年灭南宋，统一中国。明清两代，蒙古诸部又迁徙演变，遍布北方草原之广大地区，仍将东北西部包括在内，清王朝对于先后征服和归附的蒙古各部实行盟旗统一编制和管理，使之成为当时及近现代东北地区民族格局中的重要一员。

五、结　语

通过以上梳理，我们得出以下几点认识。

第一，我国东北地区历史悠久，自秦汉开始则成为多民族聚居的地区。

所谓历史悠久，距今40万年前出现古人类，8000年前进入新石器时代，4000年前进入青铜时代，年代久远，序列清晰，足以说明。

自汉代民族记载开始，一直到明清，我国东北地区就成为多民族的聚居区，民族数量之多、关系之复杂，无法在一张表格中完全表现出来，表二所列则是其中主要的民族，即使如此，同样可以看出是很系统很丰富的。

华夏-汉族，尽管名称一直沿袭未变，但是先后有数批从中原迁徙流入，而且与东北其他民族又不断交往融合，其数量和成分在不断变化和充实。

濊貊族系，先是濊和貊，汉代以后又出现了夫余、高句丽、沃沮和迁往朝鲜半岛的东濊，延续了千年之久。

肃慎族系，从肃慎、挹娄、勿吉、靺鞨、女真到满族，一脉相承，源远流长，而且在不同阶段又划分出不同支、不同部，如勿吉-靺鞨就分为七部，表二只列入其中重要的粟末部和黑水部，而黑水靺鞨和女真同样先后分为若干部。

东胡族系更为复杂，东部鲜卑在东汉檀石槐军事行政大联盟时就包含了若干部在内，之后慕容、段氏和宇文氏三部并出争雄，宇文氏又衍生出契丹和奚。拓跋鲜卑不仅入主中原建立了北魏政权，留在东北者又演变为室韦和蒙古。其中宇文部和拓跋部还包含了相当多的匈奴血统。

第二，不同族系众多民族对内对外始终不断地在进行着交往融合。

从表二可以看出，东北地区先后兴起的众多民族不仅在其族系内和地区内不断迁徙演变，而且不同族系、不同地区的民族也在不断地交往融合。

比如濊貊族系在汉代出现的夫余、高句丽、沃沮、东濊各族，夫余王子南奔高句丽族所在地区建立高句丽政权，东汉末年东濊和沃沮的南部归属高句丽，沃沮的北部后来与肃慎族系中的勿吉族融合，成为勿吉七部之中的白山部。夫余族在5世纪末也分别流入高句丽和勿吉，流入勿吉的则成为勿吉七部中的粟末部。高句丽在7世纪灭亡之后，又分别流入汉族、靺鞨、突厥和新罗。流入新罗的则与新罗居民及之前亡国的百济遗民等共同组成朝鲜半岛的统一民族。濊貊族系中建立政权的是夫余和高句丽，而且都接受中原政权的管辖和册封，于是也有不少汉族人口和东胡族系鲜卑族的人口流入高句丽。

再如东胡族系，其后裔开始主要是乌桓和鲜卑两个民族，其中乌桓族只存在于两汉时期，3世纪初被曹操击败后，绝大部分融入汉族和鲜卑族。而鲜卑族的崛起，与匈奴族的衰亡有直接关系，于是便有众多匈奴人加入鲜卑。檀石槐军事行政大联盟解体后不久而兴起的慕容氏、段氏、宇文氏三部，最后由慕容氏所统一，并先后建立前燕、后燕、北燕之三燕政权，436年又被拓跋部所建立的北魏灭亡。而其中的宇文部并未消失，它不仅建立了北周政权，而且还衍生出契丹和奚两个民族。契丹发展建立辽政权，先后吞并奚和以肃慎族系中靺鞨族为主体建立的渤海政权。之后，辽政权又被靺鞨族的后裔女真所灭。拓跋鲜卑主体入主中原，建立北魏政权，后逐渐与汉族融合，而留居东北方的则相继演化为室韦与蒙古。蒙古族崛起，先后灭亡西夏、金和南宋，统一中国建立元政权，而来自原辽王朝的契丹、奚、渤海人和后来的部分女真人，此时则大部融入汉族，少量融入蒙古族。

在众多非汉族人口融入汉族的同时，也有部分汉族人口融入其他民族之中。

众多民族的交往融合过程，同时也是一个通过不同形式而相互凝聚的过程，历经几千年，最后东北地区主要融合凝聚成汉族、满族和蒙古族三大民族。

第三，东北地区及东北民族在我们统一的多民族国家的形成和发展过程中所占据的重要地位和所做出的突出贡献是不可替代的。

东北地区古代民族的四大族系，其活动地区，或者说是其最初的活动地区，大体上是有所区分的，而在其发展过程中有的又发生了较大变化。华夏-汉族在清代之前，长时期主要活动在东北地区的南部，"闯关东"大潮之后则遍布东北大部地区。濊貊族系主要活动在东北地区的中部和东南部，唐代以后则融合在其他民族之中。东胡族系和肃慎族系则不同，他们不仅自始至终传承不断，而且大的迁徙不时发生。

一是如自东汉开始驰骋于东北地区西部和中原北方草原地区的鲜卑族，汉魏时期大聚大散，之后慕容、段氏、宇文氏三部并起，慕容合并另两部，不久又被拓跋北魏所统一。北魏自平城迁都洛阳，迅速汉化。宇文一部建立北周，后也融入中原。进入隋唐，鲜卑族不再见了，但是隋唐王朝的繁荣发展处处渗透着鲜卑族的因素和影响。

二是辽金时期的契丹族和女真族，他们更替相继，进军中原，占领地区逐步扩大，形成了中国历史上再一次的南北朝时代。

三是蒙古族和东北另一支女真的崛起，他们先后入主中原，统一全国，建立元、清两代王朝，奠定了中国的历史版图。

这几次大的迁徙，皆是自北向南，走的同一方向，其原因，一是中原气候温暖，适于生存，自然环境和条件在起作用；二是中原地区经济发展，文化先进，此对东北民族具有大的吸引力。其实，东北诸民族继往开来的向南迁徙过程，也是诸民族由落后走向先进的发展过程。

而通过以上几大族系众多民族的交往融合和数次大小不断的迁徙演变，东北地区内部，以及东北与中原之间的民族界限逐渐被打破，东北民族同全国各地的民族一道，共同促进了我们统一的多民族国家的形成和发展。在这当中，东北地区及东北民族所占据的重要地位和所做出的突出贡献是不可替代的。

注　释

［ 1 ］　《三国志》成书年代早于《后汉书》，《三国志》的裴注也早于《后汉书》。

［ 2 ］　金毓黻：《东北通史》，社会科学战线杂志社，1980年翻印本，第21页。

［ 3 ］　关于箕子率多少人去朝鲜，据金毓黻考证是《朝鲜史略》记为五千人，见《东北通史》，社会科学战线杂志社，1980年，第55页。

［ 4 ］　四平地区博物馆、吉林大学考古专业：《吉林省梨树县二龙湖古城址调查简报》，《考古》1988年第6期。

［ 5 ］　王巍：《中国古代铁器及冶铁术对朝鲜半岛的传播》，《考古学报》1997年第3期。

［ 6 ］　程妮娜：《东北史》，吉林大学出版社，2001年，第164、165页。

［ 7 ］　佟冬：《中国东北史》（第二卷），吉林文史出版社，2006年，第461页。

［ 8 ］　转引自佟冬：《中国东北史》（第二卷），吉林文史出版社，2006年，第678页。

［ 9 ］　程妮娜：《东北史》，吉林大学出版社，2001年，第206、207页。

［10］　程妮娜：《东北史》，吉林大学出版社，2001年，第273、274页；佟冬：《中国东北史》（第五卷），吉林文史出版社，2006年，第86～92页。

［11］　李健才：《东北亚史地论集》，兰州大学出版社，2010年，第3、4页。

［12］　吉林省考古研究室、吉林省文物工作队：《统一的多民族国家的历史见证——吉林省文物考古工作三十年的主要收获》，《文物考古工作三十年》，文物出版社，1979年，第105页。

［13］　吉林市博物馆：《吉林永吉杨屯大海猛遗址》，《考古学集刊》（5），中国社会科学出版社，1987年；吉林省文物工作队、吉林市博物馆、永吉县文化局：《吉林永吉杨屯遗址第三次发掘》，《考古学集刊》（7），科学出版社，1991年；吉林省文物考古研究所：《榆树老河深》，文物出版社，1987年。

［14］　赵宾福：《西团山文化分期研究》，《东北考古学研究》（一），科学出版社，2014年，第256～287页。

［15］　《资治通鉴》卷九七：（永和二年，346年）"初，夫余居于鹿山，为百济所侵，部落衰散，西徙近燕，而不设备。燕王皝遣世子儁帅慕容军、慕容恪、慕舆根三将军、万七千骑袭夫余。"中华书局，1956年，第3069页。

［16］　《魏书·高句丽传》："正始（504～508年）中，世宗于东堂引见其使芮悉弗，悉弗进曰：'高丽系诚天极，累叶纯诚，地产土毛，无愆王贡。但黄金出自夫余，珂则涉罗所产。今夫余为勿吉所逐，涉罗为百济所并，国王臣云惟继绝之义，悉迁于境内。二品所以不登王府，

实两贼是为。’”“夫余为勿吉所逐”，具体发生在哪一年，《魏书》没有记载，而在《三国史记·高句丽本纪》中有明确记载，即文咨王三年（494年），其曰：“文咨王三年二月，扶余王及妻孥以国来降。”

［17］　黑龙江省博物馆：《黑龙江东宁大城子新石器时代居住址》，《考古》1979年第1期；李云铎：《吉林珲春南团山、一松亭遗址调查》，《文物》1973年第8期；王亚洲：《吉林汪清县百草沟遗址发掘简报》，《考古》1961年第8期；匡瑜：《战国至两汉的北沃沮文化》，《黑龙江文物丛刊》1982年第1期；林沄：《论团结文化》，《北方文物》1985年第1期；李强：《沃沮、东沃沮考略》，《北方文物》1986年第1期。

［18］　谭其骧：《〈中国历史地图集〉释文汇编　东北卷》，中央民族学院出版社，1988年，第16～19页。

［19］　同［18］，第49～51页。

［20］　曹汛：《瑷河尖古城和汉安平瓦当》，《考古》1980年第6期。

［21］　林沄：《说貊》，《史学集刊》1999年第4期。该文认为：“先秦的‘貊’地近燕，是一重要的古族。……汉以后单称的‘貊’指高句丽及其别种，它与先秦‘貊’的关系尚有待考古学帮助解决。”为此，该文设想三种假说：“一、周初貊人分布很广，在大小凌河流域或更西南的地区和燕相邻。到战国燕国疆域向东北扩展后，才缩小到只局限于鸭绿江流域的一隅之地。二、先秦貊人起初在以大小凌河为中心的地区，战国时原地被燕国占领后，一部分不愿丧失独立的人迁移到东北方的山林地区，成为后来高句丽的重要组成成分。三、高句丽和先秦的貊并无人种和文化上的联系，只是醉心于复古的王莽时代的人们把古代族称‘貊’硬派给高句丽而已。［原注：此说曾见于三品彰英：《濊貊族小考》，《朝鲜学报》（第四辑），1952年。］”

［22］　《梁书》卷五十四《东夷·高句骊传》：“高句骊者，其先出自东明。东明本北夷橐离王之子。离王出行，其侍儿于后任娠，离王还，欲杀之。侍儿曰：‘前见天上有气如大鸡子，来降我，因以有娠。’王囚之，遂后生男。王置之豕牢，豕以口气嘘之，不死，王以为神，乃听收养。长而善射，王忌其猛，复欲杀之，东明乃奔走，南至淹滞水，以弓击水，鱼鳖皆浮为桥，东明乘之得渡，至夫余而王焉。其后支别为句骊种也。”

［23］　《晋书》卷一〇九·载记第九《慕容皝传》，中华书局，1974年，第2822页。

［24］　《好太王碑》：“（好太王）廿年（410年）庚戌，东夫余旧是邹牟王属民，中叛不贡。王躬率往讨。军到余城，而余举国骇服。”引自方起东：《〈好太王碑碑文〉释读》，见《中国著名碑帖选集27　好太王碑》，吉林文史出版社，1999年。

［25］　《隋书·高丽传》。

［26］　《新唐书·高丽传》；《旧唐书·高丽传》记为“城百七十六，户六十九万七千”。

［27］　唐灭百济，依两唐书百济传记载收户76万，仅将百济王义慈及太子隆、小王孝演、将领58人等送唐京师，《三国史记·百济本纪》记送唐京师的百济王、王子及大臣将士为88人，百

姓12807人，其他绝大部分归新罗。而当时新罗有多少人口，两唐书没有记载，估计应与百济、高句丽不相上下，即70万户左右（关于新罗人口，《三国遗事》有所记载，其曰："新罗全盛之时，京中十七万八千九百三十六户。"同书对高句丽、百济人口也有记载，其曰："高丽全盛之日，二十一万五百八户。""百济全盛之日，十五万二千三百户。"本文没有采用此记载，但从中仍可看出，新罗人口不会比百济少）。高句丽的近70万户遗民，流向几处的数字记载并不完备，其中流入新罗的属于少数。以上共同组成了朝鲜半岛的统一民族，高句丽遗民所占有的比例同样是不大的，而就族源而言，新罗、百济来源于三韩，与高句丽有别。

［28］　中华书局点校本，1959年，第43页。

［29］　顾宝田、陈福林注译：《左氏春秋译注》，吉林文史出版社，1995年，第728、729页。整段文字是：（昭公九年，公元前533年）"周甘人与晋阎嘉争阎田。晋梁丙、张趯率阴戎伐颍。王使詹桓伯辞于晋，曰：'我自夏以后稷，魏、骀、芮、歧、毕，吾西土也。及武王克商，蒲姑、商奄，吾东土也；巴、濮、楚、邓，吾南土也；肃慎、燕、亳，吾北土也。吾何迩封之有？'"

［30］　袁珂译注：《山海经全译》，贵州人民出版社，1991年，第317页。

［31］　黑龙江省文物考古工作队：《黑龙江宁安县莺歌岭遗址》，《考古》1981年第6期；王承礼：《渤海简史》，黑龙江人民出版社，1984年，第4页；朱国忱、魏国忠：《渤海史稿》，黑龙江文物出版编辑室，1984年，第4页。莺歌岭遗址地层堆积五层，原报告以二、三层为上文化层，四、五层为下文化层。

［32］　金毓黻：《东北通史》，社会科学战线杂志社，1980年翻印本，第168～170页。

［33］　冯恩学：《俄国东西伯利亚与远东考古》，吉林大学出版社，2002年，第428～454页。

［34］　杨虎、谭英杰、张泰湘：《黑龙江古代文化初论》，《中国考古学会第一次年会论文集》（1979年），文物出版社，1980年；黑龙江省博物馆、中国社科院考古研究所：《黑龙江省绥滨县蜿蜒河遗址发掘报告》，杨虎、林秀贞：《试论蜿蜒河类型与波尔采文化的关系》，《北方文物》2006年第4期。

［35］　李英魁：《黑龙江萝北县团结墓葬清理简报》，《北方文物》1989年第1期；黑龙江省文物考古研究所：《黑龙江萝北县团结墓葬发掘》，《考古》1989年第8期；K. A. 热列兹涅柯夫著，孙秀仁译：《阿什河下游河湾地带考古调查收获》，《黑龙江文物丛刊》1983年第2期。

［36］　黑龙江省文物考古研究所：《黑龙江省双鸭山市滚兔岭遗址发掘报告》，《北方文物》1997年第2期；干志耿：《三江平原汉魏城址和聚落址的若干问题——黑龙江考古千里行随笔》，靳维柏、王学良、黄星坤：《黑龙江省友谊县凤林古城调查》，《北方文物》1999年第3期；黑龙江省文物考古研究所：《黑龙江省友谊县凤林城址1998年发掘简报》，《黑龙江省友谊县凤林城址二号房址发掘简报》，《考古》2000年第11期；黑龙江省文物考古研究

所：《七星河——三江平原古代遗址调查与勘测报告》，科学出版社，2004年；黑龙江省文物管理委员会：《黑龙江省友谊县凤林古城址的发掘》，《考古》2004年第12期。

[37] 参见王承礼：《中国东北的渤海国与东北亚》，吉林文史出版社，2000年，第10~14页；朱国忱、魏国忠：《渤海史稿》，黑龙江文物出版编辑室，1984年，第11~15页。两书考证有所区别，本文的观点与王承礼的考证结果基本相同。

[38] 谭其骧：《〈中国历史地图集〉释文汇编　东北卷》，中央民族学院出版社，1988年，第53页。

[39] 《旧唐书·渤海靺鞨传》。

[40] 同[39]。

[41] 《新唐书·渤海传》。

[42] 同[41]。

[43] 黑龙江省文物考古研究所、中国社会科学院考古研究所：《黑龙江绥滨同仁遗址发掘报告》，《考古学报》2006年第1期。

[44] 佟冬：《中国东北史》（第二卷），吉林文史出版社，2006年，第469、470页。

[45] 程妮娜：《东北史》，吉林大学出版社，2001年，第196~202页。渤海人，是以靺鞨人为主体，同时也包括了其他民族的人口在内，有学者认为在其发展过程中逐渐形成了渤海族。

[46] 程妮娜：《东北史》，吉林大学出版社，2001年，第241页。

[47] 马长寿：《乌桓与鲜卑》，广西师范大学出版社，2006年。

[48] 同[47]；宿白：《东北、内蒙古地区的鲜卑遗迹——鲜卑遗迹辑录之一》，《文物》1977年第5期。

[49] 米文平：《鲜卑石室的发现与初步研究》，《文物》1981年第2期。

[50] 孙秀仁等：《室韦史研究》，北方文物杂志社，1985年，第1~12页。本节室韦介绍也主要参考了该著作。

（原载《中国边疆史地研究》2017年第4期，收入本书时略有调整）

东北地区古代文化举要

我国东北地区，包括辽宁、吉林、黑龙江三省和内蒙古自治区东部。辽河、嫩江、松花江流经南北，长白山、兴安岭耸立东西，山川湖泊，物产富饶，农田牧场，土肥草美。在此幅员辽阔，浑厚神奇的大地上，从几十万年前古人类在此扎根生活开始，历经民族的出现及其政权的建立到全国大统一的形成，孕育了丰富多彩的古代文化。该古代文化，既是特色鲜明的地域文化，同时又是中华民族传统文化的重要组成部分。大家知道，文化是一个大的概念，东北古代文化，同样包含很多内容，可以从不同的角度去观察去分析。本文拟以东北地区之古代民族出现之前和出现之后两个大的时期，对东北古代文化的发展加以举要说明。在古代民族出现之前，所依据的主要是不同时代的考古学文化，古代民族出现之后，则要考古与文献相结合，梳理、考察各个民族的源流发展及其文化表现。通过这些丰富多彩的考古学文化和民族文化，就可以基本掌握不同阶段全地区总体文化的构成、分布和演变情况。

一

关于东北地区古人类的生活信息，通过多年的考古工作，迄今已经发现了几十个旧石器时代的遗址和地点，分布于辽河、松花江、嫩江、黑龙江、鸭绿江、乌苏里江流域之广大区域。比如辽宁省的本溪庙后人山遗址、营口金牛山人遗址、朝阳喀喇沁左翼蒙古族自治县鸽子洞人遗址，吉林省的榆树人遗址、安图人遗址、桦甸寿山仙人洞遗址、抚松仙人洞遗址，黑龙江省的哈尔滨阎家岗遗址、齐齐哈尔昂昂溪地点、饶河小南山地点、呼玛十八站地点、漠河老沟地点等。其年代，比较早的多分布在南部地区，其中最早的两处是本溪庙后山人遗址和营口金牛山人遗址，前者距今40万年，后者距今28万年，说明东北地区的古人类可能是从南到北由中原地区迁移过来的（图一）。综合各处遗址、地点发现内容，大致为人类化石、石器、骨器、动物化石几大类，同时还有用火遗迹，说明当时我们的祖先为了生存和发展，正一步一步地在远古长河中向前迈进。

大约距今8000年，东北地区进入新石器时代。4000年之后又进入青铜时代。至此，经过几十万年进化而来的古人类群体则正式进入氏族社会，出现了氏族、部落、部落联盟等社会组织。与其相适应的则是先后出现了一个个由某些特征相同或相似的

1

2

图一 金牛山遗址

1. 金牛山遗址A点洞穴外景（采自《中国文物地图集·辽宁分册》） 2. 金牛山遗址A点洞穴出土人头骨化石
（采自《中国文物地图集·辽宁卷》）

遗址所组成的、分布范围比较广的文化或文化类型。

新石器时代的主要文化，在内蒙古赤峰和辽西地区有查海-兴隆洼文化、赵宝沟文化、红山文化、富河文化和小河沿文化，下辽河流域有新乐文化，辽东地区有小珠山文化和后洼文化，第二松花江流域有左家山文化，嫩江流域有昂昂溪文化，牡丹江流域有莺歌岭遗址下层，三江平原有新开流文化等。

青铜时代的文化中，在西辽河流域有夏家店文化，辽东地区有高台山文化、庙后山文化和辽东半岛南部的青铜文化遗存及积石墓，第二松花江流域有西团山文化，松嫩平原有白金宝文化和汉书二期文化等。

在这些不同时代的文化中，居住址、墓葬大量出现，祭祀遗址的地位尤为突出，陶器普遍用于日常生活，石器制作由打制进入磨制，精美的玉器更引人注目，而且较早地使用了冶铜术。由于各文化所处的地理环境和所适合的生产活动不同，出土的生产工具也有区别。适合农业生产的地区，石斧、石耜、石刀、石锄则是最常见的石器；适合狩猎活动的地区，石镞则最为多见；适合渔猎活动的地区，骨制的渔具则是其特色。这种情况，有时在陶器的纹饰中也有表现。

此时东北文化的发展，始终与中原地区保持着沟通和联系，辽西走廊和山东半岛渡海到辽东半岛，则是沟通和联系中的陆路和海路。有学者研究，红山文化中出现的简化花卉图案彩陶，是对中原地区仰韶文化的吸收结果。小珠山文化中发现的蛋壳黑陶，显然是受到了山东半岛新石器文化的影响。1987年在距今3000多年前的大连大嘴子青铜时代遗址发掘中出土了碳化粳稻稻米，这不仅将我国东北地区的稻作历史大大提前，同时为中国稻作东传之北路、即从长江下游—山东半岛—辽东半岛—朝鲜半岛—日本之路线，提供了实证[1]。

东北地区新石器、青铜时代文化的发展，证实了东北地区是我国古代文化的重要发祥地之一，并为探讨我国古代文明的起源提供了宝贵资料。众所周知，我们中华民族自称为"龙的传人"，而龙的形象之最早出现，就是在东北地区，即查海-兴隆洼文化中的"龙形堆石"，年代距今约8000年。此比在河南濮阳西水坡墓地发现的用蚌壳摆放成的龙、虎造型，早1000多年。之后在左家山文化中，又出土了最早的用整块石材雕塑成的石龙，年代距今约6000年。再过1000年，红山文化中发现的玉龙，不仅数量增加，而且造型和工艺都有了明显进步，从此以后，以龙为题材的雕塑和花纹图案等在各地普遍发展起来（图二）。有学者在研究红山文化时指出，我国古代文明和国家的起源发展经过了古文化、古城、古国到方国、帝国的漫长历程，红山文化遗址发现的坛、庙、冢和众多玉器等代表了当时的社会组织已经发展到古城古国阶段，由此看到了中华五千年文明的曙光[2]。

具体比较，东北地区内部不同地区的文化，在其共存和发展的过程中，相互之间不断发生交叉和影响，但是由于自然条件和生态环境不同，自身的特征和发展过程中的内在连续性，还是很明显的，这就为探讨东北古代民族的起源提供了线索。

二

关于东北地区的古代民族，在先秦文献中已有零星记载，而真正开始给东北各主要民族单独立传的，则是在汉代以后。20世纪40年代金毓黻先生出版《东北通史》，将东北古代民族划分为肃慎、濊貊、东胡和华夏-汉族之四大族系，并绘成"东北民族系统表"，迄今仍为学术界所沿用和参考。几十年来，伴随着东北考古的迅速发展，

1

2 3 4

图二　龙文化遗物

1.查海遗址发现的"龙形堆石"（采自《中国文物地图集·辽宁卷》）　2.左家山遗址出土石龙（采自《中国文物地图集·吉林卷》）　3、4.红山文化玉龙

东北史的研究逐步深入，因而使我们对四大族系中不同民族及其文化的认识也比过去清晰了许多。其中，数量繁多、内容丰富、关系复杂的是在汉唐时期。

如何探讨和确定不同民族的文化，一是此时已经进入历史时期，有文献可以查询，但是文献记载有详有略，甚至有偏误，需要仔细分析；二是依靠考古发现。而每当发现一种新的考古遗存，能否与文献记载相印证、被确定为某某民族的文化时，都需要谨慎地思考和研究，所以考古命名，对于时代较早的发现，往往仍如上述新石器、青铜时代的发现那样，先以地点名称称其为某某文化或某某类型，之后同类遗存发现多了，与某某民族的关系相对稳定了，也就开始有民族文化的称谓了。

四大族系中华夏-汉族族系原是指中原地区的原始居民和民族，上边已经提到，从远古开始就有中原人口及其文化向东北流入，进入历史时期，通过商末周初箕子东迁，战国燕设上谷、渔阳、右北平、辽西、辽东五郡，汉设乐浪、玄菟、临屯、真番四郡等历史事件，大批中原人口迁入东北，其主要活动地区在以辽东（今辽阳）为中心的东北南部地区。1955年在辽阳三道壕发现了西汉村落遗址，出土了大量的陶器和铁质农具、工具等遗物（图三）。而发现最多的是分布在该地区的与中原习俗相同或相似的汉魏晋墓葬，有的墓葬中还绘以墓主人生前经历和生活的精美壁画（图四）。中原人口的迁入，带来了先进的生产技术和文化，促进了东北地区的社会发展。有学者研究，中原铁器和冶铁技术传入东北及朝鲜半岛，就是先后从战国燕和汉设四郡开始的[3]。辽东地区以平原为主，水土适宜，气候温和，迁来的中原人口，仍然将农业作为其主要的生产方式和生活来源，他们在传承中原文化的同时，也和东北其他民族不时地进行交流。

肃慎族是东北地区最古老的民族，早在先秦文献中就有记载。汉代之后则陆续称为挹娄、勿吉、靺鞨和女真等。肃慎的历史遗存，迄今还未得到考古印证。汉代挹娄的活动地区，据文献记载是在黑龙江中下游流域之广大地区。南北朝时期该民族改称勿吉，向南发展后而形成七部，隋唐时称为靺鞨七部。关于挹娄、勿吉的早晚文化遗存，有分布于黑龙江对岸、被苏联考古学界定名的"波尔采文化"和我国黑龙江省绥滨县的蜿蜒河遗址、四十连遗址及萝北县团结墓葬等。其他如双鸭山滚兔岭遗址和友谊县凤林古城，文化有别，但地理位置和年代都与挹娄、勿吉基本相符，所以它们是否属于挹娄、勿吉的文化遗存，学术界还在研讨之中。不过由此也说明，汉魏晋南北朝时期，在上述广大区域内存在着众多部落群体。

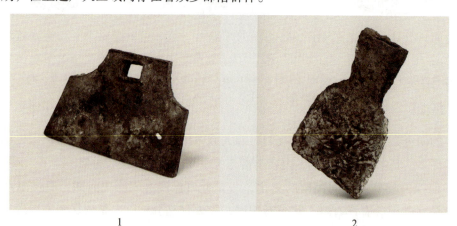

1　　　　　　　　　　　　　　　2

图三　三道壕遗址

1. 三道壕遗址出土铁锄　2. 三道壕遗址出土铁铲

（采自《辽海遗珍——辽宁考古六十年展》）

图四　辽阳北园一号墓车骑出行图壁画
（采自《中国文物地图集・辽宁卷》）

　　渤海政权是以靺鞨七部中原位于第二松花江流域的粟末部为主建立起来的。粟末部是由溯主流松花江而上的靺鞨族一部，并吸收了原活动于第二松花江流域的夫余族人构成的。渤海政权建立时，其上层还有部分高句丽人参加。渤海政权建立后，历代王积极主动地向唐王朝学习，使其文化等得以迅速发展，被誉为"海东盛国"。渤海文化主要由三部分构成，一是主体民族靺鞨族的文化，比如渤海人最常使用的炊具长腹筒形罐，就是从挹娄人开始出现，勿吉人、靺鞨人一直沿用下来的，所以被广泛称为靺鞨罐（图五）；二是高句丽族的文化，主要表现在渤海墓葬由土坑墓向封土石室墓的过渡和使用等方面；三是唐中原文化，表现在渤海王城的规划布局、建筑、砖室墓葬、文字与文学艺术等多方面（图六）。

图五　六顶山渤海墓葬出土靺鞨罐
（采自《六顶山与渤海镇》）

1　　　　　　　　　　2　　　　　　　　　　3

图六　唐文化与渤海文化

1. 长白灵光塔（渤海）　2. 中原唐墓出土三彩女俑　3. 渤海墓葬出土三彩女俑

（1采自《田野考古集粹》）

　　关于肃慎族系的生产和生活，文献记载，早在挹娄时期就有了农业、畜牧、狩猎等活动。到了渤海时期，由于地理环境和周边条件的改善，在原有基础上，农业生产更为方便，手工业、商业和交通等方面都有了快速发展。有关内容在《新唐书·渤海传》等文献记载和历年来的考古发现中都可查到。

　　渤海政权存在期间，其北侧强大的黑水靺鞨部虽曾一段时间附属于渤海，但基本上是独立存在的。位于黑龙江省绥滨县的同仁遗址，作为黑水靺鞨的代表遗存，受到学术界普遍关注和认可。926年渤海政权被辽灭亡后，黑水靺鞨改称女真，附属于辽，部分南迁，号熟女真，留在原地者，号生女真。后来生女真逐渐发展强大，建立金政权，又灭亡了辽。

　　濊与貊，自先秦至汉，先是分称，后多合称。汉代民族中，夫余、沃沮和东濊（文献记载为濊，为了和之前的濊相区别，而且居于夫余、沃沮之东南，即朝鲜半岛东海岸，故习惯称之东濊）皆源于之前的濊，高句丽则源于之前的貊。其中夫余和高句丽建立了与其名称相同的政权。

　　夫余政权所在分前后两地，4世纪之前在今吉林市，4世纪之后"西徙近燕"，具体到什么地方，历来说法不一。据文献记载，夫余始建之地，乃原濊人所在。经多年考古发掘和研究，学术界普遍认为，以吉林市为中心分布于吉长地区的青铜时代西团山文化属于濊人文化遗存，以吉林市泡子沿前山遗址上层和榆树老河深中层墓葬为代表的泡子沿文化类型属于夫余文化遗存。泡子沿文化类型直接叠压在西团山文化之上，同时包含着北方草原文化和中原汉文化的因素，这与夫余创始传说和夫余与中原关系的记载是相吻合的。近些年来先后调查发掘的吉林市帽儿山墓葬和南城子古城，为夫余政权前期的王城所在提供了直接证据。夫余地处东北大平原腹地，文献记载夫余对"水旱"和"五谷"极为重视，考古出土的铁器有剑、矛、刀、镞等兵器，也有镰、锸、镢等农具（图七）。5世纪末，受高句丽和勿吉南北夹击，夫余王率部分人投奔高句丽，留在原地的则加入勿吉。

图七　帽儿山墓葬出土遗物
1.漆器　2.陶豆　3.铁镢　4.铜鍑
（1采自《中国文物地图集·吉林卷》；2~4采自《田野考古集粹》）

沃沮位于包括今延边地区在内、北抵兴凯湖、南到朝鲜半岛东北部的狭长地带，其北部称北沃沮，南部称南沃沮，再南则是东濊所在。以1977年发掘的黑龙江省东宁团结遗址下层为代表的团结文化，已被学术界定为北沃沮文化遗存。《三国志·沃沮传》记沃沮"其土地肥美，背山向海，宜五谷，善田种"。团结遗址发现沃沮人居住设有曲尺形取暖设备的半地穴房屋，日常使用的陶器以粗大的柱状纽为特色，生产工具仍

图八　团结文化陶器

使用刀、斧、镰、锛等石器，同时还有与中原相同的斧、镰、锥等铁器（图八）。

沃沮和东濊先后属卫氏朝鲜、汉四郡，东汉末年，更属高句丽，后来沃沮北部融入南下的勿吉，形成勿吉七部中的白山部。

高句丽族始见于汉四郡设立之时，高句丽政权自公元前37～公元668年在历史上存在了705年之久。4世纪之前，高句丽族与高句丽政权受玄菟郡管辖，4世纪开始，高句丽政权则直接接受中原政权的册封。高句丽政权先后以辽宁省桓仁、吉林省集安和平壤为都，其疆域最大的时候，西抵辽河，南到朝鲜半岛中部。其多数地区"多大山深谷"，所以对其农业生产带来不便，而狩猎活动始终盛行，这从文献记载、墓葬壁画和考古发掘中铁镞之常见等方面皆可看出。高句丽文化在世界上是有名的，2004年我国申报的"高句丽王城、王陵及贵族墓葬"和朝鲜申报的"高句丽的壁画古坟"，同时成为世界文化遗产。高句丽文化的特点，可以从不同方面去考察，其中有一个现象是共同的，那就是石结构建筑的流行。比如高句丽的众多城址，绝大部分是大小不等的山城，而且其王城也是山城与平地城相组合。再如其墓葬，两大类型中积石墓的内外结构、封土石室墓的内部结构都使用的是石块和石材。石构建筑是高句丽本民族的文化，高句丽后期墓葬外部结构变为封土，部分山城出现土结构，晚期王城中山城与平地城合为一体，其中则包含了中原文化的影响。高句丽的墓葬壁画和碑刻是很有名的，壁画内容、风格和碑刻文字、书体等，同样可以看出高句丽本民族的文化特点和中原文化的影响。高句丽文化对中原同样也有影响，有名的高句丽音乐歌舞就传入了隋唐王朝的宫中（图九）。

高句丽政权灭亡前后，其居民先后有数批被迁入中原；留居辽东的有的流入靺鞨或突厥，后来都大部分与汉族融合在一起；留居朝鲜半岛的多流入新罗，与新罗居民及之前亡国的百济遗民等共同组成朝鲜半岛的统一民族。

东胡族系包含的民族及其变化，比肃慎族系、濊貊族系都要复杂得多。东胡之名同样见于先秦，西汉初年东胡被匈奴打败后出现乌桓、鲜卑两个民族。乌桓存世时间比鲜卑短，对于其文化遗存，至今考古学者仍在寻找和讨论，但是文献记载乌桓和鲜卑是同俗的。鲜卑，按马长寿先生的观点分为东部鲜卑和北部拓跋鲜卑两大部。东部鲜卑后来又分化为慕容、宇文和段氏三部，经数年争斗，慕容部兼并宇文部和段部，并相继建立三燕政权。而宇文部后裔不仅又建立了北周政权，还衍生出契丹和奚两个民族。拓跋鲜卑含较多匈奴血统，其主体从大兴安岭北段南迁河套地区，建立北魏，

1

2

3

4

图九　高句丽遗迹及遗物

1. 高句丽初期王城——桓仁五女山城　2. 集安丸都山城及山城下墓群　3. 集安将军坟　4. 集安好太王碑

（3采自《田野考古集粹》）

入主中原；留居原地的又先后衍生出室韦和蒙古。

上述各族各部尽管变幻不定，但是其大的活动地区，先后没有大的改变，皆是在东北地区西部之宽广的草原及山林地带，被统称为草原民族。他们以穹庐为宅，逐水草而居，游牧及狩猎、渔猎是他们的主要生产方式和生活来源。文献记载乌桓与鲜卑"男子能作弓矢鞍勒，锻金铁为兵器"，"兵利马疾，过于匈奴"[4]，飞马骑射成为全民族推崇的社会风尚。有关实物，这些年来在三燕墓葬中出土了多件金属马具，有衔镳、当卢、鞍桥、镫、銮铃、杏叶等，有的可成套复原，有的还饰以鎏金，非常精美（图一〇）。马具中的关键部件是马镫，1963年在北票发现了年代为公元415年的北燕冯素弗墓，墓中出土的成副双马镫，是现知有明确年代中的最早的一例。同时墓中还出土了中原的漆器和自西方输入的玻璃器。有多位学者研究，魏晋南北朝时期是中国古代马具发展完备的重要时期，鲜卑为此做出了突出贡献。鲜卑的马具影响了

1　　　　　　　　　　　　　　2

图一〇　三燕马具

1.三燕鎏金铜镂空鞍桥包片　2.三燕马具复原图

（1采自《三燕文物精粹》；2采自《东北亚考古学论丛》）

高句丽，并通过高句丽又影响到朝鲜半岛南部和日本。笔者曾作过对比，鲜卑马具比高句丽的要宽大一些，说明在鲜卑草原上奔驰的马要比在高句丽山地上攀登的马高大一些，这在文献上也可以查到参照的记载。在三燕墓葬中还出土了数件精致珍贵的金步摇，这与文献所记乌桓、鲜卑的习俗也是吻合的（图一一）。此游牧民族，一旦定居，尤其是建立政权后，同样要修建房屋、城市和宫殿。1986年朝阳北塔加固维修，发现了北魏至辽代几个时期的塔体，而最下面的则是三燕时期龙城之内的宫殿夯土台基。

上述四大族系众多民族，经汉代以来近千年的发展演变、交流融合，至唐代则发生了很大变化。汉族的名称没有变，但人口的内外流动还是不断发生的。肃慎族系中的渤海政权灭亡后，只剩下了女真族。濊貊族系至高句丽灭亡，该族系中作为历史上

图一一　三燕金步摇饰

（采自《三燕文物精粹》）

的独立民族就不存在了。东胡族系余下奚、契丹和室韦。之后，经辽金和元明清，虽然还有变化，比如奚并入契丹，契丹又融入其他民族，室韦衍生出蒙古，南部女真人融入其他民族，东北部女真人再度兴起等，但总体格局基本固定了下来，最后融合汇聚成汉族、女真-满族、蒙古族三大历史民族。这三大民族，原有的习俗和文化仍各有保留和传承，但是随着统一局面的加强，民族间、文化间的相互交流和融合则更加方便和发展。

以上介绍，将东北地区古代文化划分为民族出现之前和民族出现之后两个大的时期，其中在青铜时代，前者则开始向后者迈进。通过对这两个大的时期中不同文化的举要梳理，使我们得出如下认识。第一，东北地区的历史与文化的起源发展是悠久的，而且是连续不断的。第二，在上述发展过程中，东北地区内部不同地区间的文化交流及其与中原地区的文化交流，也是连续不断的。第三，东北地区的古代文化，为我国古代文明的产生和传统文化的发展做出了重要的贡献。

注　释

［1］　大连市文物考古研究所：《大嘴子——青铜时代遗址1987年发掘报告》，大连出版社，2000年。

［2］　郭大顺：《中华五千年文明的象征——牛河梁红山文化坛庙冢》，《牛河梁红山文化遗址与玉器精粹》，文物出版社，1997年。

［3］　王巍：《中国古代铁器及冶铁术对朝鲜半岛的传播》，《考古学报》1997年第3期。

［4］　《后汉书·乌桓鲜卑列传》，中华书局，1965年，第2998、2991页。

［原载《地域文化研究》2017年第1期（总第1期），收入本书时略有调整］

为《高句丽渤海壁画墓研究译文集》
所做前言

两周之前，郑春颖博士主编的《高句丽渤海研究论集》即将出版，曾邀我写过一篇前言。现在，同是郑春颖博士主编的《高句丽渤海壁画墓研究译文集》（下文简称《译文集》）也将出版，又邀我参照《高句丽渤海研究论集》所撰"前言"为本书再写一篇前言，并将书稿传给我。

本《译文集》共收录文章12篇，其中俄罗斯学者2篇，是关于渤海墓葬的类型和高句丽积石墓与渤海墓葬关系的文章，其余日本学者4篇，韩国学者6篇，皆是关于壁画墓的文章，而且绝大部分是高句丽的壁画墓。文章的时间跨度为2000年至2019年，在一定程度上代表了本时期外国学者在该研究领域的进展。高句丽壁画墓分布地区广，数量多，而且壁画的内容和技法相当丰富精美，自发现伊始便成为学术界十分关注和研究的对象。现在在已经发现的高句丽壁画墓，中国境内计38座（其中积石石室墓5座，积石砖室墓1座，其余皆为封土石室墓），本《译文集》郑好燮文章记录的也是这个数字；朝鲜境内发现的数量还不十分确切，郑好燮文章记录的是80座（该文发表于2008年），而我国学者赵俊杰发表于《边疆考古研究》第13辑（2013年）的文章《朝鲜境内高句丽壁画墓的分布、形制与壁画主题》中记录的是83座，郑京日的博士论文《玉桃里高句丽壁画墓研究》（2015年）记录的86座，其中，赵文的83座中有3座在郑文中查不到，郑文的86座中有6座在赵文中查不到，两文共有的是80座，那么这80座和郑好燮文章记录的80座是否完全相同，我没有来得及核对。另，中国社科院考古研究所王飞峰博士曾告知，朝鲜《劳动新闻》2020年9月1日报道在黄海南道安岳郡月池里又发现了两座壁画墓（月池里1号、2号）。郑春颖博士目前在研课题"壁画视角下的高句丽文化研究"最新统计是92座。这样算起来，朝鲜境内发现的高句丽壁画墓在90座以上，墓葬类型都是封土石室墓。

关于壁画墓的考古学研究，主要是对墓葬的形制结构和壁画的内容技法进行考察分析，并由此探讨墓葬的年代分期和身份等级。这是最基本的研究，但是止步于此则显然不够，因为壁画中要进一步研究的具体内容还有很多。按通常的年代划分，壁画内容先后以现实生活（又称人物风俗）、莲花等装饰图案和四神图像为主，其中涉及服饰、音乐、歌舞、兵器武备、建筑、佛教、传说故事、天象等多个方面，每个方面都可以开展大小不等的课题研究，而且其中所包含的不同的文化因素又反映出高句丽与周邻民族、周邻地区的交往。研究当中所涉及的知识，有的超出了考古学和历史学，需要相关学科的交叉结合。

这些年来，我国学者对于高句丽壁画墓的研究先后发表、出版了多篇（部）论著，但是仍有很多工作要做，尤其是对于朝鲜境内壁画墓的了解和研究，还有不少欠缺。平壤和集安的社会背景与文化基础差别较大，4世纪初高句丽占领平壤，但都城还在集安，110多年后才迁都过去，此对当时两地壁画墓的表现和发展都会产生不同程度的影响。所以开展高句丽壁画墓研究，要对中国和朝鲜境内发现的壁画墓，以及东北亚相关各国的研究进展都有了解，才能有充分的发言权。因此，本《译文集》的出版，为我们提供了方便。

关于《译文集》就说这些，不知妥否。壁画墓研究同属于高句丽渤海研究范畴，我在《高句丽渤海研究论集》"前言"中谈到高句丽渤海研究的几点想法，对壁画墓研究或许会有帮助，现提供给大家，供参考。

一、要学习了解一点历史疆域理论知识

汉唐一千年，中原地区由大统一走向大分裂，又从大分裂走向新的大统一。与此同时，在我国东北地区有两个古老民族高句丽族和靺鞨族先后兴起，并建立了高句丽政权和渤海政权。这两个民族的活动地区及其政权的疆域四至，以我国东北地区为主，最远延伸到朝鲜半岛中部和俄罗斯滨海边疆区。因此，这两个民族及其政权的历史不仅在我国东北地区的历史和我们统一的多民族国家形成与发展的历史中占有重要的位置，同时在东北亚地区的历史中也有重要的影响。这些年来，高句丽、渤海已经成为相邻各国学术界研究的重点和热点课题，相比之下，高句丽更甚于渤海，其中讨论和争议的焦点则是高句丽的历史定位。这是我们在进行高句丽历史、考古等方面的研究时躲不开的问题。在不同专业的文章中，可能从具体文字中看不到对该问题的表述，但是该问题是含在其中的，作者的心中是必须明确的。而要探讨、确定高句丽的历史定位，则需要学习了解一点历史疆域理论知识。历史疆域理论，这又是一个重要的学科课题，几十年来学术界一直在研究、讨论，有共识，也有争议。如果我们对此理论的基本知识和研究、讨论的大体情况有所了解，那么对于我们确定高句丽的历史定位，以及具体分析历史、考古等专业材料时，自然就会心中有数、有准可依了。

二、高句丽和渤海要互相结合进行研究

高句丽政权始建于公元前37年（据《三国史记》），至668年灭亡，存世700余年，渤海始建于698年，至926年灭亡，存世近230年，两政权相隔30年。高句丽的疆域偏南，渤海政权的疆域偏北，有相当大的区域是重合的。高句丽政权存在之时，有部分靺鞨人附属于高句丽，渤海政权建立之时，有部分高句丽人参加其中。因此，在高句丽与渤海之间便产生了多方面的联系，同时也出现了一些问题需要研究辨析。比如渤海的创始人大祚荣是高句丽人，还是靺鞨人，是靺鞨人的话，是粟末靺鞨人，还是白山靺鞨人；再如在文化影响方面，当然主要是高句丽对渤海的影响，那么这些影响表现在哪些方面，达到了什么程度，如何予以评价；具体到某一处城址或遗址，是高句丽时期的，还是渤海初期的，如何予以区分鉴别。诸如此类的问题，在学术界一直是讨论、争议不断。在讨论、争议中，大家感到，研究渤海，如果不了解高句丽，许多问题是说不清的，甚至会顾此失彼，出现偏差和漏洞；研究高句丽，如果能对渤海有所了解，考虑问题会更加理顺、全面。为此，这就要求我们平时对高句丽、渤海的知识都要进行了解和掌握，在研究中要互相联系，前后照应，只有这样，才能恰如其分地厘清和评价同为我国历史上的两个民族和两个政权之间的关系及影响。

三、研究高句丽、渤海文化，要与周邻地区，
尤其是与中原地区相联系

高句丽、渤海存续期间，我国东北地区和朝鲜半岛先后有几个民族兴起和建立政权，并发展了自己的文化，中原地区继底蕴深厚的汉代文化之后，经魏晋南北朝各民族文化的交流融合，发展成更加丰富多彩、繁荣开放的隋唐文化。高句丽、渤海文化的发展，首先是本民族自身的传统文化，同时也随时接受了周邻地区，尤其是中原地区先进文化的影响。比如高句丽后期王城平壤地区长安城的规划布局和安鹤宫的宫殿布局、建筑，渤海王城中京西古城、东京八连城、上京城的规划布局及其宫殿布局、建筑，都接受了同时期中原都城的影响。同时，中原文化，尤其是考古文化的发展，序列完整，年代清楚，这对于分析推断高句丽、渤海文化的构成、年代有很大的参考作用。高句丽、渤海所处的地理位置，对于当时东亚地区的文化交流也起了重要作用。比如十六国南北朝时期鲜卑特征的马具就是通过高句丽传到朝鲜半岛南部和日本的，9世纪20年代渤海使臣和渤海贞素和尚为日本天皇与在五台山修行的日本灵仙和尚往返传送书信、黄金、经卷、舍利，走的就是当时渤海通往日本的"日本道"。以上

说明，研究高句丽、渤海文化，加强与周邻地区，尤其是与中原地区的联系，是十分必要的。

四、坚持多学科交叉结合，多方位研究高句丽、渤海

研究高句丽、渤海，首先是以文献资料为对象的历史研究和以调查发掘资料为对象的考古研究，本书所收也多是这两类研究的文章。关于高句丽、渤海的文献记载，虽然不如中原详尽，但是汉唐史书中都有高句丽或渤海的传记，另外还有当代或后代相关的日本史书和朝鲜史书作为对照。这些文献记载为考古调查发掘和考古材料的解释，提供了值得注意的线索和思考。关于高句丽、渤海遗存的发现，迄今已有百余年，尤其是新中国成立后，连续有计划地调查发掘积累了大量的实物资料，其中有很多是文献记载中所不见的。这些年来，历史研究与考古研究相结合，已经成为历史学界和考古学界的共识，并不断取得可喜的进展和成果。其实这当中有不少资料与课题，本身就包含着两种研究在内，比如碑刻，作为考古发现，与其他遗迹相联系，属于考古研究对象，而碑刻文字的释读，又属于古文字研究对象，两种研究缺一不可。与此同时，建筑学、艺术学（包括服饰、歌舞、音乐等）、人类学、民族学、自然科技等，也先后加入此研究行列。记得前些年，南京工科高校的一位教授来东北考察，他的两位博士生论文，一篇选的是高句丽建筑，一篇选的是渤海建筑。高句丽、渤海的王城、宫殿、墓葬、佛教寺塔以及砖石瓦件等都属于建筑研究范畴，内容繁多，风格、技术也不尽同，开展专题研究，材料绰绰有余。当然，研究建筑进行文化因素和社会背景分析，同样需要运用其他学科的知识和成果。希望高句丽、渤海研究中已经开始的多学科交叉结合的良好局面，继续发展扩大下去。

五、选好题目，进一步深化高句丽渤海研究

我国多年来的高句丽、渤海研究，就选题大小来看，大致可分为三个层次，即单个问题研究、专题研究和综合研究。三者关系，即点、线、面的关系。单个问题是突破口，突破口要选得准，则需要预先对线和面有所了解。专题研究是单个问题研究的延伸，是对较大课题的系统研究。综合研究是专题研究的横向展开，是对大课题的全面研究。就成果而言，三个层次都取得了可喜成果，单个问题研究主要表现为大量论文的发表，专题研究和综合研究的著作也出版数部。今后的工作，在以往单个问题研究的基础上，结合各类项目的申报，要突出抓好专题研究。因为专题研究可以把同类单个问题的研究加以系统和提升，同时为综合研究的进一步完善和深化奠定基础。

这就需要在包括项目申报在内的题目选择上多下功夫，做好调研。所选题目，应是高句丽、渤海研究中的重点和难点，填补空白的题目要优先考虑。当然作为年轻学者来说，还是先从单个问题研究入手，也可以参加课题组研究，共同承担项目，互相协作，拓宽眼界。以上所谈，也包括考古研究在内，而作为田野考古工作，同样需要看准方向，带着当前急需解决的课题，选择合适的地点或地区有计划地进行集中调查发掘。几年来文物考古部门已经开始组织制定和落实相关工作规划，先后取得多项重要发现。

上述五点之外，还有对外学术交流、人才培养和队伍建设等工作，都是高句丽、渤海研究中始终要注意的事项。对此，大家都交流过，就不再重复了。

为了本书的出版，郑春颖、潘博星、盛宇平三位老师征稿、编辑、筹集经费、联系出版社，出版社的老师把关审稿，都付出了大量辛勤劳动，我们一并表示感谢。

2022年7月2日

（原文见郑春颖、潘博星、盛宇平：《高句丽渤海壁画墓研究译文集》，商务印书馆，2023年。收入本书时略有调整）

为《渤海瓦当研究》所做的序

宋玉彬教授的《渤海瓦当研究》即将出版，这是作者在十多年前的博士论文基础上，几经充实修改而完成的一部力作。在我国古代建筑中，瓦当出现以后便成为后人研究瓦件的重点和全面考察建筑本体的重要对象之一。这主要是因为瓦当的花纹复杂多变，年代特征比较明显，而且还往往包含着不同地区和不同民族的文化因素。所以本书的出版，对于促进和深化渤海考古与历史的研究具有重要的价值。

全书分五章，其内容正如作者在"结语"中所谈，可分为两部分，一是基础性研究，二是拓展性研究。在基础性研究中，作者按水域将渤海分为八个地区，对各地区内不同地点出土的瓦当分别进行了详细的介绍和分析，然后对其年代和文化因素进行了探讨。在拓展性研究中，以上述研究为基础，对渤海佛寺、王城和高等级墓葬等重要课题进行了"全新视角的学术解读"。

渤海各地出土的瓦当，其花纹同样是复杂多变的，为此，本书从两个方面进行了考察和研究。一是花纹构图，本书划分为四分法、裂瓣纹和双重（多重）三种布局形式。二是主题花纹，结合构图，本书分地区分地点将其划分出多种类型，图文并茂，齐全清楚，为学界同行认识和研究渤海瓦当提供了很大方便。我粗略翻看对比了一下，这些不同类型的花纹，大体可以归纳为花草纹和"倒心形"双瓣莲花纹（即本书所称"倒心形"花瓣莲花纹）两大类。不仅两大类之内表现各有不同，两大类之间也有交叉和影响，比如本书命名的"莲蕾纹"就同时具备两类花纹的特征。

这些不同类型瓦当的分布，本书通过详细统计得知，图们江流域和牡丹江流域两地区最为密集，其中在图们江流域花草纹瓦当和"倒心形"双瓣莲花纹瓦当都有出土，而且数量都不少，而牡丹江流域地区则是以"倒心形"双瓣莲花纹瓦当为主体，花草纹瓦当很少见。或者说，"倒心形"双瓣莲花纹瓦当在图们江流域和牡丹江流域都有出土，而花草纹瓦当则主要在图们江流域出土。占全书分量达三分之二的第三章"渤海瓦当类型学分析"，作者在前边几节分地区介绍和分析之后，第八节又对图们江流域地区出土瓦当和"倒心形"双瓣莲花纹瓦当分别进行了重点归纳总结和详细剖析，也应是出此考虑的吧。

图们江流域和牡丹江流域出土瓦当的差别，应与两个地区的历史背景和渤海文化的形成发展有着密切的关系。7世纪末渤海政权始建，其王城所在至今仍未确定，但是到8世纪末之前的近百年中，渤海政权的政治中心始终没有离开这两个地区，而8世纪末之后的一百多年则固定于牡丹江中游地区再也没动。渤海政权建立之前，牡丹江流域迄今没有出土早于渤海的瓦当，而图们江流域则不同，本书所举有三例值得注意。

一是位于珲春河岸边的杨木林子寺庙址，出土瓦当上的忍冬纹，其形态与集安高句丽忍冬瓦当的花纹是一样的。

二是位于珲春河与图们江汇流之间的温特赫部城址，出土了一块花纹与集安东台子遗址所出完全相同的瓦当，瓦当外圈绕20颗连珠纹，内圈是9颗"不规则形纹"（此为本书称谓，《集安文物志》称该瓦当为"立莲瓣纹瓦当"，《高句丽考古》称为"连珠顺瓣莲花瓦当"）。该花纹瓦当比较突出，至今只见于上述两处。

三是位于温特赫部城址东南约200米的古城村1号寺庙址，出土的几何形网状底纹莲花瓦当，与辽西三燕的同类瓦当相同。

类似情况的出现，与高句丽势力向图们江流域的发展及高句丽与辽西地区三燕的关系是分不开的。由此也说明，研究渤海及高句丽瓦当，需要对同时期及同时期之前周邻地区的瓦当有所了解，需要对汉唐时期东亚地区的文化交往有所了解。

就拿莲花瓦当来说，这是渤海分布最广、数量最多的瓦当，也是南北朝隋唐时期东亚地区最流行的花纹瓦当。那么该瓦当是何时何地最先出现的，是因为此时期佛教的盛行而出现的，还是由某种类似花纹演变而来的，一直是学术界所关注的问题。有学者研究，类似花纹瓦当在辽西三燕出现得较早，其花瓣为"叶瓣状"单瓣，构图有的是四界格或六界格，有的是以几何形网状纹饰为底纹，其中四界格构图的在新宾永陵南城址已有出土，年代在公孙氏时期。高句丽的界格莲花瓦当则是受到了三燕的影响，界格为六界格或八界格，偶见四界格，花瓣有单瓣也有双瓣。洛阳、南京出土的莲花瓦当的年代稍晚，瓦当上没有上述界格，莲瓣少则五瓣，多则十二瓣，有单瓣也有双瓣，肥瘦不一，精致美观。此时不只是瓦当，在其他建筑构件、石刻、绘画中都可看到形式多样的莲花花纹。渤海莲花瓦当同样没有界格，花瓣皆为双瓣。同为双瓣，高句丽、渤海、中原互有差异，各具特色。还有与莲花纹饰流行的同时，忍冬纹也流行起来，上边谈到的渤海花草纹瓦当中，有的花纹可以明显看出受到了忍冬纹的影响。高句丽、渤海前后相隔三十年，皆与中原相邻相接，与此同时，向东还有百济、新罗和日本，都在这个大文化圈内。所以对于高句丽、渤海、中原及整个东亚地区的瓦当以及文化之间的关系，要相互联系起来做细致的考察和研究。

本书第二部分拓展性研究所谈到的佛寺、王城、高等级墓葬等问题，都是近年来渤海考古研究中的重要课题。对此，本书虽未全面展开，但都面面俱到，而且视角和观点多有新意，对于今后这些课题的深入研究很有启发和促进。

渤海遗存的发现和渤海考古的调查发掘及研究，至今已逾百年，先后发表出版了大量的简报、报告和论文，综合研究也已开始，但是，如上所述还有不少问题仍未结论，还在继续探讨。为此，作为重要课题的专题研究，当前应放在重要的位置上，本书的出版无疑是一个很好的示范。此项研究的完成，与作者多年的工作经历有直接关系。作者大学毕业后，长期在吉林省文物考古研究所工作，并先后任副所长和所长，主持过高句丽国内城、渤海中京西古城等大型发掘。在西古城发掘期间，我也曾到工地，看到他对宫殿的规划布局和不同建筑构件的出土十分关注。回到吉林大学后，他又讲授高句丽渤海考古和古代建筑课程。所有这些都为他读博士选此课题和之后继续深入研究奠定了厚实的基础。他编著的《西古城——2000~2005年度渤海国中京显德府故址田野考古报告》（以下简称《西古城》）发掘报告出版后，曾约我写个书评。当时因为在岗工作忙乱，同时听说有先生在写，所以我一直没有动笔。《西古城》是一本很好、很规范的考古报告，受到国内外学术界的一致好评。我没有完成《西古城》报告书评的任务，今天为《渤海瓦当研究》写序，也算是弥补了当年的一个缺憾。

我从2008年出版《渤海考古》后，对于渤海考古的材料和研究看得很少了，很多想法还停留在十几年之前。以上所写，可能有不少都过时了，所以希望读者不要受此误导，还是请仔细阅读和查看本书的文字和插图吧。

（原文见宋玉彬：《渤海瓦当全集》，文物出版社，2023年。收入本书时略有调整）

为《金毓黻文集》所做的序

　　2016年初夏，在吉林省社科院召开的一次会议上，听付百臣教授和姜维公教授介绍，长春师范大学正在整理《金毓黻文集》，想让我来写序言。金先生是前辈的前辈，我对金先生的著作及其本人了解甚少，此事可不敢当。能够给《金毓黻文集》写序言的，如金景芳教授那代老先生最合适，接着我还列举了现今东北地区的几位老先生。付、姜两位教授觉得当下这项工作是由长春师范大学承担，所以想请吉林省的先生写序言。吉林省也有几位老先生适合写，但是由于年龄过大，所以就找到了我，并说我亦满七十岁，也是老先生了。别的不敢当，年龄见长是逃不脱的。最后我说这事先别确定，我先看看有关材料，年底前如找到合适的人选就请别人来写。

　　说实话，我虽然在吉林大学读大学，而且学的是历史专业，但是由于特殊历史时期，只上了两年课，一直到毕业都没有听说过金毓黻先生的名字。我知道金毓黻先生是20世纪70年代初在北京大学考古专业进修期间。当时我师从宿白先生，主要学习魏晋南北朝隋唐考古。宿先生对我说，学习魏晋南北朝隋唐考古，应该把高句丽、渤海考古作为重点，此属东北考古的重要内容之一，这是吉林大学的任务；而学习东北考古，应对东北历史有所了解。我请教宿先生学习东北历史应读什么书。先生说还是从金毓黻先生的《东北通史》（1941年）看起吧。对于渤海考古和历史，宿先生还特别嘱咐我要用心读金毓黻先生的《渤海国志长编》（1934年）。

　　从北京大学回来后，我到学校图书馆和系资料室都没有借到金毓黻先生的《东北通史》。后来在罗继祖先生那儿借到了该书，是1944年重庆五十年代出版社铅印再版本。因为借阅时间不能过长，且当时还没有复印机，我只好将有关部分一点点地手抄下来。后来，20世纪80年代初吉林省《社会科学战线》杂志社重新印了金先生的《东北通史》。在此前后，辽宁省也重印了该书，其中还插入了数幅地图。迄今，有关东北历史的著作先后出版数部，但是我查看最多的还是几十年前金先生写的这部。金先生撰写《东北通史》，原计划是上、下两编，上编"始上古讫元末"，下编"起明初讫现代"，我们现在看到的这部是上编。该部书在简短引言之后，共列39章，其中总论5章，其余则以不同民族的兴衰更替为纵线划分为四个时期，思路清晰，结构合理，系统地厘清了我国东北地区古代历史的发展过程。书中对于所论述的历史事件，都引用了第一手文献为依据，使人读后感到心中踏实。

　　《渤海国志长编》则从学校图书馆借到了，而且是线装本。1977年吉林大学考古专业去黑龙江东宁实习，我还把该书整套带到了考古工地。现在想起来真是后怕，要是丢失了可咋办。同样是20世纪80年代初，吉林省《社会科学战线》杂志社重新印刷了该部书。1992年，天津古籍出版社出版了王承礼、张中澍两先生点校的《渤海国志三种》，其中主体仍是该部书。《渤海国志长编》对于中外有关渤海史料的收录之全，在该书刚问世不久，专攻我国东北历史的日人稻叶岩吉就惊呼"简直达到了没有遗憾的程度，令人敬佩"（稻叶岩吉著，庞宝庆译：《读金静庵著〈渤海国志长编〉》，《金毓黻研究文集》，第341页）。其实，该书不仅是搜集资料齐全，更重要的是对这些史料按照史书纪传体例的分类整理和众多专题性的考证。如果查对一下的话，这些年来报刊发表的有关渤海历史及考古的研究文章，其中有很多问题在金先生的考证中都谈到了。可以这样说，研究渤海历史及考古，将《渤海国志长编》作为工具书来看待和使用，绝不为过。

后来在对渤海考古继续学习和教学中，我又读了金先生和阎万章先生在1956年《考古学报》上发表的对新出渤海贞惠公主墓志考证的文章，再次感到金先生在渤海研究方面的深厚功底。

研究东北历史的人都有同感，就是难于查找庞杂的东北古代典籍。1932年金先生编印的《辽海丛书》，为此做出了巨大贡献。大约是20世纪90年代初，我在北京西单一处很小的书屋中无意中看到该部书，是辽沈书社1985年的整理本，真是喜出望外，便毫不犹豫地背了回来。

还有金先生的《静晤室日记》，我开始也不知道。记得是21世纪初，宿白先生向我打听该书重印之事，我通过姜维公教授购得此书。厚厚的10本，40年的读书治学札记，文字达500多万字，内容之丰富，坚持之长久，令人钦佩。《静晤室日记》不仅是研究金毓黻学术思想、治学方法的珍贵的第一手资料，也是一部东北史研究专集，是关于关东文化风情及半个世纪以来国内外政治变革的风云录。遗憾的是我一直没抽出时间去读，只是偶尔翻一翻。

说来惭愧，我所接触到的金先生的论著，仅上述所及。而通过学习这些论著，大大促进和提高了我多年的教学和研究。今日为准备写序翻阅相关资料，得知金先生还编著有《辽东文献征略》（1927年）、《奉天通志》（1934年）、《辽陵石刻集录》（1934年）、《文溯阁四库全书原本提要》（1935年）、《中国史学史》（1944年）、《东北古印钩沉》（1944年）、《东北要览》（1944年）、《宋辽金史》（1946年）、《太平天国史料》（1950年）、《五千年来中朝友好关系》（1951年）、《中国地震资料年表》（1956年）等多部重要著作，发表论文一百余篇。对于金毓黻先生及其论著，金景芳、杨仁恺、阎文儒、罗继祖、佟柱臣等前辈先生和多位后来的学者都先后作过详细介绍和精辟评述。通过他们的介绍和评述，使我们一步步全面走近金毓黻先生及其研究领域。金先生对东北历史的资料收集整理和研究工作，属于该领域开创性和奠基性的工作，而这种开创性和奠基性的工作在中国史学史研究中同样得到体现。金先生《宋辽金史》提纲挈领，简洁明了，是近代宋辽金史研究的拓荒之作，对于宋辽金史研究具有重要的推进作用。金毓黻先生不愧于学术界所赋予的"东北文献学家""东北史坛巨擘""著名史学家"等称号，是我国20世纪历史学界少有的一流学者。

金毓黻先生1887年生于辽阳，20世纪20年代就开始撰写《静晤室日记》，并开始东北古籍的整理和东北历史的研究工作，后来由于日本帝国主义占领东北，则辗转南京、四川等地。金先生的大部分著作，就是在此动乱的年代中完成的，对此同样有多篇文章进行探讨、总结，比如其广博深厚的业务功底、刻苦勤奋的钻研精神等，都是我们自叹不如的。与此相联，还有一点尤其值得我们深思，那就是他所做研究的出发点和动力是什么，想要达到什么目的。对此，我们只要翻开金先生的《东北通史》引言，则立即明了。其曰："今日有一奇异之现象，即研究东北之重心，不在吾国，而在日本。……以乙国人，叙甲国事，其观察之不密，判断之不公，本不待论。重以牵强附会，别有用意，入主出奴，积非成是，世界学者读之，应作如何感想。……譬之居家，室中之藏，土田之籍，牛马蕃息之数，戚党隆杀之等，主人概不之知。而其邻人或素昧平生之士，登其庭入其室，开其箧缄，一一而探索之，分类而晰载之，细大不捐，如数家珍，吾知其家之败可立待，且将辇其所藏以入他人也。今日之情，何以异是？为主人者，亟应自计其室中之藏，土田之籍，马牛蕃息之数，戚党隆杀之等，失之东隅，犹可收之桑榆。然则研究东北史，其可缓乎。"自金先生撰写《东北通史》之时开始，我国东北地区历经苦难，通过人民的奋战，至今已发生了翻天覆地的变化，但是整个东北亚地区的形势仍不容乐观，加强研究我国东北及东北亚地区历史的任务仍很繁重，因此今天重温金先生几十年前对家国的忧心和情怀，发人深省，倍感亲切。

这些年来，金先生的著作，如上述所举，已有部分整理出版，方便了大家的使用和学习，但是由于有的出版印量不多，有的属于半公开出版，现在读者很难购到，也难以借到；除此之外，还有很多论著没有整理出版。20世纪80年代，吉林大学东北史研究领域著名教授张博泉先生就提出过要系统整理出版金先生著述的建议，吉林省社会科学院首任院长佟冬先生同具此想法，并于1985年组成了编委会，东北其他高校等单位也多有此意愿，但是由于资金、人力等方面条件还不够成熟，所以皆未能实现。本次长春师范大学整理出版《金毓黻文集》，实现了几代人的多年愿望，这对于中国东北地方史等领域的研究，无疑是一项功在当代，利在千秋的大工程。

以上所谈，是我以往学习金先生部分著作的一点粗浅体会和收获，如果对大家阅读金先生文集能有所参考，则感足矣。金先生学识渊博，功力深厚，而且崇尚经世致用，坚持实事求是，其博大精深的学术成果和治学思想是我们取之不竭的知识宝库。

今后愿和大家一道，尽可能多读一些金先生的论著，吸取其中丰富的营养，为我国东北及东北亚地区历史研究和考古研究的深入发展，多出一份力量。

2019年12月

附记：《金毓黻文集》由长春师范大学编选审校，已交长春出版社，即将于2025年初出版。

后　　记

十年前我七十岁时出版过一本《高句丽渤海考古论集》。当时我刚退休一年，但还在返聘，之后又承做了相关项目，其间又有相关部门和刊物约稿，这样就先后写了数篇文章，有的已经发表，有的还未发表。年近八十，在一些同行的建议下，从上述文章中选出18篇编成这本《高句丽渤海考古论集续集》。

这18篇文章的内容比较杂，第1、2篇，系对高句丽考古史和"高句丽王城王陵及贵族墓葬"世界文化遗产的系统整理及分析；第3~10篇，系对高句丽考古某些问题的研讨和辞条的解释；第11、12篇，系渤海上京辞条和一处渤海墓葬的发掘追记；第13篇，系对高句丽渤海都城布局的综合分析；第14、15篇，系对东北地区古代民族与文化的综述；第16~18篇，系三篇论著的序言。

由于年龄大了，跟不上新的发现和研究进展，所以这些文章中难免会有不少疏漏，请各位专家、学者指正。

本书的出版继续得到吉林大学边疆考古研究中心的资助，出版社和责任编辑仍然是科学出版社和赵越。对于边疆考古研究中心、科学出版社的大力支持和赵越的辛勤劳动，在此一并表示感谢。

魏存成

2024年11月

编 后 记

最近频繁忆起，"耄耋"这两个字，是初中语文老师教的；"一日为师终身为父"这句话，是小学语文老师教的。

魏老师是先父的老师，亦是我的导师。

十年前出版《高句丽渤海考古论集》时我还刚入行不久，并不敢造次写什么编后记；白驹过隙，不想十年后我还在这行当，又逢《高句丽渤海考古论集续集》，回望这十年间吉林大学边疆考古研究中心在边疆领域仍不辍耕耘，以及东北三省常年扎根于高句丽渤海考古学界的师长同仁们的珍贵研究成果，在山重水复的境遇中终遇柳暗花明，一时感慨良多：谁还不是怀揣拳拳之心热切期望能在研究岗位上为铸牢中华民族共同体意识尽一份绵薄之力呢！

每每魏老师在与我就书稿的沟通中言谢，我都自觉受之有愧：年轻时尚且斗胆承诺一个尽力，现年近半百，竟唯敢道一声尽心了。

（此处便假装有一张79岁的魏老师和43岁的我的合影罢）

赵 越
2024年11月